Das Institut der Adoption im preußischen Allgemeinen Landrecht und im französischen Code civil zwischen Rezeption römisch-rechtlicher Prinzipien und verändertem Familienverständnis

# Rechtshistorische Reihe



Band 332

Peter Lang
Frankfurt am Main · Berlin · Bern · Bruxelles · New York · Oxford · Wien

Diana-Catharina Kurtz

# Das Institut der Adoption im preußischen Allgemeinen Landrecht und im französischen Code civil zwischen Rezeption römisch-rechtlicher Prinzipien und verändertem Familienverständnis

Peter Lang
Europäischer Verlag der Wissenschaften

**Bibliografische Information Der Deutschen Bibliothek**
Die Deutsche Bibliothek verzeichnet diese Publikation in der Deutschen Nationalbibliografie; detaillierte bibliografische Daten sind im Internet über <http://dnb.ddb.de> abrufbar.

Zugl.: Kiel, Univ., Diss., 2006

Diese Arbeit wurde von
Herrn Prof. Dr. Werner Schubert
zur Aufnahme in diese Reihe empfohlen.

D 8
ISSN 0344-290X
ISBN 3-631-55640-3



www.peterlang.de

# Vorwort

Stärker noch als in anderen Rechtsgebieten werden die Normen des Erb- und Familienrechts von den geltenden Wertvorstellungen der Gesellschaft beeinflusst. Doch sind diese nicht allein maßgebend, sondern stets auch das historisch gewachsene Verständnis von einzelnen Rechtsinstituten. Dieses Spannungsverhältnis zwischen Tradition und Moderne wirkte und wirkt sich auf die Anerkennung eines Rechtsinstituts, seine rechtliche Gestaltung und seine praktische Anwendung aus. Deutlich zeigt dies die rechtsgeschichtliche Entwicklung der Adoption, die im Laufe der Jahrhunderte immer wieder im Mittelpunkt des gesellschaftlichen und damit auch des rechtlichen Interesses stand. Wie wesentlich die vorherrschenden gesellschaftlichen Ansichten für die Regelung der Annahme an Kindes statt sind, zeigt sich schon in der römischen Geschichte, in der die Adoption unter anderem zum politischen Machtinstrument wurde, um eine Legitimationsgrundlage für die durch Adoption berufenen Kaiser zu bilden. Dieser erbrechtliche und politische Aspekt der Adoption findet sich, freilich in einer anderen Ausprägung, auch in der französischen Revolution wieder. Der Gedanke, die Adoption als ein politisches Instrument zu nutzen, ist daher keinesfalls auf die römische Geschichte beschränkt. Kaum ein anderes Rechtsinstitut weist seit der Antike eine solche Vielfalt in der Anwendung auf wie die Adoption. Geschuldet ist dieser Umstand der erbrechtlichen Komponente der Adoption, die zwar zunächst allein bestimmend war, im Laufe der Jahrhunderte jedoch hinter dem persönlich-familiären Aspekt zurücktrat.

Diese Arbeit entstand während meiner Zeit als wissenschaftliche Mitarbeiterin am Lehrstuhl meines Doktorvaters Prof. Dr. Meyer-Pritzl, dem ich herzlich für die Betreuung der Untersuchung danke.
Herrn Prof. Dr. Schubert gebührt mein Dank für die zügige Erstellung des Zweitgutachtens.

Zu danken habe ich meinem Mann Constantin, der mir in dieser Zeit eine Quelle der Kraft war und mich stets unterstützte. Außerdem möchte ich mich bei meinen Freunden Andreas und Tobias bedanken, die bereit waren, vieles über die rechtsgeschichtliche Entwicklung der Adoption zu erfahren.

Gewidmet ist diese Arbeit meinen Eltern und Constantin.

Die vorliegende Arbeit ist im Sommersemester 2006 von der Rechtswissenschaftlichen Fakultät der Christian-Albrechts-Universität zu Kiel als Dissertation angenommen worden. Sie befindet sich auf dem Stand von Mai 2006.

# Inhaltsverzeichnis

# 1. Teil: Einleitung

„Adoptio imitatur naturam[1]“. Dieser römisch-rechtliche Grundsatz aus dem Corpus Iuris Civilis, demzufolge die Adoption die Natur nachahmen solle, beschäftigt Gesellschaft und Rechtsgelehrte auch heute noch, etwa in der Diskussion, ob die bisherigen Altersgrenzen, innerhalb derer eine Adoption für die annehmende Partei zulässig ist, neu überdacht werden sollten.
Welchen Regeln die Annahme an Kindes statt zu folgen hat, ergibt sich keineswegs aus der Natur der Sache, sondern ist stets das Ergebnis einer Synthese zwischen historischer Entwicklung und aktuellem Familienverständnis. Aus heutiger Sicht stellt die Adoption ein familienrechtliches Institut dar; durch sie soll ein künstliches Eltern-Kind-Verhältnis ohne Rücksicht auf die biologische Abstammung begründet werden[2]. Dabei steht das Kindeswohl im Mittelpunkt der Adoption. Diese familienrechtliche und kindesfreundliche Sichtweise ist allerdings keineswegs selbstverständlich, sondern erst das Ergebnis einer langen Entwicklung. Denn die Wurzeln und Ursprünge des Adoptionsverständnisses stehen in einem erbrechtlichen Kontext. Wer etwa in der frühen römischen Gesellschaft kein Kind hatte, welches das Vermögen erben und den Familiennamen fortführen konnte, hatte die Möglichkeit, einen Erben zu adoptieren. Ausgehend von der erbrechtlichen Komponente diente die Adoption daher früher vornehmlich der Wahrung der Interessen der Annehmenden, den Fortbestand des Familiennamens und -vermögens zu sichern während heute der Schutz der anzunehmenden Person im Vordergrund steht. So führte die Adoption in der römischen Kaiserzeit vorübergehend sogar dazu, dass das Rechtsinstitut als politisches Machtinstrument benutzt wurde, um die Herrschaftsnachfolge zu bestimmen. Die fürsorglich-personale Komponente der Adoption, die heutzutage betont wird, blieb daher ursprünglich weitgehend unberücksichtigt. Betrachtet man die Entwicklung des Rechtsinstituts, so hat die Adoption demnach einen Funktionswandel erfahren.
Gegenstand der vorliegenden Untersuchung sind die gesetzlichen Regelungen der Adoption in zwei der wichtigsten naturrechtlichen Kodifikationen, dem preußischen Allgemeinen Landrecht von 1794 und dem Code civil von 1804.
Dabei wird besonderes Augenmerk auf die Frage gerichtet, inwiefern die Verfasser der beiden naturrechlichten Kodifikationen im Hinblick auf die rechtliche Gestaltung der Adoption auf römisches Gedankengut zurückgriffen. Ausgangspunkt der Arbeit bildet somit das römische Adoptionsrecht des Corpus Iuris Civilis, wobei auf die Entwicklung des dem Corpus Iuris Civilis zu Grunde liegenden Adoptionsverständnisses seit der frühen römischen Gesellschaft eingegangen wird. Da die Adoptionsvorschriften auch immer die gesellschaftspolitischen Absichten und Ansichten der jeweiligen Epoche wiederspiegeln, bezieht die Untersuchung neben den

---

1 Inst. 1, 11, 4 „...adoptio enim naturam imitatur...“; sowie D. 1, 7, 40, 1 (Modest. lib. 1 differ.).

2 Das folgt aus §§ 1741 – 1766 und §§ 1767 – 1772 BGB.

theoretischen Grundlagen auch die gesellschaftlichen Entwicklungen mit ein, die Einfluss auf die rechtliche Gestaltung der Adoption in der jeweiligen Kodifikation hatten. Wesentlich für das Verständnis der Regelung der Adoption ist außerdem das der Adoption zu Grunde liegende Familienverständnis. Aufbau und Struktur der Familie spielten insbesondere dann eine Rolle, wenn der Adoptierte durch die Adoption in die für ihn zunächst fremde Adoptivfamilie eintrat. Im Rahmen der Untersuchung wird folglich auf die Struktur und das Verständnis der Familie sowie überblicksartig auf die familienrechtlichen Beziehungen untereinander eingegangen.

In diesem Rahmen wird auch aufgezeigt, inwiefern die Adoption Auswirkungen auf das Eherecht hatte, durch sie also Ehehindernisse begründet wurden.

Hinsichtlich der Fragestellung, Aufrechterhaltung oder Abkehr von römischen Adoptionsprinzipien im preußischen Allgemeinen Landrecht und Code civil, wird die mittelalterliche Entwicklung des Adoptionsrechts ebenso wie das kanonische Recht insoweit beleuchtet, als es für das Verständnis der Adoption in diesen beiden Kodifikationen des Naturrechts förderlich ist. Die Einarbeitung des Codex Maximilianeus Bavaricus Civilis von 1756 dient der Klärung der Frage, ob er als ein Vorläufer der Adoptionsregelungen des späteren Allgemeinen Landrechts für die preußischen Staaten angesehen werden kann. Im Zusammenhang damit wird außerdem der Frage nachgegangen, wie stark der Einfluss der naturrechtlichen Theorien auf das Gesetzwerk und die rechtliche Gestaltung der Adoption war.

Die beiden großen Kodifikationen des Naturrechts, das preußische Allgemeine Landrecht und der Code civil, sind neben ihrer eigenständigen Bedeutung auch deshalb der besonderen Betrachtung wert, weil sie als Vorlage für die rechtliche Gestaltung der Adoption in weiteren naturrechtlichen Kodifikationen, wie etwa dem badischen Landrecht und dem Allgemeinen Gesetzbuch für die gesamten Deutschen Erbländer der Österreichischen Monarchie dienten. So wurde im Großherzogtum Baden am 05.07.1808 der Code civil durch Edikt eingeführt. Die Adoptionsregelungen des badischen Landrechts entsprechen daher weitestgehend[3] denen des Code civil. Die Verfasser des österreichischen ABGB vom 01.01.1812 nutzten im Hinblick auf die rechtliche Gestaltung der Adoption ebenfalls bereits vorhandene Regelungen – wenn auch nicht die der französischen, sondern die der preußi-

---

3 Im badischen Landrecht ist die Adoption in den Sätzen 343 – 360, 1. Buch, VIII. Titel geregelt. Nur Satz 345a des badischen Landrechts weicht vom französischen Adoptionsrecht des Code civil ab. Danach konnte ein Verlobter ein uneheliches, minderjähriges Kind seiner Verlobten allein durch den mit ihr abzuschließenden Ehevertrag an Kindes statt annehmen. Dabei musste lediglich die notarielle Form des Ehevertrages, nach Satz 1394, 3. Buch, V. Titel badisches Landrecht, gewahrt bleiben. Voraussetzung für eine solche Annahme war die Einwilligung der Verlobten und dass der leibliche Vater das uneheliche, minderjährige Kind noch nicht anerkannt hatte. Auf die ansonsten der Adoption nach badischem Landrecht grundsätzlich vorangehende 6-jährige Pflegschaft konnte im Fall des Satz 345a verzichtet werden. Bei Satz 345a badisches Landrecht handelte es sich daher um eine privilegierte Adoption.

schen Kodifikation. Anders als das badische Landrecht, wo die Adoptionsvorschriften beinahe wort-wörtlich mit denen des Code civil übereinstimmen, orientierten sich die Verfasser des österreichischen ABGB lediglich am preußischen Adoptionsrecht[4]. Die wesentlichen Voraussetzungen und Wirkungen der Adoption nach dem ABGB gleichen jedoch denen des preußischen Allgemeinen Landrechts. Die beiden großen Kodifikationen des Naturrechts, das preußische Allgemeine Landrecht und der Code civil, dienten im Bereich des Adoptionsrechts somit als Vorlage für die rechtliche Gestaltung der Adoption in weiteren naturrechtlichen Kodifikationen – bildeten mithin das naturrechtliche Fundament. Vorliegend wird daher gerade die kodifizierte naturrechtliche Basis, das preußische und französische Adoptionsrecht, auf die Frage hin untersucht, ob römische Adoptionsprinzipien rezipiert oder bewusst andere Regelungen eingeführt wurden. Zur Beantwortung der Frage werden dabei insbesondere die Materialien der jeweiligen Gesetzgebungsverfahren ausgewertet und in das Ergebnis mit einbezogen.

4 Abweichungen zum preußischen Adoptionsrecht ergeben sich im österreichischen ABGB, wo die Adoption in den §§ 179 – 185 Erster Theil, drittes Hauptstück geregelt ist, lediglich bei der Festlegung eines geforderten Altersunterschieds zwischen Annehmendem und Angenommenen auf 18 Jahre, der gerichtlichen Aufbewahrung des Adoptionsvertrages und der Tatsache, dass durch die Wahlkindschaft keine Ehehindernisse begründet wurden.

Zur gerichtlichen Aufbewahrung des Adoptionsvertrages, siehe § 181 Erster Theil, drittes Hauptstück ABGB; Anders, S. 191, 225 ff. Dass die Adoption nach dem ABGB keine Ehehindernisse begründete, lag in dem Umstand, dass die Begründung eines Ehehindernisses durch die Adoption die Kenntnis der bürgerlichen Verwandtschaft voraussetzt. Das ABGB kannte die bürgerliche Verwandtschaft jedoch nicht. Nach Floßmann, S. 82 wurden Ehehindernisse, die durch die Wahlkindschaft begründet wurden, erst mit der Neuordnung des staatlichen Ehehindernisrechts, dem EheG von 1938, in das ABGB eingeführt.

Zwar in Anlehnung an das preußische Adoptionsrecht, aber darüber hinausgehend, waren vertragliche Adoptionsvereinbarungen nach § 184 Erster Theil, drittes Hauptstück ABGB ausdrücklich gestattet, sofern sie nicht die wesentliche rechtliche Wirkung der Wahlkindschaft nach § 182 Erster Theil, drittes Hauptstück ABGB, die Fortführung des Namens des Wahlvaters durch den Angenommenen, aufhoben. Dazu auch Zeiller, Commentar I, zu § 182 ABGB, S. 395; zu § 186, S. 404 f.

# 2. Teil: Die Adoption im römischen Recht

## 1. Abschnitt: Die Adoption in der frühen römischen Gesellschaft

Abweichend von dem heutigen Verständnis der Annahme an Kindes statt, lag der Adoption ursprünglich ein anderer Gedanke zu Grunde. Bereits die Völker des Altertums praktizierten die Annahme einer fremden Person in den Kreis der Familie[5]. Dort diente die „Adoption", die nur gewohnheitsrechtlich verankert war, vor allem dem Überleben des Stammes, wenn Nachkommen durch Auseinandersetzungen mit anderen Stämmen oder durch Krankheiten verstorben waren. Auch wurden so stammeseigene Traditionen sowie kultisch gebotenes Verhalten vor dem Aussterben gerettet und in die nächste Generation weitergegeben. Betrachtet man die frühe römische Geschichte, die Zeit der hohen Republik, welche ca. bis ins vierte Jahrhundert vor Chr. reichte, so ist festzuhalten, dass auch dem archaischen Recht der priesterlichen Juristen die Annahme an Kindes statt bekannt war. Zurückzuführen ist dies auf das damalige, der Adoption zu Grunde liegende Familienverständnis. Im Wesentlichen basierte nämlich dieses Familienverständnis auf dem Erhalt der Familie und des Sippenverbandes durch den männlichen Hauserben. Fehlte es allerdings an einem solchen Nachkommen, so konnte weder der Familienname fortgeführt noch das Familienvermögen erhalten werden. Die Folge war der Untergang der Familie. Auch war nur ein männlicher Nachkomme bzw. der Hauserbe im Stande, den Hausgötterkult (sacra privata familiaria) zu bewahren. Die rechtliche Konstruktion der Adoption diente daher vor allem der Sicherung und Aufrechterhaltung der Familie und des Geschlechterverbandes (gens), wenn es an einem leiblichen männlichen Nachkommen fehlte. Im Gegensatz also zum heutigen Verständnis der Annahme an Kindes statt, das maßgeblich durch individuelle Interessen bestimmt wird und in dessen Mittelpunkt das Kindeswohl steht, war ursprünglich der übergeordnete Gedanke der Fortführung und des Erhalts der Familie und der Sippe für das Verständnis der Adoption prägend.

### A. Die Königszeit / Die Zeit vor der Zwölftafelgesetzgebung

Die Möglichkeiten eine fremde Person an Sohnes statt anzunehmen, um so die gewünschte Kontinuität und Stabilität der Familie und der Sippe zu erhalten, waren in der Königszeit (ca. 753 bis 509 v. Chr.) die so genannte *adrogatio* und das *testamentum calatis comitiis*.

---

5 Honsell/Mayer-Maly/Selb, § 149 III, S. 416; Schrader, Reallexikon der indogermanischen Altertumskunde, Band I, S. 15, 16. Die Familie stellt nach allgemeiner Auffassung eine der ältesten, einfachsten und zugleich notwendigsten Verbindungen von Menschen dar und gehört zu den Phänomenen des gesellschaftlichen Lebens. Die Familie ist dem räumlichen und zeitlichen Wandel unterworfen; Mitterauer, Die Familie als historische Sozialform, S. 13 ff.

## I. Die adrogatio und ihre Voraussetzungen

Die adrogatio war die Annahme eines gewaltfreien Mitbürgers (homo sui iuris) an Sohnes statt durch staatsrechtlich sakralen Formakt[6]. Erforderlich war dafür, dass ein Bürger noch zu Lebzeiten einen Erben bestellte. Für die adrogatio musste, vor Vorlage des Gesetzesantrags an die comitia curiata[7], die Genehmigung des Pontifikalkollegiums eingeholt werden[8]. Dies bedeutete daher immer eine sachliche Vorprüfung durch den pontifex maximus[9]. Die Genehmigung wurde vom Pontifikalkollegium jedoch nur dann erteilt, wenn bestimmte Gültigkeitsvoraussetzungen vorlagen.

Danach durfte der Annehmende unter anderem nur dann arrogieren, wenn es die Erhaltung der Familie erforderte, er selbst also kinderlos, krank oder über sechzig Jahre alt war[10]. Die Erfordernisse von Krankheit oder Erreichen der Altersgrenze zeigen, dass auch diese Voraussetzungen einzig darauf abstellten, dass der Arrogierende keine leiblichen Abkömmlinge hatte und diese wohl auch nicht mehr erwarten konnte. Im Regelfall wird der Annehmende daher auch älter als der zu Arrogierende gewesen sein, wobei es sich dabei um keine Gültigkeitsvoraussetzung gehandelt haben dürfte[11].

Ausgehend vom römischen Familienverständnis ergibt sich weiterhin auch zwangsläufig, dass nur der Mann (sui iuris) arrogiert werden konnte, da nur er die agnatische[12] Familie fortsetzen konnte. Unmündige, Nichtrömer und Haussöhne sowie zunächst[13] auch Frauen blieben von der adrogatio ausgeschlossen. Beacht-

---

6 adrogatio = arrogation; vgl. Kaser, RRG § 7, S. 37; Gell. 5, 19, 7.

7 Bzgl. der vor den Komitien zu sprechenden Formel siehe: Gell. 5, 19, 9 Veltis iubeatis, uti L. Valerius L. Titio tam iure legeque filius siet, quam si ex eo patre matreque familias eius natus esset, utique ei vitae necisque in eum potestas siet, uti patri endo filio est. Haec ita, uti dixi, ita vos Quirites rogo.

8 Daher auch so genannte *arrogatio per populum*; Wieacker, RRG, § 15, II, 2 c), S. 318; Honsell/Mayer-Maly/Selb, § 149 III, 1, S. 416.

9 Wieacker, RRG, § 15, II, 2 c), S. 318; Gell. 5, 19, 6 comitia arbitris pontificibus; iusque iurandum a Q. Mucia pontifice m. conceptum.

10 D. 1, 7, 15, 2 (Ulp. lib. 26 ad Sab.); zur Problematik der Interpolation siehe Kurylowicz, Die adoptio im klassischen römischen Recht, § 18, S. 74 - 77; D. 1, 7, 17, 3 (Ulp. lib. 26 ad Sab.); Gell. 5, 19, 6; Hecker, S. 55; Knothe, SZ (RA) 100 (1983), S. 647, 655; Sintenis, § 139, 2b), S. 105.

11 Zum Erfordernis eines Altersabstandes siehe unten 3. Abschnitt: C. IV.; 4. Abschnitt: B. III.

12 Agnatio = Personen, die im gleichen Hausverband leben. Die weiter entfernten Agnaten hießen Gentilen.

13 Sohm/Mitteis/Wenger, § 89 II, S. 528; Honsell/Mayer-Maly/Selb, § 149 III, 1, S. 416; Mommsen, S. 8 und 9 legt dar, dass der Grund in der Unfähigkeit zur patria potestas besteht. Gell. 5, 19, 10 betont, dass Frauen deshalb von der Arrogation ausgeschlossen waren, weil sie schon nicht an den Kuriatskomitien teilnehmen konnten. Zur Arrogation von und durch Frauen siehe unten 3. Abschnitt: D. I. 2.

lich ist außerdem, dass es sich bei der Arrogation um die Annahme eines rechtlich Selbständigen an Sohnes statt handelte, der nach erfolgreicher Durchführung der Arrogation in die väterliche Gewalt des Arrogierenden fiel. Alle seine Gewaltunterworfenen sowie sein gesamtes Vermögen fielen ebenfalls an den neuen Gewalthaber[14]. Der so Arrogierte erhielt daher nicht nur den Namen des Annehmenden, sondern auch dessen Stand, sofern dieser keine Minderung für den Angenommenen darstellte[15]. Aus diesem Grund konnte auch das Pontifikalkollegium die Genehmigung zur adrogatio versagen, wenn die Vermögensverhältnisse des Arrogierenden einer Überprüfung nicht standhielten und ein Missbrauch durch selbigen nahe lag[16]. In diesem Zusammenhang erstaunt es daher auch nicht, dass ebenfalls die Zustimmung des Adoptierten zur adrogatio erforderlich war[17]. Das durch die Arrogation begründete Verhältnis konnte dann allerdings allein der Adoptivvater wieder auflösen, indem er den Adoptierten mittels emancipatio aus der väterlichen Gewalt entließ[18].

### II. Sinn und Zweck der adrogatio

Diese Gültigkeitsvoraussetzungen erlauben Rückschlüsse auf Sinn und Zweck der adrogatio. Die Annahme eines gewaltfreien Mitbürgers an Sohnes statt wurde in der Königszeit hauptsächlich praktiziert, um die Nachfolge in das Familienvermögen zu sichern. Denn war kein leiblicher Abkömmling vorhanden, so fiel mit dem Tode des Erblassers das Vermögen an den nächsten agnatischen Verwandten und weiter an die Gentilen (extranei heredes)[19]. Um diesen Vorgang zu umgehen, konnte daher der Erblasser durch adrogatio einen anderen Erben wählen und so die Erbteilung ausschließen. Von besonderer Bedeutung war die Adoption auch, um den Ahnen- und Hausgötterkult von dem jeweiligen Erben fortsetzen zu lassen, und um den Familienverband sowie den Namen aufrechterhalten zu können[20].

### III. Das testamentum calatis comitiis

Im Gegensatz zur Arrogation, bei der ein Bürger einen Erben noch zu Lebzeiten bestellte, wurde bei dem *testamentum calatis comitiis* die Erbenstellung für den Todesfall unter der Bedingung, dass der Erbe den Erblasser überlebte, angeord-

---

14 D. 1, 7, 15 pr. (Ulp. lib. 26 ad Sab.); Siehe hierzu auch Knütel, S. 12, der darauf hinweist, dass diese Situation bei der Arrogation der Wirkung nach der heutigen Volladoption Minderjähriger, die etwa schon ein eigenes Kind haben, entspricht, § 1755 I BGB.

15 Kurylowicz, Die adoptio im klassischen römischen Recht, § 5, S. 30, 31 und § 9, S. 46.

16 Hecker, S. 55.

17 Knothe, SZ (RA) 100 (1983), S. 647, 650; Kaser, RPR I, § 15 III, 1), S. 66.

18 Schmitt, §§ 34 ff., S. 56 ff.

19 Dulckeit/Schwarz/Waldstein, § 11 II, 8, S. 63.

20 Kaser, RP, § 60, III, 2, S. 237; Kunkel/Schermaier, § 1, 2a, S. 11/12.

net[21]. Das testamentum calatis comitiis konnte daher natürlich auch nicht mehr die väterliche Gewalt des Adoptivvaters erzeugen, da die Verfügung erst nach seinem Tode wirksam wurde. Folglich hatte das testamentum calatis comitiis nur besondere erbrechtliche Wirkungen. Allein der Name besagt schon, dass das Testament vor den Kuriatkomitien[22], welche sich deswegen wohl zweimal jährlich trafen[23], errichtet wurde. Welche Aufgabe dabei den Kuriatkomitien zukam, wird unterschiedlich beurteilt. In Betracht kommt einerseits, dass die Komitien allein als Zeugen fungierten[24]. Andererseits wird vertreten, dass sie die Stellung einer höheren Instanz bekleideten und sie damit auch in der Lage waren, durch Komitialbeschluss den letzten Willen des Erblassers zu verwerfen[25]. Aufschlussreich könnte in diesem Zusammenhang sein, was Zweck und Ziel des Testaments sein sollte. Sieht man das Komitialtestament als „eine Art Adoption von Todes wegen[26]" an, dann ist die Einsetzung eines Erben Gegenstand des Testaments[27]. Dies verleitet zu der Annahme, dass das *testamentum calatis comitiis* ebenso wie die adrogatio das Ziel verfolgte, dem kinderlosen Erblasser die Möglichkeit zu bieten, den Untergang seines Hab und Guts sowie der Familie als Kultverband für die Hausgötter durch Einsetzung eines Adoptiverben zu verhindern[28]. Nimmt man dies an, so ist es nahe liegend, den Kuriatkomitien die Widerrufsbefugnis bezüglich des Testaments einzuräumen, gerade wenn der Erblasser nicht kinderlos war. Möglicherweise besaß aber auch der pater familias die Befugnis ein solches Testament zu errichten, der aus gerechtem Anlass seine Abkömmlinge von der Erbschaft ausschließen wollte[29]. Da schon zur Zeit des Gaius das *testamentum calatis comitiis* üblicherweise nicht mehr angewendet wurde[30], ist insgesamt nur wenig über das Komitialtestament als ältestes römisches Testament bekannt. Es spricht sehr viel dafür, dass durch den familienrechtlichen Vorgang vor der einberufenen Volksversammlung

---

21 Kunkel/Schermaier, § 1, 2 b), S. 12; Mommsen, S. 9 (Adoption mittels Testament vor der einberufenen Volksversammlung).

22 Die in Kurien gegliederte Gesamtheit aller vollberechtigten Bürger, die comitia curiata, ist die älteste Volksversammlung; ausführlich zu den Kuriatkomitien siehe Kaser, RRG, § 6 III, S. 37.

23 Honsell/Mayer-Maly/Selb, § 163 I, S. 447.

24 Hölder, S. 36 ff.; ders., SZ (RA) 30 (1909), S. 65, 68; Karlowa, RRG II, S. 850.

25 Wlassak, SZ (RA) 31 (1919), S. 196, 210 ff.; Mommsen, S. 319 ff.

26 Honsell/Mayer-Maly/Selb, § 157 II, S. 437; vgl. auch Kaser/Knütel, § 60, Rdnr. 29, S. 381, der von einer „Arrogation auf den Todesfall" ausgeht.

27 Kaser, RPR I, § 27 II, S. 105, 106; die Ansicht von Lenel, Essays in legal history, S. 125, der auch das Komitialtestament für ein Legatentestament hält, wird heute nicht mehr vertreten.

28 Honsell/Mayer-Maly/Selb, § 157 II, S. 437.

29 Honsell/Mayer-Maly/Selb, § 163 I, S. 448.

30 Gai. Inst. 2, 101; 103 und Inst. 2, 10, 1.

ein Intestaterbe geschaffen werden sollte, und es sich daher wohl nur um eine „Abspaltung von der Arrogation“ handelte[31].

## B. Résumée

Schon in der Königszeit wird vom patriarchalischen Prinzip des Familienaufbaus ausgegangen. Grundlage des Familienverständnisses bildet dabei die agnatische Verwandtschaft. Demgemäß war nur ein männlicher Nachkomme in der Lage, die Familie und das Geschlecht zu erhalten. Abgesehen von der wesentlichen Bedeutung der Familie und deren Fortführung waren die religiösen Vorstellungen prägend für das Familienverständnis. Die aus dem Ahnenkult abgeleitete Pflicht, für Nachkommenschaft zu sorgen, damit die Familienheiligtümer nicht verwaisten[32], konnte, sofern keine leiblichen Nachkommen vorhanden waren oder tatsächlich noch erwartet werden konnten, durch zwei rechtlich geschaffene Möglichkeiten erfüllt werden. Dies war zum einen die Arrogation, zum anderen das testamentum calatis comitiis. Während bei der Arrogation ein Bürger einen Erben zu Lebzeiten bestellte, wurde bei dem testamentum calatis comitiis die Erbenstellung für den Todesfall angeordnet. Sowohl dem testamentum calatis comitiis als auch der Arrogation ist gemeinsam, dass sie vor den versammelten Kuriatkomitien stattfanden. Wahrscheinlich ist, dass es sich bei dem testamentum calatis comitiis lediglich um eine Abspaltung von der Arrogation und damit nicht um eine eigene Adoptionsform handelte. Zur Durchführung der Arrogation bedurfte es außer der Befragung (rogatio) der Komitien auch des Vorliegens weiterer Voraussetzungen. Diese Voraussetzungen zielten hauptsächlich darauf ab, festzustellen, ob dem Adrogator tatsächlich keine Möglichkeiten verblieben waren, den Erhalt seiner Familie und die Fortführung des Hausgötterkultes anders als durch Annahme eines fremden gewaltfreien Mannes zu sichern. Daraus folgt, dass in der Königszeit das bestimmende Element für die Durchführung einer Adoption die Nachfolgerfrage war. Beachtenswert ist auch der Umstand, dass es sich bei der Arrogation, aufgrund der zwingenden Befragung der Komitien, um einen der wenigen Einzelfälle handelte, in denen eine lex publica durch staatsrechtlich sakralen Formalakt erlassen wurde[33]. Bei diesen ältesten Gesetzen handelte es sich um Fallrecht. Erst die Zwölftafelgesetzgebung enthält den Versuch, abstrakte Gesetze zu verfassen.

---

31 So Kaser/Knütel, § 60 III, 2b, Rdnr. 29, S. 381 und § 67 I, 2a, Rdnr. 2, S. 412.

32 Kaser, RPR I, § 11 II, S. 52.

33 Dulckeit/Schwarz/Waldstein, § 9, V, 4, S. 53.

## 2. Abschnitt: Die Adoption zur Zeit der Republik

### A. Zustandekommen der Zwölftafelgesetzgebung

Mitte des 5. Jahrhunderts vor Chr., nach der Überlieferung wohl im Jahre 451, entstand innerhalb einer Reihe von Gesetzgebungsakten antiker Stadtstaaten[34] die so genannte Zwölftafelgesetzgebung. Hintergrund für diese Gesetzgebung war der Ständekampf zwischen Plebejern und Patriziern. Die Plebejer waren daran interessiert, eine missbräuchliche Handhabung des ungeschriebenen Gewohnheitsrechts durch die Patrizier, welche innerhalb der Rechtspflege dominierten, zu verhindern[35]. Als Ergebnis dieses Widerstandes der Plebejer wurden erstmalig, von einem Kollegium bestehend aus zehn Patriziern[36], eine Reihe wichtiger Rechtssätze aus den meisten Rechtsgebieten zusammenfassend aufgeschrieben[37]. Damit entstanden die so genannten XII – Tafeln. Die ursprünglichen XII - Tafeln (lex duodecim tabularum), die wohl in Rom öffentlich aufgestellt waren, sind jedoch wahrscheinlich beim Gallierbrand 390/387 v. Chr. zerstört worden[38]. Allerdings ist aus den heute bekannten Fragmenten, überliefert aus Juristenschriften oder durch römische Schriftsteller[39], und den geschichtlichen Ereignissen erkennbar, dass der Schwerpunkt der Gesetzgebung der Decemvirn[40] auf der Gewährleistung von Rechtssicherheit und Rechtsgleichheit und dem öffentlichen Rechtsfrieden lag[41]. Als früheste zusammenhängend interpretierbare Rechtsordnung enthielt sie Vor-

34 Vorausgegangen waren die Gesetze des Lykurg in Sparta zwischen 800 und 750 v. Chr. sowie in Athen die Gesetze des Drakon 621 v. Chr. und des Solon 594 v. Chr.

35 Voigt, § 2, S. 6- 10; Kaser, RRG, § 15, S. 67.

36 Kunkel/Schermaier, § 1, 1, S. 28; Jörs/Kunkel/Wengler, § 4, 1, S. 3 „*decemvires legibus scribundis*".

37 Kaser, RRG, § 15, I, 1, S. 67; Täubler, Untersuchungen zur Geschichte der Decemvirn und der XII-tafeln, S. 14 f.; vgl. auch Behrends, SZ (RA) 94 (1977), S. 392, 396 ff.

38 Jörs/Kunkel/Wengler, § 5, 4, S. 5; Honsell, § 2, II, S. 5; a. A. Wieacker, RRG § 14, II, 2 c), S. 294, Fn. 48.

39 Cicero, De off. I, 12, 37; 3, 15, 61; 3, 16, 65 dort nur flüchtig erwähnt, jedoch ausführlich in: Cicero, De leg. 2, 7, 18; 2, 23, 59; Livius, 3, 31, 8; 3, 34, 6; (Antistius Labeo) Lenel, Pal., Labeo 1 – 3; (Gaius) Lenel, Pal., Gaius 418 - 445; Gai. D. 10, 1, 13; 47, 22, 4; Wenger, Quellen des römischen Rechts, S. 188, 357 ff.; zitiert wird heute nach der Anordnung (Rekonstruktionsversuch) von Schöll, Legis XII tabularum reliquiae, 1866; Lenel, SZ (RA) 26 (1905), S. 498, 500 ff.; Behrends, Zwölftafelprozess, S. 3; Düll, S. 10ff.

40 Dulckeit/Schwarz/Waldstein, § 10, I, 1, S. 53 ff.; Mommsen, RG, Band I, S. 280 - 284; Girard, NRH 1902, S. 381, 399, 431 ff.; dazu auch Wieacker, RRG, § 14, II, 2 b), S. 291- 295; Kaser, RRG, § 15, 3, S. 68; a.A. Lambert, NRH 1902, S. 149, 154 ff., der anzweifelt, dass es sich bei der XII - Tafelgesetzgebung um das Gesetz der Decemvirn handelt; s.a. Fögen, III, 2.1), S. 63 ff.

41 Wieacker, RRG, § 14, III, 1, S. 296.

schriften über den Ablauf des gerichtlichen Verfahrens, einschließlich der Vollstreckung, sowie Regelungen über das Privat- und Strafrecht[42].

## B. Das nachgeformte Rechtsgeschäft der Adoption

Allerdings deckten die verschiedenen Formulare der Zwölftafelgesetzgebung nicht alle Rechtsgeschäfte ab. Dem konnten die pontifices teilweise durch Interpretationen des Gesetzeswortlauts entgegenwirken. Bei der Adoption, zu der kein eigenständiges oder etwa interpretierbares Formular existierte, war dies jedoch nicht möglich[43]. Daher schufen die pontifices aus verschiedenen Elementen der bereits existierenden Rechtsgeschäftsformulare durch Kombination Grundlagen für andere Rechtsgeschäfte. Dies betraf auch die Adoption. Die dadurch geschaffenen zumeist umständlich durchzuführenden Rechtsgeschäfte, so genannte nachgeformte Rechtsgeschäfte[44], sind kennzeichnend für den strengen Formalismus der Zwölftafelzeit.

### I. Ausgangspunkt innerhalb der Zwölftafelgesetzgebung

Grundlage für die Durchführung der Adoption bildete der Zwölf-Tafel-Satz:

> „*Si pater filium ter venum duit, filius a patre liber esto.*"[45]
>
> (Wenn ein Vater dreimal einen Sohn zum Verkauf gegeben hat, soll der Sohn vom Vater frei sein[46]).

Daraus folgt, dass ein Haussohn den Hausvater wechseln konnte, wenn er nicht mehr unter der Gewalt des pater familias stand. Denn erst dann war er im Sinne dieses Zwölf-Tafel-Satzes von seinem Vater frei. Zunächst musste daher der Hausvater den Sohn aus seiner Gewalt, der patria potestas, entlassen. Erst danach konnte der Wechsel in die Familie des Adoptierenden erfolgen und der Adoptivvater die väterliche Gewalt über den Adoptierten erwerben. Folglich setzte sich die Adoption aus mehreren verschiedenen Teilakten zusammen.

### II. Ablauf des Verfahrens

In Anwendung des XII – Tafelsatzes übertrug der pater familias dabei durch dreimalige mancipatio den Sohn an den Adoptivvater[47]. Nach der ersten und zweiten mancipatio wurde der Sohn von dem Adoptivvater vor dem Gerichtsmagistrat[48] erneut freigelassen, so dass das ursprüngliche Gewaltverhältnis zwischen Sohn und

---

42 Kunkel/Schermaier, § 2, II, 1, S. 33.

43 Gleiches galt etwa auch für die emancipatio; vgl. Kaser, RPR I, § 15 IV.

44 Der Ausdruck stammt von Rabel, SZ (RA) 27 (1906), S. 290 ff.

45 tab. IV, 2.

46 Übersetzung nach Düll, S. 35; vgl. Flach, S. 76.

47 Die Übertragung durch mancipatio konnte auch an den Adoptierenden selbst bzw. einen Treuhänder (sog. pater fiduciarinumissio) geschehen.

48 Durch *manumissio vindicta* (vor dem Magistrat), dazu grundlegend Wlassak, SZ (RA) 28 (1907), S. 1 ff.

Hausvater wieder auflebte[49]. Daher war die dritte mancipatio notwendig, um die patria potestas des Hausvaters endgültig zum Erlöschen zu bringen[50]. Im Anschluss daran war es üblich, dass der Adoptivvater erneut durch Manzipation den Sohn dem Hausvater zurück übertrug[51]. Danach folgte ein Scheinprozess (in iure cessio), in welchem der Adoptierende den Haussohn vom leiblichen Vater mit der Behauptung vindizierte, der Haussohn sei sein Gewaltunterworfener[52]; vereinbarungsgemäß unterließ der Hausvater dann die contravindicatio und der Magistrat sprach durch addictio das Hauskind dem Vindizierenden zu[53].
Der dreimaligen Veräußerung in fremdes mancipium bedurfte es indessen nur bei Söhnen, da der Zwölf-Tafel-Satz sich wörtlich nur auf Söhne (*filius*), nicht hingegen auch auf Töchter und Enkelkinder bezog[54]. Aus dieser Auslegung folgt, dass jeweils nur eine mancipatio, an die sich remancipatio und in iure cessio anschlossen, für Töchter und Enkelkinder ausreichend war[55].

### 1) mancipatio und emancipatio

Der Ablauf des Verfahrens bei der so genannten *datio in adoptionem*[56] zeigt, dass die allgemeinen zivilrechtlichen Institutionen zur Durchführung der adoptio herangezogen wurden. Der erste Halbsatz des Zwölf-Tafel-Satzes lautete: „*Si pater filium ter venum duit...*". Für die Durchführung der adoptio musste demnach der Sohn vom Vater verkauft werden. Das Recht, den eigenen Sohn zu verkaufen, folgte für den pater familias aus der ihm zustehenden patria potestas. Sie verlieh dem Hausvater sogar das Recht über Leben und Tod zu entscheiden. Für den Übergang einer Person oder einer Sache von der väterlichen Gewalt des einen pater familias in die eines anderen Hausvaters gegen Zahlung von Geld bestand in der Zwölftafelgesetzgebung das Formalgeschäft der mancipatio[57]. Die mancipatio wurde vollzogen, indem der Erwerber vor Zeugen behauptete, dass die Person oder Sache von nun

---

49 Der zum ersten oder zweiten Mal manzipierte Sohn konnte durch manumissio in die patria potestas zurückfallen; Mayer-Maly, § 8 zu b), S. 45; Honsell/Mayer-Maly/Selb, § 149 III, 2, S. 417; Kaser, SZ (RA) 67 (1950), S. 474, 490.

50 Für völliges Erlöschen der patria potestas schon mit der ersten und zweiten Manzipation: Schmidt, S. 13; Kübler, SZ (RA) 24 (1903), S. 453, 454 f.; Stockar, S. 22.

51 Diese Rückübertragung geschah durch remancipatio, siehe Kaser/Knütel, § 60 III, 3a, Rdnr. 32, S. 381; Kaser, SZ (RA) 67 (1950), S. 474, 491.

52 Kurylowicz, Die adoptio im klassischen römischen Recht, § 10, S. 51, 53 f.; Honsell, § 66 II, 2, S. 188.

53 Bühler, FS Soliva, S. 23; Kaser/Knütel, § 60 III, 3a, Rdnr. 32, S. 381).

54 Gai. Inst. 1, 132; Söllner, § 8 II, 2), S. 44; Mommsen, S. 9.

55 Gai. Inst. 1, 132.

56 Im Folgenden: adoptio.

57 Gai. Inst. 1, 119 - 123.

an ihm gehöre[58]. Ursprünglich wurde währenddessen der Geldbetrag dem Veräußerer mittels einer Waage zugewogen. Später klopfte der Erwerber nur noch symbolisch mit einer Münze an die Waage[59]. Duldete der Veräußerer diesen Akt und nahm das ihm zugewogene Geld an, so war das Rechtsgeschäft erfolgreich durchgeführt. Somit handelte es sich bei der mancipatio um ein Kausalgeschäft, das den Gewaltübergang unmittelbar bewirkte. Diese Eigenschaft war auch bei der adoptio gewollt. Daher wurde die mancipatio als allgemeines zivilrechtliches Institut für die Durchführung der adoptio herangezogen. Allerdings verlangte der Zwölf-Tafel-Satz für die Durchführung der adoptio nicht nur die einmalige, sondern die dreimalige Manzipation des Hauskindes an den Erwerber.
Eine dreimalige Manzipation des Sohnes durch den Vater verlangte auch ein anderes im Formular mit der adoptio verwandtes Rechtsgeschäft, die so genannte *emancipatio*[60]. Bei der emancipatio, der Entlassung eines Hauskindes aus der Familiengewalt, handelte es sich ebenfalls um ein nachgeformtes Rechtsgeschäft[61]. Gemeinsam war beiden Geschäften, dass die patria potestas des pater familias bei dreimaliger Veräußerung des filius in fremdes mancipium erlosch[62] und das Hauskind aus der Familie ausschied. Unterschiede ergaben sich jedoch schon im ersten Abschnitt des Verfahrens. Bei der Emanzipation folgte nach der dritten Manzipation die Entlassung des Hauskindes aus dem fremden mancipium[63]. Nach der Entlassung durch manumissio wurde das Hauskind zur persona sui iuris. Im Unterschied dazu wurde bei der adoptio nach der dritten mancipatio keine manumissio vorgenommen, sondern eine remancipatio, an die sich die Vindikation anschloss. Der Adoptierte blieb also im Gegensatz zum Emanzipierten während des Verfahrens persona alieni iuris.
Da die adoptio und die emancipatio jeweils die dreimalige Manzipation des Hauskindes voraussetzten, stellt sich abschließend die Frage, welche Stellung das Hauskind insbesondere beim Erwerber einnahm, wenn es nur einmal vom Hausvater manzipiert wurde. Folge einer einmaligen Manzipation war, dass das Hauskind beim Erwerber in die beschränkte Stellung, die so genannte *in mancipio esse*, eintrat und die patria potestas des Hausvaters solange ruhte, bis der Erwerber das

---

58 Die Manzipationsformel lautete: „*hunc ego hominem ex iure Quiritium meum esse aio isque mihi emptus esto hoc aere aenaeaque libra*", Gai. Inst. 1, 119; Thormann, S. 3 f.; Wlassak, SZ (RA) 28 (1907), S. 1, 74; Leifer, SZ (RA) 56 (1936), S. 136 ff.

59 *mancipatio nummo uno*; Gai. Inst, 1, 119; 3, 173.

60 Bonfante I, S. 59 ff; Kaser/Knütel, § 60 IV, 2a) und b), Rdnr. 37 – 41, S. 383 f.; Thormann, S. 18 – 26.

61 Rabel, SZ (RA) 27 (1906), S. 290, 326.

62 Sofern man der hier vertretenen Ansicht folgt und ein Erlöschen der patria potestas durch die erste und zweite Manzipation ablehnt; so auch Kaser, SZ (RA) 67 (1950), S. 474, 488.

63 Bonfante I, S. 60.

Kind durch manumissio wieder freiließ[64]. Dieser Zustand hatte für das Hauskind die Folge, dass es zwar frei war, aber gleichzeitig auch in eine Vollgewalt des Erwerbers (mancipium) fiel und somit keine Anwartschaft auf Gewaltfreiheit und Erbfolge geltend machen konnte[65]. Privatrechtlich glich diese Stellung der eines Sklaven[66].

**2) Remancipatio**

Im weiteren Verlauf des Adoptionsverfahrens erfolgte nach der dreimaligen Manzipation des Sohnes an den Adoptivvater üblicherweise die Remanzipation an den leiblichen Vater, bevor das Verfahren in den zweiten Teil, dessen Ziel der Erwerb der väterlichen Gewalt durch den Adoptierenden war, eintrat.

Wie bereits die Ausführungen von Kurylowicz zeigen, war es grundsätzlich möglich, dass im Adoptionsverfahren auf die durchgeführten Manzipationen und Manumissionen die vindicatio unmittelbar folgte[67]. Voraussetzung war allerdings, dass vier Personen am Adoptionsverfahren beteiligt waren. Der Hausvater, der zu Adoptierende, der Adoptierende und der mancipio accipiens. In diesem Fall manzipierte der Hausvater seinen Sohn dreimal an den Vertrauensmann (pater fiduciarius), der den zu Adoptierenden fiduziarisch in mancipium aufnahm. Der Adoptierende konnte dann den zu Adoptierenden von dem pater fiduciarius vindizieren.

Im Gegensatz zu der Beteiligung von vier Personen konnte das Adoptionsverfahren allerdings auch mit nur drei Personen, dem Hausvater, dem zu Adoptierenden und dem Adoptierenden, durchgeführt werden[68]. Der Hausvater manzipierte dann den Sohn direkt an den Adoptator, dem dabei zunächst die Rolle des mancipio accipiens zukam. War dies der Fall, konnte sich nach der dritten mancipatio die in iure cessio nicht unmittelbar anschließen. Zunächst musste der Adoptator den zu Adoptierenden an den Hausvater remancipieren, bevor dieser den zu Adoptierenden in die patria potestas injurezedieren konnte[69]. Denn ohne Remanzipation hätte der Adoptator nur die mancipium-Gewalt über den zu Adoptierenden ausüben können[70]. Die Erlangung der patria potestas wäre hingegen ausgeschlossen gewe-

---

64 Kaser, SZ (RA) 67 (1950), S. 474, 486; Karlowa, RRG II, S. 234 f.; a.A. Schmidt, S. 13; Kübler, SZ (RA) 24 (1903), S. 453, 455; Stockar, S. 22, die davon ausgehen, dass die patria potestas bereits durch die erste und zweite Manzipation erloschen ist und daher nicht geruht hat, sondern wieder auflebt.

65 Karlowa, RRG II, S. 235 ff.; Kaser, RPR I, § 16 III, 1), S. 70.

66 Kaser, SZ (RA) 67 (1950), S. 474, 487.

67 Die adoptio im klassischen römischen Recht, § 11, S. 52 – 55; Gell. 5, 19, 3.

68 Bergman, S. 135; vgl. auch Söllner, § 8 II, 2, S. 45.

69 Honsell/Mayer-Maly, § 149 III, 2), S. 417; Kaser, RPR I, § 15 IV, S. 67.

70 Kaser, RPR I, § 15 IV, S. 67.

sen. Die remancipatio an den Hausvater war daher bei der Beteiligung von nur zwei Personen am Adoptionsverfahren notwendig[71].

Im Zusammenhang mit der remancipatio wird zumeist auch auf die Textstelle Gaius, Inst. 1, 134 verwiesen[72], in der Gaius in Bezug auf die Remanzipation sagt: „...*sed sane commodius est patri remancipari*". Diese Bemerkung von Gaius hat zu den unterschiedlichsten Interpretationen bei der Beantwortung der Frage nach der Funktion der remancipatio geführt. Während teilweise eine Begünstigung einzelner Personen in der Weise angenommen wird, dass die Remanzipation ein Mittel sei, das dem leiblichen Vater die Teilnahme am Adoptionsverfahren gewähre[73], nimmt Kurylowicz an, dass die remancipatio ein Mittel gewesen sei, das gerade eine Erleichterung des Adoptionsverfahrens erreichen sollte, indem dieses auf nur zwei Beteiligte reduziert werden konnte[74]. Bergman hingegen vertritt die Auffassung, dass die remancipatio dem Magistrat als Kontrolle, ob die Adoption tatsächlich durchgeführt werden sollte und sich Hausvater und Adoptivvater auch einig waren, diente[75]. Ob die Bemerkung des Gaius tatsächlich darauf abzielte festzustellen, dass die Remanzipation ein Mittel war, um den Adoptionsvorgang zu vereinfachen, in dem nur zwei Personen beteiligt waren, oder die Remanzipation dazu dienen sollte, dem Magistrat die Kontrolle über die durchzuführende Adoption zu geben, kann vorliegend dahin gestellt bleiben. Abzulehnen ist jedenfalls die Ansicht, dass die Remanzipation durchgeführt werden musste, damit der leibliche Vater am Adoptionsverfahren teilnehmen konnte[76]. Denn die Argumentation, dass der pater naturalis bei Vindikation von einem Dritten ohne die Durchführung der Remanzipation weiterhin seine Vatersgewalt gegenüber dem zu Adoptierenden geltend machen könne, überzeugt nicht. Die Vatersgewalt des Hausvaters erlosch bereits nach der dritten Manzipation unwiderruflich, so dass es inkonsequent und widersprüchlich wäre, an die bereits erloschene Vatersgewalt die Berechtigung an der Teilnahme am Adoptionsverfahren zu knüpfen[77].

---

71 Möglich war eine remancipatio natürlich auch im Drei-Personen-Verhältnis. Dort konnte der Vertrauensmann nach der dritten Manzipation den zu Adoptierenden an den Hausvater zurück manzipieren. Der Adoptierende vindizierte dann nicht von dem pater fiduciarius, sondern vom Hausvater selbst.

72 Siehe Bonfante I, S. 17; Bergman, S. 134 ff.; Karlowa, RRG II, S. 244; Kurylowicz, Die adoptio im klassischen römischen Recht, § 11, S. 54; Kaser, RPR I, § 15 IV, S. 67, Fn. 21; zur Person des Gaius, siehe Kunkel, Die Römischen Juristen, S. 186 - 213.

73 Karlowa, RRG II, S. 244.

74 Die adoptio im klassischen römischen Recht, § 11, S. 54 f.

75 Bergman, S. 135 f., wobei diese Auffassung in den Quellen keinen Rückhalt findet.

76 Ebenso: Bergman, S. 135 und Kurylowicz, Die adoptio im klassischen römischen Recht, § 11, S. 54.

77 Vgl. Kurylowicz, Die adoptio im klassischen römsichen Recht, § 11, S. 54; Bergman, S. 135.

### 3) in iure cessio

Der letzte Akt im Adoptionsverfahren war die so genannte in iure cessio. Dabei handelte es sich um ein dem Eigentumsprozess, der *legis actio sacramento in rem*, nachgeformtes Rechtsgeschäft[78]. Ebenso wie die mancipatio war die in iure cessio ein abstraktes Verfügungsgeschäft; sie diente der Übertragung, Begründung und Aufhebung aller Rechte, die Gegenstand des Vindikationsprozesses sein konnten[79]. Wie das förmliche Prozessverfahren war auch die in iure cessio nur gewaltfreien römischen Bürgern zugänglich[80]. Auch als „eigentlicher Adoptionsvorgang"[81] bezeichnet, hatte die in iure cessio im Adoptionsverfahren die Folge, dass der Adoptator die patria potestas über den zu Adoptierenden erlangte. Der Akt begann, indem der Adoptierende vor dem Magistrat die Vindikationsformel sprach[82]. Dabei behauptete er zum Schein, der zu Adoptierende sei sein Gewaltunterworfener, obwohl dieser das erst noch werden sollte[83]. Ob der Adoptierende dabei das Hauskind vom Hausvater oder von einem Dritten vindizierte, hing davon ab, wem der zu Adoptierende zuvor manzipiert worden war, dem Adoptator oder einem mancipio accipiens. Unabhängig davon, ob es sich im konkreten Fall um die Person des Hausvaters oder des Dritten handelte, befand sich der zu Adoptierende in diesem Zeitpunkt jedenfalls noch in dessen mancipium-Gewalt.

Nach der Scheinbehauptung des Adoptierenden zeigte sich dann die Besonderheit der in iure cessio. Anders als dies in einem Streitverfahren üblich war, unterließ der Gegner, im Folgenden der Beklagte, die bestreitende Gegenbehauptung (contravindicatio)[84]. Durch sein Schweigen oder sein formloses Zugeständnis erkannte der Beklagte die Klagebehauptung an und gab damit sein Recht zugunsten des Erwerbers auf[85].

Im Fall der adoptio bedeutete dies, dass der Hausvater oder der Dritte die Behauptung des Adoptierenden, es handele sich bei dem zu Adoptierenden um seinen Gewaltunterworfenen, anerkannte.

---

78 Hausmaninger/Selb, viertes Kapitel, 2), S. 151; Kaser/Knütel, § 7 II, 1), Rdnr. 16, S. 60; Wlassak, SZ (RA) 28 (1907), S. 1, 71 ff; ders., SZ (RA) 25 (1904), S. 81, 102 ff.; Kaser, Altröm. Ius, § 14 I, 1), S. 105; Düll, SZ (RA) 56 (1936), S. 282, 287 f.

79 Kaser, RPR I, § 10 II, S. 49.

80 Jörs/Kunkel/Wenger, § 55, 2), S. 97.

81 Kaser, RPR I, § 15 IV, S. 67.

82 Die dabei verwendete Formel: *hunc ego hominem ex iure Quiritium meum esse aio*, entspricht der ersten Hälfte der Manzipationsformel, hierzu: Leifer, SZ (RA) 56, S. 234 f.; vgl. auch Kaser, Altröm. Ius, § 14 I, 1), S. 105; Thormann, S. 4.

83 Jörs/Kunkel/Wenger, § 186, 3 b), S. 294; vgl. auch Dulckeit/Schwarz/Waldstein, § 13 IV, 2), S. 77.

84 Dulckeit/Schwarz/Waldstein, § 13 IV, 1), S. 77.

85 Rabel, SZ (RA) 27 (1906), S. 290, 316 ff.; Kaser, RPR I, § 10 I, S. 48.

Die Erwerbswirkung der in iure cessio trat allerdings erst dann ein, wenn der Magistrat durch addictio seinen Zuspruch gegeben hatte[86]. Für das Adoptionsverfahren folgte daraus, dass der Erwerb der patria potestas durch den Adoptivvater erfolgte und das bis dahin bestehende mancipium der Gegenpartei erlosch, sobald der Magistrat dem Adoptator den zu Adoptierenden durch die addictio zugesprochen hatte. Dementsprechend hatte die addictio des Magistrats die staatliche Anerkennung des Vindizierten als Sohn des Vindizierenden zur Folge. Allerdings konnte der Magistrat, als Kontrolleur des Adoptionsverfahrens, die addictio auch verweigern, etwa wenn diese nicht rechtmäßig war[87]. Der Abschluss der in iure cessio bedeutete gleichzeitig auch die erfolgreiche Durchführung des Adoptionsverfahrens.

### III. Die Unterschiede zwischen adrogatio und der datio in adoptionem

Ein offensichtlicher Unterschied zwischen adrogatio und adoptio bestand schon in ihrer Durchführung vor den verschiedenen Organen. Während der öffentlich-rechtliche Charakter der adrogatio dadurch zum Ausdruck kam, dass sie vor der Volksversammlung stattfand, zeigte sich der privatrechtsgeschäftliche Charakter der adoptio darin, dass der Magistrat schließlich den zu Adoptierenden dem Adoptator durch addictio zusprach.

Des Weiteren konnte – im Gegensatz zur Arrogation - per datio in adoptionem nur ein Gewaltabhängiger angenommen werden. Bei der Arrogation handelte es sich hingegen um einen Gewaltunabhängigen, der in den agnatischen Familienkreis aufgenommen werden sollte.

Die Arrogation hatte für den Anzunehmenden als Person sui iuris die Folge, dass er seine rechtliche Selbständigkeit verlor. Im Unterschied dazu besaß die datio in adoptionem für die Person alieni iuris lediglich die Wirkung, dass der Gewaltinhaber wechselte. Stand der zu Adoptierende zunächst unter der Gewalt des bisherigen Hausvaters, so ging er durch die Adoption in die Gewalt des pater adoptivus über. Gemeinsame Folge von Arrogation und Adoption im engeren Sinne war zwar, dass sowohl der Arrogierte als auch der Adoptierte aus seinem bisherigen Familienverbund ausschied und damit die ursprüngliche Familienzugehörigkeit als beendet angesehen wurde. Insbesondere verlor der Adoptierte sein Intestaterbrecht in der ursprünglichen Familie. Hinsichtlich der Veränderung der agnatischen Familienstrukturen musste allerdings zwischen den Folgen der datio in adoptionem und der Arrogation unterschieden werden. Nach erfolgreicher Durchführung der Arrogation trat der Arrogierte zusammen mit seinen Deszendenten in die väterliche Gewalt des Annehmenden. Sowohl der Arrogierte als auch dessen Abkömmlinge gehörten ab diesem Zeitpunkt dem agnatischen Familienverbund des pater adoptivus an[88];

---

86 Kaser, Altröm. Ius, § 14 I, 1), S. 107.

87 Bergman, S. 132, 135 f.; Wlassak, SZ (RA) 28 (1907), S. 1, 68.

88 Kaser, RPR I, § 15 III, 1), S. 66.

der Arrogierte als filius familias, dessen Deszendenten als agnatische Verwandtschaft. Die Arrogation hatte somit auch Auswirkungen auf die Deszendenten des Anzunehmenden. Anders war dies hingegen bei der adoptio im engeren Sinne. Erfolgte die Annahme des zu Adoptierenden durch die adoptio im engeren Sinne, dann wurde dadurch eine agnatische Verbindung zwischen Adoptivvater und dem Angenommenen hergestellt, nicht aber auch zu dessen Abkömmlingen. Vielmehr verblieben diese in der ursprünglichen Hausgewalt des Großvaters[89]. Der Adoptierende hatte jedoch die Möglichkeit, die Kinder des Gewaltunterworfenen, welcher ja mangels patria potestas selbst nicht adoptieren konnte, an Enkels statt[90] anzunehmen. Unterschiede zwischen adrogatio und adoptio im engeren Sinne lagen auch hinsichtlich der Vermögensrechte vor. Änderungen ergaben sich dabei insbesondere für den Arrogierten. Sein Vermögen und alles, was ihm zuvor gehört hatte und übertragbar war, ging auf den Arrogierenden über. Bei der Annahme einer Person alieni iuris durch die adoptio konnte hingegen kein Vermögen an den Annehmenden fallen, da der Gewaltabhängige nicht vermögensfähig war und daher kein Vermögen besitzen konnte. Die vermögensrechtliche Situation einer Partei änderte sich somit bei der datio in adoptionem nicht.
Weiterhin war es bei der adoptio im Gegensatz zur adrogatio nicht notwendig, dass es sich bei dem Adoptierten um einen mündigen Mitbürger handelte[91]. Ebenso wenig setzte die adoptio Kinderlosigkeit oder gar ein Altersminimum des Adoptierenden für die Gültigkeit der Adoption voraus.

### IV. Auswirkung der Formnichtigkeit bei adrogatio und adoptio

Die Adoption als ein durch Kombination bereits existierender Rechtsgeschäftsformulare geschaffenes, nachgeformtes Rechtsgeschäft zeigt deutlich, was für einen Stellenwert der Formalismus zu dieser Zeit einnahm. Selbst eine umständlichere Durchführung des Rechtsgeschäfts wurde hingenommen, um die Formalien wahren zu können[92]. Die dadurch dem Rechtsgeschäft eigenen komplizierten Abläufe bargen jedoch immer die Gefahr, formale Kriterien nicht einzuhalten. Unter diesem Gesichtspunkt stellt sich die Frage, wie Adoptionen, die formwidrig durchgeführt worden waren, rechtlich behandelt wurden. Adoptionen, in der Gestalt der adrogatio oder der datio in adoptionem, bei denen die Form nicht eingehalten wor-

---

89 Gai. Inst. 1, 98, 99; Knothe, SZ (RA) 100 (1983), S. 647, 649; Knütel, S. 12, 13 mit Verweis auf D. 1, 7, 40 pr. (Mod. 1,1 diff.).

90 Siehe ausführlich zur Annahme an Enkels statt: Knütel, S. 13 – 17 = Index 22 (1994), S. 249, 255 - 258.

91 Vgl. D. 1, 7, 42 (Modest. lib. 1,1 pandect.); Knothe, SZ (RA) 100 (1983), S. 647, 652; dieses ursprüngliche Erfordernis der Mündigkeit des Arrogierten hat erst Antoninus Pius (wohl 138-161 n. Chr.) beseitigt.

92 Der Sinn des Formalismus bestand insbesondere darin, den Bürgern Rechtssicherheit zu garantieren. Zur Bedeutung der Tradition und dem römischen Traditionsbewusstsein, siehe Schulz, Prinzipien des römischen Rechts, S. 57 ff.

den war, entfalteten keinerlei Rechtswirkung[93]. Das formwidrig durchgeführte Verfahren war schlicht unwirksam. Der auf diese Weise scheinbar Arrogierte oder Adoptierte fiel daher nicht in die patria potestas des Annehmenden, sondern behielt die Stellung, die ihm auch vor dem unwirksam vollzogenen Verfahren zugekommen war. Möglich war es jedoch, eine erneute formwirksame Arrogation oder adoptio durchzuführen, um so die gewünschte Folge, den Erwerb der patria potestas durch den pater adoptivus, herbeizuführen. Abgesehen von der Durchführung einer neuen Adoption, gab es auch die so genannte confirmatio. Diese vom Konsul oder später vom Kaiser[94] gegebene Bestätigung der zunächst formfehlerhaft durchgeführten Adoption führte zur Anerkennung des Rechtsgeschäfts. Fraglich ist jedoch, ob eine confirmatio sowohl bei der adoptio als auch bei der Arrogation in Betracht kam.

Aufschlussreich könnte in diesem Zusammenhang die Textstelle D. 1, 7, 38 (Marcellus lib. 26 dig.)[95] sein:

> „*Adoptio non iure facta a principe confirmari potest.*“
>
> (Eine Adoption, die nicht rechtsgültig erfolgt ist,
> kann vom Kaiser bestätigt werden[96].)

Allein aus dem Wortlaut des Fragments ergibt sich schon, dass jedenfalls für die formfehlerhaft durchgeführte adoptio die Möglichkeit einer confirmatio bestand. Allerdings ist die Adoption in der Gestalt der adrogatio in dem Fragment nicht erwähnt. Auch in dem darauf folgenden Fragment D. 1, 7, 39 (Ulp. 1, 3 de off. consulis)[97], in dem erneut die Konfirmation der adoptio angesprochen wird, fehlt eine Bemerkung über die Möglichkeit der confirmatio einer adrogatio[98]. Ein Fragment, das sich ausdrücklich auf die Konfirmation einer Arrogation bezieht, gibt es nicht. Daraus folgt, dass sich entweder D. 1, 7, 38 (Marcellus lib. 26 dig.) auch auf die Arrogation beziehen sollte oder die Arrogation nicht konfirmiert werden konnte. Dell'Oro stellt diesbezüglich fest, dass die Möglichkeit einer Konfirmation der Arrogation nur besteht, wenn es sich bei dem genannten Fragment um eine Interpolation handeln würde[99]. Gegen die Annahme einer Interpolation spricht jedoch, dass,

---

93 Vgl. Jörs/Kunkel/Wenger, § 61, 2b), S. 106 zum Formmangel als Nichtigkeitsgrund; für die Arrogation ergibt sich dies ausdrücklich aus D. 41, 3, 44 pr. (Papin 1, 23); hierzu vor allem Kurylowicz, Die adoptio im klassischen römischen Recht, § 14, S. 64 - 67.

94 Die folgenden, zitierten Fragmente stammen aus der Kaiserzeit, können inhaltlich jedoch auf die Zeit der Republik übertragen werden, Dell'Oro, Labeo 5 (1959), S. 12, 13; Kaser, RPR I, § 83 (82), II, 2), S. 349.

95 Zur Person des Ulpius Marcellus, Kunkel, Die Römischen Juristen, S. 213 f.

96 Übersetzung nach Behrends/Knütel/Kupisch/Seiler, CIC, Band II, S. 136.

97 Zur Person des Domitius Ulpianus, Kunkel, Die Römischen Juristen, S. 245 f.

98 Das gilt auch für die Textstelle D. 1, 7, 29 (Callistratus, 2. lib. inst.). Zur Person des Callistratus, Kunkel, Die Römischen Juristen, S. 235.

99 Labeo 5 (1959), S. 12, 14 ff.

würde man eine confirmatio bei der Arrogation annehmen, diese im Wesentlichen auf eine neue Durchführung der adrogatio hinauslaufen würde[100]. Die Notwendigkeit, eine confirmatio bei der adrogatio zuzulassen, bestand daher nicht. Dem folgend bezieht sich das genannte Fragment nur auf die Konfirmation der adoptio; nicht hingegen auch auf die Möglichkeit einer confirmatio der adrogatio. Daher ist die Möglichkeit einer Konfirmation der adrogatio abzulehnen[101]. Im Fall einer formfehlerhaft durchgeführten adrogatio blieb den Beteiligten somit nichts anderes übrig, als die Arrogation erneut durchzuführen.

## C. Résumée

Zusammenfassend lässt sich anführen, dass es zur Zeit der Republik im römischen Recht insgesamt zwei verschiedene Adoptionsformen gegeben hat: die *adrogatio* und die *adoptio* im engeren Sinne. Die adrogatio war als Komitialakt, eben durch das vor der comitia curiata durchzuführende Verfahren, streng an Rom gebunden. Diese örtliche Gebundenheit beinhaltete vor allem für die in den ländlichen Gebieten lebende Bevölkerung den Nachteil, dass sie das für die adrogatio notwendige Verfahren nicht durchführen konnte. Zudem konnte lediglich der Mündige und rechtlich Selbständige arrogiert werden. Im Gegensatz zu den strengen Voraussetzungen, unter denen eine Arrogation durchgeführt werden musste, brachte die datio in adoptionem viele Erleichterungen. Ausgestaltet als privates Rechtsgeschäft war sie gerade nicht an Rom gebunden und konnte daher auch in den Provinzen durchgeführt werden. Verschloss sich einem Hausvater die Möglichkeit, eine Person in den Familienkreis mittels der adrogatio aufzunehmen, so musste dies nicht mehr unbedingt Auswirkungen auf den Bestand seiner Familie haben. Er konnte auch mittels der datio in adoptionem eine fremde Person in seinen Familienverbund aufnehmen. Denn beide Rechtsinstitute dienten der Herstellung eines künstlichen Verwandtschaftsverhältnisses und hatten den Erwerb der väterlichen Gewalt zur Folge[102]. Neben dem Erwerb der väterlichen Gewalt dienten die adrogatio und die datio in adoptionem außerdem hauptsächlich der Regelung der Erbfolge im agnatischen Sinne. Denn erbrechtlich war der Adoptierte, gleichgültig ob dieser in der Gestalt der datio in adoptionem oder der der adrogatio angenommen worden war, eine Person sui heredes und damit an erster Stelle neben den agnatischen Abkömmlingen des Erblassers berufen. Somit stellte die Adoption, sowohl in der Gestalt der adrogatio als auch in der der datio in adoptionem noch immer ein Mittel dar, um den Antritt der Erbschaft durch den nächsten agnatischen Verwandten oder etwa durch die extranei heredes zu umgehen. Fiel nämlich die Erbschaft an den Adoptierten, hatte dies den Vorteil, dass damit eine Erbteilung ausgeschlossen

---

100 ausführlicher Dell'Oro, Labeo 5 (1959), S. 12, 18, 24 f.

101 Ebenso: Bergman, S. 136; Kaser, RPR I, § 83 (82), II, 2), S. 349.

102 Dass dies den Hauptzweck der Adoption darstellte, wird unter anderem deutlich aus Gell. 5, 19, 2 und 4; D. 1, 7, 1 pr. (Modest. lib. 2 reg.); D. 1, 7, 40 pr. (Modest. lib. 1 differ.).

war. Infolgedessen bestand die Motivation, eine Adoption durchzuführen, zur Zeit der Republik im Wesentlichen darin, die Nachfolgerfrage zu klären und damit die Erbfolge zu regeln.

## 3. Abschnitt: Verständnis und Regelung der Adoption in der Kaiserzeit

### A. Die Rechtsentwicklung nach dem Untergang der Republik

Dieses schon zur Zeit der hohen Republik bestehende Rechtsverständnis der Adoption als ein Mittel zur Erlangung der patria potestas und zur Gestaltung der agnatischen Erbrechtsnachfolge, einschließlich ihrer Voraussetzungen, hielt sich über Jahrhunderte hinweg unverändert bis hin zur Kaiserzeit. Der Prinzipat, als erste Periode der Kaiserzeit, trat an die Stelle der durch die Unruhen der Gracchenzeit und den Bürgerkriegen zwischen Marius und Sulla sowie Pompeius und Caesar angeschlagenen Republik. Unter der Regentschaft von Augustus, als „Schöpfer des Prinzipats“[103], kam die rechtsetzende Tätigkeit der Prätoren zum Erliegen; die gesetzgeberische Arbeit wurde nun von den Volksversammlungen geleistet[104]. Mit dem Tod des Kaisers erlosch im Laufe des ersten Jahrhunderts, ungefähr zur Antoninenzeit, auch die Gesetzgebung der Komitien[105]. Die Gesetzesrolle übernahm im Folgenden der Senat. Dieser sprach in Form von Senatsbeschlüssen (senatus consulta) Empfehlungen zu den auftretenden Problemen an die Magistrate aus[106]. Der Kaiser, dem zwar formell keine Gesetzgebungsbefugnisse zustanden, konnte jedoch seine Macht derart ausüben, dass er die jeweiligen Senatslisten aufstellte und so nicht nur die Zusammensetzung des Senats, sondern auch dessen Ansichten bestimmte[107]. Des Weiteren war es ihm durch den Erlass von kaiserlichen Reskripten[108] möglich, Einfluss auf die Gesetzgebung zu nehmen. Damit war der Machtzuwachs des Kaisers enorm. Freilich war diese Gewalt des „ersten Bürgers“ nicht in der Verfassung verankert, sondern ging aus der politischen Ideologie, die dem Prinzipat zu Grunde lag, hervor[109]. Tatsächlich hatte diese Gesinnung jedoch zur Folge, dass es zur Errichtung einer absoluten Monarchie kam, da sich die Macht faktisch in den Händen des Kaisers konzentrierte[110]. Die Monarchie hatte aller-

---

103 Söllner, § 14 I, S. 93; Liebs, 1. Kapitel, 2a), S. 48 f. Augustus hieß mit bürgerlichem Namen Gaius Octavius und hatte seine Stellung hauptsächlich Caesar zu verdanken, siehe unten unter B.

104 Bretone, VIII, 3, S. 154.

105 Liebs, 1. Kapitel, 2a), S. 49; Bretone, VIII, 3, S. 154.

106 Dulckeit/Schwarz/Waldstein, § 27 II, 2b), S. 196; Söllner, § 15 II, S. 99, 100.

107 Kunkel/Schermaier, § 8 I, S. 165, 167.

108 In der Folgezeit konnte der Kaiser unter anderem auch durch edicta und decreta seinen Einfluss geltend machen; vgl. zur Typologie P. Frezza, Corso di Storia del diritto romano, S. 437.

109 Kunkel, zweiter Abschnitt, § 3 IV, 4), S. 60.

110 vgl. Kaser, RRG, § 24 I, 2), S. 104.

dings unter anderem den Nachteil, dass sich bei Ableben des jeweiligen Monarchen die Frage nach seiner Nachfolge stellte. Lediglich mit Hilfe der Adoption, als Mittel, eine fremde Person unter die väterliche Gewalt zu stellen und damit auch als Erben berufen zu können, konnte diese Frage gelöst werden.

## B. Politisch motivierte Adoptionen / Das Zeitalter der Adoptivkaiser

Grundsätzlich war die Idee, die Nachfolgerfrage durch die Adoption zu lösen, nicht neu, denn schon Augustus war durch Caesar adoptiert und so zur Nachfolge berufen worden. Allerdings wurden im ersten und zweiten Jahrhundert auffällig viele Kaiser mittels der Adoption zum Herrscher gemacht. Nach der Regierung Nervas (96-98 n. Chr.) folgten die so genannten „Adoptivkaiser“: Trajan, Hadrian, Antoninus Pius und Marcus Aurelius. Rückblickend sieht es daher so aus, als ob im ersten und zweiten Jahrhundert das Adoptionsprinzip grundsätzlich als Nachfolgerreglung eingeführt worden wäre. Unter dem Aspekt, dass die erneute Bildung einer Dynastie unterbunden werden sollte, da die Schreckensherrschaft Domitians, als dem letzten Kaiser der flavischen Dynastie, noch in Erinnerung war, erscheint diese Behauptung plausibel. Dagegen sprechen jedoch die biologischen und historischen Tatsachen. Allen Kaisern zwischen Nerva und Antoninus Pius war gemeinsam, dass ihnen die eigene männliche Nachkommenschaft, die die Regierung hätte übernehmen können, gefehlt hat. So hatte der jeweilige Herrscher nicht etwa die Wahl, ob er den eigenen Nachkömmling oder einen noch zu Adoptierenden als Herrscher designierte. Vielmehr musste der Kaiser mittels Adoption seine Nachfolge bestimmen. Die Kette der „Adoptivkaiser“ zwischen dem ersten und zweiten Jahrhundert nach Christus beruhte daher eher auf einem Zufallsprinzip als auf dem Grundsatz, die Nachfolge nur mittels der Adoption bestimmen zu können.
Fraglich bleibt, in welcher Gestalt die Adoption eines künftigen Herrschers vorgenommen wurde. Aus nichtjuristischen Quellen ist, abweichend von der Arrogation und der datio in adoptionem, noch die Existenz der so genannten *adoptio per testamentum* bekannt[111]. Rechtliche Folgen wie die bei der Arrogation oder der datio in adoptionem ergaben sich für den eingesetzten Erben aus der adoptio per testamentum nicht. Für den Erben bestand lediglich eine sittliche Pflicht, den Namen des Testators zu führen[112]. Der wohl berühmteste Anwendungsfall der Adoption mittels Testament war die Adoption des späteren Augustus durch Caesar[113]. Allerdings beschränkte sich die Rechtsfolge dieser adoptio per testamentum nicht darauf, dass Augustus den Namen Caesars annahm. Folge der testamentarischen

---

111 Tacit. Annal. I, 8; Zusammenstellung aller Quellen bei: Bachofen, S. 230; Sintenis, S. 117.

112 Sintenis, S. 117 ist daher der Auffassung, dass die adoptio per testamentum eigentlich keine Adoption darstellt; in diesem Sinne auch Vering, VI, S. 151, 153, der feststellt, dass es sich bei dem Wesen der adoptio per testamentum nicht um eine Adoption handelt, aber auch nicht um ein Testament; vgl. auch Kaser, RPR I, § 83 (82) II, 3), S. 349.

113 Ausführlich hierzu: Prévost, Lés adoptiones politiques à Rome sous la Republique et le Principat, Paris 1949; ders., RIDA 5 (1950), S. 361 – 381; Bonfante I, S. 19.

Erhebung Augustus war nicht nur dessen Eintritt in die politische Stellung Caesars als Herrscher, sondern vielmehr auch sein Eintritt in die Familie Caesars[114]. Somit bedeutete für Augustus die adoptio per testamentum den Erwerb aller Agnationsrechte, insbesondere die Erlangung des Erbrechts in der Familie Caesars[115]. Diese Rechtsfolgen konnte die adoptio per testamentum allerdings in dem Fall nur deswegen aufweisen, weil Augustus das Testament von Caesar durch einen Akt der Kuriatkomitien bestätigen ließ[116]. Damit erlangte die adoptio per testamentum einen öffentlich-rechtlichen Charakter, der mit dem der Arrogation vergleichbar war. Eine solche Bestätigung der adoptio per testamentum durch einen Akt der Kuriatkomitien stellte jedoch eine höchst ungewöhnliche Ausnahme dar und kann somit grundsätzlich nur auf die Adoption eines Herrschers und nicht etwa auch auf die eines römischen Bürgers bezogen werden[117]. Abgesehen davon, waren die politisch motivierten Adoptionen, zu denen auch die Kaiseradoptionen zählten, nicht nur auf die Gestalt der adoptio per testamentum beschränkt. In Betracht kam ebenfalls die Annahme durch Arrogation oder durch die datio in adoptionem. Die Zeit der Adoptivkaiser endete schließlich mit Marcus Aurelius. Nach dessen Tod und dem Ende der gemeinsamen Regierung mit Lucius Aurelius Verus wurde Marc Aurels Sohn Lucius Aelius Aurelius Commodus sein Nachfolger.

## C. Die Adoption zur Zeit von Antoninus Pius

Antoninus Pius[118], selbst von seinem Großvater Hadrian im Jahr 138 nach Christus adoptiert, übte die ihm als „erstem Bürger" verliehene Macht, durch den Erlass von Reskripten noch stärkeren Einfluss auf die Gesetzgebung nehmen zu können, auch aus. Unter der Herrschaft von Antoninus Pius erfuhr das bis dahin geltende Adoptionsrecht, eben durch den Erlass eines kaiserlichen Reskripts, eine wesentliche Änderung. Anknüpfungspunkt war dabei hauptsächlich die Adoption in der Gestalt der Arrogation.

### I. Die Arrogation eines Unmündigen

Im Gegensatz zur datio in adoptionem bestand bei der Arrogation seit alters her das Erfordernis der Mündigkeit des Arrogierten. Bei Männern hatte man dabei den Eintritt der Mündigkeit auf die Vollendung des 14. Lebensjahres festgelegt[119]. Antoninus Pius war es schließlich, der diese Gültigkeitsvoraussetzung der Arrogation

---

114 vgl. Bachofen, S. 235, der diese Folge allerdings nicht nur für die adoptio per testamentum eines Herrschers annimmt.

115 Prévost, RIDA 5 (1950), S. 361, 364 f.; Vering, VI, S. 153.

116 Vering, VI, S. 153; Kaser, RPR I, § 83 (82), II, 3), S. 349; Prévost, RIDA 5 (1950), S. 361, 370; Bonfante I, S. 19.

117 So auch schon Vering, VI, S. 153 gegen die Ansicht Bachofens, S. 235.

118 Antoninus Pius wählte später den jungen Marcus Aurelius als seinen Nachfolger, der ihm dann in seinen „Selbstbetrachtungen" im 16. Stück des ersten Buches alle Ehre zuteil werden ließ.

119 Gai. Inst. 1, 102.

nicht nur hinterfragte, sondern auch endgültig beseitigte[120]. Dadurch wurde die Arrogation eines Unmündigen möglich.
Voraussetzung für die adrogatio eines impubes war dabei die Zustimmung sämtlicher Vormünder des Unmündigen[121]. Außerdem wurde gefordert, dass der Adrogator kinderlos geblieben war[122]. Ferner wurde für diese Art der Adoption auch das Vorliegen einer iusta causa verlangt. Dadurch sollte eine Konkurrenzsituation zwischen ehelichem Kind und adrogiertem extraneus bei Anfall des Erbes vermieden werden[123]. Eine weitere bindende Voraussetzung war, dass der Adrogator vor der Arrogation einem Staatssklaven eine Sicherheit dahingehend leistete[124], dass er, sofern der Unmündige nach der Arrogation und vor Eintritt seiner Mündigkeit versterben würde, alles, was der Adrogator durch die Arrogation an Vermögen erwerben würde, an die Personen zurückgeben werde, die es erhalten hätten, wenn der Unmündige nicht arrogiert worden wäre[125]. Im Wesentlichen verhinderte diese Voraussetzung, dass jemand einen Unmündigen nur deshalb arrogierte, um dessen Vermögen durch die Arrogation zu erlangen. Falls jedoch nicht der Unmündige selbst, sondern der Adrogator vor Eintritt der Mündigkeit des Arrogierten verstarb, so ging die Restitutionspflicht auf die Erben den Adrogators über[126].

### II. Hintergründe der rechtlichen Änderung

Die Tatsache, dass nunmehr auch Unmündige arrogiert werden konnten, deutet auf ein sich wandelndes Familienverständnis hin. Denn der Sinn der Adoption in der Gestalt der Arrogation war zuvor in erster Linie die Sicherung der Fortführung der agnatischen Familie gewesen. Dem stand die adrogatio von Unmündigen entgegen, da diese die agnatische Familie nicht fortführen konnten. Aufschlussreich ist in

---

120 Gai. Inst. 1, 102; Sohm/Mitteis/Wenger, § 89 II, S. 528; Kurylowicz, Die adoptio im klassischen römischen Recht, § 22, S. 89; ausführlich Donatuti, BIDR 64 (1961), S. 127, 129; David, SZ (RA) 51 (1931), S. 525, 528 f. der allerdings der Auffassung ist, dass die Arrogation von Unmündigen bereits vor Antoninus Pius zulässig gewesen ist.

121 C. 8, 47 (48), 2, 1 Impp. Diocletianus et Maximianus AA. Timotheo [a. 286]; Sintenis, S. 108 – 111.

122 Taubenschlag, Opera Minora, Band 1, S. 25; vgl. C. 8, 47 (48), 3 Idem AA. Marciano [a. 286].

123 So Bergman, S. 7; vgl. auch D. 1, 7, 17, 3 (Ulp. lib. 26 ad Sab.); C. 8, 47 (48), 3; Gai. Inst. 1, 102; Donatuti, BIDR 64 (1961), S. 127, 129. Was konkret als iusta causa anerkannt wurde, kann aufgrund fehlender bzw. interpolationsverdächtiger Quellen nicht exakt benannt werden. Kurylowicz, Die adoptio im klassischen römischen Recht, § 23, S. 91 – 93, 91, vermutet, dass für die iusta causa möglicherweise die Quellen über die Arrogation eines Mündels durch den Vormund herangezogen wurden und damit insbesondere D. 1, 7, 17 pr. (Ulp. lib. 26 ad Sab.) als Anhaltspunkt für die Voraussetzung der iusta causa dienen könne.

124 So genannte „satisdatio".

125 D. 1, 7, 18 (Marc. lib. 26 dig.); D. 1, 7, 20 (Marc. lib. 26 dig.); Donatuti, BIDR 64 (1961), S. 127, 145 Anm. 16.

126 Kurylowicz, Die adoptio im klassischen römischen Recht, § 24, S. 98 m.w.N.

diesem Zusammenhang die Betrachtung des sich wandelnden Ehe- und Erbrechts. Im Laufe des 2. Jahrhunderts n. Chr. wurde die ältere manus-Ehe durch die gewaltfreie Ehe verdrängt[127]. In der manus-freien Ehe gab es jedoch im Unterschied zur manus-Ehe keine agnatische Verwandtschaft[128]. Daher mussten Änderungen in der gesetzlichen Erbfolge, die auf der agnatischen Verwandtschaft basierte, vorgenommen werden[129].

Aber nicht nur Änderungen im Eherecht drängten zu einer Reform des Erbrechts, das immer noch auf den Regelungen der Zwölf - Tafeln basierte, sondern auch die sich seit der frühen Republik veränderte Weltanschauung. Der Haus- und Ahnengötterkult, der noch zur Zeit der Republik einen wichtigen Platz im Leben eines jeden Römers eingenommen hatte, wurde zur Kaiserzeit allmählich durch andere religiöse Strömungen, wie etwa der des Christentums, verdrängt. Der Fortführung des Hausgötterkults durch einen Erben kam daher nicht mehr der gleiche hohe Stellenwert zu, wie das noch zur Königszeit oder zur Zeit der Republik der Fall gewesen war. Außerdem lösten sich zur Kaiserzeit die Gentilverbände auf[130]. Allerdings wurde das seit der Königszeit verankerte Erbrecht auch in der Kaiserzeit noch nicht ausdrücklich durch eine neue Regelung aufgehoben. Dies hatte zur Folge, dass im Wesentlichen immer noch die agnatische Familie die Grundlage der gesetzlichen Erbfolge bildete, aber auch die kognatische Verwandtschaft in die Erbfolge mit einbezogen wurde[131]. Somit fand eine Vermischung von Agnations- und Kognationsprinzip statt. Im konkreten Erbfall war es dann Aufgabe der Prätoren die beiden verschiedenen Prinzipien entsprechend zu berücksichtigen. Eine Überlagerung der gesetzlichen Regelung war dabei nicht ausgeschlossen. Diese Wandlung hin zur stärkeren Berücksichtigung der kognatischen Verwandtschaft wirkte sich dementsprechend auf das Verständnis der adrogatio aus. Die Sicherung der Fortführung der agnatischen Familie war nicht mehr notwendig. Damit fiel die ursprüngliche Funktion der adrogatio weg. In den Mittelpunkt der adrogatio, vor allem der eines impubes, rückte nunmehr verstärkt der Schutz des Angenommenen vor den Folgen der Arrogation.

### III. Folgen der rechtlichen Änderung / Der Schutz des Angenommenen

Die beginnende Individualisierung hatte für die Adoption einen stärkeren Schutz des Angenommenen zur Folge. Bemerkbar machte sich das insbesondere bei der Arrogation eines Unmündigen. Zwar war schon seit der nachweislichen Existenz

---

127 Kaser, RPR I, § 73 III, S. 312; § 76 II, S. 323, 324.

128 Söllner, § 8 II, 3 und 4, § 15 II.

129 Gemeint sind hier das SC (Senatus Consultum) Tertullianum und das SC Orfitianum, die auf Grundlage der cognatischen Verwandtschaft dem Bedürfnis, erbrechtliche Beziehungen zwischen der Mutter und den Kindern zu begründen, entsprachen.

130 Liebs, 2. Kapitel, 3a), S. 134.

131 Vgl. Liebs, 2. Kapitel, 3b), S. 135.

der Arrogation darauf geachtet worden, dass dem Annehmenden kein verwerfliches Motiv zur Annahme der fremden Person in den Kreis der Familie veranlasst hatte[132]. Dass dieser schon damals von dem Pontifikalkollegium zu prüfende Grundsatz insgesamt jedoch eine Ausdehnung erfuhr, zeigt unter anderem der Quellentext D. 1, 7, 17, 2 (Ulp. lib. 26 ad Sab.):

> *„Et primum quidem excutiendum erit, quae facultates pupilli sint et quae eius, qui adoptare eum velit, ut aestimetur ex comparatione earum, an salubris adoptio possit pupillo intellegi: deinde cuius vitae sit is, qui velit pupillum redigere in familiam suam: tertio..."*
>
> (Und zwar ist erstens zu ermitteln, welches Vermögen der Unmündige hat und welches der, der ihn adoptieren will, damit sich aufgrund des Vergleichs der beiden Vermögen abschätzen lässt, ob man die Adoption als für den Unmündigen vorteilhaft ansehen kann, sodann, welchen Lebenswandel derjenige führt, der den Unmündigen in seine Familie aufnehmen will; drittens...[133]).

Danach war es nicht mehr allein ausreichend, dass dem Annehmenden kein verwerfliches Motiv zur Last gelegt werden konnte. Vielmehr musste die Adoption für den Unmündigen vorteilhaft sein. Im Umkehrschluss bedeutete das, dass, wenn sich die Adoption für den impubes als ungünstig erweisen sollte, die Zustimmung und damit die Annahme an Kindes statt verweigert wurde. Dass es nicht allein auf die lauteren Absichten des Annehmenden in vermögensrechtlicher Hinsicht ankam, zeigt der sich anschließende Satz. Der Lebenswandel des Adoptators spielte demnach eine nicht unerhebliche Rolle für die erfolgreiche Annahme eines Unmündigen. Der impubes wurde so vor den möglicherweise auch negativen Folgen, die eine Adoption, insbesondere die Arrogation, für ihn selbst haben konnte, geschützt. Der sich rechtlich erweiternde Schutz äußerte sich auch in einer gewissen Privilegierung des Adoptierten gegenüber dem leiblichen Kind des Adoptivvaters. Das folgt aus einer Zusammenschau der Fragmente D. 1, 7, 17, 31 (Marc. lib. 5 reg.) und D. 1, 7, 32 pr. (Papin. lib. 31 quaest.). Dort heißt es:

> *„Non potest filius, qui est in potestate patris, ullo modo compellere eum, ne sit in potestate, sive naturalis sive adoptivus."*
>
> (Ein Sohn, der in der Gewalt seines Vaters steht, kann diesen in keiner Weise dazu zwingen, ihn aus der väterlichen Gewalt zu entlassen, gleichgültig ob er ein leiblicher oder ein adoptierter Sohn ist[134].)
>
> *Nonnumquam autem impubes qui adoptatus est audiendus erit, si pubes factus emancipari desideret, idque causa cognita per iudicem statuendum erit.*

---

132 Siehe oben 1. Abschnitt: I.

133 Übersetzung nach Behrends/Knütel/Kupisch/Seiler, CIC, Band II, S. 131.

134 Übersetzung nach Behrends/Knütel/Kupisch/Seiler, CIC, Band II, S. 134.

(Bisweilen muss jedoch ein Unmündiger, der [durch Arrogation] als Kind angenommen worden ist, Gehör finden, wenn er nach Erreichen der Mündigkeit verlangt, aus der Gewalt entlassen zu werden; und darüber ist nach Voruntersuchung vom Richter zu bestimmen[135].)

Während im ersten Fragment Marcian darauf abstellt, dass weder der leibliche Sohn noch der durch Adoption Angenommene die Emanzipation von dem Hausvater verlangen kann, ergibt sich anderes aus dem Fragment von Papinian. Nach Papinian war es für den arrogierten Unmündigen nach Erreichen der Mündigkeit möglich, von dem Hausvater die Entlassung aus der patria potestas zu verlangen. Eine getrennte Ansicht der Quellentexte führt demnach nur zu Widersprüchen. Betrachtet man dagegen beide Fragmente zusammen, so liegt eine Regel-Ausnahme Beziehung vor. Grundsätzlich galt danach, dass allein der Hausvater darüber entscheiden und bestimmen konnte, wen er aus seiner Macht entließ. Ausnahmsweise galt dies jedoch nicht, wenn der mittlerweile Mündige, der ursprünglich als impubes arrogiert worden war, ein berechtigtes Interesse daran hatte, aus der patria potestas entlassen zu werden. Der so Arrogierte musste sein Interesse dartun und auch nachweisen, dass ein weiterer Verbleib unter der patria potestas des Arrogierenden für ihn nur ungünstig war. Hierzu wurde der mittlerweile Mündige zunächst angehört und erst nach einer Voruntersuchung eines Richters darüber entschieden, ob er die Entlassung aus der väterlichen Gewalt verlangen konnte. Im Vergleich zum leiblichen Sohn des pater familias war der Arrogierte also privilegiert. Denn nur er war in der Lage, unter gewissen Voraussetzungen den pater familias zur Entlassung zu zwingen, während dem leiblichen Sohn diese Möglichkeit nicht offen stand. Daher ergibt allein die Zusammenschau beider Fragmente einen Sinn. Die dadurch eintretende Privilegierung des arrogierten impubes lässt deutlich den erweiterten Schutz des Arrogierten vor den Folgen der Arrogation erkennen.

Die Auflockerung der Voraussetzungen der Arrogation und die stärkere Individualisierung des Einzelnen, beides ermöglicht durch das sich im Wandel befindliche Familienverständnis, hatten demgemäß einen stärkeren Schutz des Adoptierten zur Folge.

## IV. Nachahmung eines natürlichen Kindschaftsverhältnisses?

Des Weiteren stellt sich die Frage, ob dadurch, dass auch Unmündige arrogiert werden konnten, die Arrogation womöglich schon in dieser und nicht erst zu Justinians Zeit dazu dienen sollte, ein natürliches Kindschaftsverhältnis nachzuahmen[136]. Anlass, einen positiven Altersunterschied zwischen Adrogator und Arrogiertem anzunehmen, bietet schon die Rede *„De domo sua"* von Cicero aus dem Jahr 57 v. Chr. In dieser weit vor der Zeit von Antoninus Pius gelegenen Rede äu-

135 Übersetzung nach Behrends/Knütel/Kupisch/Seiler, CIC, Band II, S. 134, 135.

136 Vgl. Inst. 1, 11, 4 „adoptio enim naturam imitatur", D. 1, 7, 40, 1 (Modest. lib. 1, differ.); ausführlich dazu unten 4. Abschnitt: B. III.

ßerte Cicero seine Zweifel bezüglich der Gültigkeit der Adoption von Clodius, ursprünglich Publius Claudius Pulcher, durch den wesentlich jüngeren Publius Fonteius[137]. Cicero machte die Gültigkeit der Adoption davon abhängig, ob ein gewisser Altersunterschied zwischen Annehmendem und Angenommenen vorlag. Schließlich hielt jedoch das Kollegium der pontifices die Adoption für gültig[138]. Folglich war ein positiver Altersunterschied zwischen dem Arrogierenden und dem zu Arrogierenden keine Voraussetzung dafür, dass die Adoption gültig war. Dieser einmal von Cicero ins Leben gerufene Gedanke beschäftigte auch noch nachfolgende Generationen. Gaius etwa lässt in Inst. 1. 106 die Frage nach dem Erfordernis eines Altersabstandes offen, während Javolen in D. 1, 7, 16 scheinbar[139] eindeutig für das Erfordernis eines der natürlichen Verhältnisse entsprechenden Altersunterschiedes zwischen Annehmendem und Angenommenen Stellung bezieht[140]. Dies lässt den Rückschluss zu, dass es sich jedenfalls im 1. und 2. Jahrhundert n. Chr. und damit auch zur Zeit des Antoninus Pius um ein umstrittenes Erfordernis der Adoption gehandelt hat. Kurylowicz gelangt in seiner Untersuchung der Fragmente Ulp. D. 1, 7, 15, 3 und Jav. D. 1, 7, 16 unter Berücksichtigung von Mod. D. 1, 7, 40, 1 und Inst. 1, 11, 4 zu dem Ergebnis, dass hingegen am Ende der klassischen Zeit ein angemessener Altersunterschied zwischen Annehmendem und Angenommenem gefordert wurde und es auch im Gegensatz zur späten republikanischen Zeit nicht mehr möglich war, dass ein Jüngerer einen Älteren adoptierte[141]. Dass die Arrogation schon zur Zeit der Regentschaft des Antoninus Pius dazu dienen sollte, ein natürliches Kindschaftsverhältnis nachzuahmen, kann dagegen nicht angenommen werden.

## V. Résumée

Während noch zur Königszeit und der Zeit der frühen Republik der Gedanke der Fortführung und des Erhalts der Familie und der Sippe für das Verständnis der Adoption prägend war, rückte in der klassischen Zeit der Gedanke um das Wohlergehen des Adoptierten stärker in den Mittelpunkt. Diese Individualisierung beruhte auf den Veränderungen, denen die Familie und ihre Struktur zur klassischen Zeit unterworfen waren. Die Gentilverbände und die ursprünglichen Großfamilien

137 Cicero, De domo sua 14, 35, 36; Ruggeri, La datio in adoptionem, vol. I, S. 97, 102 ff.; Knütel, Index 22 (1994), S. 249, 250.

138 Zivilrechtlich ergaben sich zu dieser Zeit keine Hindernisse, dass auch ein Jüngerer einen Älteren adoptieren konnte; Schulz, S. 145, 147; Knütel, S. 6.

139 Sofern man die angegebene Stelle nicht als interpoliert ansieht. Für Interpolation: Bonfante I, S. 28 ff.; gegen Interpolation: Kurylowicz, Die adoptio im klassischen römischen Recht, § 21, S. 88; Kaser, RPR I, § 83 (82) II, 1, S. 347 m.w.N. in Fn. 28.

140 Knütel, Index 22 (1994), S. 249, 250.

141 Kurylowicz, Die adoptio im klassischen römischen Recht, § 21, S. 84 – 88; im Ergebnis auch Knütel, Index 22 (1994), S. 249, 252.

existierten nicht mehr[142]. Die zunächst übermächtige patria potestas des Hausvaters verlor zunehmend an Gewicht[143]. Ebenfalls war der Einfluss von hellenistischem Gedankengut verantwortlich für den sich langsam vollziehenden Wandel im Familienverständnis[144]. Bemerkbar machten sich diese Umstände vor allem im Ehe- und Erbrecht. Die zuvor jahrhundertelang ausgeübte Bevorzugung der Agnaten in erbrechtlichen Fragen wurde allmählich zurückgedrängt. In der Erbfolge wurde zunehmend die kognatische und nicht mehr allein die agnatische Verwandtschaft berücksichtigt. Somit war auch die adrogatio, ursprünglich als Mittel des Hausvaters, die gesetzliche Erbfolge zu Lebzeiten ändern zu können, von dem Wandel erfasst. In Anbetracht der unter Antoninus Pius geschaffenen Möglichkeit der Arrogation von impubes zusammen mit dem sich langsam abzeichnenden Verfall der agnatischen Familienstrukturen verlor die Arrogation schließlich ihren ursprünglichen Sinn, der ja gerade in der Fortführung der agnatischen Familie bestanden hatte. Folge dieser Entwicklung war eine Annäherung zwischen der Arrogation und der datio in adoptionem. Insgesamt begann sich die Funktion der Adoption langsam zu verändern. Der Zweck verlagerte sich mehr in den persönlichen Bereich und weg von dem objektiven und übergeordneten Verständnis der Adoption als Instrument zum Erhalt der Familie. Freilich war dies erst der Beginn einer sich noch über Jahrhunderte erstreckenden Entwicklung.
Betrachtet man das sich langsam wandelnde Familienverständnis einschließlich seiner Auswirkungen auf das Erbrecht, so zeigt sich ebenfalls besonders deutlich das Traditionsbewusstsein der Römer[145]. Die erbrechtlichen Regelungen, die zur klassischen Zeit noch existierten, waren die gleichen, welche bereits zur Zeit der frühen Republik aus den Zwölf–Tafeln hervorgegangen waren. Zwar stimmten die erbrechtlichen Regelungen aus den Zwölf–Tafeln nicht mehr mit der Rechtswirklichkeit zur klassischen Zeit überein, trotzdem blieben diese alten gesetzlichen Regelungen bestehen. Sie wurden in der Kaiserzeit einfach von der Rechtsprechung der Prätoren überlagert.

## D. Rechtsentwicklung nach Antoninus Pius

Antoninus Pius hatte weitere Änderungen im Adoptionsrecht, beispielsweise an den Formalien, die sowohl der adrogatio als auch der adoptio zu Grunde lagen, nicht vorgenommen. Dies sollte erst nach Ablauf von weiteren 123 Jahren[146] unter der Herrschaft Diocletians geschehen.

---

142 Liebs, 2. Kapitel, 3a), S. 143.

143 Kaser, RPR I, § 46 I, S. 178.

144 Steinwenter, S. 84, 90 ff.

145 Ausführlich dazu Schulz, Prinzipien des römischen Rechts, S. 57 ff.

146 Gerechnet ab Ende der Regentschaft Antoninus Pius im Jahre 161 n. Chr. bis Anfang der Herrschaft unter Diocletian im Jahre 284 n. Chr.

Die bis zur Herrschaft Diocletians offiziell bestehende Staatsform des Prinzipats zeigte immer deutlicher ihre Schwäche. Die Nachfolgerfrage, welche zunächst noch durch das Adoptivkaisertum geklärt worden war, wurde zunehmend brisanter. Die Armeen begannen, ihre Macht politisch einzusetzen. Dies führte in der ersten Hälfte des dritten Jahrhunderts zur Erhebung verschiedener Soldatenkaiser, von denen jedoch keiner lange regierte oder etwa eines natürlichen Todes gestorben wäre. Diese Wirren, Rom hatte allein zwischen 235 – 284 nach Christus 30 verschiedene (Soldaten-) Kaiser, trugen im weiteren Verlauf zu einem Wechsel der Staatsform bei[147]. Mit dem Antritt der Herrschaft von Diocletian (284-305 n. Chr.), der die staatliche Ordnung wiederherstellte, vollzog sich der Wechsel vom Prinzipat zum Dominat[148]. Im Dominat festigte sich die Stellung des Kaisers als absolutem Monarchen. Gesetzgebung und vor allem auch Rechtsfortbildung erfolgten durch den Erlass von Kaiserkonstitutionen. Während der Herrschaft von Diocletian wurden allein von ihm 1300 Reskripte erlassen[149]. Es erstaunt daher nicht, dass sich unter diesen Erlassen auch solche befinden, die sich auf das Adoptionsrecht beziehen.

## I. Die Adoption zur Zeit des diocletianischen Dominats

### 1) Das Verfahren der Arrogation

Diocletian änderte zunächst etwas an dem bei der adrogatio durchzuführenden Verfahren[150]. Allerdings wendete er sich entschieden gegen die östliche Praxis, die Adoption mittels eines privatschriftlichen Vertrages und unter Hinzuziehung eines Notars durchzuführen[151]. Im Gegensatz zu dieser Praxis hatte die Einhaltung des formellen Verfahrens im Westen vor allem für die ländliche und damit außerhalb von Rom lebende Bevölkerung den Nachteil, dass die Mitwirkung der Volksversammlung[152] in Rom zur erfolgreichen Durchführung der adrogatio erforderlich

---

147 Zu den Ursachen des Zusammenbruchs des Prinzipats, siehe: Kaser, RRG, § 44 und speziell zur Revolutionszeit § 44 I, 2, S. 198 f.; Söllner, § 19 I, S. 125 ff.

148 Die Namensgebung dieses Zeitalters beruht auf dem Titel, den die Kaiser zu führen pflegten: Domine („Herr"), siehe: Wesel, 9. Kapitel, S. 167.

149 Liebs, 1. Kapitel, 3a), b), S. 80 ff.; Bretone, XIII, I, S. 234.

150 Zur Bedeutung der Reskripte von Diocletian auf die Entwicklung des Adoptionsrechts siehe Giaro, BIDR 82 (1979), 185 ff.; Castello, AGen. 16 (1977), S. 685, 708; Voci, Storia della patria potestas da Augustoa Diocleziano, Iura 31 (1980), S. 91 ff.; Kurylowicz, FS Waldstein, S. 187, 188.

151 C 8, 47 (48), 4, Impp. Diocletianus et Maximianus AA. Proculiano [a. 290]; Taubenschlag, in: Opera Minora, Band 1, S. 119, Fn. 908.

152 Zwar gab es die Volksversammlungen und deren gesetzgeberische Tätigkeit im Sinne der ursprünglichen Kuriatskomitien schon seit dem Prinzipat nicht mehr, dennoch wurde der „öffentlich-rechtliche Charakter der Arrogation beibehalten, indem für die Arrogation Elemente des Vorgehens bei Volksversammlungen aufrechterhalten wurden", siehe auch Kurylowicz, Die adoptio im klassischen römischen Recht, § 7, S. 40.

war. Somit waren die Provinzen regelmäßig nicht in der Lage, die vorgegebene Arrogationsform per populum zu wahren. Dieser „Form"-Nachteil wurde von Diocletian, der sich darum bemühte, die Kluft zwischen dem in den Provinzen angewandten lokalen Volksrecht und den in Rom noch vertretenen Prinzipien des klassischen römischen Rechts zu beseitigen[153], erkannt und schließlich auch durch den Erlass eines kaiserlichen Reskripts aufgehoben. Inhaltlich behandelte das Reskript[154] die Bitte eines Antragstellers, die Arrogation eines Unmündigen zu bestätigen. Diocletian entsprach der Bitte und sicherte somit dem Arrogierenden die Rechtswirkungen der Arrogation des Unmündigen. Entscheidender für die weitere Entwicklung der Adoption war jedoch, dass Diocletian am Ende des Textes klarstellte, dass das Kaiserreskript über die adrogatio dieselbe Rechtskraft besitze wie deren Durchführung per populum[155]. Nach Erlass dieses Reskripts konnte damit für die Provinzpraxis die offizielle Form der adrogatio per populum durch Hoheitsakt des Kaisers (per rescriptum principis) ersetzt werden[156]. Die offizielle, ältere und auch umständlichere Form der Arrogation per populum blieb jedoch neben der durch Kaisergesetz bestehen. Sieben Jahre nach Erlass dieses ersten Reskripts, also 293 n. Chr., folgte dann die Konstitution C. 8, 47 (48), 6 (Impp. Diocletianus et Maximianus AA. et CC. Melitoni.), die lautete:

> *„Adrogationes eorum, qui sui iuris sunt, nec in regia urbe nec in provinciis nisi ex rescripto principali fieri possunt."*
>
> (Die Arrogation derjenigen, die eigenen Rechts sind, kann weder in der Hauptstadt noch in den Provinzen anders als durch kaiserliches Reskript erfolgen.)

Aus der Konstitution folgt, dass Diocletian sowohl für Rom als auch für die Provinzen verbindlich festlegte, dass die Arrogation nur noch in der neuen Form, der adrogatio per rescriptum principis, Gültigkeit besitzen sollte[157]. Die Arrogation durch kaiserliches Reskript, ursprünglich nur für die Provinzen eingeführt, setzte sich damit gegenüber der älteren Form per populum auch in Rom endgültig durch[158]. Die Kluft zwischen dem in den Provinzen angewandten Volksrecht und

---

153 Kurylowicz, FS Waldstein, S. 187, 189.

154 C. 8, 47 (48), 2, Impp. Diocletianus et Maximianus AA. Timotheo [a. 286].

155 C. 8, 47 (48), 2, Impp. Diocletianus et Maximianus AA. Timotheo [a. 286].

156 Kaser, RP, 6. Auflage, § 60 III, 2a), S. 380.

157 Inwieweit Diocletian für die Verbreitung der neuen Form der Arrogation in Rom verantwortlich war, wird nicht einheitlich beurteilt. Kurylowicz, FS Waldstein, S. 187, 190, 191 hält die Reskripte für authentisch und weist Diocletian eine ganz entscheidende Rolle zu; so auch Thomas, RIDA 14 (1967), S. 413, 417 und Giaro, BIDR 82 (1979), S. 185 ff.; anders hingegen Castello, SDHI 33 (1967), S. 133, 157; ders., AGen 16 (1977), S. 685, 708, 746, der der Ansicht ist, dass es sich um Interpolationen handelt.

158 C 8, 47 (48), 2, 1, Impp. Diocletianus et Maximianus AA. Timotheo [a. 286].; Kaser, RPR II, § 227, II, 2, S. 208.

den Prinzipien des klassischen römischen Rechts, die jedenfalls bei der Arrogation auf ihrem öffentlich-rechtlichen Charakter basierte, konnte durch die neue Form der Arrogation per rescriptum principis beseitigt werden. Mithin waren Diocletians Bemühungen jedenfalls im Hinblick auf die Regelung der Arrogation erfolgreich.

### 2) Arrogation von und durch Frauen

Im Volksrecht der diocletianischen Zeit finden sich außerdem Reskripte über die Arrogation von und durch Frauen[159]. Die Gründe, die Frauen noch von der Arrogation ausgeschlossen hatten, waren im Laufe der Zeit immer verschwommener geworden. Dank der Einführung der Arrogation durch kaiserliches Reskript konnte das frühere Argument, dass Frauen nicht an den Volksversammlungen teilnehmen durften und aufgrund dessen nicht fähig waren, an der Arrogationshandlung teilzunehmen, nicht mehr angeführt werden. Auch das ursprüngliche Ziel der adrogatio, die Fortführung der agnatischen Familie, war mit der Arrogation von Unmündigen und folglich der stärkeren Berücksichtigung der kognatischen Verwandtschaft schon unter Antoninus Pius weggefallen. Das diocletianische Reskript C. 8, 47 (48), 8[160] aus dem Jahre 294 n. Chr. gestattete daher auch die Arrogation von Frauen[161].

Bezüglich einer möglichen Gestattung der Arrogation durch Frauen ist die Betrachtung des Reskripts C. 8, 47 (48), 5[162] notwendig. Inhaltlich nimmt dieses Reskript Bezug auf die Bitte einer Frau, die ihre eigenen Söhne verloren hatte, den Stiefsohn wie ihr leibliches, eheliches Kind behandeln zu dürfen[163]. Der erste Satz lautete:

> „*A muliere quidem, quae nec suos filios habet in potestate, adrogari non posse certum est.*“
>
> (Von der Frau aber, welche noch nicht einmal die eigenen Kinder unter ihrer Gewalt hat, ist sicher, dass sie nicht arrogieren kann.)

Die alte Rechtslage, die es Frauen verbot, selbst zu arrogieren, wird also hier schon im ersten Satz des Reskripts von Diocletian bestätigt. Als Begründung wird wide-

---

159 Gemeint sind hier: C. 8, 47 (48), 5 Impp. Diocletianus et Maximianus AA. et CC. Syrae [a. 291] und C. 8, 47 (48), 8 Idem AA. et CC. Isioni, S. v id. Febr. CC. conss. [a.294].

160 Im Folgenden wird davon ausgegangen, dass das Reskript authentisch, Diocletian Urheber desselben ist und es sich hierbei nicht um eine Interpolation handelt, siehe auch: Thomas, RIDA 14 (1967), S. 413, 423 m.w.N.; für Interpolation allerdings Castello, AGen. 16 (1977), S. 685, 707 Fn. 88 und S. 747 Fn. 209.

161 Taubenschlag, Opera Minora, Band 1, S. 161; Thomas, RIDA 14 (1967), S. 413, 423 ff.

162 Im Folgenden wird auch bei diesem Reskript mit Thomas, RIDA 14 (1967), S. 413, 423 f.; Amelotti, S. 128, 129; Ruggeri, Labeo 25 (1979), S. 57 ff.; davon ausgegangen, dass es sich nicht um eine Interpolation handelt; für eine Interpolation jedoch Albertario, Band VI, S. 223 ff.

163 C. 8, 47 (48), 5.

rum das weibliche Unvermögen, die patria potestas auszuüben, angeführt[164]. Die Arrogation durch eine Frau blieb somit weiterhin ausgeschlossen[165]. Im weiteren Verlauf des Reskripts wird aber deutlich, dass Diocletian der Bitte der Frau auch entsprach. Er gestattete der Petentin, den Stiefsohn wie ihren leiblichen, ehelichen Sohn zu behandeln[166]. Dieser kaiserliche Gnadenakt führte allerdings nicht dazu, dass die Frau durch selbigen etwa die patria potestas erlangte. Es wurde lediglich ein Intestaterbrecht zwischen Adoptivmutter und Wahlkind geschaffen und damit eine Art Verwandtschaftsbeziehung hergestellt[167]. Darin liegt auch gleichzeitig die Besonderheit dieses kaiserlichen Gnadenaktes, denn durch ihn wurde ein Kindesverhältnis begründet, das jedenfalls in seiner Wirkung der Adoption nahe stand[168].

## II. Résumée

Insgesamt zeigen die von Diocletian erlassenen Reskripte[169], dass der Kaiser selbst Verfechter des noch klassischen römischen Rechts war, aber darüber hinaus jeweils die Notwendigkeit erkannte, rechtliche Änderungen, die die Gestaltung auch in der Praxis ermöglichten oder die notwendig waren, um eine Verbreitung der östlichen Praktiken zu verhindern, vorzunehmen[170]. Bei alledem sollte jedoch auch nicht außer Acht gelassen werden, dass das römische Reich von Diocletian 293 n. Chr., also neun Jahre nach seinem Regierungsantritt, in vier verschiedene Verwaltungsbezirke eingeteilt worden war und er selbst den östlichen Teil regierte[171]. Dies mag sicherlich ein Grund dafür sein, warum gerade Diocletian mit der Ausbreitung der östlichen Praktiken zu kämpfen hatte und daher wohl auch rechtliche Änderungen vornehmen musste.

---

164 So auch Thomas, RIDA 14 (1967), S. 413, 418, 426; Kurylowicz, Die adoptio im klassischen römischen Recht, § 17, S. 71.

165 Siehe auch Kurylowicz, FS Waldstein, S. 192 f.; a. A. Kaser, RPR I, § 83 (82) II, 1, S. 348.

166 C. 8, 47 (48), 5; nach Kurylowicz, FS Waldstein, S. 187, 193 werden die zwei Aspekte (Unzulässigkeit der Adroagtio durch Frauen und außergewöhnlicher Gnadenakt des Kaisers) bestätigt durch das spätere Reskript C. 7, 33, 8, „wo die adoptio durch die Frau noch als illicita bezeichnet wurde“; ders., in: Die adoptio im klassischen römischen Recht, § 17, S. 72.

167 C. 7, 33, 8 Pars epistulae Diocletani et Maximiani AA. et CC. Celso [a. 294]; Kaser, RP, 6. Auflage, § 60 III, 2a), S. 380.

168 Hecker, S. 115; Windscheid, Lehrbuch des Pandektenrechts III, S. 359, Fn. 6.

169 Auf eine abschließende Darstellung der von Diocletian erlassenen Reskripte zum Adoptionsrecht (insgesamt 15) muss vorliegend verzichtet werden. Siehe hierzu jedoch: Ruggeri, La datio in adoptionem, vol. I, S. 185 ff.

170 Christ, S. 712, 722; Kaser, RRG, § 45 II, S. 204, 205; Kurylowicz, FS. Waldstein, S. 187, 195; Wieacker, FS Heimpel, III, S. 555 f.

171 So genannte Tetrarchie; siehe Söllner, § 19 II, S. 126, 127.

## 4. Abschnitt: Nachklassische Entwicklung des Adoptionsrechts unter Justinian

### A. Rechtsentwicklung nach der Herrschaft Diocletians

Im Laufe des Jahrhunderts nach der Abdankung Diocletians unterlag das römische Reich einigen wesentlichen Änderungen. Der schon zur Zeit von Antoninus Pius langsam in den Hintergrund tretende Haus- und Ahnengötterkult wurde zunehmend und schließlich endgültig vom Christentum verdrängt. Denn das Christentum fand nach seiner Anerkennung durch das Mailänder Toleranzedikt im Jahre 313 nach Christus, eine immer größere Zahl von Anhängern. Das sich wandelnde Religionsverständnis hatte ebenfalls Auswirkungen auf das Verständnis der adrogatio. Die Arrogation wurde aufgrund ihrer ursprünglichen Bedeutung, die unter anderem in der Fortsetzung des Hausgötterkults bestanden hatte, nicht mehr oder nur noch sehr vereinzelt angewendet. Von der anfänglichen Gesinnung, die der Arrogation zu Grunde gelegen hatte, war somit zur Kaiserzeit nichts mehr übrig. Die Änderungen, denen das römische Reich unterlegen war, betrafen auch seine Ausmaße. Von den vorgenommenen Trennungen in einen Ost- und Westteil konnte sich das Reich bis zu seiner endgültigen Trennung im Jahre 395 nach Christus nur schwer bis gar nicht mehr erholen. Beide Teile wurden von da an getrennt regiert. Der Zerfall des römischen Reichs war nicht mehr aufzuhalten. Aufgrund der schwierigen politischen Lage wurden weitere Rechtsänderungen, die sich auf das Verständnis der Adoption hätten auswirken können, nicht vorgenommen. Vielmehr tendierte die weitere Entwicklung zu einer allgemeinen Vulgarisierung des geltenden Rechts. Nach dem Untergang Westroms durch den Einfall der Germanen 476 nach Christus und der damit verbundenen Absetzung Romulus Augustulus` nahm die Vulgarisierung des Rechts noch zu[172]. In abgeschwächter Form fand diese Entwicklung auch im byzantinischen Kaiserreich im Osten statt[173]. Allerdings gelangte dort mit der Herrschaft Justinians 527 – 565 nach Christus ein Reformator an die Macht, der unter anderem einschneidende Änderungen im Adoptionsrecht vornahm. Bei seinem Regierungsantritt hatte sich der aus Tauresium stammende Justinian vorgenommen, die Rechtseinheit im römischen Reich wieder herzustellen[174]. Zu diesem Zweck ließ er unter der Leitung von Tribonianus sowie weiterer Rechtslehrer der Schulen von Berytos und Konstantinopel zwischen 529 und 534 nach

---

172 Zur Vulgarisierung des Rechts, Bretone, S. 258 f.; Levy, S. 184; Wieacker, in: IRMAE I 2a (1963), S. 13 ff.; Im Osten des Reichs konnte eine stärkere Vulgarisierung dadurch aufgehalten werden, dass die Rechtsschulen auch weiterhin klassisches römisches Recht lehrten, obwohl dies dort keine direkte Anwendung finden konnte.

173 Das Ostreich ging erst durch die Eroberung Konstantinopels durch die Türken im Jahr 1453 unter.

174 Zu den drei Zielen Justinians: Herstellung des röm. Reichs in seinen alten Grenzen sowie die Herstellung der Glaubens- und Rechtseinheit, Dulckeit/Schwarz/Waldstein, § 44 I, 1, S. 313; Eisenhardt, § 14, Rdnr. 113, S. 82.

Christus ein Gesetzeswerk ausarbeiten, das weitgehend auf klassischem römischem Recht basierte. Erst später wurde diese bedeutende Kodifikation Corpus Juris Civilis genannt[175].

## B. Die justinianische Reform und ihre Auswirkungen auf die Adoption

### I. Änderung der Arrogation

Im Zuge der justinianischen Reform erfuhr auch das bis dahin geltende Adoptionsrecht eine Neugestaltung. Zwar unterließ Justinian eine umfassende Neuordnung der Arrogation[176], dennoch wurden die sich aus ihr ergebenden Rechtsfolgen geändert.

Das bis dahin geltende Recht besagte, dass ein Arrogierender sämtliche Vermögensgegenstände und alle Gewaltunterworfenen des zu Arrogierenden durch die Arrogation erwarb. Des Weiteren gingen durch die Arrogation die Ansprüche auf die operarum obligationes, das ius adgnationis sowie den usus und den ususfructus unter[177]. Dass diese negativen Folgen der Arrogation für den Angenommenen der justinianischen Reform unterlagen, geht unter anderem aus der Textstelle Inst. 3, 10 hervor. Während schon aus Inst. 3, 10, 1 folgt, dass usus und ususfructus nicht mehr erlöschen, heißt es in Inst. 3, 10, 2:

> „*Nunc autem nos eandem adquisitionem, quae per adrogationem fiebat, coartavimus ad similitudinem naturalium parentum: nihil etenim aliud nisi tantummodo usus fructus tam naturalibus patribus quam adoptivis per filios familias adquiritur in his rebus quae extrinsecus filiis obveniunt , dominioeis integro servato: ...*"
>
> (Nunmehr haben wir aber diesen Erwerb, der durch Arrogation erfolgte, nach dem Vorbild des Rechts der leiblichen Väter eingeschränkt. Leibliche Väter wie Adoptivväter erlangen jetzt nämlich durch Haussöhne an den Gegenständen, welche die Haussöhne von Dritten erwerben, nichts anderes als nur den Nießbrauch, während den Haussöhnen das Eigentum unbeschadet erhalten bleibt[178]. ...)

Folge der reformierten Arrogation war demnach, dass der Annehmende gerade nicht mehr alle Vermögensgegenstände des Anzunehmenden erlangte. Vielmehr konnte der Adrogator durch die Arrogation nur noch den ususfructus erwerben[179].

---

175 Die Bezeichnung Corpus Iuris Civilis stammt erst aus dem 16. Jahrhundert. Erstmalig wurde sie als Titel in der Gesamtausgabe der justinianischen Gesetzgebung aus dem Jahr 1583 des Dionysius Gothofredus (1549-1622) verwendet, hierzu: Kunkel, RRG, S. 150; Kaser, RRG, § 55 II, 1, 2, S. 242 f.

176 Dies ergibt sich aus C. 8, 47 (48), 11 Imp. Iustinianus A. Iohanni pp. [a. 530]; Bergman, S. 3, 7.

177 Inst. 3, 10, 1.

178 Übersetzung nach Behrends/Knütel/Kupisch/Seiler, CIC, Band I, Institutionen, S. 167.

179 Inst. 3, 10, 1; Kaser, RPR II, § 227 II, 2, S. 210.

Das Eigentum an den Vermögensgegenständen behielt hingegen der zu Arrogierende. Damit wird aus der Textstelle ebenfalls deutlich, dass Justinian den usufructus als ein vom Eigentum verschiedenes und unübertragbares Recht ansah, denn sonst hätte der Adrogator nicht den ususfructus erwerben und der Angenommene das Eigentum behalten können[180]. Zwar erlangte der Annehmende nunmehr lediglich den ususfructus durch die Arrogation, dennoch konnte er aus den Schulden des Arrogierten verklagt werden. Allerdings war eine Klage nur nomine filii möglich[181]. Dass im Weiteren auch an die Möglichkeit gedacht worden war, dass der Arrogierende sich weigerte, sich auf den Prozess einzulassen, zeigt Inst. 3, 10, 3. Bei einer Weigerung des Arrogierenden wurden danach die Gläubiger des Arrogierten in das Vermögen eingewiesen, das der Angenommene hätte, wenn er nicht arrogiert worden wäre[182]. Dies schloss den Nießbrauch des Annehmenden mit ein. Insgesamt wirkte sich somit die von Justinian vorgenommene Änderung der Arrogation nur günstig für den Angenommenen aus.

### II. Notwendigkeit der Reformierung der adoptio im engeren Sinne

Im Gegensatz zur Arrogation, die im Laufe der Zeit immer wieder kleinere Änderungen erfahren hatte[183], war die datio in adoptionem, insbesondere das ihr zu Grunde liegende Verfahren über Jahrhunderte hinweg nicht verändert worden. Zur Durchführung der adoptio bedurfte es daher immer noch des komplizierten zweiaktigen Rechtsgeschäfts[184], in welchem der leibliche Vater seine Abkömmlinge an den Adoptivvater verkaufte. Dadurch, dass die adoptio im engeren Sinne diese Gestalt beibehalten hatte, waren auch ihre Mängel, welche nicht nur in der umständlichen Durchführung bestanden, erhalten geblieben. Speziell die erbrechtlichen Regelungen waren lückenhaft und konnten sich ungünstig für den Adoptierten auswirken[185]. So war es möglich, dass der in Adoption Gegebene sowohl seine Erbschaft in der leiblichen Familie, wenn er vom leiblichen Vater übergangen wurde, wie auch in seiner Adoptivfamilie, wenn der Adoptivvater ihn nach dem Tod des leiblichen Vaters emanzipierte, verlor[186]. Für den Adoptierten waren daher die

180 Die nach Diocletian einsetzende Vulgarisierung des Rechts hatte insgesamt zu einer Vermegung des Eigentums- und Nießbrauchrechts geführt, siehe Kaser, RPR II, § 247 II, S. 303.

181 Inst. 3, 10, 3.

182 Inst. 3, 10, 3; Bonfante VI, S. 33.

183 Änderungen in Form von Lockerungen, z.B. Arrogation von Unmündigen, siehe oben 3. Abschnitt: C. I. oder von Frauen, siehe oben 3. Abschnitt: D. I. 2.

184 Wie dies auch schon der XII- Tafel -Satz („Si pater filium ter venum duit, filius a patre liber esto") verlangt hatte, siehe oben 2. Abschnitt: B.

185 Vgl. C. 8, 47 (48), 10 pr. Imp. Iustinianus A. Iohanni pp. [a. 530]; Sintenis, S. 102 Fn. 20.

186 Schmitt, § 48, S. 83 ff.; In C. 8, 47 (48), 10 pr. Imp. Iustinianus A. Iohanni pp. [a. 530] wird auch der zu dieser Zeit noch herrschende Gelehrtenstreit dargestellt, ob einem solchen Adoptivkind die Möglichkeit gegeben werden sollte, das Testament des leiblichen Vaters, in welchem es übergangen worden ist, mit einer Klage anzufechten; siehe auch Inst. 3, 1, 14.

Folgen die gleichen, als wenn er enterbt worden wäre. Außerdem hatte, schon einsetzend mit der Regentschaft des Antoninus Pius, ein Wandel im Erbrecht stattgefunden, der rechtlich noch keine Berücksichtigung gefunden hatte. Während nämlich die agnatische Familie im Laufe der Zeit immer stärker an Bedeutung verloren hatte, wurde die cognatische Verwandtschaft zunehmend bevorzugt[187]. Dies hatte die Abschwächung der väterlichen Gewalt zur Folge, was sich wiederum auf die Adoption auswirkte, da sich dadurch die erbrechtlichen Beziehungen innerhalb der Familie veränderten[188]. Dass Justinian dennoch anstelle des Erbrechts das Adoptionsrecht neu gestaltete, gründete unter anderem darauf, dass das zweiaktige Rechtsgeschäft der adoptio im engeren Sinne auch den sozialen Bedürfnissen der Bürger nicht mehr entsprach[189]. Daher wurde von Justinian die datio in adoptionem in ihrer ursprünglichen Form, verbunden mit der durch sie eintretenden Wirkung, abgeschafft.

**1) Adoptio plena und minus plena**

An ihre Stelle traten die adoptio plena und minus plena. Unterschiede zwischen adoptio plena und minus plena ergaben sich insbesondere in den Wirkungsweisen. Justinian wollte nur noch unter bestimmten Voraussetzungen die volle Wirkung der alten adoptio eintreten lassen. So sollte der in Adoption Gegebene nach wie vor aus der leiblichen Familie ausscheiden und in die Adoptivfamilie eintreten, wenn er von Verwandten in aufsteigender/gerader Linie, also von der Mutter oder Großmutter oder nach Emanzipation des Vaters vom väterlichen Großvater, adoptiert wurde[190]. Der Erwerb der väterlichen Gewalt durch Adoption blieb demnach jedenfalls bei dieser Art von Adoption möglich. Der so Adoptierte fiel also nach wie vor unter die Hausgewalt seines Adoptivvaters[191]. Folglich stand dem Adoptierenden auch alles, was der Adoptierte noch zu dessen Lebzeiten erwirtschaftete, zu. Diese Wirkung besaß allerdings nur noch die adoptio plena[192]. War der Annehmende kein Aszendent, sondern eine fremde Person, so konnte er nur in der Gestalt der adoptio minus plena ein Adoptivkind annehmen. Eine Differenzierung zwischen adoptio plena und minus plena folgte demnach zunächst schon aus der

---

187 Siehe oben 3. Abschnitt: C. II.; Peters, SZ (RA) 33 (1912), 582 ff.; vgl. auch Kurylowicz, Labeo 25 (1979), S. 163, 165 mit weiteren Motiven Justinians für die Neugestaltung der datio in adoptionem = adoptio.

188 Sintenis, S. 98, 99.

189 Volterra, BIDR 69 (1966), S. 153; Kaser, RPR II, § 227 II, 3), S. 210.

190 C. 8, 47 (48), 10 pr. Imp. Iustinianus A. Iohanni pp. [a. 530]; Sohm/Mitteis/Wenger, § 89 II, S. 530; Kaser/Knütel, RPR, § 60 III, 3 b), Rn. 34, S. 382; vgl. auch Bergman, S. 28.

191 Vgl. Inst. 1, 11, 2.

192 C. 8, 47 (48), 10, I a – c, Imp. Iustinianus A. Iohanni pp. [a. 530]; Bergman, S. 28 f.; Kaser, RPR II, § 227 II, 3), S. 210.

Person des Adoptierenden[193]. Die Wirkung der adoptio minus plena bestand im Gegensatz zur adoptio plena darin, dass der Adoptierte in seiner leiblichen Familie verblieb[194]. Da der in Adoption Gegebene so nicht in den Familienverbund seines Adoptivvaters eintrat, fiel er auch nicht in dessen Hausgewalt[195]. Vielmehr verblieb der Adoptierte in der väterlichen Gewalt seines leiblichen Vaters[196]. Daher fiel der Erwerb des Adoptierten zu dessen Lebzeiten nicht dem Adoptivvater, sondern seinem leiblichen Vater zu. Dementsprechend blieben dem Adoptierten seine Rechte, insbesondere im Hinblick auf die Erbschaft, aus der leiblichen Familie erhalten[197]. Daneben erhielt er zusätzlich ein Intestaterbrecht nach dem Tod seines Adoptivvaters, wobei sich dieses nicht auf die Familie des Adoptierenden erstreckte[198]. Trat der Erbfall mit Tod des Adoptivvaters ein, so konnte der durch die adoptio minus plena Angenommene die Erbschaft mit oder ohne Zustimmung des leiblichen Vaters antreten[199]. Fehlte jedoch die Zustimmung des leiblichen Vaters, dann führte dies zur Aufrechterhaltung des ususfructus für den pater familias[200]. Das Hauskind dürfte jedoch regelmäßig ein Interesse daran gehabt haben, die, wenn auch unter Justinian nur noch eingeschränkt bestehende Nutzgewalt des Vaters an der erworbenen Erbschaft, auszuschließen. Daher konnte die Zustimmung des pater familias schließlich doch nur als Voraussetzung für den Erwerb der Erbschaft angesehen werden.

### 2) Erbrechtliche Besserstellung des Adoptierten nach der Reform

Das zusätzliche Intestaterbrecht, das dem nach der adoptio minus plena Angenommenen zustand, sollte vorliegend allerdings nicht darüber hinwegtäuschen, dass der Adoptierende nach wie vor die Möglichkeit besaß, über sein Vermögen testamentarisch zu verfügen und diesbezüglich auch nicht verpflichtet war, den Adoptierten als Erben einzusetzen[201]. War dies der Fall und das Testament wirk-

---

193 Kurylowicz, Labeo 25 (1979), S. 163, 166 f.

194 C. 8, 47 (48), 10, I g, Imp. Iustinianus A. Iohanni pp. [a. 530]; Kaser/Knütel, § 60 III, 3 a), Rn. 34, S. 382.

195 C. 8 47 (48), 10, Imp. Iustinianus A. Iohanni pp. [a. 530]; Inst. 1, 11, 2.

196 Zu seinem Adoptivvater trat der adoptio minus plena Angenommene folglich nur in ein natürliches Kindesverhältnis, Sohm/Mitteis/Wenger, § 89 II, S. 530; Kurylowicz, Labeo 25 (1979), S. 163, 167, 169; Kaser/Knütel, § 60 III, 3 a), Rn. 34, S. 382.

197 C. 8, 47 (48), 10 pr. und I a, Imp. Iustinianus A. Iohanni pp. [a. 530]; Sintenis, S. 102, 103 Fn. 20.

198 Bergman, S. 3, 27, 104 ff.; Honsell/Mayer-Maly/Selb, § 149 III, 2, S. 418 Fn. 18.

199 Kaser, RPR II, § 291 II, 3 a), S. 527; die zunehmende Vermögensfähigkeit der Hauskinder hatte diese Entwicklung gefördert, siehe hierzu: Wesener, Sondervermögen und Sondererbfolge im nachklassischen römischen Recht, S. 331 ff.

200 Kurylowicz, Labeo 25 (1979), S. 163, 166 f.

201 Dies folgt schon aus C. 8, 47 (48), 10, I, Imp. Iustinianus A. Iohanni pp. [a. 530]; Sintenis, S. 111 - 114, Fn. 55.

sam, dann wurde dadurch das Intestaterbrecht des Adoptierten ausgeschlossen[202]. Dennoch bot die von Justinian geschaffene adoptio minus plena dem Adoptierten mehr Sicherheit als noch die ursprüngliche adoptio. Die eingangs geschilderte Problematik, dass der in Adoption Gegebene sowohl seine Erbschaft in der leiblichen Familie als auch in seiner Adoptivfamilie verlieren konnte, wurde jedenfalls mit der Einführung der adoptio minus plena zugunsten des Adoptierten gelöst. Eine andere Sachlage bot sich hingegen beim Tod des Adoptierten. Auch dort wirkte sich die fehlende väterliche Gewalt des Adoptivvaters über den durch die adoptio minus plena Angenommenen auf das Erbrecht des Annehmenden aus. Schied nämlich der Adoptierte aus dem Leben, so wurde dem „fremden" Adoptivvater kein Erbrecht gewährt[203]. Das Erbe des Adoptierten fiel vielmehr an den leiblichen Vater, der auch zu Lebzeiten des Adoptierten die väterliche Gewalt ausgeübt hatte. Anders hingegen bei der adoptio plena, wo der adoptierende Aszendent den Adoptierten beerben konnte[204].

### III. Unwirksamkeitsgründe

Abgesehen von den inhaltlichen Änderungen, die Justinian in der Hoffnung, sämtliche Streitfragen zu klären[205], vorgenommen hatte, beseitigte er auch die ihr zu Grunde liegende umständliche Form. Anstatt des zweiaktigen Rechtsgeschäfts war es nunmehr möglich, durch die Erklärung eines Adoptionsvertrages zwischen leiblichem Vater und Adoptivvater in Anwesenheit des Hauskindes zu den Akten des zuständigen Beamten die Adoption durchzuführen[206]. Der Adoptierte musste während dieses Vorgangs vor Gericht anwesend sein, damit er zumindest stillschweigend der Adoption zustimmen konnte[207]. Nur ein offener Widerspruch des Hauskindes hatte die Ungültigkeit der Adoption zur Folge[208]. Die Adoption war ebenfalls nicht gültig, wenn sie kein „natürliches Kindschaftsverhältnis"[209] nachahmte. War das Erfordernis eines Altersunterschiedes zwischen Adoptierendem und Adoptiertem zwar noch im 1. und 2. Jahrhundert n. Chr. umstritten gewesen, so hatte

---

202 C. 8, 47 (48), 10, I g, Imp. Iustinianus A. Iohanni pp. [a. 530]; Kurylowicz, Labeo 25 (1979), S. 163, 175 f.; vgl. auch Kaser, RPR II, § 287 I, S. 497.

203 Schmitt, § 50 ff., S. 87 ff.; Hecker, S. 109 f., 113-115; Honsell/Mayer-Maly/Selb, § 149 III, 2), S. 418, Fn. 18.

204 Sintenis, S. 111 – 114, Fn. 55; Kurylowicz, Labeo 25 (1979), S. 163, 174.

205 Dass dies nicht unbedingt der Fall war, zeigt unter anderem die Diskussion um C. 8, 47 (48), 10 IV; vgl. Bergman, S. 30 ff.; Lang, AfcP. 21 (1838), S. 419, 431 Fn. 123.

206 Sohm/Mitteis/Wenger, § 89 II, S. 530; Staudinger/Engler, Vorbem. zu § 1741, Rn. 6; Honsell/Mayer-Maly/Selb, § 149 III 2 a. E., S. 418.

207 Kaser, RPR II, § 227 II, 3), S. 210; C. 8, 47 (48), 11, Imp. Iustinianus a. Iohanni. pp. [a. 530] „...praesente et eo qui adoptatur et non contradicente, nec non eo qui eum adoptat.".

208 Honsell/Mayer-Maly/Selb, § 149 III, 2), S. 418; Sohm/Mitteis/Wenger, § 89 II, S. 530.

209 Inst. 1, 11, 4 „...adoptio enim naturam imitatur ..."; sowie D. 1, 7, 40, 1 (Modest. lib. 1 differ.).

sich schließlich zum Ende des 2. Jahrhunderts, spätestens jedoch seit Anfang des 3. Jahrhunderts die Ansicht gefestigt, die verlangte, dass der Adoptierende älter sein müsse als der zu Adoptierende[210]. Allerdings wurde der Altersunterschied zwischen Adoptierendem und Adoptiertem erst unter Justinian verbindlich auf 18 Jahre festgelegt und somit zum Grundsatz erhoben[211]. Warum gerade die plena pubertas von 18 Jahren gefordert wurde, ist unter dem Gesichtspunkt, dass Männer mit Vollendung des 14. Lebensjahres schon mündig waren und die Ehe eingehen konnten, nicht ohne weiteres verständlich. Für die Spanne von 18 Jahren gibt es denn auch einige Erklärungsversuche[212].
Knütel ist der Auffassung, dass Justinian auch bei der Festlegung der plena pubertas auf 18 Jahre auf das altrömische Recht zurückgegriffen hat[213]. Denn nach altrömischem Recht begann nicht nur die militärische Dienstpflicht und mit ihr korrespondierend das Stimmrecht in der Volksversammlung mit Vollendung des 17. Lebensjahres, sondern auch die Anlegung der Mannestoga war erst in diesem Alter üblich[214]. Damit war die Vollendung des 17. Lebensjahres das entscheidende Alter, in dem auch erst geheiratet werden konnte. Folglich war es nicht möglich vor dem 18. Lebensjahr ein Kind zu haben. Knütel zieht daraus die Schlussfolgerung, dass sich Justinian an diesem ursprünglichen Recht orientierte, als er die plena pubertas auf 18 Jahre festlegte[215]. Dieser unter Justinian festgelegte Grundsatz „adoptio naturam imitatur“ beansprucht bis heute Geltung.

## IV. Das Adoptionsverhältnis als Ehehindernis

Lagen keine Unwirksamkeitsgründe vor und war das Adoptionsverhältnis somit wirksam begründet worden, so konnte sich das auf eine vom Annehmenden oder Angenommenen beabsichtigte Eheschließung auswirken.
Ebenso wie schon in der vor- und klassischen Periode des römischen Rechts verstand man unter der Ehe zur Zeit Justinians das rein tatsächliche Verhältnis des sozialen Lebens zwischen Mann und Frau, getragen vom Bewusstsein beider Ehegatten[216], dass ihre Gemeinschaft eine Ehe darstellte[217]. Während in der vor- und

---

210 Dies galt sowohl für die adrogatio als auch für die adoptio, siehe auch, 3. Abschnitt: C. IV.

211 Inst. 1, 11, 4 sowie D. 1, 7, 40, 1 (Modest. lib. 1 differ.).

212 Siehe hierzu vor allem Knütel, S. 3, 8 – 11 m.w.N.

213 S. 3, 8 – 11 = Index 22 (1994), S. 249, 252 – 254.

214 Knütel, S. 3, 9 f. = Index 22 (1994), S. 249, 253.

215 S. 3, 11 = Index 22 (1994), S. 249, 254.

216 Der „affectio maritalis“ (D. 39, 5, 31 pr; 24, 1, 3 ; 32, 13); Wolff, SZ (RA) 67 (1950), S. 261, 296 f.

217 Wolff, SZ (RA) 67 (1950), S. 261, 296 ; D. 23, 2, 1 (Modest.): „Nuptiae sunt coniunctio maris et feminae et consortium omnis vitae, dinvini et humani iuis communcicatio“; vgl. Inst. 1, 9, 1:„Nuptiae autem sive matrimonium est viri et mulieris coniunctio, individuam consuetudinem vitae continens.“

klassischen Zeit weder die Eingehung der Ehe noch deren Auflösung von den Römern als Rechtsgeschäft behandelt wurde, wenngleich es auch Rechtsgrundsätze dafür gab, unter welchen Voraussetzungen eine Ehe für zulässig, geschlossen oder aufgehoben erachtet wurde[218], machte sich in der nachklassischen Entwicklung zunehmend der Einfluss der christlichen Lehre bemerkbar. Das Verständnis von der Ehe als Rechtsverhältnis begann sich allmählich auszuweiten. So genügte etwa zur Auflösung der Ehe nicht mehr allein der Wegfall des Dauerkonsenses bei den Ehegatten, wenn eine Partei verschollen oder in Kriegsgefangenschaft war[219]. Weitere Unterschiede zum vor- und klassischen Recht machten sich bei der Eingehung der Ehe, ihrer Auflösung und insbesondere bei den bestehenden Ehehindernissen bemerkbar[220].

Bis zur Reformierung des Adoptionsrechts durch Justinian stellte die Adoption, durch die verwandtschaftliche Verhältnisse begründet wurden, ein Ehehindernis dar. Danach hinderte die Adoptivverwandtschaft die Eheschließung in gleichem Umfang wie die Blutsverwandtschaft[221]. Das Eheverbot erstreckte sich somit auf alle Verwandten in auf- und absteigender Linie sowie in der Seitenlinie auf Geschwister, auch Stiefgeschwister, auf Onkel und Nichte bzw. Tante und Neffe[222] sowie auf (Ur-) Großneffe und (Ur-) Großnichte[223]. Im Gegensatz zur Blutsverwandtschaft konnte die Adoptivverwandtschaft jedoch durch Aufhebung des Adoptionsverhältnisses gelöst werden. Das Ehehindernis bestand dann nur noch in gerade Linie fort, aber nicht mehr in der Seitenlinie[224].

Mit der Schaffung der adoptio minus plena durch Justinian trat der Adoptierte nun nicht mehr in den agnatischen Familienkreis des Adoptivvaters ein, sondern blieb in seiner ursprünglichen Familie. Verwandtschaftliche Verhältnisse[225] wurden nur noch durch die Arrogation begründet. Denn für die adoptio plena war ein verwandtschaftliches Verhältnis bereits Zulässigkeitsvoraussetzung. Lediglich ein Verwandter in aufsteigender Linie konnte den Anzunehmenden in Form der adoptio plena adoptieren. Davon abgesehen, galt jedoch sowohl für die Arrogation als auch für die adoptio plena, dass die verwandtschaftlichen Verhältnisse Ehehindernisse darstellten[226]. Da für die adoptio minus plena weder eine verwandtschaftliche Beziehung Zulässigkeitsvoraussetzung war, noch durch ihre Rechtsfolgen ein sol-

---

218 Kaser, RPR I, § 73 I, II, S. 266 f.; Rabel, Grundzüge, § 12, S. 23.

219 Kaser, RPR II, § 215 II, S. 108.

220 Guarino, SZ (RA) 63 (1943), S. 175, 228 ff.; Wolff, SZ (RA) 67 (1950), S. 261 ff.

221 Gai. Inst. 1, 59; 61; Lang, AfcP 21 (1838), S. 288, 296; Kaser, RPR I, § 74 I, S. 270.

222 Gai. Inst. 1, 58 – 64.

223 Inst. 1, 10, 3; D. 23, 2, 39 pr. (Paul.).

224 Gai. Inst. 1, 59; 61.

225 Im Sinne von einem Eintritt in den agnatischen Familienverbund.

226 Im Hinblick auf den Umfang des Eheverbots siehe weiter unten.

ches Verhältnis geschaffen wurde, ist fraglich, ob durch die adoptio minus plena überhaupt Eheverbote begründet wurden.

Ausgehend von dem Verständnis, dass die Eheverbote allein auf dem Agnationsverhältnis beruhten und die adoptio minus plena ein solches eben nicht herstellte, folgt, dass durch die adoptio minus plena keine Eheverbote entstanden[227].

Allerdings unterscheidet Inst. 1, 10, 1 (2, 3, 5) nicht zwischen den einzelnen Adoptionsformen, sondern bezieht sich generell auf die Ehehindernisse, die sich aus der „adoptio", also auch aus der adoptio minus plena, ergaben. Ein Indiz dafür, dass die Ehehindernisse außerdem nicht einzig auf dem Agnationsprinzip beruhten, ergibt sich aus Inst. 1, 10, 1. Darin heißt es:

> „*Ergo non omnes nobis uxores ducere licet: nam quarundam nuptiis abstinendum est. inter eas enim personas, quae parentum liberorumve locum inter se optinent, nuptiae contrahi non possunt, veluti inter patrem et filiam vel avum et neptem vel matrem et filium vel aviam et neotem et usque ad infinitum: et si tales personae inter se coierint, nefarias atque incestas nuptias contraxisse dicuntur. et haec adeo ita sunt, ut, quamvis per adoptionem parentum liberorumve loco sibi esse coeperint, non poosint inter se matrimonio iungi in tantum, ut etiam dissoluta adoptione idem iuris manear: itaque eam, quae tibi per adoptionem filia aut neptis esse coeperit, non poteris uxorem ducere, quamvis eam emancipaveris.*"
>
> (Wir dürfen nun aber nicht jede Frau zur Ehefrau nehmen. Denn der Ehe mit einigen Frauen müssen wir uns enthalten. Es kann nämlich zwischen den Personen, die untereinander die Stellung von Eltern und Kindern haben, keine Ehe geschlossen werden, zum Beispiel zwischen Vater und Tochter oder Großvater und Enkelin oder Mutter und Sohn oder Großmutter und Enkel und endlos so weiter. Und wenn solche Personen sich miteinander verbinden, so sagt man, dass sie eine frevelhafte und blutschänderische Ehe eingegangen sind. Und das geht so weit, dass sie sich selbst dann nicht miteinander ehelich verbinden können, wenn sie die Stellung von Eltern und Kindern durch Adoption erlangt haben, und dies sogar mit der Konsequenz, dass das auch bei Auflösung der Adoption rechtens bleibt. Deshalb kannst du die, die durch Adoption deine Tochter oder Enkelin geworden ist, nicht zur Frau nehmen, auch wenn du sie aus der Gewalt entlassen hast.[228])

Danach bestand selbst dann ein Eheverbot in gerade Linie fort, wenn die Adoption aufgehoben war. Mit Aufhebung des Adoptionsverhältnisses fiel jedoch die Agna-

227 Schmitt, § 61, S. 126; Thibaut, System des Pandektenrechts, Band I, § 296, S. 232.

228 Übersetzung nach Behrends/Knütel/Kupisch/Seiler, CIC, Band I, Institutionen, S. 15.

tion weg. Die Eheverbote gingen somit über das Prinzip der Agnatenverwandtschaft hinaus und konnten nicht allein auf ihm beruhen[229].
Aus Inst. 1, 10, 1 folgt weiter, welcher Aspekt bei der Normierung der Eheverbote eine wesentliche Rolle spielte. Nach Inst. 1, 10, 1 kam es für die Eheverbote maßgeblich darauf an, dass die heiratswilligen Personen nicht die Stellung von Eltern und Kindern, gleichgültig ob durch natürliche Bande oder durch Adoption, besaßen. Durch die adoptio minus plena erwarb der Adoptierende zwar nicht mehr die väterliche Gewalt über den Angenommenen und der Angenommene trat auch nicht mehr in den agnatischen Familienkreis ein, dennoch stand er zu dem Angenommenen in einem Eltern-Kind-Verhältnis. Denn die adoptio minus plena sollte - ebenso wie die adoptio plena und die Arrogation - ein natürliches Kindschaftsverhältnis nachahmen. Nur unter dieser Bedingung war die Adoption überhaupt zulässig. Unabhängig davon welche Adoptionsform daher vorlag, schuf die Adoption zwischen den Parteien immer die Stellung von Eltern und Kindern. Da die Eheverbote jedoch gerade dazu dienen sollten, eine Heirat zwischen Personen, die in einem Eltern-Kind-Verhältnis standen, zu verhindern, musste die adoptio minus plena die gleichen Eheverbote zur Folge haben, wie die adoptio plena und die Arrogation[230].
Ein bestehendes Adoptionsverhältnis führte danach zur Nichtigkeit einer Ehe zwischen dem Adoptivvater und der Adoptivtochter oder der Frau des Adoptivsohnes, dem Adoptivsohn und der Frau oder der Mutter des Adoptivvaters, sowie zwischen den Personen, die durch die Adoption in das Verhältnis Onkel und Nichte, Tante und Neffe traten, sofern sie zueinander Agnaten waren. Ferner wurde die Ehe über das Angnationsverhältnis hinaus, zwischen dem Adoptivsohn und der Schwester der Mutter des Adoptivvaters verboten[231].
Zulässig war die Eheschließung hingegen zwischen einem Bruder und seiner Adoptivschwester, sofern das Adoptionsverhältnis aufgehoben oder das leibliche Kind aus der Gewalt entlassen wurde[232].
War hingegen eine Ehe bereits wirksam geschlossen worden und danach erst ein Adoptionsverhältnis zwischen Parteien begründet worden, dass eine Eheschließung im nachhinein vereitelt hätte, so galt entgegen dem römischen Prinzip *rite contractum matrimonium ex post facto vitiari non potuerit*, dass das durch die Adoption begründete Verhältnis die Ehe auflöste[233].

## C. Résumée

Die praktische Anwendung der Adoption und ihr Verständnis zur nachklassischen Zeit entsprachen bei Regierungsantritt Justinians nicht mehr der teilweise sogar

---

229 Lang, AfcP 21 (1838), S. 288, 296; S. 419, 428 ff.

230 Lang, AfcP 21 (1838), S. 288, 294, 299; 419, 421.

231 Inst. 1, 10, 1 (3, 5).

232 Inst. 1, 10, 2.

233 Kaser, RPR II, § 217, S. 111, Fn. 2.

noch auf der Zwölf-Tafel-Gesetzgebung basierenden Rechtslage. Das hing einerseits mit dem Traditionsbewusstsein, andererseits aber auch mit der nach der Herrschaft Diocletians eingetretenen Vulgarisierung des römischen Rechts zusammen. So folgte die Bestimmung der Erbfolge in der Praxis zwar mittlerweile der cognatischen und nicht mehr der agnatischen Verwandtschaft, doch fehlte es an einer schriftlichen Fixierung in Form einer Regelung.
Zusammen mit der langsam voranschreitenden Auflösung der agnatischen Strukturen verlor auch die patria potestas des Hausvaters an Macht. Unterstützt wurde diese Entwicklung durch die stärker werdende vermögensrechtliche Verselbständigung der Hauskinder, welche zusätzlich noch dazu führte, dass der Unterschied zwischen einer Person alieni und sui iuris zurückging[234]. Dementsprechend konnte die Adoption in Form der Arrogation oder der datio in adoptionem in der Praxis und insbesondere als Mittel zur Erlangung der patria potestas nicht mehr den hohen Stellenwert einnehmen, der ihr noch zur Königszeit oder zur Zeit der Republik zugekommen war. Hinzu kam bei der Arrogation, dass ebenfalls die ursprünglich religiöse Motivation durch das Vordringen der christlichen Lehre weggefallen war. Das neue Lebensverständnis und die sich wandelnden Familienstrukturen mussten daher zu einer Wesensänderung der Adoption führen, deren schriftliche Regelung erforderlich wurde. Diese charakterliche Wandlung der Adoption manifestierte sich insbesondere in dem immer stärker werdenden Schutz des Angenommenen vor möglichen negativen Folgen der Annahme.
Durch die justinianische Reform und deren Kodifizierung im Corpus Iuris Civilis wurden die Probleme des veralteten Adoptionsrechts aufgegriffen und versucht zeitgemäß zu lösen. Eine Besserstellung des Angenommenen wurde nicht nur durch die Änderung der Rechtsfolge der Arrogation erreicht, sondern auch durch die Einführung der adoptio minus plena. Die Wirkung der abgeschafften datio in adoptionem konnte einzig noch die adoptio plena als Pendant zur minus plena aufweisen. Der noch der datio in adoptionem zu Grunde liegende strenge Formalismus wurde ebenfalls abgeschafft. Die justinianische Reformierung des Adoptionsrechts stellte daher das Ergebnis des sich gewandelten Verständnisses der Annahme an Kindes statt dar[235]. Teilweise wurden die Änderungen, die sich im Laufe der Zeit herausgebildet hatten, wie die Bestimmung der Erbfolge nach der cognatischen Verwandtschaft, aus der Praxis übernommen, teilweise wurde jedoch auch Neues, wie die Adoptionsform der adoptio minus plena, geschaffen.

---

234 Kaser, RPR II, § 227 II, 3), S. 210.

235 Die Adoption verstanden als Nachahmung eines natürlichen Kindesverhältnisses hatte die ursprüngliche Motivation der Adoption, den Fortbestand der Familie zu sichern, in den Hintergrund gedrängt. Deutlich wird dies etwa bei der adoptio per testamentum. Das aus der vorklassischen Zeit stammende Rechtsinstitut entsprach schon nicht mehr dem Adoptionsverständnis zur klassischen Zeit und wurde schließlich im justinianischen Recht nicht einmal mehr erwähnt.

Insgesamt schaffte Justinian durch die Neugestaltung des Adoptionsrechts zeitgemäße Regelungen, die nicht nur zur Klärung von alten Streitfragen beitrugen, sondern auch den Ausgangspunkt für die weitere Entwicklung des Adoptionsrechts bildeten.

# 3.Teil: Grundlinien der Entwicklung vom frühen Mittelalter bis zum 18. Jahrhundert

## 5. Abschnitt: Rechtsverständnis der Adoption bis zum Zeitalter des Vernunftrechts

### A. Die Anwendung von adoptionsähnlichen Instituten im Mittelalter

Der Wunsch nach der Geltung eines einheitlichen Rechts hatte Justinian zu seiner Zeit dazu veranlasst, eine Gesamtkodifikation erstellen zu lassen. Durch den Erlass des Corpus Iuris Civilis konnte die Vorstellung von der Rechtseinheit zunächst auch verwirklicht werden[236]. In der Folgezeit führten allerdings Gebietsverluste und die damit einhergehende Ausbreitung der Germanen zum Eindringen fremder Rechtsauffassungen in ehemals römische Gebiete. Des Weiteren waren die vereinfachenden Darstellungen des ursprünglich komplexen und teilweise umständlich formulierten Corpus Iuris Civilis, die im Osten schon im siebten Jahrhundert nach Christus entstanden, verantwortlich für die Bedeutungslosigkeit, in die das justinianische Recht alsbald versank. Ein ähnliches Schicksal erlitt das Rechtsinstitut der Adoption, das für lange Zeit außer Gebrauch kommen sollte. Ursächlich dafür, dass die Adoption in Vergessenheit geraten konnte, waren mehrere Faktoren.

Einer dieser Faktoren bestand im zunehmenden Einfluss des Christentums ab dem 5. Jahrhundert. Denn die christliche Kirche wendete sich nicht nur entschieden gegen das Konkubinat, die Mehrehe und die Witwenheirat, sondern auch gegen die Adoption. Gemeinsam war diesen Instituten[237], dass sie einem bis dahin kinderlosen späteren Erblasser die Möglichkeit boten, einen Nachfolger und damit einen Erben zu erlangen[238]. Die Ablehnung der Kirche, die stets darum bemüht war, selbst Erbschaften zu erhalten, unter anderem, um den Armen, den Witwen und Waisen helfen zu können, richtete sich somit gegen Institute, die einem späteren Erblasser zu einem Erben verhelfen konnten, der nicht die Kirche selbst war[239]. Diese ablehnende Haltung der Kirche gegenüber anderen Erben erstreckte sich teilweise sogar auf die eheliche Deszendenz. So appellierte etwa Salvianus, im 5.

---

236 Förderlich für die Gestaltung der Rechtseinheit war auch das justinianische Verbot der Kommentierung seiner Gesetzgebung; gestattet war lediglich die wörtliche Übersetzung ins Griechische.

237 Sofern das Konkubinat, die Mehrehe oder die Witwenheirat zulässig waren.

238 Verheiratete sich eine Witwe ein zweites Mal anstatt einem Kloster beizutreten, so fiel ihr Besitz in die Hand ihres neuen Ehemannes und nicht in die des Klosters. Nahm sich ein Mann eine zweite Frau oder eine Konkubine, weil seine erste Frau unfruchtbar war, so konnte er auf diese Weise einen Erben erlangen. Die gleiche Wirkung hatte die Adoption. Durch die Adoption einer fremden Person erwarb eine kinderlose Person oder ein kinderloses Paar einen Erben; Goody, Die Entwicklung von Ehe und Familie in Europa, S. 107.

239 Gutton, S. 18; Klippel, FamRZ 1985, S. 444, 445 f.; Goody, Die Entwicklung von Ehe und Familie in Europa, S. 112 f.; Lagarrigue, I, S. 34.

Jahrhundert Bischof von Marseille, an die Eltern, ihr Vermögen lieber der Kirche als den eigenen Nachkommen zu hinterlassen, da es besser sei, die Kinder litten in dieser Welt, als dass die Eltern in der nächsten verdammt würden[240]. Dementsprechend gnadenlos war die Ansicht Salvianus zu kinderlosen Personen, die durch die Adoption einen anderen Erben als die Kirche wählten. Diese „unglücklichen und gottentfremdeten Menschen“ konnten die Vergebung ihrer Sünden nach christlicher Vorstellung jedenfalls nicht erwarten[241]. Denn die Adoption widersprach dem Willen Gottes, von dem alle Güter stammten und zu dem sie wieder zurückkehren mussten. Rechtmäßiger Erbe eines Vermögens konnte somit nur Gott bzw. dessen Stellvertreter auf Erden und nicht etwa eine adoptierte Person sein[242]. So nannte Salvianus denn auch die adoptierten Kinder die „Kinder des Meineids“ oder die „Frucht der Treulosigkeit“ [243], da sie Gott bzw. die Kirche um das rechtmäßige Erbe betrögen[244]. Für den Erblasser bedeutete demnach der Verzicht auf die Adoption und die Vererbung seines Vermögens an die Kirche die Erlangung des Seelenheils. Aus Sicht der christlichen Kirche basierte die Ablehnung der Adoption ebenso wie die des Konkubinats, der Mehrehe und der Witwenheirat hingegen in erster Linie auf der Befriedigung materieller Interessen[245]. Die wachsende Einflussnahme der christlichen Kirche im Mittelalter und die damit einhergehende Verbreitung ihrer Lehren war schließlich ein entscheidender Faktor, der dazu beitrug, dass die Adoption für lange Zeit außer Gebrauch kam. Erst mit dem Rückgang des kirchlichen Einflusses fand die Adoption wieder mehr Beachtung.
Ein weiterer Faktor, der die Adoption im Mittelalter als ein vergessenes Rechtsinstitut erscheinen lässt, war die Ausbreitung der Germanen. Den Germanen war die römische Adoption und das ihr zu Grunde liegende Verständnis fremd. Denn für die Funktion, die die Adoption in der römischen Gesellschaft übernommen hatte, und die prägend für ihre rechtliche Gestaltung im Corpus Iuris Civilis geworden war[246], gab es in den germanischen Rechten keinen Bedarf. Im Gegensatz zum rö-

---

240 Salvianus, Ad ecclesiam (oder auch Contra avaritiam), III, 4, zitiert nach Goody, Die Entwicklung von Ehe und Familie in Europa, S. 112 f.; Lagarrigue, I, S. 35.

241 Goody, Die Entwicklung von Ehe und Familie in Europa, S. 113; Lesne, I, S. 14, 25 f.

242 Guichard/Cuvillier, Europa in der Zeit der Völkerwanderung, S. 31; Klippel, FamRZ 1985, S. 444, 446; Gutton, S. 18 f.; Gager, Blood ties and fictive ties, S. 44.

243 Salvianus, Ad ecclesiam, III, 4 zitiert nach Goody, Die Entwicklung der Ehe und Familie in Europa, S. 113; O`Sullivan, S. 322.

244 Gager, Blood ties and fictive ties, S. 44 f.; Guichard/Cuvillier, Europa in der Zeit der Völkerwanderung, S. 31; Goody, Geschichte der Familie, S. 59; Gutton, S. 17 f.

245 Gutton, S. 19; Klippel, FamRZ 1985, S. 444, 446; Goody, Die Entwicklung von Ehe und Familie in Europa, S. 114; ders., Geschichte der Familie, S. 59.

246 Die wesentliche Funktion der künstlichen Schaffung eines Eltern-Kind-Verhältnis bestand nach römischem Recht darin, einen Erben zum Zweck des Erhalts des Familienvermögens zu erlangen.

mischen Recht galt im germanischen Recht das Verwandtenerbrecht[247]. Der Kreis der Erbberechtigten war dadurch sehr groß. Die Frage nach einem (fremden) Erben wird sich daher selten gestellt haben. Außerdem konnte der Einzelne nach den germanischen Stammesrechten nur in sehr beschränktem Maße über seinen Nachlass verfügen[248].

## I. Symbolische Akte in den Stammesrechten der Germanen

Die von Justinian geschaffenen Adoptionsformen der adoptio plena und minus plena waren bei den germanischen Völkern daher ebenso unbekannt wie die der Arrogation.

Nach den germanischen Stammesrechten wurde die „Adoption" vielmehr durch symbolische Akte vollzogen. Dazu zählten etwa das Rasieren des Bartes oder das Scheren des Haares des Anzunehmenden. Denn sowohl die Bartlosigkeit als auch der geschorene Kopf galt im Recht der Goten, Franken und Langobarden als ein Zeichen von Unmündigkeit und Unfreiheit[249]. Durch den Akt des Scherens verlor der Geschorene somit seine Freiheit. Der Scherende hingegen übernahm durch den Akt die Gewalt über die andere (freie) Person, die damit in die Knechtschaft des Handelnden eintrat[250]. In dieser Art „adoptierte" unter anderem der Gotenkönig Alarich Chlodwig, den König der Franken[251]. Neben dem Abschneiden des Haares oder Bartes waren auch andere symbolische Akte, wie das Schoßsetzen, das Einhüllen in den Mantel (Mantelkinder)[252], das „Mit einem in den Schuh

---

247 Köbler, Reallexikon der germanischen Altertumskunde, 2. Auflage, Band VII, S. 431. Nach römischem Recht konnte und sollte der Erblasser letztwillig über seinen Nachlass verfügen. Jedes Testament musste eine Erbeinsetzung enthalten – nur in dem Fall, wo keine Verfügung des Erblassers vorhanden war, griff die Intestaterbfolge.

248 Heusler, Institutionen II, S. 521; Köbler, Reallexikon der germanischen Altertumskunde, 2. Auflage, Band VII, S. 431; Kaufmann, HRG I, Sp. 959 – 962. In der frühen römischen Gesellschaft hatte die Adoption außerdem dazu gedient, einen Erben zur Fortführung des Hausgötterkults zu erlangen, siehe oben 2. Teil: 1. Abschnitt. Ob bei den Germanen eine dem römischen Hausgötterkult ähnliche Pflicht bestand, ist jedoch fraglich, Rietschel, Reallexikon der germanischen Altertumskunde, 1. Auflage, Band I, S. 83; so auch Kuhn, Reallexikon der germanischen Altertumskunde, 2. Auflage, Band I, S. 83 f.

249 Rietschel, Reallexikon der germanischen Altertumskunde, 1. Auflage, Band I, S. 39; Brunner, Grundzüge, § 54, S. 199.

250 Grimm, Rechtsaltertümer, S. 160; Schneider, S. 134.

251 Grimm, Rechtsaltertümer, S. 146.

252 Amira, § 27, S. 70; Kuhn, SZ (Germ. Abt.) 65 (1947), S. 1 ff.; nach Rietschel, Reallexikon der germanischen Altertumskunde, 1. Auflage, Band I, S. 38 stellen sowohl das Einhüllen in den Mantel als auch die Schoßsetzung keine germanischen Adoptionsformen dar. Denn bei der Einhüllung in den Mantel handele es sich lediglich um eine Erneuerung des Geburtsaktes, der bei der Legitimation von vorehelichen Kindern durch nachfolgende Ehe hätte vollzogen werden müssen. Auch die Schoßsetzung meine ursprünglich nur die Aufnahme in den Schoß der Mutter und komme gelegentlich als Legitimationsmittel vor. A.A. allerdings Pappenheim, SZ

steigen"[253], das Kniesetzen[254] oder die Waffenreichung bei den germanischen Völkern bekannt[255].
Durch alle diese Akte wurden entweder erbrechtliche, obligatorische oder sonstige rechtliche Beziehungen zwischen den Parteien begründet[256]. Allerdings mangelte es an einem dem römischen Recht entsprechenden Akt, der ein künstliches Eltern-Kind-Verhältnis zwischen den Parteien schuf[257]. Ausgehend vom römischen Adoptionsverständnis waren die symbolischen Akte der germanischen Stämme daher lediglich adoptionsähnliche Rechtsgeschäfte. Eine Adoption im engeren Sinne stellten sie hingegen nicht dar.

### II. Die *affatomie* der Lex Salica und der Lex Ribuaria

Die Lex Salica und die Lex Ribuaria erwähnen beide das Institut der *affatomie*[258]. Dabei handelte es sich um eine Art Erbeinsetzung (adoptare in hereditate vel adfatimi[re]), die in drei Akten vollzogen wurde und nur dann zulässig war, wenn keine leiblichen Kinder des Erblassers vorhanden waren[259]. Zunächst warf der Adoptierende vor Zeugen einen Stab (festuca) in den Schoß eines zweiten Mannes, der mit ihm nicht verwandt sein durfte, und erklärte ihm vor drei Zeugen, wie viel er von seinem Vermögen dem Dritten, dem Erben, geben wollte[260]. Der zweite Mann, in dessen Schoß der Stab geworfen worden war, setzte sich daraufhin in den Besitz des Vermögens des Annehmenden und bewirtete mindestens drei Gäste vor drei

(Germ. Abt.) 29 (1908), S. 304, 315 f. und Hübner, Grundzüge, S. 700, die beide davon ausgehen, dass durch die symbolischen Akte eine verwandtschaftliche Beziehung im Sinne eines Vater-Sohn-Verhältnisses begründet wurde.

253 Dabei handelte es sich um ein altnordisches Recht. Ausführlich dazu Grimm, Rechtsaltertümer, S. 155; Wackernagel, HRG I, Sp. 57.

254 Nach den westnordischen Quellen begründete der symbolische Akt der Kniesetzung eine Pflegekindschaft, die aber im Vergleich zur Adoption, im Sinne der künstlichen Schaffung eines Eltern-Kind-Verhältnisses, nur ein rein tatsächliches Verhältnis zwischen den Beteiligten begründete und jederzeit wieder aufgehoben werden konnte, Amira, § 33, § 34, S. 83 ff.; Wackernagel, HRG I, Sp. 57; Rietschel, Reallexikon der germanischen Altertumskunde, 1. Auflage, Band I, S. 38.

255 Heineccii, Academische Reden, S. 186 ff., der in seinen Ausführungen unter anderem auch auf den fränkischen (kinderlosen) König Ganthram verweist, der seinen Vetter Childebert durch eine Lanze annahm und bei der Überreichung der Lanze gesagt haben soll: „hoc est indicium, quod tibi omne regnum meum tradidi."; Grimm, Rechtsaltertümer, S. 166.

256 Rietschel, Reallexikon der germanischen Altertumskunde, 1. Auflage, Band I, S. 38.

257 Kuhn, Reallexikon der germanischen Altertumskunde, 2. Auflage, Band I, S. 83 – 85; Rietschel, Reallexikon der germanischen Altertumskunde, 1. Auflage, Band I, S. 38; Wackernagel, HRG I, Sp. 56; Grimm, Rechtsaltertümer, S. 464; Arndts, Pandekten, § 438, S. 815.

258 Lex Sal. 46; Lex Rib. 48, 49.

259 Lett, Droits et Pratiques de l'adoption au Moyen Age, S. 6; Santinelli, L'adoption dans le droit Mérovingien, S. 10; Heusler, Institutionen I, S. 215 ; Galy, S. 312 – 323.

260 Lévy/Castaldo, Histoire du droit civil, S. 160; Gutton, S. 20; Heusler, Institutionen II, S. 621.

weiteren Zeugen. Im letzten Akt, der vor dem König oder im gesetzmäßigen Ting innerhalb eines Jahres stattfinden musste, nahm der zweite Mann erneut den Stab und warf diesen in den Schoß desjenigen, der von dem Adoptierenden als Erbe bezeichnet worden war. Die insgesamt neun Zeugen dienten dazu, im Fall des Einspruchs, die Vornahme des jeweiligen Aktes zu bestätigen[261].
Ebenso wie die anderen symbolischen Akte der Germanen geriet allerdings auch die affatomie als adoptionsähnliches Institut[262] in Vergessenheit und überlebte das hohe Mittelalter nicht.

### III. Die adoptio in fratrem oder affrairamentum

Ein wenig anders verlief es hingegen mit der ursprünglich aus dem orientalischen Recht stammenden *adoptio in fratrem*[263]. Dass die adoptio in fratrem bereits zur römischen Kaiserzeit bekannt war, belegt eine Ausführung Diocletians an Zizon in C. 6, 24, 7. Allerdings wird dieser „Verbrüderungsvertrag" von Diocletian dort entschieden zurückgewiesen und für das römische Recht als unzulässig erachtet[264]. Die adoptio in fratrem, auch als affrairamentum bezeichnet, schuf zwischen den Beteiligten ein künstliches Band der Bruderschaft. Partei des Verbrüderungsvertrages konnte entweder ein Fremder oder ein Mitglied der Familie sein, da die Blutsverwandtschaft dem Verbrüderungsvertrag nicht im Wege stand[265]. Die Wirkung der adoptio in fratrem war, dass sich die Parteien zusammenschlossen und alle ihre Güter miteinander teilten. Verstarb eine Partei kinderlos oder ohne Testament, so fiel ihr Erbe automatisch an den jeweiligen „Bruder"[266]. Dieser Akt, der ein rein tatsächliches Verhältnis in Form des Zusammenlebens- und -wirtschaftens zwischen den Beteiligten schuf, wurde insbesondere von der Landbevölkerung genutzt, die durch den Zusammenschluss versuchte, ihr Elend und ihre Armut gemeinsam zu lindern[267]. Die adoptio in fratrem geriet allerdings während des 16. Jahrhunderts außer Gebrauch.

---

261 Galy, S. 312 ff.; Gutton, S. 20; Santinelli, L´ adoption dans le droit Mérovingien, S. 11.

262 Heineccii, Academische Reden, S. 186 f.; Gager, Blood ties and ficitve ties, S. 40; Amira, § 33, S. 83.

263 Bruns/Sachau, Syrisch-römisches Rechtsbuch, S. 256.

264 Weitere eindeutige Hinweise, die die Annahme rechtfertigen würden, dass die adoptio in fratrem bereits im römischen Recht Anwendung fand, gibt es nicht, vgl. auch Lévy-Bruhl, Nouvelles Études, S. 61; Koschaker, Adoptio in fratrem, S. 361, 362; Volterra, BIDR 40/41 (1932/33), S. 291.

265 Lévy/Castaldo, Histoire du droit civil, S. 160; Aubenas, Revue histoire de droit, XII, (1933), S. 478 ff.

266 Koschaker, Adoptio in fratrem, S. 361, 364 ff.; Volterra, BIDR 40/41 (1932/33), S. 291, 304.

267 Bresc, Stadt und Land in Europa, S. 177; Lévy/Castaldo, Histoire du droit civil, S. 160.

## B. Rezeption des römischen Rechts

Parallel zur mittelalterlichen Machtentwicklung der kirchlichen Rechtswissenschaft[268] wurde in Italien im 11./12. Jahrhundert das römische Recht Justinians wiederentdeckt[269]. Diese Entdeckung stand dabei ebenso wie die Lehre und Forschung zu dieser Zeit maßgeblich unter dem Einfluss der Scholastik[270]. Die Besonderheit der scholastischen Methode bestand darin, dass die Inhalte der antiken Texte durch „Auslegung im umfassenden Sinne" zunächst ermittelt und dann weitergegeben wurden[271]. Im Verlauf des 13. Jahrhunderts gehörten dann Kenntnisse des römischen und kanonischen Rechts ebenso wie solche der Theologie zur christlichen Allgemeinbildung, sofern man eine höhere Stellung in Staat oder Kirche bekleidete[272]. An den mittelalterlichen Rechtsschulen wurde daher sowohl das kanonische als auch das römische Recht gelehrt und verbreitet[273]. Die Kommentierungen des römischen und kanonischen Rechts, die im 14. und 15. Jahrhundert durch die Bartolisten, benannt nach dem Hauptvertreter der Kommentatorenschule Bartolus, entstanden, sollten schließlich zur Rezeption des gelehrten Rechts in Gesamteuropa führen. Zwar grundsätzlich auf der scholastischen Dialektik des 13. Jahrhunderts aufbauend, kam es den Kommentatoren nun allerdings nicht mehr einzig auf die Erklärung der alten Texte aus dem Corpus Iuris an. Vielmehr bemühten sie sich, aus den im Corpus Iuris überlieferten Fällen allgemeine Rechtsregeln für die Rechtsprobleme der mittelalterlichen Gesellschaft zu entwickeln und festzuhalten[274]. Die territorialen Rechte und Gewohnheiten wurden jedoch berücksichtigt und teilweise beibehalten[275]. So trugen die einheimischen Rechte ebenso wie die Praxis der wenig später entstehenden Gerichte zur Modifizierung des römischen Rechts bei. Die Übernahme des römisch-kanonischen Rechts in die territorialen, landschaftlichen und städtischen Rechte erstreckte sich dabei über Jahrhun-

---

268 Dazu Erler, Kirchenrecht, S. 26 – 28; Wolter, ius canonicum in iure civili, S. 1 – 37.

269 Schlosser, Grundzüge, § 1, 3e), S. 31; Wesenberg/Wesener, Neuere deutsche Privatrechtsgeschichte, S. 59 ff.

270 Die Scholastiker traten für die gleichberechtigte Existenz von Verstand und Glauben ein; berühmte Vertreter dieser philosophischen Richtung waren unter anderem: Anselm von Canterbury; Albertus Magnus sowie dessen Schüler Thomas von Aquin; Fitting, Juristische Schriften des frühen Mittelalters, S. 98, 101.

271 Dies galt nicht nur für das Corpus Iuris Civilis, sondern in erster Linie auch für die Bibel und die Schriften des Aristoteles, Weimar, Handbuch PRG, Band I, S. 130; Wieacker, PRGN, § 3, S. 49 ff.

272 Dass das römische Recht auch Einzug in den privaten Lebensbereich der Privilegierteren erhielt, zeigen die philosophischen Schriften von Thomas von Aquin (Summa Theologiae) und Dante (Göttliche Komödie), vgl. Stein, Römisches Recht und Europa, S. 109 - 115.

273 In Deutschland wurden die ersten Universitäten im späten 14. Jahrhundert gegründet (Prag, Heidelberg, etc.).

274 Koschaker, Europa, S. 87, 88; Stein, Römisches Recht und Europa, S. 117 – 124, 119.

275 Schlosser, Grundzüge, § 1 I, 2), S. 2; Koschaker, Europa, S. 87, 88.

derte[276]. In Deutschland wurde das römische Recht erst im frühen 16. Jahrhundert dafür jedoch in complexu aufgenommen[277] und schließlich als rezipiertes Reichsrecht subsidiär gegenüber den einheimischen Partikularrechten angewendet[278]. Entsprechend seiner Entwicklung gründete das so entstandene *ius commune (Gemeines Recht)* daher zwar auf dem römischen Corpus Iuris, war jedoch mit diesem nicht identisch.

## C. Das Rechtsinstitut der Adoption im Gemeinen Recht

Der Rezeption des römischen Rechts als gemeines Recht war es schließlich zu verdanken, dass die Adoption auch in Deutschland wieder bekannter wurde[279]. Allerdings wurden Adoptionen zur Zeit des ius commune nicht annähernd so häufig durchgeführt, wie das im römischen Reich der Fall gewesen war[280], wozu die ablehnende Haltung der Kirche gegenüber dem Rechtsinstitut wesentlich beigetragen hatte. Folglich war die Bedeutung der Adoption im gemeinen Recht immer noch sehr gering[281].

---

276 Wesenberg/Wesener, Neuere deutsche Privatrechtsgeschichte, S. 59 ff.; Schlosser, Grundzüge, § 1 I, 1), S. 1.

277 Im Vergleich zu Frankreich, Spanien oder Portugal war dies verhältnismäßig spät; Coing, Europ. PR, Band I, § 1 V, S. 14.

278 Coing, Europ. PR, Band I, § 4 IV, S. 39 und § 13; Conrad, Band II, S. 341, 342.

279 Conrad, Band I, S. 409 f.; Motive, Band IV, Vorbem. zu § 1601, S. 951; zu der teilweisen recht unterschiedlichen Entwicklung in den einzelnen Landesteilen, siehe unten 4. Teil: 1. Abschnitt: B. I.

280 Stryk, Usus modernus, Nr. 2 zu D. 1, 7; Hellfeld, Iurisprudentia forensis secundum Pandectarum ordinem in usum auditorii proposita, § 155; Lauterbach, Collegii theoretico-practici, lib. I, tit. 7, Nr. 1, Nr. 10 f.; Heineccii, Academische Reden, S. 187 behauptet: „Die Ursache ist diese, weil unser Frauenzimmer viel fruchtbarer ist, als das Italienische. Wozu noch dieser Umstand kömmt, dass die Manns-Personen in Italien geminiglich sehr frühzeitig und voreilig Liebes=Händel treiben, und dadurch die Kräfte Kinder zu erzeugen gewaltig schwächen. ...“; vgl. auch Höpfner, Commentar, § 150, S. 141.

281 Was die zum Rechtsinstitut der Adoption im älteren gemeinen Recht nur spärlich existierenden Ausführungen erklärt; Vinnius, In quatuor libros institutionum imperialium commentarius academicus et forensis, zu Inst. 1, 11 pr., der die Adoption als altertümliches Rechtsinstitut bezeichnet; Goudelin, Commentariorum de iure novissima libri 6, I, 13; siehe auch Coing, Europ. PR, Band I, § 45 IV, S. 255 m.w.N.; Heineccii, Academische Reden, S. 187. Im Gegensatz zur Adoption wurde im Mittelalter häufig die so genannte Einkindschaft begründet. Der Einkindschaftsvertrag bezweckte die erbrechtliche Gleichstellung von Stiefgeschwistern bei der erneuten Heirat eines Elternteiles. Die Begründung des Rechtsinstituts der Einkindschaft beruhte vor allem auf der hohen Sterblichkeitsrate im Mittelalter, Erler, HRG I, Sp. 900 f. Dass neben der Einkindschaft für das römisch-rechtliche Institut der Adoption daher nur noch wenig Raum blieb, erklärt sich, ausgehend von den gesellschaftlichen Umständen und der hohen Sterblichkeitsrate im Mittelalter, von selbst.

## I. Adoptio imitatur naturam – Voraussetzungen und Wirkungen der Adoption

Der aus römischen Zeiten stammende Grundsatz „adoptio imitatur naturam“ behielt im gemeinen Recht weiterhin seine Geltung[282]. Ausgerichtet an diesem Grundsatz musste der Annehmende das 60. Lebensjahr vollendet, keine leiblichen ehelichen Kinder haben und mindestens 18 Jahre älter sein als der Anzunehmende. Das gemeine Recht erlaubte Kastraten sowie Spadonen die Adoption[283]. Frauen war die Adoption eines anderen nur mit landesherrlicher Genehmigung gestattet, da sie keine väterliche Gewalt ausüben bzw. erlangen konnten[284]. Dem römischen Recht folgend, war dem gemeinen Recht ebenfalls die Annahme an Enkels statt bekannt[285]. Die Annahme an Enkels statt erforderte allerdings einen Altersunterschied von 36 Jahren zwischen dem Annehmenden und dem Adoptivkind[286].

Ebenso wie im römischen Adoptionsrecht wurde bei der gemeinrechtlichen Adoption zwischen den Formen der Adoption im engeren Sinne und der Arrogation unterschieden[287]. Dabei erfolgte die Differenzierung zwischen der Annahme in Form der Arrogation und der adoptio in specie nach wie vor danach, ob es sich bei dem Anzunehmenden um eine Person sui iuris handelte oder die Person noch unter der Gewalt des leiblichen Vaters stand[288]. War dies der Fall, wurde weiterhin nach der Person des Annehmenden unterschieden. Handelte es sich bei dem Annehmenden um einen Außenstehenden und damit nicht um einen Verwandten in aufsteigender Linie, dann konnte nur in Form der adoptio minus plena adoptiert werden. Andernfalls wurde der Anzunehmende per adoptio plena in den Kreis der Familie aufgenommen[289]. Die adoptio in specie war jedoch ausgeschlossen, wenn es sich bei

---

282 Heineccii, IC Et Antecessoris Elementa Iuris Civilis secundum ordinem Institutionum Commoda Auditoribus Methodo Adronata CVM Animaduerionibus O. Georg. Estoris, IC. Accesit Index Rerum, Giessae APVD 10. Philipp. Kriegerum, § 175, S. 92.

283 Als Spadonen bezeichnete man die von Natur aus impotenten Männer; Heineccii, Academische Reden, S. 183.

284 Glück, S. 348 f.; Struben/Spangenberg, Rechtliche Bedenken, II, Bed. 62.

285 Zur Adoption als Enkel im römischen Recht, siehe Inst. 1, 11, 5 (6); D. 1, 7, 10 (Paulus 2 lib. ad Sabinum); D. 1, 7, 11 (Paulus 4 lib. ad Sabinum); D. 1, 7, 15, 1 (Ulp. 26 lib. ad Sabinum); D. 1, 7, 43 (Pomp. 20 lib. ad Quintum Mucium); weitere Hinweise auch in D. 37, 4, 1, 7; 37, 4, 3, 1; 37, 8, 1, 9; 38, 17, 2, 6.

286 Berger, Handbuch des gemeinen Rechts, § 38, S. 31.

287 Wobei im gemeinen Recht die Arrogation vor dem Fürsten durchgeführt werden musste, während die adoptio in specie von jeder Obrigkeit bestätigt werden konnte, Lauterbach, Collegii theoretico-practici, lib. I, tit. 7, Nr. 11; Stryk, Usus modernus, Nr. 2 zu D. 1, 7; Heineccii, IC Et Antecessoris Elementa Iuris Civilis secundum ordinem Institutionum Commoda Auditoribus Methodo Adronata CVM Animaduerionibus O. Georg. Estoris, IC. Accesit Index Rerum, Giessae APVD 10. Philipp. Kriegerum, § 178, S. 94.

288 Heineccii, Academische Reden, S. 184.

289 Die weiteren formalen Voraussetzungen, wie etwa bei der Arrogation die Einwilligung des

dem Annehmenden um ein uneheliches Kind handelte. Denn uneheliche Kinder standen nicht unter der patria potestas eines Hausvaters, was jedoch für die adoptio in specie zwingende Voraussetzung war. Möglich blieb daher nur die Arrogation eines unehelichen Kindes. Auch die unterschiedlichen Wirkungen hinsichtlich der Erbrechte und der Stellung des Angenommenen in der eigenen sowie der Adoptivfamilie, die der adoptio plena, minus plena und der Arrogation schon im römischen Recht zugeschrieben worden waren, blieben im gemeinen Recht erhalten[290]. Ferner begründete das eingegangene Adoptionsverhältnis nach gemeinem Recht Ehehindernisse. Danach war die Ehe verboten zwischen allen Personen, zwischen denen ein Eltern-Kind-Verhältnis durch die Adoption begründet worden war, und zwischen den natürlichen Kindern des Adoptivvaters und den Adoptivkindern, so lange wie die väterliche Gewalt bestand[291].

Unterschiede zum römischen Adoptionsrecht ergaben sich allerdings für den Fall, dass der Annehmende eine Person von hohem Stande war und es sich bei dem Anzunehmenden um eine Person niederen Standes handelte. Der Annehmende wurde nach gemeinem Recht nicht allein schon durch die wirksame Adoption in den Stand, dem sein Adoptivvater angehörte, gehoben. Denn das Recht, in den Adelsstand zu erheben, war ein reservatum Caesaris, das sich kein priuatus anmaßen konnte[292].

### II. Der Erwerb der väterlichen Gewalt – Zweck der gemeinrechtlichen Adoption?

Fraglich ist, ob hinsichtlich der Entwicklung im römischen Recht, die zeigt, dass die patria potestas des Hausvaters mit der schleichenden Auflösung der agnatischen Familienstrukturen und der zunehmenden Vermögensfähigkeit der Hauskinder immer stärker in den Hintergrund rückte[293], der Zweck der gemeinrechtlichen Adoption noch im Erwerb der väterlichen Gewalt bestand. Der Begriff der „väterlichen Gewalt" war dem gemeinen Recht bekannt. Durch die Rezeption hatte das Institut der väterlichen Gewalt jedoch seine ursprüngliche Strenge verloren[294].

---

Anzunehmenden oder bei der Adoption der ausbleibende Widerspruch des zu Adoptierenden blieben die bereits bekannten. Auch die Besonderheiten, die sich bei der Annahme eines Unmündigen ergaben, blieben bestehen.

290 Lauterbach, Collegii theoretico-practici, lib. I, tit. 7, Nr. 11; Heineccii, Academische Reden, S. 184 ff.; Stryk, Usus modernus, Nr. 2 zu D. 1, 7.

291 Berger, Handbuch des gemeinen Rechts, § 42, S. 34.

292 Heineccii, Academische Reden, S. 184.

293 Siehe oben 2. Teil: 4. Abschnitt: C.

294 So wurden das Verkaufsrecht (ius vendendi) und die förmliche Vindikation entlaufender Kinder nicht rezipiert, Glück, S. 257 ff.; 445 ff. Als Endigungsgrund der väterlichen Gewalt wurden nicht die römisch-rechtlichen, sondern die deutsch-rechtlichen Vorstellungen zu Grunde gelegt. Danach endete die väterliche Gewalt, wenn das Hauskind heiratete und seinen eigenen Hausstand gründete. Zumindest teilweise wurde der Vorgang des Ausscheiden des Kindes aus

Zwar hatte die väterliche Gewalt schon in der justinianischen Gesetzgebung Lockerungen erfahren[295], doch liegt für das gemeine Recht die Vermutung nahe, dass sie nur noch eine Art Bestimmungs- und Erziehungsrecht des Vaters über das Kind beinhaltete[296].

Diese inhaltliche Änderung, die das Institut der väterlichen Gewalt zur Rezeptionszeit erfuhr, hatte allerdings keine Auswirkungen auf den Erwerb derselben[297]. Neben der Geburt in rechtsgültiger Ehe blieb die Adoption daher ein Rechtsinstitut, das die väterliche Gewalt beim Annehmenden begründete[298].

Den Erwerb der väterlichen Gewalt noch als Zweck der gemeinrechtlichen Adoption anzusehen, würde jedoch unter anderem bedeuten, die gesellschaftlichen Entwicklungen nicht ausreichend zu berücksichtigen. Aufbau und Struktur der Familie folgten zwar nach wie vor patriarchalischen Grundsätzen[299]. Freilich wurde auch im gemeinen Recht noch zwischen cognatischer und agnatischer Verwandtschaft unterschieden, doch traten Sippe und Verwandtschaft in ihrer rechtlichen Bedeutung weiter in den Hintergrund. Neben dem Zweck, den Fortbestand der Familie zu sichern, trat zunehmend die vermögensrechtliche Funktion der Adoption in den Vordergrund. Die Adoption bot die Möglichkeit, das Familienvermögen in der Familie zu erhalten, wenn keine leiblichen Abkömmlinge vorhanden waren.

---

der väterlichen Gewalt auch emancipatio genannt, obwohl der tatsächliche Vorgang der Begründung eines eigenen Hausstandes nicht annähernd mit der römisch-rechtlichen vergleichbar war. Das galt für die Kursächsischen Konstitutionen und die Frankfurter Reformation; dazu Coing, Frankfurter Reformation, S. 11 ff.; Hübner, IV. Buch, § 97, S. 642 f.

295 Bereits die Schaffung der Adoptionsform der adoptio minus plena durch Justinian wies darauf hin, dass der Erwerb der väterlichen Gewalt nicht mehr an erster Stelle stand. Zudem konnte das Hauskind schon im justinianischen Recht eigenes Vermögen erwerben, was nach älterem römischen Recht, in welchem die patria potestas weitaus bedeutender war, ausgeschlossen gewesen war. Die Entwicklung der Schwächung der väterlichen Gewalt hatte damit bereits im römischen Recht eingesetzt. Dazu oben 2. Teil: 4. Abschnitt: B. und C.

296 Coing, Frankfurter Reformation, S. 9, 11: „ein einheitliches und sicheres Bild von der Stellung des Vaters zu den Kindern (...) lässt sich nicht gewinnen. (...) Die Leitgedanken des altrömischen Rechtes finden sich jedenfalls nicht: nicht die Idee der patria potestas, sondern eine ganz andere ethische Auffassung, der Gedanke des christlichen Vaters, dem die Erziehung seiner Kinder und die Verwaltung ihres Vermögens ein Pflicht, ein Amt ist...“.; ders., Europ. PR, Band I, § 43 II, S. 247; Stryk, Usus modernus, Nr. 3 zu D. 1, 6, lässt die väterliche Gewalt im Vergleich zum römischen Recht in abgeschwächter Form gelten. Zeitlich später lehnte der Naturrechtslehrer Christian Thomasius, als einer der wenigen seiner Zeit, die sich mit dem gemeinen Recht auseinandersetzten, entgegen der herrschenden Meinung im Usus Modernus die Rezeption der römischen patria potestas ab, Schumacher, S. 235; Glück, S. 257 ff.; 445 ff.

297 Sofern man die Bestimmungen des justinianischen Rechts für anwendbar hielt, so wohl Stryk, Usus modernus, D. 1, 7.

298 Vgl. Coing, Europ. PR, Band I, § 44 IV, S. 255; i.d.S. auch Göschen, Band III, IV. Buch, § 720 I, S. 119 und Baron, Pandekten, § 363 I, S. 641.

299 Insgesamt zu Verständnis und Struktur der Familie zwischen dem 16. und 18. Jahrhundert, unten 3. Teil: 1. Abschnitt: B. I.

Aus der Würdigung dieses erbrechtlichen Aspekts der Adoption zusammen mit der Schwächung, die die väterliche Gewalt in rechtlicher und tatsächlicher Hinsicht erfuhr, folgt, dass der Zweck der gemeinrechtlichen Adoption nicht mehr im Erwerb der väterlichen Gewalt bestand. Vielmehr war die Begründung der väterlichen Gewalt durch Adoption eine Art „Begleiterscheinung" derselben. Sinn und Zweck der Nachahmung eines natürlichen Kindesverhältnis hatten sich auf die Sichtweise verlagert, mit der Adoption ein Mittel zur Verfügung zu haben, mit dem es möglich war, auf die familiären erb- und vermögensrechtlichen Verhältnisse einzuwirken, soweit eben keine leiblichen Nachkommen vorhanden waren.

## D. Das Zeitalter des Vernunftrechts - Entwicklung und Aussagen der Naturrechtslehren

Die Anwendung der scholastischen Methode auf das Corpus Iuris Civilis hatte dazu geführt, dass die Texte einer immer stärkeren Auslegung bedurften, um dem praktischen Leben noch gerecht werden zu können. Trotzdem wurde das Corpus Iuris Civilis als Autorität lange anerkannt und nicht in Frage gestellt oder gar kritisiert. Erst Humanismus und Renaissance trugen im 16. Jahrhundert zu einer kritischeren Betrachtung des Corpus Iuris Civilis bei.

Die Anhänger des juristischen Humanismus stellten insbesondere die moderne Bearbeitung des römischen Rechts in Frage[300]. Die Vermischung zwischen römischem Recht und einheimischen Partikularrechten, die bereits eingetreten war, wurde von den Vertretern dieser Richtung gänzlich abgelehnt. Gefordert wurde vielmehr eine erneute Rückbesinnung auf das wahre römische Recht[301]. Doch führte der humanistische Stil nicht zu einer neuen juristischen Methode, die den praktischen Bedürfnissen der Zeit entsprechen konnte, sondern verfeinerte nur die bereits bestehende, die in der Exegese und der Kommentierung einzelner Texte des Corpus Iuris Civilis bestand. Als Wegbereiter für eine weltlich ausgerichtete Kultur, die den Durchbruch schließlich in der Zeit der Aufklärung erfahren sollte, waren Humanismus und Renaissance, die sich von der im 16. Jahrhundert noch stark religiös und kirchlich bestimmten Kultur abwandten, jedoch unentbehrlich[302].

Basierend auf den Erkenntnissen der Spätscholastik und deren System der deduktiven Schlussfolgerung konnte sich schließlich im 17. Jahrhundert eine neue Methode der Rechtserkenntnis entwickeln. Eingeleitet durch die logisch-systematische Betrachtung der Naturwissenschaften änderte sich das bisher religiös geprägte Weltbild in ein durch Naturgesetze begreifliches[303]. Alles, was mit der allgemeinen

---

300 Holthöfer, Ius Commune, Band II, S. 130, 133 ff.; Wesenberg/Wesener, Neuere deutsche Privatrechtsgeschichte, S. 62.

301 Liebs, S. 112; Koschaker, Europa, S. 111; Troje, Handbuch PRG, Band II/1, S. 615; Wieacker, PRGN, § 8, S. 165.

302 Conrad, Band II, S. 374 ff.

303 Hofmann, Von den Ursprüngen deutschen Rechtsstaatsdenkens in der nachchristlichen Sozial-

Vernunft nicht vereinbar war, unterlag nun der Kritik[304]. Der Mensch wurde nicht mehr nur als auf seine Bestimmung entworfenes Ebenbild Gottes, sondern vielmehr als Naturwesen verstanden[305]. Diese sich auch auf die Sozialethik erstreckende kritische Betrachtung hatte für die Rechtswissenschaft zur Folge, dass die Vertreter des Vernunftrechts ein der Zeit entsprechendes Rechtssystem forderten, das gerade auf den aus der Natur gewonnenen Erkenntnissen basieren und unabhängig von der scholastischen Moraltheologie bestehen sollte[306]. Es entstanden verschiedene Naturrechtslehren, deren Schwerpunktsetzung variierte.

Ihren Abschluss fand die Naturrechtslehre schließlich unter dem Rechtsphilosophen Christian Wolff[307]. Er entwickelte ein Rechtssystem basierend auf Naturgesetzen, aus denen allgemeine Gesetze abgeleitet werden konnten. Aus diesen war es dann wiederum möglich, auf gute oder schlechte Handlungspflichten zu schließen[308]. Notwendig war daher die Verwendung von Allgemeinbegriffen, die es bis dahin in der Rechtswissenschaft in der Art und Weise nicht gegeben hatte. Insgesamt gab das Wolffsche System nicht mehr nur eine Rahmenordnung vor, sondern es ging aus ihm konkret hervor, was das Naturrecht bestimmte[309]. Zwar kam diesem Naturrecht nicht die Wirkung zu, die das positive Recht für sich beanspruchen konnte, doch war eine wechselseitige Beeinflussung möglich. Das Vernunftrecht hatte bis dahin noch keinen gesetzlichen Niederschlag gefunden[310], doch stärkte es

---

philosophie, JuS 1984, S. 9, 12 f.; Neusüß, Gesunde Vernunft, S. 25; Link, Hugo Grotius als Staatsdenker, S. 9 ff.; Welzel, Naturrecht und materiale Gerechtigkeit, S. 60 ff., 106; Wieacker, PRGN, § 15, S. 255; Frauendienst, Christian Wolf als Staatsdenker, S. 92.

304 Dilcher, Gesetzgebungswissenschaften und Naturrecht, JZ 1969, S. 1 ff.; Thieme, Naturrecht, S. 14 f.; Neusüß, Gesunde Vernunft, S. 25.

305 Bühler, Die Naturrechtslehre und Christian Thomasius 1655-1728, S. 18 ff.; Stromberg, Christian Thomasius (1655-1728), JZ 1975, S. 56-59; Stolleis, Juristen, S. 613 (Thomasius); Voppel, Der Einfluss des Naturrechts auf den Usus Modernus, § 8 I, 2), S. 126.

306 Kleinheyer/Schröder, Juristen, S. 223 ff. (Pufendorf); Thieme, SZ (Germ. Abt.) 56 (1936), S. 202, 225 ff.; Luig, Die Rolle des deutschen Rechts in Leibniz' Kodifikationsplänen, Ius Commune, Band V (1975), S. 56 ff.; ders., Leibniz als Dogmatiker des Privatrechts, S. 213, 225 ff. Als Grundwerk der deutschen Naturrechtslehre wird das Werk von Johann Oldendorp „Eisagoge iuris naturalis sive elementaria introductio iuris naturae, gentium, et civilis“ aus dem Jahr 1539 angesehen; hierzu Bingler, Studien zum Elternrecht bei den Naturrechtsphilosophen des 16. und 17. Jahrhunderts, S. 31.

307 Ähnlich wie Pufendorf und sogar teilweise diesem folgend, ist Wolffs Naturrechtslehre eine Pflichtenlehre; Winiger, Das rationale Pflichtenrecht Christian Wolffs; Thieme, SZ (Germ. Abt.) 56 (1936), S. 202, 225; Wieacker, PRGN, § 18, S. 318 ff.

308 Luig, SZ (Germ. Abt.) 96 (1979), S. 38 ff.; ausführlich, Wunner, Christian Wolff und die Epoche des Naturrechts.

309 Voppel, Der Einfluss des Naturrechts auf den Usus Modernus, § 9 VII, S. 198.

310 Gegenüber dem Naturrecht war das positive (römische Recht) vorrangig. Insbesondere aber bei der Entwicklung von Lösungsansätzen wurde es von den Praktikern hinzugezogen; Voppel, Der Einfluss des Naturrechts auf den Usus Modernus, § 11 I, 1), S. 228.

in dem Maße die einheimischen Rechte, wie es die Autorität des römischen Rechts schwächte.
Die Naturrechtsentwürfe und die äußeren Umstände, die sich aus dem Staatswesen des aufgeklärten Absolutismus ergaben, waren schließlich der Ausgangspunkt, um den Forderungen nach einem neuen, rational geordneten, einfachen Recht, dessen Grundlage die gesunde Vernunft sein sollte, nachzukommen[311]. Mitte des 18. Jahrhunderts entstanden denn auch die ersten (naturrechtlichen) Kodifikationen[312].

## E. Auswirkungen des Naturrechts auf das Familienverständnis zur Zeit der Aufklärung

Für das Verständnis der Regelungen der Adoption in den noch zu untersuchenden naturrechtlichen Kodifikationen, dem Codex Maximilianeus Bavaricus Civilis, dem preußischen ALR und dem Code civil, ist es unerlässlich, auf das dahinter liegende Familienverständnis einzugehen. Denn Art und Weise der Durchführung von Adoptionen hingen zu jeder Zeit eng mit der jeweiligen Familienvorstellung zusammen. Die Familie als solche unterliegt jedoch dem steten Wandel, da gesellschaftliche Entwicklungen Einfluss auf das jeweilige Familienverständnis nehmen. Die naturrechtlichen Philosophien waren Wegbereiter für später tatsächlich eintretende Veränderungen der Familienstruktur. Zunächst ist es daher notwendig, auf das Familienbild in den Naturrechtstheorien zur Zeit der Aufklärung einzugehen.

### I. Ausgangssituation

Bislang hatte sich das Familienverständnis an die aristotelische (Haus-) Lehre angelehnt, nach der das Haus die Gemeinschaft des täglichen Lebens und Wirtschaftens innerhalb der Polis bildete[313]. Die Hausgemeinschaft stellte danach die kleinste, der Staat als Verband aller Bürger die größte Einheit dar. Mithin lagen dem „Haus" und der Polis Strukturen zu Grunde, die einander stark ähnelten. Allerdings fehlte dem „Haus" die Eigenschaft des Sich-Selbst-Genügens, die nur der Polis zukam[314]. Grundfesten der aristotelischen Familienstruktur bildeten das Eherecht, das Elternrecht und das Herrenrecht gegenüber den Sklaven[315].
Die römische Entwicklung von den bäuerlichen Personenverbänden, die sich aus allen Mitgliedern, die unter der umfassenden Gewalt des pater familias standen[316],

311 Vgl. Neusüß, Gesunde Vernunft und Natur der Sache, S. 25.

312 Kodifikation im Sinne einer Gesetzgebung, die das Recht (Privatrecht, Strafrecht, Prozessrecht) als Ganzes neu gestaltet.

313 Schwab, Die Familie, S. 357, 359 ff.; Despotopoulos, Archives de philosophie du droit 20 (1975), S. 71, 79 ff.

314 Aristoteles, Politk, Buch I, 2.Kapitel, 1252b 30.

315 Arsitoteles, Politik, Buch I, 3. Kapitel, 1253b 1 ff.; später war es die Dienerschaft, Despotopoulos, Archives de philosophie du droit 20 (1975), S. 71, 79 ff.

316 Die unter die patria potestas des pater familias unterworfenen Hausgenossen waren die Ehefrau, Kinder, Hörige und Sklaven.

zusammensetzten, hin zur stärkeren Individualisierung des Einzelnen[317] konnten der aristotelischen Familientheorie in ihrer Allgemeinheit ohne weiteres entsprechen.

Änderungen im Sinne einer Erweiterung der Theorie ergaben sich mit dem wachsenden Einfluss der christlichen Lehre[318]. Nach kanonischem Recht war die Familie auf die Schöpfung zurückzuführen und unterlag damit der Schöpfungsordnung[319]. Kern der Familie bildete die Ehe, der Sakramentsnatur zukam[320]. Im Gegensatz zur Ehe kam der Familie für sich genommen jedoch keine Sakramentsstruktur zu, was dazu führte, dass die Ehe im kanonischen Recht eine besondere, von der Familie abgehobene Stellung einnahm. Die lutherische Familienauffassung führte die Familie ebenfalls auf die Schöpfung zurück[321]. Im Unterschied zur kanonischen Ansicht bildete die Ehe jedoch Quelle und Grundlage der Familie und wurde nicht gesondert hervorgehoben[322]. Zwischen der ehelichen Beziehung und der Familie bestand daher ein sozialer Zusammenhang, den es nach katholischer Lehre, aufgrund des sakralen Charakters der Ehe, nicht gab. Ausdrücklich wurde die Familie nunmehr auch als die kleinste Einheit im Vergleich zur Kirche dargestellt[323]. Für die häusliche Gemeinschaft sollte es gerade den Eltern obliegen, für die geistliche Grundhaltung zu sorgen. Gemeinsam war beiden christlichen Lehren, dass sie die väterliche Gewalt auf Gottesrecht gründeten und so die Vormachtstellung des Hausvaters unterstrichen.

Die Orientierung an der aristotelischen Hauslehre in Bezug auf die Familienstruktur blieb bei beiden Lehren bestehen, wobei jeweils der göttliche Aspekt der Schöpfung hinzugefügt wurde[324].

---

317 Die stärkere Individualisierung des Einzelnen hing maßgeblich vom Übergang der ursprünglich vom Bauerntum bestimmten Gesellschaft hin zu der von Handel, Handwerk und Geldverkehr bestimmten Wirtschaftsform ab. Die bäuerliche Wirtschaft, die einzig durch das arbeitsteilige Zusammenwirken der dem Hausverband angehörigen Personen aufrechterhalten werden konnte und die für lange Zeit Grundlage und Inhalt des Daseins des Verbandes bestimmte, unterlag zur Zeit der späten Republik Änderungen. Dennoch blieb das auf patriarchalischen Strukturen basierende Familienverständnis erhalten; vgl. Kaser/Knütel, § 12, Rdnr. 1 - 12, S. 95 – 98.

318 Die „oeconomia christiana“ – die Fortentwicklung der antiken Hauslehre durch religiösen Einfluss.

319 Nörr, Handbuch PRG, Band I, S. 845 f.; Schlosser, Grundzüge, § 1 I, 1), S. 2; Sohm, Das altkatholische Kirchenrecht und das Dekret Gratians, S. 1, 45, 92 ff.

320 Valdrini/Durand/Échappé/Vernay, Droit canonique, S. 307 ff.

321 Luther selbst verwendete den Begriff der Familie nicht, sondern den vom Haus oder Hausstand; so auch Hattenhauer, Luthers Bedeutung für Ehe und Familie, S. 86, 87.

322 Hattenhauer, Luthers Bedeutung für Ehe und Familie, S. 86, 90 ff.

323 Schwab, Die Familie, S. 357, 359, mit Verweis auf Martin Luther, Vom ehelichen Leben (1522), Weimarer Ausgabe 10/2, S. 301.

324 Zu dem Einfluss des Vernunftrechts auf das Kirchenrecht, siehe insbesondere Schlaich, Kirche

## II. Das Familienverständnis zur Zeit der Aufklärung

Zur Zeit der Aufklärung wandten sich die Vertreter der Vernunftrechtslehre gegen das theologische Übergewicht, das insbesondere dazu gedient hatte, Herrschaft und Gesellschaftsstrukturen leichter begründen zu können[325]. Die Gesellschaftslehre der Aufklärung ging von einem Naturzustand ohne Staat aus[326]. Danach konnte rechtmäßige Herrschaft nur auf einem Vertrag beruhen, dessen Modalitäten die Vertragschließenden selbst bestimmen konnten[327]. Die Frage nach der Legitimation von Herrschaft blieb folglich nicht auf den politischen Bereich beschränkt, sondern dehnte sich auch auf das Familienverständnis aus. Die Vorherrschaft des Hausvaters, die die gesamte häusliche Ordnung wesentlich mitbestimmt hatte und die nach christlicher Vorstellung auf Gottesrecht beruhte, geriet durch die Ideen der Aufklärung ins Wanken. In Bezug auf Struktur und Verständnis der Familie entwickelten sich schließlich zwei unterschiedliche Strömungen[328].

In England trennte sich John Locke von der aristotelischen Vorstellung und damit von dem Verständnis der väterlichen Gewalt, die eine Vormachtstellung des Hausvaters begründete[329]. Er vertrat die Ansicht, dass eine elterliche Machtausübung lediglich im Rahmen der elterlichen Fürsorge gestattet sei[330]. Damit beseitigte Locke die ursprüngliche Familienstruktur, die auf der Machtstellung des Hausvaters basiert hatte.

---

und Staat, S. 179-203 sowie S. 204-266. Dass sich Luther zunächst gegen Aristoteles aussprach, ist nach Petersen, Geschichte der aristotelischen Philosophie im protestantischen Deutschland, S. 33 unbeachtlich, da bereits Melanchthon sich Aristoteles erneut zuwandte, so dass die aristotelische Philosophie auch weiterhin an den protestantischen Universitäten gelehrt wurde.

325 Schwab, Die Familie, S. 357, 361.

326 Welzel, Naturrecht und materiale Gerechtigkeit, S. 16, 23 ff.; Mitteis, SZ (Germ. Abt.) 67 (1950), S. 81, 112 ff.

327 Vgl. Cassirer, Philosophie der Aufklärung, Kapitel 6, S. 311 ff., 344; zu den unterschiedlichen Ansichten insbesondere von Hobbes, Locke und Pufendorf in Bezug auf die Gesellschaftslehre: Wyduckel, Vertragslehre Pufendorfs, S. 147, 153 ff.

328 Schwab, Die Familie, S. 357, 363 f.; nach Grimm, Band 3 (1862), Sp. 1305 wird das bis dahin nur vereinzelt nachzuweisende Wort „Familie" in der deutschen Sprache heimisch.

329 Schon Thomas Hobbes (1588) hatte sich gegen die Legitimation der väterlichen Gewalt, die allein durch die Zeugung des Kindes entstehen sollte, gewendet. Seiner Ansicht nach steht dem Vater auch nicht wegen des Vorrangs des männlichen Geschlechts die väterliche Gewalt zu. Hobbes ist der Überzeugung, dass der Mutter die Herrschaft über das Kind gebühren würde, da sie es als erste in ihrem Machtbereich habe. Anderes gelte nur, wenn sich Mann und Frau in einem Vertrag zusammenschließen würden, dann stünden Kinder dieser Ehe unter der Gewalt des Vaters, denn dann habe die Mutter dazu eingewilligt; vgl. Hobbes, Leviathan, Chapter XX; Kersting, Die politische Philosophie des Gesellschaftsvertrags, S. 142.

330 Die auf Naturgesetzen beruhende elterliche Macht, die auf der Hilflosigkeit der Kinder basierte, soll nach Locke mit steigendem Alter der Kinder abnehmen, Locke, Second Treatise of Government, Chapter IV.

In Deutschland hielt man nach wie vor an dem Analogon zwischen Staat und Familie und damit an den Grundsätzen der aristotelischen Lehre fest. Ebenso wie nach der Gesellschaftstheorie der Aufklärung rechtmäßige Herrschaft allein auf Verträgen beruhen sollte, so sollte dies auch für die Familie und ihre Mitglieder gelten. Der Naturrechtslehrer Samuel von Pufendorf[331] war der Erste, der die Auffassung vertrat, dass die väterliche Gewalt, als beinahe älteste und heiligste Art der Herrschaft[332], auf Naturrecht und auf einem stillschweigend geschlossenen Vertrag (tacitus consensus) zwischen Vater und Kind beruhe[333]. Pufendorf war der Überzeugung, dass das Kind in seiner Eigenschaft als Mensch den Eltern gleichzustellen sei[334]. Damit erkannte Pufendorf als Erster die volle Rechtssubjektivität des Kindes an[335]. Bei der Frage, wie stark die väterliche Gewalt ausgeübt werden durfte, lehnte sich Pufendorf an das ursprünglich von Grotius stammende Stufenmodell an[336]. Schranken der Ausübung der väterlichen Gewalt waren dort, wo sie nicht mehr im Interesse des Kindes ausgeübt wurde. Im Ergebnis begründete die Vertragstheorie Pufendorfs[337] eine väterliche Gewalt, die insbesondere auf die Erzie-

---

331 Pufendorf hatte sich intensiv mit der Ansicht von Thomas Hobbes auseinandergesetzt und so sein eigenes Vertragskonzept schließlich entwickelt; dazu Wyduckel, Vertragslehre Pufendorfs, S. 147, 153 m.w.N.; für das Eltern-Kind-Verhältnis und die väterliche Gewalt geht das hervor aus Pufendorf, Natur- und Völkerrecht, VI. Buch, Cap. 2, Von der väterlichen Gewalt, § 2, S. 366 ff.

332 Pufendorf, Natur- und Völkerrecht, VI. Buch, Cap. 2, Von der väterlichen Gewalt, § 1, S. 365.

333 Schwab, Die Familie, S. 357, 369 ff. Aus dem Naturrecht folgt die Sorge der Eltern über ihre Kinder. Aus dem stillschweigend geschlossenen Vertrag geht hervor, dass sich die Eltern verpflichten, ihren Erziehungspflichten nachzukommen, während das Kind stillschweigend in diesen Vertrag einwilligt. Nach Pufendorf kann die Einwilligung des Kindes in den Vertrag, der die elterliche Gewalt begründet, deswegen angenommen werden, weil das Kind, hätte es schon bei Vertragsschluss die Verstandesreife besessen, es dann eingesehen hätte, dass es ohne elterliche Gewalt nicht leben könne; Thomas, § 4, S. 9 – 13; Wyduckel, Vertragslehre Pufendorfs, S. 147, 149.

334 Damit wendet sich Pufendorf entschieden gegen die Auffassung Aristoteles`, der aus der Tatsache, dass das Kind ein Teil seines Vaters ist, die Vormachtstellung des Vaters gefolgert hatte, vgl. Aristoteles, Politik, Buch I, S. 1259 b 10 ff.; Düring, Aristoteles, S. 483; Schumacher, S. 143.

335 Thomas, § 4, S. 9; Schumacher, S. 217; Schwab, Die Familie S. 357, 369 ff.

336 Die drei Stufen hatte Grotius nach der jeweiligen Reife der Kinder gewählt: unvollkommenes Urteilsvermögen des Kindes, Urteilsvermögen des Kindes und auf der dritten Stufe schließlich die Trennung des Kindes von der Familie. Je nach Stufe beurteilte sich, wie stark die väterliche Gewalt ausgeübt werden durfte. Grotius hatte jedoch im Gegensatz zu Hobbes und später zu Pufendorf noch die Ansicht vertreten, dass Rechte an Menschen und damit auch die väterliche Gewalt durch Zeugung erworben werden könnten; dazu Thomas, § 2, S. 5 ff.

337 Auf eine ausführliche Darstellung der Vertragstheorie von Pufendorf wird vorliegend verzichtet. Hierzu jedoch Denzer, Moralphilosophie, S. 206; Wyduckel, Vertragslehre Pufendorfs, S. 147, 149; Schumacher, S. 217 – 223; Schwab, Die Familie, S. 357, 369 ff.

hung und das Wohl des Kindes gerichtet war[338]. Diese Zweckgebundenheit der väterlichen Gewalt war mit der ursprünglichen Macht des Hausvaters, die eine willkürliche Ausübung nicht ausgeschlossen hatte, nicht mehr vergleichbar.
In der Folgezeit wandte sich der Naturrechtslehrer Christian Thomasius, der das Naturrecht auf Zwangsrechte und Zwangspflichten einschränkte[339], entschieden gegen die Vertragskonstruktion Pufendorfs. Er hielt die Ansicht Pufendorfs, dass die väterliche Gewalt auf zwei Gründen, auf Naturrecht und Rechtsgeschäft basiere, für falsch[340]. Thomasius war der Überzeugung, dass sich das Herrschaftsrecht des Vaters aus der Erziehungspflicht[341], die der Vater gegenüber dem Kind habe, ergebe[342]. Des Weiteren vertrat Thomasius die Ansicht, dass die väterliche Gewalt und damit die Erziehung der Kinder lediglich dem Vater zustehe, da dieser auch die natürliche Herrschaft über seine Ehefrau ausübe[343]. Folglich war das von Thomasius entworfene Familienbild insgesamt konservativ geprägt.
Im Gegensatz zu Thomasius folgte der Naturrechtslehrer Christian Wolff den Ausführungen Pufendorfs, wonach das Eltern-Kind-Verhältnis[344] sowohl auf einem Vertrag als auch dem Naturrecht basieren sollte[345]. Wolff knüpfte ebenso wie Pufendorf an die Zweckgebundenheit der väterlichen Gewalt an. Danach war die Erziehung der Kinder der Zweck der väterlichen Gesellschaft[346]. Sobald die Kinder

338 Pufendorf begründet die Vormachtstellung des Hausvaters aber nicht nur mit der väterlichen Gewalt, sondern auch mit seiner Funktion, die ihm als Oberhaupt der Familie zukam. Wie stark diese Herrschaft ausgeprägt war, entschied sich danach, ob der Familienvater innerhalb oder außerhalb der bürgerlichen Gesellschaft lebte; siehe Pufendorf, Natur- und Völkerrecht, VI. Buch, Cap. 3, Von der hausherrlichen Gewalt, S. 399 ff.; Thomas, § 4, S. 10.

339 Thomasius führte eine Trennung zwischen Zwangspflicht und individueller Gewissenspflicht ein. Das elterliche Pflichtenverhältnis (officium parentum) ordnete er in sein Naturrecht im weitesten Sinne ein. Damit schob er das Eltern-Kind-Verhältnis aus dem Bereich des Rechts in den der Ethik; Wieacker, PRGN, § 18, S. 315 ff.; Leineweber, S. 211 ff.

340 Thomas, § 5, S. 13.

341 Dabei stammte die Erziehungspflicht aus einer inneren Verpflichtung, die den Regeln des Anstandes und der Schicklichkeit folgte, Leineweber, S. 212.

342 Schumacher, S. 224-235.

343 Thomas, § 5, S. 15; Thomasius vertrat zwar die Ansicht, dass die ungleiche Rechtsstellung der Frau gegenüber dem Manne allein auf der Zustimmung der Frau beruhe, doch änderte das nichts daran, dass auch nach der Ansicht Thomasius der Mann das maßgebliche Oberhaupt der Familie blieb.

344 Bei Wolff als väterliche Gesellschaft (societas paterna) bezeichnet. Die väterliche Gesellschaft schließt die Mutter des Kindes mit ein, da sie gleichberechtigt gegenüber dem Vater steht. Im Kollisionsfall soll jedoch der Wille des Vaters Vorrang genießen; dazu Wolff, Vernünfftige Gedancken, Cap. 3, §§ 80, 81; Arndt, Einleitung in Wolffs „Vernünfftige Gedancken von dem Gesellschaftlichen Leben", S. XXV ff.

345 Thomas, § 7, S. 19.

346 Wolff, Vernünfftige Gedancken, Cap. 3, § 80; allerdings bestand die Pflicht der Eltern nicht

sich jedoch selbst versorgen und leiten könnten, sollte die väterliche Gewalt enden[347]. Im Mittelpunkt der Familie stand bei Wolff nach wie vor der Hausvater, dem das Herrschafts- und Autoritätsmonopol zukam[348]. Allerdings bemerkte Wolff auch, dass Sachen existierten, von denen die Frau mehr als der Mann verstehe. Daher sollte die Herrschaft des Mannes insoweit eingeschränkt sein, als dass er „...das Weib sonderlich in solchen Sachen, die sie besser als er verstehet, mit zu Rathe ziehen soll. ...“[349]. Dennoch blieb es auch nach dem Wolffschen Familienverständnis dabei, dass die Frau dem Manne untertänig sein sollte. Wolff war der Ansicht, dass der Zweck der familiären Gemeinschaft darin bestehe, den inneren und äußeren Vollkommenheitszustand aller Hausgenossen herzustellen[350]. Allein darauf gründete sich nach Wolff die patriarchalische Hausgewalt und mit ihr die gesamte Familienorganisation.

Mithin finden sich im Familienverständnis von Wolff einige Elemente, die eine neuere, modernere Auffassung von der Familie beinhalteten. So war Wolff, ebenso wie Pufendorf, der Ansicht, dass die väterliche Gewalt nur zweckgebunden ausgeübt werden durfte. Die damit verbundene Einschränkung der väterlichen Gewalt wurde dann besonders deutlich, wenn die Kinder in der Lage waren, sich selbst zu versorgen. War dies der Fall, so war der Zweck der väterlichen Gewalt erreicht, und sie musste für die Zukunft entfallen. Außerdem erfuhr auch die Frau in der Vorstellung Wolffs eine etwas stärkere Einbeziehung im Hinblick auf die Erziehung der Kinder.

### III. Résumée

Das Vernunftzeitalter und mit ihm die von den verschiedenen Vertretern entworfenen Naturrechtslehren hatten ein anderes Bild der Familie gezeichnet.

Zwar sollte die häusliche Ordnung insgesamt noch auf der Vorherrschaft des Hausvaters basieren, doch wurde die Ehefrau nun stärker in die Familienstruktur mit einbezogen. Es entfaltete sich langsam das Verständnis von der Familie als einer Gemeinschaft von Mann und Frau, die beide auf die Erziehung der Kinder

---

nur in der Erziehung der Kinder, sondern auch bspw. darin, bestimmte Maßnahmen zu treffen, falls sie starben bevor die Erziehung der Kinder abgeschlossen war. Die Eltern hatten in diesem Fall dafür zu sorgen, dass den Kindern ein Vermögen zufiel, von dem der Erziehungsaufwand (meistens dann von den nächsten Blutsverwandten) bestritten werden konnte; dazu und zu weiteren Pflichten die die Eltern haben, Schumacher, S. 239 – 251; Thomas, § 7, S. 18 ff.

347 Wolff, Vernünfftige Gedancken, Cap. 3, § 122; Der Umfang des Bestimmungsrechts der Eltern richtet sich dabei nach Zeitstufen. Wolff teilte in die Stufen infantia (0-7 Jahre), puertia (7-14 Jahre), abdolescentia (14-21 Jahre) und iuventus (21-28 Jahre) ein. Mit Vollendung des 14. Lebensjahres waren die Kinder nicht mehr dem Willen der Eltern unterworfen; dazu Schumacher, S. 243 ff.

348 Wolff, Vernünfftige Gedancken, Cap. 5, § 195 „...weil der Mann die Herrschaft über die Frau, die Kinder und das Gesinde hat...“.

349 Wolff, Vernünfftige Gedancken, Cap. 2, § 58.

350 Hellmuth, S. 51 f.

einwirken und diese so zu nützlichen Mitgliedern der Gesellschaft formen sollten. Die Ausübung der väterlichen Gewalt durch den Hausvater erfuhr Einschränkungen. Die willkürliche Behandlung der Hauskinder wurde dadurch zumindest wesentlich erschwert. Die Hauskinder wurden als Schutzbefohlene gesehen, die bis zu einem gewissen Grad auf die Führung der Eltern und deren Erziehung angewiesen waren. Die väterliche Gewalt und ihre Ausübung orientierte sich daher an der Erziehung und an dem Wohl des Kindes[351].
Für die Vertragstheorie war die Überlegung kennzeichnend, dass alle Menschen gleich und frei geboren wurden und damit auch das Kind in seiner Eigenschaft als Mensch seinen Eltern gleich zu stellen sei. Die Anerkennung der Rechtssubjektivität des Kindes war dabei Ausfluss der individualistischen Deutung der Familie. Die stärkere Individualisierung des Einzelnen in Verbindung mit dem schrittweisen Rückzug der elterlichen Erziehungsgewalt hatte jedoch vor allem die Lockerung der familiären Beziehungen untereinander zur Folge[352]. Allerdings galt die Vertragstheorie an sich schon im 19. Jahrhundert als überwunden[353]. Erhalten blieb jedoch die von Pufendorf ins Leben gerufene Zweckgebundenheit der elterlichen Gewalt. Wie Schwab darlegt, eröffnete die individualrechtliche Deutung der Familie auf vertraglicher Ebene dem Staat die Möglichkeit, positives Familienrecht zu schaffen und damit die möglichen Inhalte der familiären Verhältnisse im status civilis zu bestimmen[354]. Eingriffe des Gesetzgebers waren damit nicht ausgeschlossen. Dass dem Staat auf diese Weise eine große Macht eingeräumt wurde, die auch zum Missbrauch verleiten konnte, war bis dahin allerdings kein Aspekt der Auseinandersetzung. Die Beschäftigung mit diesem Thema sollte erst in der ersten Hälfte des 19. Jahrhunderts stattfinden.

## 6. Abschnitt: Das Adoptionsrecht der ersten europäischen Kodifikation nach Aufkommen der Naturrechtslehren

### A. Zustandekommen des Codex Maximilianeus Bavaricus Civilis von 1756

Das Kurfürstentum Bayern war der erste deutsche Territorialstaat, der die Schaffung eines Kodifikationswerkes in Angriff nahm[355]. Kurfürst Maximilian III. Jo-

351 Das gilt sowohl für die Ansicht von Thomasius, nach der zur Grundlage der väterlichen Gewalt ein natürlicher Sorgeinstinkt der Eltern gehört, als auch für die Vertragskonstruktion von Pufendorf / Wolff.

352 Schwab, Die Familie, S. 357, 376.

353 Schwab, Die Familie, S. 357, 376.

354 Die Familie, S. 357, 375, nach Schwab folgt daraus auch die Eignung der Naturrechtslehren für den aufgeklärten Absolutismus.

355 Vgl. Schlosser, Der Gesetzgeber Kreittmayr und die Aufklärung in Kurbayern, S. 3, 24; Der Begriff der „Kodifikation“ als eine abschließende und erschöpfende Gesetzgebung, wurde ursprünglich von dem Engländer Jeremias Bentham (1748-1832) entwickelt; Wesenberg/Wesener, Neuere deutsche Privatrechtsgeschichte, S. 143.

seph, selbst ein Anhänger der Ideen der Aufklärung und der Wolffschen Naturrechtsphilosophie[356], beauftragte seinen Vizekanzler Wiguläus Xaverius Aloysius von Kreittmayr zur Konzeption des Kodifikationswerks.
Kreittmayr selbst war 1705 und damit zu Beginn des Aufklärungszeitalters geboren worden[357]. Die naturrechtlichen Philosophien und die daraus resultierenden Forderungen ihrer Vertreter waren Kreittmayr daher bekannt. Er selbst vertrat die Ansicht, dass das Naturrecht die Basis des bürgerlichen Rechts bilde[358].
Die Konzeption der neuen Kodifikation sollte jedoch nicht auf die Schaffung einer neuen Rechtsordnung hinauslaufen. Ziel der umfassenden Rechtsaufzeichnung sollte vielmehr die Vereinheitlichung des territorialen Rechts und die Entscheidung gemeinrechtlicher Streitfragen sein[359]. Die Kodifikation sollte die Rechtssicherheit und Rechtsgleichheit, die auf Grund der unübersichtlichen Textmasse des überlieferten Rechts gelitten hatte, wieder herstellen. Dieses Vorhaben stand dabei ganz im Einklang mit dem Staatsziel des aufgeklärten Absolutismus. Denn eine berechenbare und verständliche Rechtsordnung konnte am ehesten für das Wohlergehen der Untergebenen sorgen[360].
Am 2. Januar 1756 trat schließlich der Codex Maximilianeus Bavaricus Civilis[361] in Kraft. Von den insgesamt drei Gesetzbüchern, die auf den Vorschlägen von Kreittmayr beruhten, stellte der CMBC zusammen mit den fünfbändigen Anmerkungen das Hauptwerk dar.

## B. Die Regelung der Adoption im CMBC

### I. Das bayrische Landrecht von 1616 – Vorbild im Hinblick auf die Regelung der „Wahlkindschaft“ im CMBC?

Als letzte Rechtsaufzeichnung war dem Codex das bayrische Landrecht von 1616 vorausgegangen. Dieses Landrecht stellte die älteren Landrechte, zusammengefasst

356 Dazu Doeberl, Entwicklungsgeschichte Bayerns, Band II, S. 299 ff.; Kurfürst Maximilian III. Joseph hatte die Verwirklichung der Aufklärungsideen sogar zum Staatsziel erhoben. Teilweise wird er auch als „Wolffianer“ bezeichnet, da er Anhänger der Naturrechtslehre von Christian Wolff war.

357 Kleinheyer/Schröder, Juristen, S. 154 (Kreittmayr).

358 Anm. Kreittmayr, Erster Teil, zweites Kapitel, § 4. Allerdings blieben Kreittmayr mancherlei Fortschritte, die die Naturrechtsphilosophien beinhalteten, fremd, so bspw. die Trennung zwischen rechtlichen und moralischen Verbindlichkeiten, die auf der Lehre Thomasius gründete; vgl. Schlosser, Der Gesetzgeber Kreittmayr und die Aufklärung in Kurbayern, S. 3, 26 ff.; Schlüter, S. 12.

359 Wieacker, PRGN, § 19, S. 326 ff.; Wesenberg/Wesener, Neuere Privatrechtsgeschichte, S. 159.

360 Das folgt aus dem Einführungs-Edikt vom 02. 01. 1756. Danach war Ziel des Gesetzes, dass es „jeder, welcher selbiges entweder von Amts oder eigener Angelegenheit wegen zu wissen bedarf, desto leichter begreifen, behalten und befolgen kann“.

361 Im Folgenden CMBC genannt.

in einer Sammlung der Statuten, dar. Damit basierte das Landrecht auf dem gemeinen Recht[362]. Dass dem Rechtsinstitut der Adoption im bayrischen Landrecht von 1616 keine große Bedeutung zukam, ist schon an den fehlenden Ausführungen erkennbar. Lediglich im „III. Titul. Vom Vätterlichen Gewalt und Nutznießung Mütterlichen Guts. Erster Articul. Was der Vätterlichen Gewalt seye. Erster Satz“ werden die angewünschten Kinder, die adoptivi, ausdrücklich erwähnt[363]. Im „Ander Articul.“, der von der Beendigung der väterlichen Gewalt handelt, findet sich im Abschlusssatz Nummer sechs die Generalklausel:

> „Und da sonsten in den gemainen Rechten / in ander weg versehen were / dass ein Kind auß Vätterlichem Gwalt kommen möge / in solchen fällen soll der Väterlich Gwalt ebenfalls auffhören“.

Beim Entwurf der Generalklausel könnte daher gerade an die Fälle der Adoption und der Arrogation gedacht worden sein[364]. Abgesehen davon, finden sich im bayrischen Landrecht von 1616 jedoch keine weiteren Anmerkungen über die Adoption. Das lässt darauf schließen, dass, da auch keine Abweichungen zur römischrechtlichen Regelung der Adoption vorhanden sind, die ursprünglich römischrechtlichen Regelungen zur Anwendung kamen.

Folglich kann das bayrische Landrecht lediglich herangezogen werden, um die Bedeutungslosigkeit der Adoption im Territorialstaat Bayern um 1616 zu belegen. Denn für die Durchführung von Adoptionen, sofern die Existenz des Rechtsinstituts nicht gänzlich abgestritten wurde, musste auf die Regelungen aus dem ius commune, dem gelehrten römischen Recht, zurückgegriffen werden. Eine Vorbildfunktion konnte dem bayrischen Landrecht von 1616 auf diesem Gebiet damit gerade nicht zukommen.

## II. Die rechtliche Gestaltung der „Wahlkindschaft“ im CMBC

Vor dem Hintergrund des bayrischen Landrechts von 1616 und dessen Schweigen im Hinblick auf das Rechtsinstitut der Adoption[365] ist besonders unter Beachtung der Zielsetzung, die der Kodifikation von 1756 zu Grunde lag, fraglich, ob sich die Regelung der Wahlkindschaft im CMBC von der rechtlichen Behandlung im ius commune unterschied. Des Weiteren stellt sich die Frage, inwiefern das Personenrecht des CMBC das naturrechtliche Gedankengut der Zeit aufgriff und verarbeitete.

---

362 Wieacker, PRGN, § 19, S. 327.

363 Bayrisches Landrecht von 1616, III. Titul. Der erste Articul. Was der Vätterlichen Gewalt seye: „ Der Vätterlichen Gewalt ist ein Recht / welches ein Vatter / oder Anherr / so dem Römischen Reich underworffen / gegen seinen Eheleiblichen Kindern / oder Sohns Kindern und Enigcklein / oder auch angewünschten Kindern / zu latein adopitivi genant / hat / ... “.

364 So auch Günter, S. 181.

365 Im CMBC wird die Adoption als Wahlkindschaft bezeichnet.

### 1) Arrogation und adoptio in specie

Im CMBC wird das erste Mal auf die Adoption in Form der Arrogation im ersten Teil, Kapitel vier, § 5 am Ende Bezug genommen. Erläutert wird in diesem Abschnitt die unterschiedliche Einteilung der Sippschaft. Eingeordnet wurde in die natürliche, die geistliche und die bürgerliche Verwandtschaft. Wie sich aus § 5 ergibt, entstand die Cognationem Civilem aus der Arrogation. Allerdings wird in diesem Abschnitt nicht näher auf die Arrogation und ihre Bedeutung eingegangen. Zwar noch im ersten Teil des CMBC aber erst im fünften Kapitel, § 10 wird auf die Wahlkindschaft Bezug genommen. Dort heißt es:

> „Die Wahl=Kindschaft (Adoptio) pflegt $I^{mò}$ in Arrogationem & Adoptionem in specie getheilt zu werden."
>
> Und weiter:
>
> „Jene ist, da man Personam sui Juris an Kindstatt annimmt, wozu aber folgendes erforderlich seyn will.".

Danach folgen Voraussetzungen und weitere Anmerkungen zu der Adoption in Form der Arrogation. Des Weiteren ergibt sich aus § 11, was unter der Adoptio in specie verstanden wurde:

> „Wenn man Personam alieni Juris, welche noch unter Vätterlicher Gewalt steht, sowol mit ihr = als ihres Vatters Bewilligung an Kindstatt annimmt, so wird es adoptio in specie benamet, und zwar plena, wenn dieses von des Adoptati leiblichen Groß = Eltern gehschiehet, sonst aber minùs plena.".

Aus den ersten beiden Sätzen des ersten Teils, Kapitel fünf, §§ 10 und 11 folgt demnach schon, dass im CMBC die klassische und damit die aus dem römischen Recht stammende Dreiteilung der Adoptionsformen beibehalten worden war. Die Arrogation sollte daher nach wie vor nur bei selbständigen, nicht mehr unter der Hausgewalt des Vaters stehenden Personen angewendet werden. Die adoptio plena und minus plena, nunmehr zusammengefasst unter dem neuen Begriff der adoptio in specie, sollten zur Anwendung kommen, wenn es sich um eine noch unter der väterlichen Gewalt des Hausvaters stehende anzunehmende Person handelte. Beibehalten wurden außerdem die unterschiedlichen Voraussetzungen von Arrogation, adoptio plena und minus plena.

So besaß auch der römisch-rechtliche Satz „adoptio imitatur naturam" im CMBC weiterhin seine Geltung[366]. Daraus abgeleitet, durfte unter anderem die annehmende Person kein Kastrat sein, da dieser „ein zur Generation untüchtiger Mensch" war, der keine Kinder bekommen konnte[367]. Anders hingegen der Geistliche, der nur ex lege und nicht von Natur aus keine Kinder bekommen konnte. Folglich sollte ihm die Möglichkeit der Adoption offen stehen. Gefordert wurde nach wie vor

---

366 Anm. Kreittmayr, Erster Theil, fünftes Kapitel, S. 188.

367 Anm. Kreittmayr, Erster Theil, fünftes Kapitel, S. 188.

auch der Altersunterschied von 18 Jahren, der zwischen Wahlvater und Wahlkind liegen musste[368].
Die Annahme eines Minderjährigen an Kindes statt bedurfte nach dem Codex des vormundschaftlichen Einvernehmens und einer Untersuchung über den Nutzen einer solchen Annahme. Für den Fall, dass der Minderjährige vor Erreichen der Mündigkeit bei seinem Wahlvater verstarb, wurde weiterhin besonderer Wert auf die Versicherung des Wahlvaters gelegt, dass dieser das Vermächtnis an die Erben ab intestato auskehren werde[369].
Nur unter erschwerten Bedingungen konnte ein Vormund oder Kurator ein Pflegekind arrogieren[370]. Gleiches galt für denjenigen, der schon ein oder etwa mehrere eheliche Kinder besaß. Grundsätzlich blieben auch Frauen nach wie vor von der Arrogation und der adoptio plena ausgeschlossen, da sie die patriam potestatem civilem nicht ausüben konnten[371]. Jedoch war ihnen die Annahme in Form der adoptio minus plena gestattet. Im Gegensatz zum römischen Recht war ihnen dies nunmehr sogar ohne landesherrlichen Konsens möglich[372].
Zur erfolgreichen Durchführung der Arrogation bedurfte es nach dem CMBC nur noch der ausdrücklichen Einwilligung des arrogandi und der obrigkeitlichen Confirmation[373]. Diese Bestätigung musste dabei von der Obrigkeit erteilt werden, unter der entweder der Wahlvater oder das Wahlkind stand. Wie bereits aus dem römischen Recht bekannt, reichte es bei der adoptio in specie hingegen aus, wenn ein stillschweigender Konsens vorlag und der Anzunehmende nicht aktiv widersprach[374].
Ebenso wie die Voraussetzungen wurden die Rechtsfolgen von Arrogation, adoptio plena und minus plena größtenteils dem römischen Recht entnommen.
Bei der Arrogation trat der Angenommene ebenso wie im römischen Recht ganz in den agnatischen Familienkreis des Wahlvaters ein. Dadurch erlangte er und falls vorhanden auch seine Deszendenten alle Rechte und Pflichten von leiblichen, ehelichen Kindern. Abweichend vom römischen Recht konnte der Angenommene allerdings nur solche Rechte und Pflichten erlangen, über welche der Adoptivvater frei disponieren konnte. Insbesondere konnte der Adoptivvater nicht über die Mitteilung des Namens, des Titels, des Wappens und des Adelsstandes frei entscheiden. Sollte dem durch Arrogation Angenommenen daher auch Namen, Titel, Wap-

368 CMBC, Erster Theil, cap. 5, § 10.

369 CMBC, Erster Theil, cap. 5, § 10; Anm. Kreittmayr, Erster Theil, fünftes Kapitel, S. 190.

370 Anm. Kreittmayr, Erster Theil, fünftes Kapitel, S. 189.

371 Das folgt aus CMBC, Erster Theil, cap. 5, § 11; Anm. Kreittmayr, Erster Theil, fünftes Kapitel, S. 189.

372 Anm. Kreittmayr, Erster Theil, fünftes Kapitel, S. 193.

373 CMBC, Erster Theil, cap. 5, § 10.

374 Anm. Kreittmayr, Erster Theil, fünftes Kapitel, S. 192.

pen und gegebenenfalls sogar der Adelsstand des Adoptivvaters zukommen, so bedurfte es dazu der landesherrlichen Erlaubnis und damit eines Gnadenaktes[375]. In erbrechtlicher Hinsicht erwarb der Angenommene gegenüber dem Annehmenden ein Intestaterbrecht sowie ein Noterbenrecht[376]. Allerdings konnte er weder auf den Nachlass der Ehefrau des Annehmenden noch auf den seiner Blutsverwandten zugreifen[377]. Im Gegensatz zum Angenommenen erwarb der Annehmende durch die Adoption kein Erbrecht gegenüber dem Angenommenen[378]. Da die Arrogation jedoch als *species successionis universalis* verstanden wurde, trat der Annehmende immerhin in alle Rechte des Angenommenen ein, die dieser vor der Arrogation gehabt hatte[379]. Ebenso wie bei der Arrogation fiel der in Form der adoptio plena Angenommene unter die väterliche Gewalt des Annehmenden und trat damit in die für ihn neue Familie des Wahlvaters ein[380]. Die Rechtsfolgen der adoptio minus plena blieben die bereits aus dem römischen Recht bekannten. Väterliche Gewalt konnte durch sie bei dem Annehmenden nicht begründet werden. Dem Angenommenen blieben alle Beziehungen zu seiner Ursprungsfamilie erhalten. Zusätzlich erhielt er durch die Adoption ein gesetzliches Erbrecht gegenüber seinem Adoptivvater[381].

### 2) Sinn und Zweck der Wahlkindschaft

In seinen Anmerkungen zum Codex schrieb Kreittmayr, dass es unter den Theoretikern noch umstritten sei, ob das Rechtsinstitut der Adoption überhaupt Gültigkeit besitze[382]. Dennoch fand die Adoption Eingang in den CMBC. Kreittmayr rechtfertigte die Aufnahme der Wahlkindschaft damit, dass es insgesamt zu viele Beispiele von dem Gebrauch der Adoption bei hohen und niederen Standespersonen gebe, als dass man den Gebrauch des Rechtsinstituts völlig leugnen könne. Außerdem sei die Adoption „fast allen gesitteten Völkern gemein und war den Deutschen wenigstens in mittleren Zeiten ebenfalls schon bekannt“ [383].

---

375 Anm. Kreittmayr, Erster Theil, fünftes Kapitel, S. 191, ebenso schon Hellfeld, Johann Augus, Iurisprudentia forensis secundum Pandectarum ordinem in usum auditorii proposita, 5. Auflage, Ienae 1779, § 17.

376 CMBC, Erster Theil, cap. 5, § 10 Z. 4, 7; cap. 4, § 5 Z. 14; Dritter Theil, cap. 3, § 14 f.; cap. 12, § 2 Z. 6; § 3 Z. 6; Anm. Kreittmayr, Erster Theil, fünftes Kapitel, S. 191.

377 Anm. Kreittmayr, Erster Theil, fünftes Kapitel, S. 191.

378 CMBC, Erster Theil, cap. 5, § 10 Z. 4; Friedl, CMBC, S. 11.

379 Anm. Kreittmayr, Erster Theil, fünftes Kapitel, S. 191.

380 Hinsichtlich des Erbrechts, der Stellung des Angenommenen und wann landesherrliche Genehmigungen notwendig waren, gilt das bereits zur Arrogation Gesagte.

381 CMBC, Erster Theil, cap. 5; § 11; Anm. Kreittmayr, Erster Theil, fünftes Kapitel, S. 193.

382 Anm. Kreittmayr, Erster Theil, fünftes Kapitel, S. 187.

383 Anm. Kreittmayr, Erster Theil, fünftes Kapitel, S. 187 mit Verweis auf die verschiedenen Beispiele in Mosers Staatsrecht, T. 22, p. 399; Kreittmayr legt jedoch auch dar, dass Adoptionen nicht so häufig wie bei den Römern durchgeführt werden. Er begründet dies mit der Feststel-

Schon allein die Voraussetzungen von Arrogation und Adoptio in specie, wie sie im CMBC benannt sind, lassen auf Sinn und Zweck der Wahlkindschaft schließen. Verlangt wurde unter anderem, dass sich der Wahlvater im sechzigsten Lebensjahr befand, damit er jemanden an Kindes statt annehmen durfte. Die Annahme eines Wahlkindes wurde dem Adoptierenden wesentlich erschwert, wenn dieser bereits einen oder mehrere eheliche, männliche Nachkommen besaß. Demnach konnte Sinn und Zweck der Wahlkindschaft nur sein, einen Nachkommen und damit einen Erben zu haben. Denn einerseits wurde es mit Erreichen des sechzigsten Lebensjahres zunehmend unwahrscheinlicher, dass der Wahlvater noch einen Erben würde zeugen können, und andererseits war dieses Ziel bereits erreicht, wenn ein oder mehrere eheliche, männliche Nachkommen vorhanden waren[384].
Aus alledem folgt, dass die Regelung der Wahlkindschaft im CMBC und der ihr zu entnehmende Sinn und Zweck noch dem römisch-rechtlichen Gedankengut entsprach. Mit der Adoption wurde dem Hausvater nach wie vor die Möglichkeit gegeben, für einen Nachkommen und damit selbst für einen Erben sorgen zu können, sofern die Voraussetzungen der Wahlkindschaft erfüllt waren.

## C. Der Wahlkindschaft des CMBC zu Grunde liegendes Familienverständnis

Des Weiteren weist die aus dem römischen Recht erhalten gebliebene Dreiteilung der Adoptionsformen in Arrogation, adoptio plena und minus plena darauf hin, dass obwohl die väterliche Gewalt Einschränkungen erfahren hatte, ihr bei dem Rechtsgeschäft der Adoption, noch eine erhebliche Bedeutung zukam[385].
Das der Wahlkindschaft zu Grunde liegende Familienverständnis folgt zunächst der in § 1, erster Theil, viertes Kapitel festgelegten Definition von der Familie, die lautete:

> „Die Familie ist eine Versammlung der unter einem gemeinschaftlichen Hausvatter beysammen lebenden Personen, bedeutet aber auch öfters eine Verwandtschaft, und begreift mithin nicht nur Eheleute, Kinder und Eltern, sondern auch Dienstboten, Anverwandte und Verschwägerte in sich.“[386].

Die von Kreittmayr in der Definition dargelegte Familienstruktur entsprach somit der bereits bekannten. Eine Aufspaltung der Familie in familienfremde Personen

---

lung: „Die Deutschen (sagt Gundling in Disc. Ad ff. ad p. 83) sind allezeit saftige Kerl gewesen, und hatten nicht nöthig, erst mittelst der Adoption Kinder anzuschaffen. Die Römer hingegen waren a potiori ausgefelschte Brüder, welche die Ehe, wie Spinnen flohen, sohin ihren Namen und Stamm mehr durch die gekünstelte, als natürliche Kindermacheren erhalten müssen, daher sie auch so viele Leges von dieser Materie verfertigt haben.“

384 Dass dies Sinn und Zweck der Wahlkindschaft war, wird von Kreittmayr an unterschiedlichen Stellen betont, vgl. Anm. Kreittmayr, Erster Theil, fünftes Kapitel, S. 188, 189.

385 Dazu weiter unten unter D.

386 Damit schließt sich Kreittmayr der Auffassung von Samuel Stryk an, auf welchen er dann in seinen Anmerkungen auch verweist; Anm. Kreittmayr, Erster Theil, viertes Kapitel, S. 126.

und eigentlicher Kernfamilie, bestehend aus Vater, Mutter und Kindern, fand noch nicht statt. Das Gesinde wurde von dem Familienverständnis mit erfasst und damit zur Familie gezählt. Unabhängig von der Art der Familie, der typischen Bauernfamilie oder der Handwerker- oder Bürgerfamilie, die durch die wirtschaftlichen Verhältnisse insbesondere durch die Zunahme von Handel und Handwerk entstanden waren, besaß der personale Zusammenschluss immer noch den Charakter einer „Produktionsgemeinschaft[387]". Denn die familiäre Gemeinschaft eignete sich, insbesondere durch die lohnlose Zusammenarbeit der einzelnen Mitglieder, für die Herstellung, den Vertrieb und die Verwaltung von Produktionsmitteln[388]. In dieser Produktionsgemeinschaft lebten und wirtschafteten die Mitglieder zusammen. Eine Trennung zwischen persönlich–familiärem Verhältnis und dem Arbeitsverhältnis war kaum möglich. Persönliche, allein zu treffende Entscheidungen gab es nicht. Alle Entscheidungen, insbesondere die der Ehepartner- oder Berufswahl, mussten mit den (wirtschaftlichen) Familieninteressen im Einklang stehen und sich notfalls dem gemeinsamen Willen unterordnen[389]. Was der gemeinsame Wille war und ob die wirtschaftlichen Interessen der Familie gefährdet waren, wurde durch den Hausvater bekannt gegeben. Mittels der so genannten „Haus=Guberno" besaß er eine deutlich hervorgehobene Stellung gegenüber den anderen Mitgliedern des Hausverbandes und sogar gegenüber seiner Ehefrau, deren Einflussnahme insgesamt nur sehr gering war[390]. Selbst in Erziehungsfragen behielt der Vater die unangefochtene Autorität – allein sein Wort war ausschlaggebend[391]. Demzufolge erstreckte sich die Macht des Hausvaters nicht nur auf die wirtschaftliche Leitung des Hausverbandes und seine rechtliche Vertretung nach außen, sondern auch nach wie vor auf den persönlichen – familiären Bereich. Aus den Anmerkungen Kreittmayrs folgt, dass zwischen einer väterlichen Gewalt nach natürlichem Recht und einer solchen nach bürgerlichem Recht unterschieden werden musste[392]. Die väterliche Gewalt nach natürlichem Recht beinhaltete für die Eltern die Pflicht zur Erziehung der Kinder und im Gegenzug für die Kinder die Pflicht zu Ehrerbietung

387 Dazu Sieder, Sozialgeschichte der Familie, S. 17 ff., 60 ff., 111 ff.; Weber-Kellermann, S. 50, 73; Brunner, Das „ganze Haus", S. 23 – 29; Mayntz, Die moderne Familie, S. 24.

388 Vgl. Brunner, Das „ganze Haus", S. 23 - 29; Weber-Kellermann, S. 73 – 90.

389 Vgl. Weber-Kellermann, S. 86; Sieder, Sozialgeschichte der Familie, S. 60 ff., 111 ff.

390 Kraft der Haus=Guberno konnte der Hausvater den Mitgliedern seiner Familie verschiedene Angelegenheiten gebieten. Welche Rechten und Pflichten die einzelnen Mitglieder besaßen, richtete sich nach dem Familienstatus (statum naturalem / statum civilem); Anm. Kreittmayr, Erster Theil, viertes Kapitel, S. 127 ff.; 141 ff.

391 Anm. Kreittmayr, Erster Theil, viertes Kapitel, S. 141.

392 Anm. Kreittmayr, Erster Theil, fünftes Kapitel, S. 174 f.; Gemäß CMBC, Erster Theil, cap. 5; § 1 konnte die väterliche Gewalt nur einem Mann zustehen, nicht aber einer Frau. Allerdings musste die väterliche Gewalt nicht zwingend dem leiblichen Vater des Kindes, sondern konnte auch dem Großvater oder dem Urgroßvater zustehen.

und Gehorsam gegenüber den Eltern sowie die Pflicht zur häuslichen Mitarbeit[393]. Die väterliche Gewalt nach bürgerlichem Recht bezog sich im Wesentlichen auf die Vermögensrechte der Kinder und auf die notwendige Erteilung der Einwilligung zur Eheschließung durch den Vater[394]. Erworben wurde die väterliche Gewalt nach bürgerlichem Recht unter anderem auch durch die Wahlkindschaft, während die väterliche Gewalt nach natürlichem Recht nur durch Zeugung erlangt werden konnte. War die väterliche Gewalt nach natürlichem Recht und die nach bürgerlichem Recht nicht in einer Person vereinigt, wie das etwa durch eine Wahlkindschaft passieren konnte, so ging die väterliche Gewalt nach bürgerlichem Recht der nach natürlichem Recht vor[395]. Die väterliche Gewalt nach bürgerlichem Recht konnte durch ausdrückliche oder stillschweigende Emanzipation aufgehoben werden[396]. Auch in Missbrauchsfällen war gesetzlich die Aufhebung der väterlichen Gewalt angeordnet[397].
Zweck und Bestimmung der Familie war nach dem Codex, dass sie einen Ruhepool für ihre Mitglieder bieten sollte. Innerhalb der Familie war daher für Ruhe und Wohlfahrt zu sorgen[398]. Damit griff Kreittmayr, insbesondere bei den Regelungen im CMBC, die sich auf die Hausgenossenschaft bezogen, auf einige Ansichten des Naturrechtlers Christian Wolff zurück[399].

## D. Résumée

Hinsichtlich der Frage, inwiefern naturrechtliches Gedankengut Eingang in diese erste Kodifikation gefunden hat, findet sich zunächst im ersten Teil, zweites Kapitel, § 4 überhaupt die Feststellung der Existenz des Naturrechts. Kreittmayr teilte dort das Recht in göttliches, natürliches und menschliches Recht ein:

---

393 Die aus der väterlichen Gewalt nach natürlichem Recht fließende Pflicht der Kinder zur Ehrerbietung gegenüber den Eltern bestand, ebenso wie die gegenseitige Unterhaltsverpflichtung, ein Leben lang, vgl. Anm. Kreittmayr, Erster Theil, fünftes Kapitel, S. 193.

394 Zu den Wirkungen der väterlichen Gewalt auf das Vermögen des Kindes und den klagbaren Verbindlichkeiten zwischen Hausvater und Hauskind, siehe Schumacher, S. 318 – 324.

395 Insbesondere bei Konkurrenzfällen, wie etwa bei der Erteilung des Heiratskonsenses, ging das Recht des Adoptivvaters vor das des leiblichen Vaters.

396 Ausführlich dazu Anm. Kreittmayr, Erster Theil, fünftes Kapitel, S. 102, 189; zur stillschweigenden Emanzipation gehörte die Begründung eines eigenen Hausstandes.

397 CMBC, Erster Theil, cap. 5, § 7.

398 Anm. Kreittmayr, Erster Theil, viertes Kapitel, S. 126 ff. In diesem Abschnitt bezieht sich und verweist Kreittmayr durchgehend auf Christian Wolff.

399 Einige Regelungen stehen jedoch auch in deutlichem Widerspruch zu den naturrechtlichen Forderungen. So floss nach der Ansicht von Kreittmayr die väterliche Gewalt aus der römischen patria potestas und konnte nur vom Manne ausgeübt werden. Auch die von Christian Wolff postulierte Zweckgebundenheit der väterlichen Gewalt übernahm Kreittmayr in der Art und Weise nicht. Des Weiteren bestand die Notwendigkeit, die Frau mit zu Rate zu ziehen, bei Sachen, von denen sie mehr verstand als der Mann, nach dem Verständnis von Kreittmayr nicht.

*Das göttliche Recht, welches Gott selbst unmittelbar gegeben hat, ist entweder dem Menschen mit der Natur angebohren, oder nur durch die Schrift geoffenbaret, Jus divinum naturale & conatum vel positivum & revelatum: Das erste heisset darum das natürliche oder vernünftige, weil es von Gott auf die menschliche Natur gegründet ist, und sich aus der innerlichen Beschaffenheit und Endzweck desselben solchergestalt zu erkennen giebt, dass der Mensch solches durch die blosse Vernunft begreifen, mithin auch daraus wissen kann, was er sowohl Gott, als sich selbst und seinen Nebenmenschen schuldig sei. Primum principium juris naturalis ist, dass sich der Mensch seiner Natur, und dem hierunter intendirten göttlichen Zweck gemäß, bezeigen soll. Daraus fließen alle obigen Pflichten, nämlich, dass man Gott ehren, lieben, fürchten, sich selbst mäßigen, erhalten, und verbessern, mit dem Nebenmenschen friedlich und gesellig leben, niemanden beleidigen, jedermann das Seinige wiederfahren lassen, und auf diese Weise ermeldten Zweck, das ist, die Ehre Gottes und menschliche Glückseligkeit befördern soll. Das menschliche Recht wird von der willführlichen Verordnung menschlicher Gesetzgeber, also genannt.*

Abgesehen von dieser „Definition" des Naturrechts, muss für die Beantwortung der Frage jedoch unterschieden werden zwischen der Betrachtung des gesamten Codex, den einzelnen Regelungen der Wahlkindschaft und dem Familienverständnis, welches dem Gesetzgebungswerk zu Grunde lag.

Insgesamt entsprach der CMBC seiner zu Grunde liegenden Konzeption. Denn inhaltlich handelte es sich bei der bayrischen Kodifikation im Wesentlichen um die Wiedergabe des damals aktuellen gemeinen Rechts, wobei systematisch den römischen Institutionen gefolgt wurde[400]. Die angesammelten Streitfragen des Usus modernus erfuhren im Rahmen des lehrbuchartigen Stils eine Klärung[401]. Neben der weiterhin subsidiären Geltung des römischen Rechts setzte der CMBC die Geltung von abweichenden Partikularrechten und Statuten voraus, was schon auf den rückwärts gerichteten Charakter des Gesetzes schließen lässt[402]. Naturrechtliche Erwägungen finden sich insgesamt selten und dienen, soweit sie vorhanden sind, der Lückenfüllung im positiven Recht. Damit konnte der CMBC den Forderungen des Aufklärungszeitalters nicht gerecht werden. Weiterhin weist die im CMBC verwendete Sprache noch nicht den Abstraktionsgrad auf, der den Forderungen der

400 Voppel, Der Einfluß des Naturrechts auf den Usus modernus, § 11 IV, S. 235; Wieacker, PRGN, § 19, S. 326; Gagnér, Die Wissenschaft des gemeinen Rechts und der Codex Maximilianeus Bavaricus Civilis, S. 1. Der systematische Vergleich ist nahe liegend, da der CMBC vier Teile umfasste, deren Anordnung dem Institutionen System entspricht.

401 Schott, Methodenvorstellungen im Gesetzeswerk Kreittmayrs, S. 159, 161; Lipp, Wissenschaftstheorie und Vernunftrecht bei Kreittmayr, S. 181, 182, 193 ff.; Wieacker, PRGN, § 19, S. 326.

402 Wesener, Kreittmayrs Zivilrechtskodex in dogmengeschichtler Sicht, S. 77, 78 ff.

späten Naturrechtslehrer entsprach. Dennoch zeigt sich durchaus das Bemühen und Streben nach allgemein fasslichen Formulierungen. Allerdings sollte bei einer Gesamtbetrachtung des CMBC nicht außer Acht gelassen werden, dass das Gesetzgebungswerk schon ein einheitliches und geschlossenes Privatrechtssystem enthielt[403]. Ebenso wie das gesamte Gesetzgebungswerk war auch die behandelte Wahlkindschaft rückwärtig ausgerichtet. Sie entsprach im Großen und Ganzen den römisch-rechtlichen Regelungen. Neu war hingegen die Bezeichnung „Wahlkindschaft" für die Adoption.

Im Hinblick auf das dem Codex zu Grunde gelegte Familienverständnis muss beachtet werden, dass sich Kreittmayr in seinen Anmerkungen des Öfteren auf die Äußerungen des Naturrechtlers Christian Wolff bezog. Damit hätte das Familienverständnis naturrechtlichen Forderungen entsprechen können. Allerdings vermischte Kreittmayr seine traditionellen Anschauungen nur mit einigen ausgewählten naturrechtlichen Forderungen. Auf der einen Seite erkannte Kreittmayr etwa eine auf Naturrecht basierende väterliche Gewalt an, die zum Wohl des Kindes ausgeübt werden sollte. Auch die Ansicht, dass die väterliche Gewalt jedenfalls mit Begründung eines eigenen Hausstandes enden sollte, übernahm Kreittmayr. Auf der anderen Seite leitete er jedoch die Existenz der väterlichen Gewalt nach bürgerlichem Recht, die neben der väterlichen Gewalt nach natürlichem Recht stand, aus dem römischen Recht ab und sprach sich damit deutlich gegen eine elterliche Gewalt aus, mit der auch der Frau ein größeres Mitspracherecht hätte eingeräumt werden müssen. Abgesehen von einzelnen Regelungen der Familienverhältnisse, blieben Aufbau und Struktur der Familie jedoch im Wesentlichen dadurch erhalten, dass nach wie vor das Gesinde mit zur Familie gerechnet wurde und auch die wirtschaftlichen Verhältnisse zur Erhaltung der „Produktionsgemeinschaft" in ihrer bereits bekannten, patriarchalisch organisierten Form beitrugen. Alles in allem übernahm Kreittmayr zwar einige naturrechtliche Ansichten. Die Vermischungen von traditionellen Anschauungen und naturrechtlichen Forderungen führte insgesamt jedoch nicht dazu, dass das dem CMBC zu Grunde liegende Familienverständnis einem einheitlichen naturrechtlichen Gedankengut entsprach.

Die Auswirkungen des naturrechtlichen Gedankenguts auf den gesamten CMBC und damit auch auf die Regelungen der Wahlkindschaft und das ihr zu Grunde gelegte Familienverständnis waren somit insgesamt gering[404].

---

403 Conrad, Band II, S. 386.

404 Hinsichtlich des gesamten Codex, siehe Conrad, Band II, S. 387; Schlüter, S. 14; Voppel, Der Einfluß des Naturrechts auf den Usus modernus, § 11 IV, S. 234; der CMBC wird insgesamt als Vorläufer der Naturrechtskodifikationen der Aufklärung angesehen, Wieacker, PRGN, § 19, S. 326 f.; Wesenberg/Wesener, Neuere deutsche Privatrechtsgeschichte, S. 159; Wesener, Kreittmayrs Zivilrechtskodex in dogmengeschichtlicher Sicht, S. 78; Kleinheyer/Schröder, Juristen, S. 154.

# 3. Teil: Die Regelung der Adoption im Allgemeinen Landrecht für die preußischen Staaten von 1794 und dem Code civil von 1804

## 1. Abschnitt: Die Regelung der Adoption im Allgemeinen Landrecht für die preußischen Staaten von 1794

### A. Zustandekommen des Allgemeinen Landrechts für die preußischen Staaten

In Preußen hatte es schon vor in Kraft treten des Allgemeinen Landrechts für die preußischen Staaten von 1794 einige Kodifikationsversuche gegeben, die jedoch sämtlich zum Scheitern verurteilt, waren[405]. Nach dem Einmarsch preußischer Truppen 1756 in Sachsen und der damit einhergehenden Eröffnung des Siebenjährigen Krieges trat der gesetzgeberische Reformwille aufgrund der Kriegswirren zunächst ganz in den Hintergrund.

Erst die Müller-Arnold-Prozesse[406], in denen eine Wende zugunsten des Müllers nur durch ein Einschreiten Friedrich des Großen herbeigeführt wurde und die den unmittelbaren Sturz des damaligen, sehr konservativ eingestellten Großkanzlers Carl Joseph Maximilian Freiherr von Fürst und Kupferberg 1779 zur Folge hatten, gaben erneut den Anstoß zur Schaffung einer Kodifikation[407]. Nachfolger des Großkanzlers wurde der schlesische Justizminister Johann Heinrich Casimir Graf von Carmer[408], der im Folgenden, zusammen mit dem Breslauer Oberamtsregierungsrat Carl Gottlieb Svarez und dem späteren Rechtslehrer Ernst Ferdinand

---

405 Die unter König Friedrich Wilhelm I. im Jahr 1714 in Auftrag gegebene Reform scheiterte an dem Widerstand anderer Rechtsgelehrter, die Bedenken gegen die Person Thomasius`, dem die Leitung der Arbeit übertragen worden war, erhoben. Die unter Friedrich dem Großen erteilte Kabinettsordre vom 31.12.1746 an seinen Großkanzler Samuel Freiherr von Cocceji zur Schaffung eines deutschsprachigen allgemeinen Landrechts konnte von Cocceji nicht beendet werden, da dieser vor Abschluss des Werks verstarb. Zudem enthielt das von Cocceji in Angriff genommene „Projekt des Corporis Juris Fridericiani" lediglich eine Darstellung des geltenden römischen Rechts in deutscher Sprache und entsprach damit gerade nicht dem reformerischen Zeitgeist. Ausführlich zur „hundertjährigen Geschichte der preußischen Kodifikation" Wieacker, PRGN, § 19, S. 327 ff.; Barzen, Zur Entstehung des Entwurfs zum Allgemeinen Landrecht, S. 87, 91 ff.; Hattenhauer, Einführung ALR, S. 2, 3; Kleinheyer, S. 5; Eckert, HRG I, 2. Aufl., Sp. 155 f.

406 Dazu Dickel, Friedrich der Große und die Prozesse des Müllers Arnold; Diesselhorst, Die Prozesse des Müllers Arnold und das Eingreifen Friedrich des Großen; Sendler, JuS 1986, S. 759 ff.

407 Wesenberg/Wesener, Neuere deutsche Privatrechtsgeschichte, S. 146; Thieme, SZ (Germ. Abt.) 57 (1937), S. 355, 362; ders., JuS 1969, S. 359 ff.; Eckert, HRG I, 2. Aufl., Sp. 157.

408 Carmer hatte das Wohlwollen des Königs schon früher erlangt, als er ihm während eines Aufenthalts in Breslau seine Pläne zu einer umfassenden Justizreform vorstellte, mit der unter anderem die unnötige Verschleppung von Prozessen verhindert werden konnte; Hattenhauer, Einführung ALR, S. 3.

Klein, die Arbeiten zur Reformierung des gesamten Rechts im Sinne des späten Naturrechts aufnahm[409].
Noch während der Arbeiten an dem Entwurf des späteren Allgemeinen Landrechts für die preußischen Staaten verstarb Friedrich der Große 1786 und damit gleichzeitig der mächtigste Befürworter[410] der von Carmer, Svarez und Klein in Angriff genommenen Rechtsreform. Der neue Machtinhaber Friedrich Wilhelm II., in dieser Angelegenheit selbst zunächst eher unentschlossen, unterlag schließlich der Beeinflussung durch den Adel[411]. Unter dem Eindruck der französischen Revolution 1789 wandte sich der Adel entschieden gegen die Ideen der Aufklärung, die den bestehenden Ständestaat in Frage stellten. Damit richtete sich der preußische Adel gleichzeitig auch gegen ein auf dieser Grundlage entstehendes Gesetzbuch. Denn ein solches Werk barg die Gefahr der gesellschaftlichen Umstrukturierung, die nur zu einer Machteinbuße des Adelsstandes führen konnte[412]. An Kritik zum Entwurf des neuen Gesetzbuches mangelte es daher nicht. Trotz aller Widrigkeiten gelang es Carmer, Svarez und Klein sämtliche Beanstandungen[413] in den Gesetzesentwurf einzubringen und die Arbeiten 1791 abzuschließen. Das Inkrafttreten des „Allgemeinen Gesetzbuchs für die preußischen Staaten", ursprünglich für 1792 geplant, wurde jedoch durch die königliche Anordnung der Suspension vereitelt[414].
Allerdings kam dem neuen Gesetzbuch unter anderem die Erwerbung von Süd- und Neuostpreußen 1793 im Rahmen der zweiten polnischen Teilung zu Gute[415]. Vor der Frage stehend, welches Recht man nunmehr in den neuen Gebieten anwenden sollte, und dem Hintergrund, dass das Allgemeine Gesetzbuch für die preußischen Staaten im Gerichtsgebrauch trotz seiner Suspension Anwendung fand[416], entschied man sich schließlich dafür, das gesamte Gesetzbuch für ganz Preußen anzuwenden. Freilich wurde das Gesetzgebungswerk vor seinem Inkraft-

---

409 Schlosser, Grundzüge, § 3 III, 1), S. 102.

410 Zur Forder- und Förderung des ALR durch Friedrich den Großen siehe auch Merten, Allgemeines Landrecht, S. 56; Thieme, SZ (Germ. Abt.) 57 (1937), S. 355, 362 ff.; Conrad, Band II, S. 387 ff.

411 Hattenhauer, Einführung ALR, S. 10 f.

412 Wesenberg/Wesener, Neuere deutsche Privatrechtsgeschichte, S. 159 f.; Hattenhauer, Einführung ALR, S. 12 f.; Thieme, SZ (Germ. Abt.) 57 (1937), S. 355, 364.

413 abgefasst in so genannte *monita*, vgl. Hattenhauer, Einführung ALR, S. 9 f.; Wesenberg, SZ (RA) 68 (1951), S. 526 ff.

414 Wieacker, PRGN, § 19, S. 327 ff.; Conrad, Band II, S. 387 ff.; die Suspension des Gesetzes durch Friedrich Wilhelm II. ist insbesondere auf dessen Beeinflussung durch die politische und theologische Reaktion um den damaligen Kultusminister Wöllner und den Justizminister Danckelmann zurückzuführen.

415 Conrad, Band II, S. 387 ff.; Hattenhauer, Einführung ALR, S. 14; Thieme, SZ (Germ. Abt.) 57 (1937), S. 355, 375.

416 Hattenhauer, Einführung ALR, S. 16.

treten noch im konservativen Sinne überarbeitet. Der Schlussrevision fiel auch der Name „Allgemeines Gesetzbuch für die preußischen Staaten" zum Opfer. Unter der Bezeichnung „Allgemeines Landrecht für die preußischen Staaten" trat die Kodifikation schließlich am 01.06.1794 in Kraft.

## B. Die Regelung der „Annahme an Kindes statt"

Die Adoption ist im zehnten Abschnitt des zweiten Titels innerhalb des zweiten Teils des Allgemeinen Landrechts für die preußischen Staaten geregelt. Innerhalb der §§ 666 – 716 ALR wird das Rechtsinstitut in verschiedene Abschnitte gegliedert.

Die Anfangsparagrafen der Annahme an Kindes statt, §§ 666, 667 ALR[417], legen fest, in welcher Form die Adoption zu erfolgen hat. Danach wird weiter eingeteilt in die Abschnitte „Wer adoptiren könne", „Wer adoptirt werden könne", „Wirkungen der Adoption" in „Ansehung der Person", in „Ansehung des Vermögens des Adoptirenden" und „des Adoptirten". Es folgen die Abschnitte „Nähere Bestimmungen durch Verträge", „Familienverhältnisse" und schließlich der Abschnitt „Aufhebung der Adoption".

### I. Die rechtliche Ausformung der Adoption als einheitliches Rechtsinstitut

Im Gegensatz zu dem bereits 35 Jahre zuvor in Kraft getretenen Codex Maximilianeus Bavaricus Civilis für das Kurfürstentum Bayern unterschied das preußische Recht des Allgemeinen Landrechts von 1794 als erste Rechtsaufzeichnung nicht mehr zwischen den Adoptionsformen der Arrogation, adoptio plena und minus plena.

Die ursprüngliche Trennung der Adoptionsformen hatte darauf basiert, dass zwischen dem Eintritt in die väterliche Gewalt durch Arrogation und dem Übertritt in eine andere väterliche Gewalt durch Adoption ein gravierender Unterschied gemacht wurde. Während die Arrogation nur durch Gesetz bzw. später durch Reskript des Regenten durchgeführt werden konnte, reichte ein gerichtlich geschlossener Vertrag für die Adoption im engeren Sinne aus. Folglich wies schon der öffentlich-rechtliche Charakter der Arrogation darauf hin, dass der Eintritt in die väterliche Gewalt gewichtiger eingestuft wurde als der Übertritt in die väterliche Gewalt des Adoptivvaters. Die Differenzierung zwischen dem Eintritt in die väterliche Gewalt und dem Übergang in eine andere väterliche Gewalt hatte sich jedoch mit der Schwächung der väterlichen Gewalt überholt. Vielmehr wurden nun beide Akte, Eintritt oder Übertritt in die väterliche Gewalt, als gleichwertig angesehen. Damit fiel ein gewichtiger Grund für die Unterscheidung zwischen adrogatio und Adoption im engeren Sinne weg. Des Weiteren wurden die Befugnisse, die eine adoptio plena den Beteiligten verlieh, als zu weitgehend, andererseits jedoch

417 Soweit keine andere Kennzeichnung der Paragrafen erfolgt handelt es sich bei den genannten um solche des Zweyten Theils, zweyter Titel, des 10. Abschnitts ALR.

die Rechte, die eine adoptio minus plena beinhaltete, als unzureichend erachtet[418]. Mithin verloren die Argumente, die für ein Aufrechterhalten der verschiedenen Adoptionsformen angeführt wurden, an Kraft, während sich die Überzeugung, die verschiedenen Adoptionsformen zu vereinheitlichen schließlich durchsetzten konnte[419].

Die Regelung der Annahme an Kindes statt im ALR war somit das Ergebnis eines längerfristigen Bestrebens, eine einheitliche Regelung der Adoption durch ein Verschmelzen von Arrogation, adoptio plena und minus plena zu erreichen.

## II. Die einzelnen Voraussetzungen der Annahme an Kindes statt

### 1) Verfahren und Form der Annahme an Kindes statt oder „Wie die Adoption geschehen könne"

Die Adoption konnte nur in der nach §§ 666, 667 ALR festgesetzten Form durchgeführt werden. Danach wurde für die Annahme an Kindes statt zunächst ein schriftlicher Vertrag zwischen Annehmendem und Anzunehmendem verlangt. War der Anzunehmende noch minderjährig[420], so wurde der Vertrag zwischen dem

---

418 Vgl. Delius, Annahme an Kindes statt, S. 501, 503; auch die komplizierte Durchführung der Adoption im weiteren Sinne dürfte ein Grund für die Vereinheitlichungsbestrebungen gewesen sein.

419 Auch die gemeinrechtliche Entwicklung in einzelnen Landesteilen weist darauf hin, dass es Bemühungen gab, die verschiedenen Adoptionsformen miteinander zu verschmelzen. Da Schleswig-Holstein 1866 durch den Krieg zwischen Preußen und Österreich an Preußen fiel und Kurhessen, Nassau und Hannover ebenfalls erst 1866 durch Preußen annektiert wurden, ist die gemeinrechtliche Entwicklung der Adoption bis 1866 in diesen Landesteilen von besonderer Bedeutung. Denn erst durch Verordnung vom 26. Juni und 4. September 1867 bekamen sie eine dem ALR gleichlautende Bestimmung (siehe FN. 358). Bis dahin gestalteten sich die Bemühungen, die Adoption zu vereinheitlichen, jedoch unterschiedlich. In Schleswig und Holstein sowie in Kurhessen wurde, hinsichtlich der Bemühungen, die verschiedenen Adoptionsformen miteinander zu verschmelzen, auch wiederum ein anderer Weg als in den Bezirken Hannover und Nassau gewählt. Während in Schleswig und Holstein sowie in Kurhessen die gemeinrechtliche Adoption - gleichgültig, ob es sich dabei um eine Adoption oder Arrogation handelte - nur durch landesherrliches Reskript geschehen konnte und damit als Gnadensache angesehen wurde, behielten Hannover und Nassau die strenge Trennung von Adoption und Arrogation grundsätzlich bei. Allerdings wurden in Nassau die durch das Gericht vorgenommenen Adoptionen in ihrer Wirkung beschränkt. In Nassau hatte die gemeinrechtliche Adoption stets nur die Wirkung einer adoptio minus plena – eine andere Wirkung wurde vom Gericht nicht anerkannt. Im Gegensatz dazu hatte die Adoption in Schleswig, Holstein und Kurhessen stets die Wirkung einer adoptio plena durch die väterliche Gewalt begründet wurde, da sie nur durch landesherrliches Reskript geschehen konnte. Dazu Bülow, Justiz-Ministerial-Blatt vom 28. Juni 1878, Nichtamtlicher Teil, S. 95, 99; Bertram, Nassauisches Privatrecht, § 1685, § 1691; Falck, Handbuch des Schleswig-Holsteinischen Privatrechts, § 91; Schleswig-Holsteinische Anzeigen von 1840, S. 226.

420 Gemäß Th. I, Tit. I, § 26 und Anh. § 3 ALR sind alle Personen - unabhängig ihres Standes und des Orts ihrer Herkunft - minderjährig, die das 24. Lebensjahr nicht zurückgelegt haben.

Adoptierenden und dem gesetzlichen Vertreter des Minderjährigen geschlossen[421]. Des Weiteren musste der zwischen den Beteiligten geschlossene Adoptionsvertrag gemäß § 667 ALR gerichtlich geprüft und bestätigt werden[422]. Denn im Hinblick auf die bleibenden Folgen, die eine Adoption für alle Beteiligten schuf, sollte feststehen, dass der Vertrag, als er geschlossen worden war, auch wirksam hatte geschlossen werden können[423]. Das war jedoch nur der Fall, wenn sämtliche im Einzelnen noch zu erörternden Voraussetzungen der Annahme an Kindes statt eingehalten worden waren. Erging die gerichtliche Bestätigung des Adoptionsvertrages und lagen somit alle Voraussetzungen einer wirksamen Annahme an Kindes statt vor, dann wirkte die Bestätigung auf den Zeitpunkt des Vertragsschlusses zwischen den Beteiligten zurück[424]. Bei der erforderlichen gerichtlichen Bestätigung nach § 667 ALR handelte es sich mithin um eine Wirksamkeitsvoraussetzung[425].

Zuständig für die gerichtliche Prüfung und Bestätigung einer Annahme an Kindes statt war dem Wortlaut des § 667 ALR gemäß das Obergericht des jeweiligen Ortes, in welchem der Annehmende seinen Wohnsitz hatte[426].

---

421 Das ergibt sich aus Th. I, Tit. V, §§ 9, 10 i.V.m. Th. I, Tit. IV, §§ 20 – 26 ALR.

422 Von dem Grundsatz der gerichtlichen Bestätigung des Adoptionsvertrages gab es jedoch die gesetzlichen Ausnahmen der §§ 669; 684 und 689 ALR; dazu jedoch ausführlich unten II. 2., V. 1. a., b. Für Schleswig und Holstein, Hannover und Nassau lautete die durch Verordnungen von 1867 geltende Bestimmung: „Die Bestätigung einer Annahme an Kindes statt (Adoption oder Arrogation) gehört fortan vor das ordentliche Gericht des Annehmenden. Unsere Genehmigung dazu ist nur in den Fällen erforderlich, in denen dies für das Gebiet des Allgemeinen Landrechts vorgeschrieben ist. Die Kreisgerichte sind zuständig für die Bestätigung der Annahme an Kindes statt.“ In welcher Beziehung die Verordnungen aus dem Jahr 1867 zu den dann teilweise noch geltenden gemeinrechtlichen Regelungen standen, siehe Bülow, Justiz-Ministerial-Blatt vom 05. Juli 1878, Nichtamtlicher Teil, S. 103, 110; Stölzel, Alterserfordernis bei Gesuchen, S. 323, 331.

423 Vgl. Svarez, Entwurf eines allgemeinen Gesetzbuches Band I, I A/ 1, S. 256: „… . Sie (die Adoption) ist weiter nichts als ein bloßer Vertrag, der aber, wegen seiner wichtigen und bleibenden Folgen, auf den Stand und die ganze künftige Bestimmung der Contrahenten gerichtlich geschlossen werden muß. …“.

424 Delius, Annahme an Kindes statt, S. 501, 514.

425 Förster/Eccius, Band IV, § 220, S. 136, Fn. 3; Rehbein/Reincke, Band III, zehnter Abschnitt, S. 208.

426 In dem Entwurf zum allgemeinen Gesetzbuch sollte dem „Landesjustizcollegio der Provinz“ und nicht dem späteren Wortlaut des § 667 ALR folgend „dem Obergerichte der Provinz, in welcher der Annehmende seinen Wohnsitz hat“, der Adoptionsvertrag zur Prüfung und Bestätigung vorgelegt werden. Die Änderung beruhte auf Bemerkungen in den monitis, dass auch der Fall zu bedenken sei, dass Annehmender und Anzunehmender in verschiedenen Provinzen wohnen könnten, Schubert/Regge, Gesetzesrevision, Band V, 2. Halbband, S. 903; Svarez, Entwurf eines allgemeinen Gesetzbuches Band I, I A/ 1, S. 256; durch Verordnung vom 02.01.1849 (§§ 22, 25) ist an Stelle des Obergerichts der Provinz das ordentliche persönliche

## 2) Weitere Erfordernisse nach den §§ 668, 669, 672, 677, 678 - 680 ALR

Für die Wirksamkeit des zwischen dem Annehmendem und Anzunehmenden zu schließenden Adoptionsvertrags hing es weiterhin davon ab, ob die Beteiligten zunächst die in ihrer Person liegenden, sowie alle weiteren Voraussetzungen einer wirksamen Annahme an Kindes statt erfüllten[427].

### a) Die Person des Annehmenden

Zunächst musste der Annehmende älter als 50 Jahre alt sein, um überhaupt adoptieren zu dürfen. Personen unter 50 Jahre war die Adoption generell verboten.
Von diesem Grundsatz konnte jedoch gemäß § 669 ALR abgewichen werden[428], wenn auch von einer jüngeren Person die Zeugung eines Kindes aufgrund des Gesundheitszustandes nicht mehr erwartet werden konnte. Allerdings traf die Entscheidung, ob die vermutete Zeugungsunfähigkeit tatsächlich vorlag, nicht das Gericht, das den Adoptionsvertrag prüfen und bestätigen musste, sondern der Landesherr. Dabei musste der Nachweis der Zeugungsunfähigkeit durch ein ärztliches Attest belegt werden[429]. Erst dann konnte der Landesherr die erforderliche Dispensation von dem Adoptionsverbot erteilen[430]. Freilich musste in einem solchen Fall zunächst die Genehmigung des Landesherrn eingeholt werden, bevor das Gericht den Adoptionsvertrag prüfen und bestätigen konnte, denn die Dispensation gehörte zu den „essentialia negotii" des Adoptionsvertrages[431]. Verstarb der Annehmende

---

Gericht erster Instanz (d.h. das Kollegialgericht) getreten. Später, im Jahr 1878, gehörte die Bestätigung des Adoptionsvertrages vor die Amtsgerichte.

427 Die folgenden Erfordernisse ergeben sich aus den §§ 668 – 676 ALR sowie den §§ 677 – 680 ALR.

428 Im Entwurf zum allgemeinen Landrecht fehlte diese Ausnahme noch. Entscheidend für die Aufnahme des § 669 ALR war die Anregung eines Moneten, der Dispensation, unter anderem für den Fall, dass jemand aufgrund körperlicher Schwäche keine Kinder zeugen könne, forderte. In Auseinandersetzung damit bemerkte Svarez schließlich, dass er nur Dispensation zulassen wolle, wenn nach den Umständen nicht zu vermuten sei, dass der Annehmende noch Kinder zeugen werde. Daraufhin wurde die Regelung des § 669 ALR geschaffen; vgl. Schubert/Regge, Gesetzesrevision, Band V, 2. Halbband, S. 909 m.V.a. rev. Mon. Mat. Bd. 80. Abschr. Bd. II. f. 598. et v. und Mat. Bd. 82. f. 51 v. § 672.

429 Stölzel, Altersrfordernis bei Gesuchen, S. 323, 327; Delius, Annahme an Kindes statt, S. 501, 517; Neukirchen, § 8, S. 64.

430 Durch allerhöchste Kabinetts-Order vom 16. Juli 1805 wurde die Erteilung der landesherrlichen Erlaubnis in Adoptionsfällen dem Justizminister übertragen, Rehbein/Reincke, Band III, zehnter Abschnitt, S. 209, Fn. 239. Dass ursprünglich der Landesherr selbst für die Erteilung der Genehmigung zuständig war, folgt auch noch aus den allerhöchsten Kabinetts-Orders vom 18. Juli 1836, 13. November 1838 und 14. Dezember 1842; vgl. Bülow, Justiz-Ministerial-Blatt vom 28. Juni 1878, Nichtamtlicher Teil, S. 95, 98; Justiz-Ministerial-Blatt von 1843, Amtlicher Teil, S. 10.

431 Delius, Annahme an Kindes statt, S. 501, 517: Dass dies in der Praxis jedoch nicht immer der Fall war, zeigt die Entscheidung des Appelationsgerichts zu Hamm, in: Gruchots Beiträge, Band 10, Nr. 26, S. 419 f. Die Reihenfolge, in der die beiden Akte vorzunehmen waren, wird

noch vor Erteilung der Dispensation, so konnte diese daher nachträglich nicht mehr erteilt werden[432].

Eine weitere Voraussetzung für die Annahme an Kindes statt, die auf Seiten des Annehmenden erforderlich war, bestand in der Einwilligung der Eltern des Annehmenden in die Adoption. Die Notwendigkeit der Einwilligung der Eltern bestand unabhängig davon, ob es sich bei dem Annehmenden um eine Person handelte, die noch unter der väterlichen Gewalt stand oder rechtlich selbständig war. Denn mit der Einwilligung verzichteten die Eltern auf ihr Pflichtteilsrecht in den Nachlass des Annehmenden, sofern dieser verstarb. Lag die Einwilligung der Eltern in die Adoption nicht vor, so hatte das dementsprechend keine andere Auswirkung, als dass die Eltern ihr Recht auf den Pflichtteil des Nachlasses des Annehmenden bei dessen künftigen Ableben vorbehalten blieb.

### b) Die Person des Anzunehmenden

Dem Wortlaut des § 677 ALR folgend, musste der Anzunehmende dem Alter nach jünger als der Annehmende sein. Eine feste Altersgrenze war jedoch nicht vorgeschrieben. Vielmehr war sogar bei der Redaktion des Entwurfs zum Allgemeinen Gesetzbuch von Grolman angeregt worden, die Altersdifferenz, sei sie auch noch so gering, völlig aufzuheben und so ebenfalls die Adoption eines im Vergleich zum Annehmenden Älteren zu gestatten[433]. Allerdings war Svarez der Ansicht, dass mit einer positiven Altersdifferenz zwischen dem Annehmenden und dem Anzunehmenden „jeder vernünftige Zweck der Adoption dabei immer erreicht werden kann“ [434]. Die Regelung des § 490, Erster Theil, I. Abt. II. Tit. des Ent-

---

daher in der Praxis keine Rolle gespielt haben. Allerdings bleibt zu beachten, dass die landesherrliche Genehmigung unabhängig von der gerichtlichen Bestätigung des Adoptionsvertrages war. Daher war es möglich, dass zwar der Landesherr Dispensation erteilt hatte, das Gericht jedoch die Bestätigung des Adoptionsvertrages ablehnte; vgl. Stölzel, Alterserfordernis bei Gesuchen, S. 323, 326.

432 Appelationsgericht zu Hamm, in: Gruchots Beiträge, Band 10, Nr. 26, S. 419, 420. Das Appelationsgericht zu Hamm entschied für den Fall des Steinhauers W. aus Herdecke, der (40 jährig) sein Stiefkind adoptieren wollte, jedoch vor Einholung der Dispensation verstarb, dass selbst dann die Genehmigung zu verweigern sei, wenn wie im vorliegenden Fall das Vormundschaftsgericht bereits den Adoptionsvertrag bestätigt hatte.

433 Nach Grolman bedurfte es der fictiones iures, auf der der geforderte Altersunterschied beruhte, nicht. Denn der Zweck der Adoption „geht doch nur auf die Fortpflanzung des Namens. Wenn jemand, um sich dieser Fortpflanzung zu versichern, einen Vater adoptiren wollte, der zehn Söhne hat, warum sollte er dieses nicht können, und schlechterdings die zehn Söhne adoptiren müssen, wenn der Vater älter wäre, oder warum sollte der älteste Sohn nicht adoptirt werden können, wenn dieser etwa älter wäre? Daß ein adoptirter Sohn kein natürlich erzeugter Sohn sey, weiß ja doch jedermann, und die ficitiones iures brauchen wir in unsrer Gesetzgebung nicht.“, Schubert/Regge, Gesetzesrevision, Band V, 2. Halbband, S. 916 f. m.V.a. Mat. Bd. 73, f. 563 v. unten ad § 490. marg.

434 Schubert/Regge, Gesetzesrevision, Band V, 2. Halbband, S. 917 m.V.a. Rev. mon. Mat. Bd. 80. Abschr. Bd. II. f. 600 v. – 601; Bornemann, S. 460.

wurfs zum allgemeinen Gesetzbuche wurde demgemäß wortlautgetreu in das Allgemeine Landrecht für die preußischen Staaten von 1794 in § 677 ALR übernommen.
Ferner bedurfte es für eine wirksame Annahme an Kindes statt der freien Einwilligung des Anzunehmenden, soweit dieser schon mündig[435] war. Für den Fall, dass der Vater des Anzunehmenden noch am Leben war, war auch dessen Einwilligung in die Adoption erforderlich[436]. Dies galt selbst dann, wenn der Anzunehmende sui iuris war und damit gerade nicht mehr unter der väterlichen Gewalt stand[437]. Handelte es sich bei dem Anzunehmenden jedoch um einen vaterlosen Minderjährigen, so musste gemäß § 680 ALR die Genehmigung des vormundschaftlichen Gerichts eingeholt werden.

### III. Die Annahme an Kindes statt durch eine Frau §§ 674 – 676 ALR

Gestattet war die Annahme an Kindes statt auch Frauen[438]. Allerdings war bei einer verheirateten Frau die Einwilligung ihres Gatten in das Adoptionsgeschäft notwendig, um wirksam adoptieren zu können. Fehlte die Einwilligung des Ehemannes, war der Adoptionsvertrag nichtig. Im Gegensatz dazu waren die Auswirkungen bei einer Annahme an Kindes statt, die der Mann ohne die Einwilligung seiner Ehefrau vorgenommen hatte, geringer. Fehlte die Einwilligung der Frau, so war der Adoptionsvertrag trotzdem wirksam. Allerdings änderte sich durch die Adoption das Erbrecht der Ehefrau auf den künftigen Nachlass ihres Mannes dann nicht zu Gunsten des Angenommenen. Da das Erbrecht der Frau in diesem Fall ungeschmälert bestehen blieb, konnte es passieren, dass der Adoptierte kein Erbrecht in den Nachlass des Adoptivvaters hatte.

### IV. Adoptionshindernis und Ausschluss der Adoption nach §§ 671, 670 ALR

Verweigert wurde die Annahme an Kindes statt gemäß § 671 ALR lediglich den Personen, die noch eheliche, lebende Abkömmlinge besaßen[439]. Demgemäß stand

---

435 Nach Th. I, Tit. I, § 25 ALR trat Mündigkeit mit Ablauf des 14. Lebensjahres ein.

436 Freilich bedurfte es der Einwilligung der leiblichen Mutter des Anzunehmenden nicht.

437 Schon § 493 des Entwurfs zum allgemeinen Gesetzbuch enthielt das Erfordernis der Einwilligung des natürlichen Vaters in die Adoption, selbst wenn die väterliche Gewalt bereits aufgehoben ist. Grolman hielt die Einwilligung des Vaters bei einem selbständigen mündigen Anzunehmenden zwar für überflüssig, doch wendete Svarez ein: „Es (die Einwilligung des natürlichen Vaters zur Adoption) scheint mir aber doch eine Pflicht des Respects zu sein, so wie beim Consens zum Heirathen"; vgl. Bornemann, S. 461. Die Einwilligung des natürlichen Vaters blieb damit auch im ALR gemäß § 679 ALR Erfordernis einer wirksamen Annahme an Kindes statt.

438 Frauen, die im Alter von mehr als 50 Jahren noch nicht verheiratet gewesen waren, wird es tatsächlich zu dieser Zeit kaum gegeben haben. Des Öfteren werden Frauen in dem Alter jedoch schon verwitwet gewesen sein.

439 Auch dem Vormund war die Adoption seines Mündels gestattet. Eigene Deszendenten verhin-

die Regelung des § 671 ALR im Gegensatz zum gemeinen Recht, in welchem eheliche, noch lebende Abkömmlinge nicht per se ein Adoptionshindernis darstellten[440]. Auch der Entwurf zum allgemeinen Gesetzbuch gestattete noch - allerdings unter der Bedingung, dass die Deszendenten großjährig und aus der väterlichen Gewalt entlassen waren und zudem ihre Einwilligung vorlag - die Annahme an Kindes statt gemäß § 485[441]. Einige Gründe, warum das Allgemeine Landrecht für die preußischen Staaten dennoch bei Vorhandensein ehelicher, noch lebender Deszendenten die Annahme an Kindes statt insgesamt verweigerte, gehen aus einer Bemerkung Grolmans[442] hervor:

> „Auf der einen Seite ist es für die Eltern unschicklich, bei ihren Kindern zu ihren Handlungen die Einwilligung nachzusuchen; auf der anderen Seite setzt es die Kinder in unnöthige Verlegenheit. Immer kann es Gelegenheit zu Misshelligkeiten zwischen Eltern und Kindern geben. Dergleichen Gelegenheit muß der Gesetzgeber entfernen, und das Band zwischen Eltern und Kindern zu befestigen suchen. Was brauchen mit Kindern gesegnete Eltern zu adoptiren? Wollen sie einem Dritten Wohlthaten erzeigen, so können sie dieses auch ohne Adoption thun."

Svarez stimmte dieser Erklärung Grolmans zu, was schließlich zur Normierung eines absoluten Adoptionshindernisses in § 671 ALR führte: eheliche, noch lebende Deszendenten hinderten eine Annahme an Kindes statt[443].

Gänzlich von einer wirksamen Annahme an Kindes statt ausgenommen waren weiterhin nach § 670 ALR *nur* die Personen, die wegen ihres Standes zur Ehelosigkeit verpflichtet waren. Erfasst wurde von dieser Regelung lediglich der Klerus. Denn

---

derten jedoch eine wirksame Annahme an Kindes statt. Damit war im preußischen Recht die Adoption eines leiblichen Enkels ausgeschlossen. Allerdings hinderte das Vorhandensein unehelicher Kinder eine Adoption nicht. Selbst uneheliche Kinder konnten von ihrem unehelichen Vater adoptiert werden, vgl. dazu Bornemann, S. 461.

440 Dies galt jedenfalls unter der Einschränkung, dass die Adoption den leiblichen, ehelichen Deszendenten nicht nachteilig war und zudem wichtige Gründe für die Adoption vorlagen.

441 Gegen die Ausnahme des § 485 Entwurf zum allgemeinen Gesetzbuch hatte sich ein Monet gewandt, der die Adoption auch im Falle des Vorhandenseins bloß weiblicher Deszendenten für zulässig erachten wollte. Damit einverstanden hatte Grolman weitere Ausnahmen aufgestellt, die auch bei Vorhandensein ehelicher, noch lebender Abkömmlinge eine Adoption zulassen sollten. Davon abgesehen sollte es jedoch bei einem Adoptionsverbot bleiben. Obwohl Svarez sich mit den von Grolman aufgestellten Ausnahmen einverstanden erklärte, wurden die Ausnahmen später verworfen und nicht ins ALR aufgenommen; ausführlich zu den einzelnen Ausnahmen, Schubert/Regge, Gesetzesrevision, Band V, 2. Halbband, S. 913 f. m.V.a. Mat. Bd. 73. f. 562. unten ad § 484. mon. 2. et marg.

442 Schubert/Regge, Gesetzesrevision, Band V, 2. Halbband, S. 913 m.V.a. Mat. Bd. 73. f. 563. ad mon. 3. in marg.; Bornemann, S. 457 ff.

443 Den ehelich noch lebenden Abkömmlingen waren die Kinder gleichgestellt, die durch nachfolgende Ehe oder durch Hofreskript legitimiert waren, Th. II, Tit. II, §§ 569, 603 ALR.

die Geistlichen lebten aufgrund ihrer Berufung im Zölibat und waren somit zur Ehelosigkeit verpflichtet. Schon der Wortlaut des § 670 weist daraufhin, dass nur die Geistlichen und nicht etwa auch Kastraten und Spadonen von der Adoption ausgeschlossen wurden. Im preußischen Recht war die Annahme an Kindes statt daher sowohl Kastraten als auch den von Natur aus Impotenten gestattet[444].

## V. Die rechtlichen Wirkungen der Annahme an Kindes statt § 681 ALR

Waren sämtliche Voraussetzungen der Annahme an Kindes statt erfüllt, und war der Adoptionsvertrag vom Gericht bestätigt und damit wirksam geschlossen worden, dann bestimmte sich die rechtliche Wirkung der Adoption nach den §§ 681 - 713 ALR. Gemäß § 681 ALR begründete eine wirksame Adoption zwischen der Person des Annehmenden und dem Angenommenen in der Regel die Rechte und Pflichten, die auch zwischen Eltern und ihren leiblichen ehelichen Kindern bestanden.

### 1) In Ansehung der Person

Erfolgte die Annahme an Kindes statt durch die Adoptiveltern gemeinsam, dann bedeutete das für den Angenommenen, dass er den Familiennamen seines Adoptivvaters erhielt[445]. Des Weiteren gingen auch alle Standesrechte des Adoptivvaters auf den Angenommenen über, soweit es sich bei den Standesrechten um solche handelte, die auch auf leibliche, eheliche Kinder fortgepflanzt wurden[446]. Im Gegenzug erlangte der Adoptivvater durch die Adoption die väterliche Gewalt über den Angenommenen, während die Adoptivmutter die so genannten „Mutterrechte“ [447] über den Angenommenen erhielt.

Gleiches galt bei einer Adoption, wenn der verheiratete Adoptivvater der alleinige Annehmende war. Allerdings dann mit dem Unterschied, dass zwischen dem Angenommenen und der nichtannehmenden Ehefrau ein Stiefverhältnis im Sinne von Th. I, Tit. II, § 44 ALR bestand. Nahm eine Frau alleine an Kindes statt an, so erhielt der Angenommene den Namen und Stand der Adoptivmutter und nicht etwa den ihres noch lebenden Ehemannes[448]. Vielmehr stand dieser zu dem Angenom-

---

444 Schubert/Regge, Gesetzesrevision, Band V, 2. Halbband, S. 911 m.V.a. Mat. Bd. 80. Abschr. Bd. II. f. 598 unten.

445 In dem Sinne, dass der Adoptierte zwar nach wie vor seinen eigenen Familiennamen behalten durfte (§ 713 ALR), aber der Name des Adoptivvaters entweder unmittelbar vorangestellt oder durch den Zusatz „genannt“ mit dem eigenen Familiennamen verbunden wurde. So blieb ersichtlich, dass es sich bei ihm um ein Adoptivkind handelte; Daniels, System des preußischen Civilrechtes, § 159, S. 304.

446 Ausführlich in Bezug auf die §§ 684, 689 ALR, S. 74, 75.

447 Gemäß Th. II, Tit. II, § 690 ALR erlangte die Mutter alle Rechte und Pflichten einer leiblichen Mutter, so genannte „Mutterrechte“.

448 Die Bestimmung des Th. II, Tit. II, § 688 ALR bezog sich nicht auf den Adelsstand, sondern auf die zunächst noch gemachte Unterscheidung zwischen Bauern- und Bürgerstand; vgl. Koch, ALR, Zweiter Theil, erster Band, erste Abtheilung, S. 412. Zur Adoption durch eine

menen wiederum im Verhältnis das Stiefeltern zu ihren Sticfkindern hatten. Die Adoptivmutter erlangte auch bei alleiniger Annahme die Mutterrechte über den Angenommenen. Es kam daher nicht darauf an, wer den Adoptatus annahm. Dieser rückte jedenfalls zu der annehmenden Person stets in das Verhältnis eines leiblichen Kindes aus vollgültiger Ehe.

Diese Wirkungen für die an der Adoption beteiligten Personen hatte die Annahme an Kindes statt jedoch nur unter der Voraussetzung, dass der Adoptionsvertrag gerichtlich geprüft und bestätigt worden war[449]. Allerdings gab es gesetzliche Sonderkonstellationen, in welchen allein die Bestätigung des Obergerichts im Sinne des § 667 ALR nicht ausreichte, sondern es einer landesherrlichen Begnadigung bedurfte, damit der Angenommene tatsächlich in das Verhältnis eines leiblichen Kindes aus vollgültiger Ehe rückte. Solche Konstellationen lagen vor, wenn es sich um eine „ständeübergreifende" Adoption im Sinne von § 684 ALR handelte oder wenn der von einer bereits verwitweten Adoptivmutter Angenommene den Namen und den Stand ihres verstorbenen Mannes erhalten sollte nach § 689[450].

**a) § 684 ALR**

War der Annehmende von adeliger und der Angenommene von bürgerlicher Herkunft, so rückte der Angenommene durch die Adoption nicht ohne weiteres in den Adelsstand. Denn gemäß Th. II, Tit. IXVIII, §§ 14 – 16 ALR durfte sich niemand, welcher den Adelsstand nicht durch Geburt oder landesherrliche Begnadigung erlangt hatte, die adeligen Prädikate und Vorrechte[451] anmaßen. Folglich konnte der Angenommene nur mittels landesherrlicher Bewilligung in den Genuss der Vorzüge des Adelsstandes gelangen[452]. Dass auf die Erteilung dieses Gnadenakts nicht verzichtet werden konnte, wenn der Anzunehmende - gleichgültig, ob er selbst von bürgerlicher oder adeliger Herkunft war, - den adeligen Namen und das Wappen des Adoptivvaters annehmen sollte, folgte ebenfalls aus einem am 12. November

Frau siehe oben III.; tatsächlich wird das daher der Name und Stand gewesen sein, den die Frau durch ihre Verheiratung erhalten hatte; Daniels, System des preußischen Civilrechts, § 159, S. 304.

449 Siehe oben unter B. II.

450 Die weitere sich aus dem Gesetz ergebende Sonderkonstellation, in der es zur Adoption einer landesherrlichen Erlaubnis bedurfte, war der bereits oben unter II. 2. a. geschilderte Fall, dass der Annehmende das 50igste Lebensjahr noch nicht vollendete hatte.

451 Die Vorrechte des Adels folgen aus Th. II, Tit. IXVIII, §§ 34 – 50 ALR.

452 Th. II, Tit. II, § 684 ALR.

1801 erlassenen Reskript[453]. Danach war eine Berichterstattung an das Lehnsdepartement[454] zum Immediatvortrag nur erforderlich,

a.) wenn der Adoptierende von Adel und der Adoptierte von bürgerlicher Herkunft war,

b.) wenn mit der Adoption zugleich die Annahme und Führung eines anderen adligen

Namens und Wappens verbunden werden sollte[455].

Abgesehen von der sich ausdrücklich ergebenden Bedeutung des Reskripts ließ sich außerdem der Umkehrschluss daraus ziehen, dass die Bestätigung des Adoptionsvertrages durch das Obergericht der Provinz, in welcher der Annehmende seinen Wohnsitz hatte, jedenfalls dann ausreichte, wenn die Mitteilung des Adels und des Wappens an den Adoptierten ausgeschlossen worden war[456]. Für den Fall hingegen, dass der Angenommene eine dem Adelsstand angehörige Person und der Annehmende eine Person bürgerlicher Herkunft war, galt, dass der Adoptierte durch die Adoption nicht die Vorrechte des Adels verlor. Gemäß §§ 685, 682 ALR blieb er sogar verpflichtet, seinen eigenen Familiennamen, der ihn der adligen Herkunft auswies, neben dem Familiennamen seines Adoptivvaters, den er nach der Adoption annahm, beizubehalten[457]. Des Weiteren war jedoch eine landesherrliche Begnadigung in diesem Fall nicht notwendig. Es reichte die Bestätigung des Adoptionsvertrags durch das Obergericht im Sinne von § 667 ALR aus.

**b) § 689 ALR**

Bei der zweiten sich aus dem Gesetz ergebenden Sonderkonstellation, in der eine landesherrliche Begnadigung notwendig war, handelte es sich um den in § 689 umschriebenen Fall. Danach konnte dem durch eine Witwe Angenommenen nur dann der Name und Stand des verstorbenen Ehemannes beigelegt werden, wenn die Familie des Ehemannes nicht widersprach und eine landesherrliche Begnadigung vorlag. Die Regelung des § 689 ALR konnte sich allerdings nur auf die dem

---

453 Das Reskript behandelt den Fall, dass ein Adoptionsvertrag zwischen zwei dem Adelsstand angehörigen Personen von einem Obergericht ohne Anfrage höheren Orts konfirmiert worden war und stellt diesbezüglich die Konkurrenz des Lehnsdepartements fest. § 100 des Anhangs zum ALR wurde diesem Reskript entnommen; Hassenstein, Abhandlung Nr. 27, S. 731, 732.

454 An die Stelle des Lehnsdepartements trat im Jahr 1854 das Ministerium des königlichen Hauses bez. das Heroldsamt, dazu Rehbein/Reincke, Band III, zehnter Abschnitt, S. 208, Fn. 238.

455 Gräff/Koch/Rönne/Simon/Wentzel, Abt. III, II. Theil, Tit. 1 – 5, zehnter Abschnitt, S. 368; das Wort „anderen“ ist in § 100 des Anhangs zum ALR nicht aus der Quelle mit aufgenommen worden.

456 In diesem Sinne auch das Reskript vom 15. Juni 1815 sowie die allerhöchste Kabinetts-Order vom 16. Dezember 1843, Justiz-Ministerial-Blatt von 1843, Amtlicher Teil, S. 306; siehe auch Gräff/Koch/Rönne/Simon/Wentzel, Abt. III, II. Theil, Tit. 1 – 5, zehnter Abschnitt, S. 367 f.

457 Änderte der Angenommene jedoch seinen Namen, so konnte er ohne besondere Dispensation des Landesherrn den Adel, gemäß Th. II, Tit. IXVIII, § 83 ALR, nicht beibehalten.

ALR noch zu Grunde gelegte Unterscheidung zwischen Bauern- und Bürgerstand beziehen. Denn sobald der verstorbene Ehemann der Adoptivmutter von adeliger Herkunft gewesen war, fand die Vorschrift des § 684 Anwendung. Mit Wegfall der Differenzierung zwischen Bauern- und Bürgerstand verlor die Bestimmung an Bedeutung[458].

### 2) Familienverhältnisse §§ 707 – 713 ALR

Da der Adoptatus zu der ihn annehmenden Person in das Verhältnis eines leiblichen Kindes aus vollgültiger Ehe rückte, ist fraglich, ob sich die Adoption auch auf die jeweiligen Familienverhältnisse und deren möglichen Mitglieder auswirkte. Für den Fall, dass schon bei der Adoption Abkömmlinge des Angenommenen vorhanden waren oder später erzeugt wurden, galt, dass diese im Verhältnis zu den Adoptiveltern die gleichen Rechte besaßen wie blutsverwandte Deszendenten[459]. Dagegen entstanden jedoch Beziehungen zur Adoptivfamilie nicht. Der Angenommene trat durch die Adoption nicht in die Familie der annehmenden Person ein[460]. Ein Geschwisterverhältnis zu den möglicherweise später geborenen leiblichen Kindern der Adoptivfamilie konnte lediglich durch einen gesondert abzuschließenden Familienvertrag begründet werden. Eines solchen Familienvertrages bedurfte es stets dann, wenn durch die Adoption Verbindungen zur Adoptivfamilie bewirkt werden sollten[461]. Fehlte es an dem Familienvertrag und somit an einer vertraglichen Abweichung, dann blieb es bei der gesetzlichen Regelung: der Angenommene blieb weiterhin ein Mitglied der natürlichen Familie. Damit bestanden dann allerdings auch alle Rechte und Pflichten zwischen ihm und seinen natürlichen Verwandten fort[462]. Mithin hatte die Adoption für die Familienmitglieder aus der natürlichen Familie ebenso wenig Auswirkungen wie für die Mitglieder der Adoptivfamilie, soweit ein gesondert abgeschlossener Familienvertrag nichts anderes bestimmte.

### 3) In Ansehung des Vermögens / erbrechtliche Stellung

Dass der Angenommene weiterhin seine Stellung in der natürlichen Familie behielt und durch die Adoption nicht in die Familie des Adoptivvaters eintrat, war Aus-

---

458 Die Bestimmung des § 689 ALR verlor schneller ihre Bedeutung als die des § 684 ALR. Denn obwohl für die Aufhebung der Stände (vor allem des Adelsstandes) und der damit verbundenen Privilegierungen gekämpft wurde, hielt sich die Differenzierung zwischen Adel und nicht Adel noch lange.

459 § 707 ALR.

460 § 708 ALR.

461 § 710 ALR; zu der Möglichkeit durch Vertrag von den gesetzlichen Bestimmungen abzuweichen weiter unten IV.

462 § 712 ALR. Um eine Verdunklung dieser Rechte und Pflichten zu vermeiden, durfte der Angenommene daher auch nach wie vor seinen eigenen Familiennamen nach der Adoption weiterführen, § 713 ALR, siehe auch oben I.

fluss eines von Svarez durchgängig verfolgten Grundsatzes, der auch die vermögensrechtliche Seite der Adoption maßgeblich beeinflusste. Von Bedeutung war, dass sich die Adoption für den Angenommenen nicht rechtlich nachteilig, sondern nur vorteilhaft auswirken sollte. Daher verlor der Angenommene durch die Adoption auch nicht die Stellung innerhalb der natürlichen Familie, da sich dies für ihn nur rechtlich nachteilig – gerade in Bezug auf sein Erbrecht – ausgewirkt hätte.
Hinsichtlich des Vermögens galt daher, dass der Angenommene durch die Adoption dem Adoptierenden gegenüber ein gesetzliches Erbrecht erlangte[463]. Dieses Intestaterbrecht entsprach dem, das auch ehelichen Kindern zukam. Nach § 692 ALR galt alles, was von der Verpflegung, Erziehung, Ausstattung und Erbfolge für Kinder aus Ehe zur rechten Hand[464] bestimmt war, auch für die durch Adoption Angenommenen. Daher stand dem Adoptierten gegenüber dem Adoptierenden auch ein Pflichtteilsrecht nach den §§ 691 f., 391 ff. ALR zu[465]. In Bezug auf die erbrechtliche Stellung des Adoptierten in seiner natürlichen Familie galt, dass durch die Adoption keine Änderung eintrat. Nach § 702 ALR behielt der Angenommene in der natürlichen Familie das gesetzliches Erbrecht auf den Nachlass seiner leiblichen Eltern. Selbiges galt für das Pflichtteilsrecht des Angenommenen in seiner natürlichen Familie[466].
Der natürliche Vater des Adoptierten verlor durch die Adoption die väterliche Gewalt und damit nach § 697 ALR auch den Nießbrauch über das Vermögen des Angenommenen[467]. Das Nießbrauchsrecht an dem Vermögen des Adoptierten ging

463 §§ 692, 694, 701, 702, 707, 708, 712 ALR.

464 „Ehen zur rechten Hand“ waren standesgemäße Ehen und daher üblich. Im Gegensatz dazu standen Ehen zur linken Hand (morganatische Ehen) Th. I, Tit. I, §§ 853 – 932 ALR. Bei der Ehe zur linken Hand teilte die Frau den Namen, Rang und Stand des Mannes nicht. Diese Ehe hatte anders als die zur rechten Hand auf die Vermögensverhältnisse der Eheleute keinen Einfluss. Abkömmlinge aus der Ehe zur linken Hand besaßen ein Erbrecht gegen den Vater nur dann, wenn Kinder aus einer Ehe zur rechten Hand nicht vorhanden waren. Schon das gemeine Recht kannte die Ehe zur linken Hand. Im gemeinen Recht war es jedoch nur Angehörigen des hohen Adels gestattet mit einer nicht ebenbürtigen Frau verheiratet zu sein. Dass die Wirkungen einer standesgemäßen Ehe nicht eintreten sollten, wurde dabei vertragsmäßig festgesetzt. Im Unterschied dazu war die Ehe zur linken Hand im ALR nur mit landesherrlicher Erlaubnis Männern höheren Standes in außerordentlichen Fällen und aus erheblichen Gründen gestattet, vgl. Th. I, Tit. I, §§ 836, 837 ALR.

465 Das Pflichtteilsrecht war ein schuldrechtlicher Geldanspruch. Ebenso wie die Vorschriften über das Pflichtteilsrecht galten für den Angenommenen auch die Vorschriften über die rechtlichen Folgen einer widergesetzlichen Enterbung oder Übergehung nach den §§ 432 ff. ALR.

466 Zu § 706 ALR weiter unten unter VI.

467 Der leibliche Vater erlangte den Nießbrauch über das Vermögen des Angenommenen auch dann nicht wieder, wenn der Adoptivvater verstarb. Denn nach § 715 ALR fielen die Wirkungen der Adoption nur weg, wenn die Adoption förmlich aufgehoben worden war. Zur Aufhebung der Adoption, siehe unten unter VII. Der leibliche Vater verlor somit das Nießbrauchs-

jedoch keineswegs auf den Adoptierenden über. Handelte es sich bei dem Adoptierten um einen Minderjährigen, so blieb der natürliche Vater nach § 698 ALR dazu verpflichtet, das Vermögen des Adoptierten solange und in dessen Sinn zu verwalten, bis dieser großjährig geworden war[468]. Verstarb der natürliche Vater bevor der Adoptierte großjährig war, so konnte die Vormundschaft über das Vermögen dem Adoptierenden übertragen werden[469]. War der Adoptierte zum Zeitpunkt der Adoption schon großjährig, so konnte er sein Vermögen selbständig verwalten und nutzen. Verstarb der Adoptierte vor seinen natürlichen Eltern, so behielten diese das Intestaterbrecht auf den Nachlass des Angenommenen[470].
Aus alledem folgt, dass der Annehmende durch die Adoption keinerlei Rechte auf das Vermögen des Angenommenen erlangte. Auch blieb dem Adoptierenden ein gesetzliches Erbrecht auf den Nachlass des Angenommenen verwehrt[471].

## VI. Änderung der gesetzlichen Bestimmungen durch Vertrag §§ 703 – 706 ALR

### 1) Beachtung der wesentlichen Merkmale des Adoptionsgeschäfts

Die gesetzlichen Bestimmungen über den Inhalt des Adoptionsvertrages konnten gemäß §§ 703 und 704 ALR vertraglich geändert werden. Die vertragliche Umgestaltung durfte jedoch gemäß § 704 ALR „das Wesentliche des Geschäfts" nicht aufheben.
Fraglich ist allerdings, was unter dem Wesentlichen des Adoptionsgeschäfts verstanden wurde, da das ALR selbst keine weiteren Angaben hierzu enthielt. Im Entwurf zum allgemeinen Gesetzbuch war lediglich und in Abweichung zum ALR vorgesehen, dass die Vorschriften über das Vermögen durch den bei der Adoption geschlossenen Vertrag einer Abänderung unterliegen konnten, § 513. Erst eine Einwendung Grolmans[472]:

> „warum sollte man nicht durch Verträge bestimmen können, welchen Namen das Kind führen soll, in welcher Religion, zu welchem Geschäfte es erzogen werden soll, wie es bei seiner Verheirathung gehalten werden soll",

---

recht für immer; Koch, ALR, Zweiter Theil, erster Band, erste Abtheilung, S. 413, Fn. 20; Delius, Annahme an Kindes statt, S. 501, 534 f.

468 §§ 696 – 698 ALR.

469 Nach § 700 ALR war das vormundschaftliche Gericht an die Person des Annehmenden jedoch nicht gebunden. Als Vormund über das Vermögen des minderjährigen Adoptierten konnte daher auch eine andere Person bestellt werden.

470 § 701 ALR.

471 §§ 681, 694 ALR; Selbst die Unkosten, die dem Adoptierenden durch die Adoption entstanden, konnte er, sofern der Adoptierte vor ihm verstarb, nicht aus dessen Nachlass zurückfordern, Bornemann, S. 463.

472 Gräff/Koch/Rönne/Simon/Wentzel, Abt. III, II. Theil, Tit. 1 – 5, zehnter Abschnitt, S. 372; Schubert/Regge, Gesetzesrevision, Band V, 2. Halbband, S. 926; Bornemann, S. 464 f.

hatte zur Einführung der §§ 703, 704 ALR und damit zur Erweiterung der Vertragsfreiheit geführt[473]. Die Ausdehnung der Vertragsfreiheit war allerdings nur eine Folge der Verwendung des unbestimmten Begriffs in § 704 ALR gewesen. Denn die notwendige, am Einzelfall zu erfolgende Auslegung dessen, was das Wesentliche des Adoptionsgeschäfts darstellen sollte, musste unweigerlich auch zu einer stärkeren Rechtsunsicherheit führen. Dass hinsichtlich der Auslegung des unbestimmten Begriffs Unklarheiten dahingehend bestanden, welche Normen zur vertraglichen Disposition standen, zeigt ein am 24.09.1798 erlassenes Reskript[474]. Darin wurden die §§ 684 und 689 ALR ausdrücklich von der vertraglichen Dispositionsfreiheit ausgenommen, da sie landesherrliche Rechte beinhalteten, über die Privatpersonen gerade nicht frei bestimmen konnten[475]. Ob daraus jedoch der Schluss gezogen werden kann, dass allein die Normen, die landesherrliche Rechte beinhalteten, das „Wesentliche des Geschäfts" ausmachen sollten und alle anderen Vorschriften der vertraglichen Änderung unterliegen konnten, ist zweifelhaft. Denn die Adoptionsvorschriften, die sich nicht auf die Vermögensrechte[476] bezogen, kein landesherrliches Recht beinhalteten und trotzdem die Wirkung der Adoption betrafen (§§ 681, 682, 683 und der §§ 686, 687, 688 ALR) waren notwendig, um rechtlich eine Abgrenzung zu anderen Rechtsinstituten, wie beispielsweise zu dem der reinen Pflegschaft, zu ermöglichen[477]. Demgemäß wird das Wesentliche des Adoptionsgeschäfts die Herstellung der persönlichen Rechte und Pflichten - entsprechend denen zwischen Eltern und ihren leiblichen Kindern - gewesen sein. Soweit die vertragliche Umgestaltung diesen Kern der Adoption nicht berührte, war die Abweichung von den gesetzlichen Vorschriften daher zulässig. Ob die essentialia negotii durch abweichende vertragliche Vereinbarungen noch gewahrt geblieben waren, wird jedoch immer eine Entscheidung des Einzelfalls gewesen sein.

### 2) Vermögensrechte als Gegenstand der Vertragsfreiheit

Dass die gesetzlichen Vorschriften über das Vermögen durch den bei der Annahme zu schließenden Vertrag geändert werden konnten, hatte schon § 513 des Entwurfs zum allgemeinen Gesetzbuch bestimmt und war in § 705 ALR übernommen worden. Besonderheiten ergaben sich dabei lediglich dann, wenn es sich bei dem Anzunehmenden um einen Minderjährigen handelte. In diesem Fall musste das Vor-

473 Svarez hatte sich gegen die Ausweitung der Vertragsfreiheit in Form des § 704 ALR ausgesprochen, da er der Ansicht war, dass die weiteren Vorschriften „per pactum nicht züglich geändert werden können", Schubert/Regge, Gesetzesrevision, Band V, 2. Halbband, S. 926.

474 Der spätere Anh. § 102 ALR.

475 Der Erlass dieses Reskripts wäre nicht notwendig gewesen, wenn Einigkeit darüber bestanden hätte, was das Wesentliche des Adoptionsgeschäfts darstellen sollte.

476 Zu den Vermögensrechten, die Gegenstand der Vertragsfreiheit sein konnten, sowie zu den Vorschriften §§ 705, 706 ALR ausführlich weiter unten.

477 Bornemann, S. 465.

mundschaftsgericht prüfen, ob sich die abweichenden Vereinbarungen im Adoptionsvertrag nicht nachteilig für den Anzunehmenden auswirkten. Handelte es sich um Vereinbarungen, die dem anzunehmenden Minderjährigen nicht zuträglich waren, so konnte das obervormundschaftliche Gericht die Genehmigung zur Adoption versagen[478]. Eine von den gesetzlichen Vorschriften abweichenden Vereinbarung die dem Angenommenen sein Pflichtteilsrecht, das dieser auf den künftigen Nachlass seiner natürlichen Eltern besaß, entzog, konnte nach § 706 ALR nur mit einem bereits Mündigen geschlossen werden, da dieser in seiner Entscheidung frei war. Wurde hingegen ein Unmündiger adoptiert, so konnte dessen Pflichtteilsrecht gegenüber seinen leiblichen Eltern vertraglich nicht ausgeschlossen werden, da sich dies für den Angenommenen rechtlich nachteilig hätte auswirken können[479].

## VII. Aufhebung der Adoption §§ 714 – 716 ALR

Die Auflösung des Adoptionsverhältnisses allein durch den Entschluss des Adoptivvaters entsprechend der römisch-rechtlichen Emanzipation des Hauskindes war dem preußischen Allgemeinen Landrecht nicht bekannt. Nach § 714 ALR konnte die einmal begründete Adoption *nur* in der Art und Weise wieder aufgehoben werden, wie sie auch begründet worden war, nämlich durch Vertrag[480]. Folglich mussten die an der Adoption beteiligten Parteien, Adoptivvater und Adoptivkind[481], in die Auflösung einwilligen. Der so geschlossene Aufhebungsvertrag bedurfte dann noch der gerichtlichen Bestätigung. Nach erfolgreicher Aufhebung der Adoption verloren sämtliche durch die Adoption begründeten, Rechtsverhältnisse ihre Wirkung. Die Rechte und Pflichten der Beteiligten wurden so beurteilt, als ob nie eine Adoption stattgefunden hätte[482]. Dementsprechend hörte auch die väterliche Gewalt des Adoptivvaters über den Angenommenen auf. Dass der Beendigung der väterlichen Gewalt des Adoptivvaters durch Aufhebung der Adoption schließlich die gleiche Wirkung zukommen sollte, die eine Entlassung des Kindes aus der vä-

---

478 Vgl. § 705 ALR; Dulheuer, S. 375.

479 Das galt auch, wenn der Pflichtteil nur belastet oder verkürzt werden sollte.

480 In § 714 ALR wird die Ausnahmevorschrift des § 989 Zweyter Theil, erster Titel, ALR nicht erwähnt. § 997 Zweyter Theil, erster Titel ALR bestimmt, dass, wenn jemand sein angenommenes noch minderjähriges Kind wider der Gesetze heiratete, dem Minderjährigen ein Kurator bestellt werden musste. In Bezug auf das weitere Verfahren verweist § 997, Zweyter Theil, erster Titel ALR auf die §§ 989 ff., Zweyter Theil, erster Titel ALR. Aus diesen Vorschriften über die Besonderheit von Ehen zwischen Vormündern und Pflegebefohlenen folgt dann, dass das Adoptionsverhältnis im Fall des § 997, Zweyter Theil, erster Titel, ALR nicht nach § 714 ALR aufgehoben wurde, sondern ipso iure erlosch. Das Adoptionsverhältnis konnte daher auch in anderer Weise als durch den gerichtlich zu bestätigenden Vertrag gemäß § 714 ALR, aufgehoben werden; s. auch Neukirchen, § 10, S. 81 ff.

481 Sofern der Angenommene noch minderjährig war, musste auch der leibliche Vater oder ein Vormund nebst Vormundschaftsgericht bei der Adoption dabei sein.

482 Vgl. § 715 ALR.

terlichen Gewalt des leiblichen Vaters hatte, ergab sich aus § 716 ALR. Allerdings stellte dazu ein am 07.09.1801 erlassenes Reskript[483] klar, dass allein die Entlassung des Adoptivsohnes aus der väterlichen Gewalt des Adoptivvaters nicht ausreichte, um dem minderjährigen Adoptierten auch das Vermögen auszukehren. Vielmehr bedurfte es dafür der Anfertigung einer Majorennitätserklärung - entsprechend der bei Kuranten[484] -, um festzustellen, ob der Minderjährige auch in der Lage war, sich selbst zu verwalten[485]. War er dies, so konnte die Extradition des Vermögens an ihn erfolgen, andernfalls wurde das Vermögen vormundschaftlich verwaltet, bis der entlassene Adoptivsohn großjährig geworden war. Mit erlangter Großjährigkeit wurde ihm dann das Vermögen zur freien Verwaltung und Nutzung überlassen.

## VIII. Besonderheiten bei der Heirat eines Adoptivkindes

Nach §§ 1, 2 Zweyter Theil, erster Titel, ALR war Sinn und Zweck der Ehe[486] die Erzeugung und Erziehung von Kindern sowie die wechselseitige Unterstützung der Ehegatten untereinander[487]. Aus den eherechtlichen Vorschriften des ALR folgt weiterhin, dass es sowohl Ehen zur rechten als auch zur linken Hand gab. Was jedoch allgemein unter dem Begriff der Ehe verstanden wurde, lässt sich dem Gesetz nicht entnehmen. Die fehlende Begriffsdefinition weist jedoch darauf hin, dass die Ehe nicht nur als juristischer Zweckverbund verstanden wurde, der einer umfassenden Regelung bedurfte, sondern sich auch aus einem weiteren, der Jurisprudenz nicht zugänglichen, moralisch–ethischen Teil zusammensetzte[488]. Unter Auslassung dieses gesetzlich nicht regelbaren Teils, bezogen sich die eherechtlichen Vorschriften des ALR daher nur auf die äußeren Rahmenbedingungen einer Ehe, wie

---

483 Aus diesem Reskript wurde der spätere Anh. § 101 entnommen.

484 Der Anh. § 101 verweist auf § 807, Zweyter Theil, achtzehnter Titel, ALR.

485 Eine Prüfung, ob der aus der väterlichen Gewalt des Adoptivvaters entlassene minderjährige Sohn schon auf sich selbst achten konnte, war jedoch nur in den Fällen erforderlich, in denen der leibliche Vater verstorben war. Lebte dieser noch, so beschränkte sich die Prüfung auf die (unlauteren) Motive, die den Adoptivvater zur Entlassung des Sohnes bewogen hatten; Bornemann, S. 467.

486 Zur umstrittenen Rechtsnatur der Ehe, auf die vorliegend nicht näher eingegangen wird: Wieacker, PRGN, § 15, S. 297, der die Ehe als Korporation begreift - Dörner, S. 42 ff. (m.w.N.), der die Ehe als einen bedeutenden zivilrechtlichen Vertrag versteht.

487 Hippel, S. 155.

488 Gerade wegen dieses sittlichen Charakters der Ehe war das Eherecht bis dahin von den Kirchen selbst geregelt worden. Allerdings hatte die vom katholischen Glauben abweichende, seit der Reformation anerkannte protestantische Lehre ein anderes Verständnis von der Ehe, so dass es kein einheitlich geregeltes Eherecht gab. Mit der Regelung des Eherechts innerhalb des ALR wurde erstmalig ein vom kirchlichen Recht unabhängiges Eherecht geschaffen, das sowohl für die Angehörigen des katholischen als auch des reformierten Glaubens Geltung beanspruchte; §§ 11, 12 Zweyter Theil, erster Titel, ALR; Fischer, § 94, S. 511; Schubert/Regge, Gesetzesrevision, Band V, 1. Halbband, S. 69.

deren Eingehung und Vollziehung, die sich aus dem Verhältnis ergebenden Rechte und Pflichten der Parteien sowie der Auflösung der Ehe.
Die Eingehung einer Ehe setzte voraus, dass keine Ehehindernisse vorlagen, die entweder zur Ungültigkeit oder gar zur Nichtigkeit der Ehe führten, beide Parteien freiwillig in die Eheschließung einwilligten und der Konsens der Personen vorlag, von denen die Brautleute abhingen[489]. Wollte ein Adoptivkind heiraten, so ergaben sich diesbezüglich einige Besonderheiten.

**1) Das Adoptionsverhältnis als Ehehindernis**

Zum einen kam es entscheidend darauf an, wen das Adoptivkind heiratete.
Sollte eine Ehe zwischen Adoptivvater oder Adoptivmutter und dem Adoptivkind entstehen, so stellte die Adoption, durch die ja ein Verwandtschaftsverhältnis begründet worden war, ein Ehehindernis dar, das zur Ungültigkeit der Ehe führte[490]. Daher war nach §§ 13, 981 Zweyter Theil, erster Titel ALR eine Heirat zwischen Personen, deren eine die andere an Kindes statt angenommen hatte, so lange verboten, wie das zwischen ihnen bestehende Adoptionsverhältnis noch nicht auf die gesetzmäßige Art aufgehoben worden war. Hatten sich die Parteien über dieses Verbot hinweggesetzt und waren trotzdem die Ehe eingegangen, so konnte die Ehe dennoch Gültigkeit erlangen. Denn auch die nachträgliche Beseitigung dieses Ehehindernisses führte dazu, dass die Ehe als von Anfang an gültig angesehen wurde. Für den Fall, dass die Adoption nicht aufgehoben wurde, konnte auf Auflösung der Ehe geklagt werden. Die dafür notwendige Ungültigkeitsklage konnte von dem Adoptivkind, als dem Beschwerten, jedoch nur unter zwei Voraussetzungen erhoben werden[491].
Zunächst musste das Adoptivkind großjährig sein, um überhaupt Partei einer Ehestreitigkeit sein zu können[492]. Des Weiteren konnte die Ehe nur innerhalb von

---

489 Vgl. §§ 3 ff.; 38 ff.; 45 ff.; 49 ff. Zweyter Theil, erster Titel, ALR; Dulheuer, S. 303 - 312.

490 Im ALR wurde zwischen nichtigen und ungültigen Ehen unterschieden. Nichtige Ehen waren solche, die wegen eines Verbotsgesetzes nicht bestehen konnten. Sie konnten von Amts wegen für nichtig erklärt werden. Gültig konnte eine solche Ehe nur dann werden, wenn das entgegenstehende Hindernis beseitigt und die Ehe erneut feierlich vollzogen wurde. Im Gegensatz dazu konnten ungültige Ehen convaleszieren, wenn das der Ehe entgegenstehende Hindernis behoben wurde. Auch wurden ungültige Ehen nicht von Amts wegen, sondern nur auf Antrag für nichtig erklärt. Bestand eine rechtlich ungültige Ehe und gingen aus ihr Kinder hervor, so wurden diese wie uneheliche Kinder behandelt; §§ 945, 946; §§ 947 – 979; §§ 980 - 1012 Zweyter Theil, erster Titel, ALR; Bornemann, S. 21, 24.

491 Vgl. § 997 i.V.m. §§ 990, 991; § 998 Zweyter Theil, erster Titel, ALR. Da nur das Adoptivkind durch die Ehe beschwert sein konnte, konnte es auch nur selbst (oder dessen neu bestellter Vormund) Klage erheben.

492 Dernburg, Lehrbuch, § 9, S. 24 Fn. 6, § 15, S. 50; Delius, Annahme an Kindes statt, S. 501, 531; a. A. Stölzel, Zeitschrift für Kirchenrecht, Band 17, S. 73, 100, der aus § 51 I CPO („Eine Person ist insoweit prozessfähig, als sie sich durch Verträge verpflichten kann") herleitet, dass auch minderjährige Ehemündige selbständige Parteien in Ehestreitigkeiten seien. Seiner

sechs Monaten nach ihrer Vollziehung von dem Adoptivkind angefochten werden. Verstrich dieser zeitlich gesetzte Rahmen, so wurde das ursprüngliche Ehehindernis, das Adoptionsverhältnis, als gehoben betrachtet und die Ehe in der Folge gültig[493].

War das Adoptivkind zwar ehefähig, aber trotzdem noch minderjährig, so musste entsprechend den Vorschriften bei Ehen zwischen Vormündern und Pflegebefohlenen nach §§ 990, 991 Zweyter Theil, erster Titel, ALR, ein Pfleger bestellt werden, der unter Aufsicht des Vormundschaftsgerichts prüfen musste, ob dem minderjährigen Adoptivkind durch die Ehe ein Nachteil entstand[494]. Stellte sich die Ehe als rechtlich nachteilig für das Adoptivkind heraus, so musste beim Vormundschaftsgericht Klage auf förmliche Nichtigkeitserklärung der Ehe erhoben werden. Im weiteren Verlauf wurde dann die Ehe zwischen dem jeweiligen Adoptivelternteil und dem Adoptierten für nichtig erklärt. Damit verlor der Adoptierende gegenüber dem Adoptivkind alle aus der Adoption entstandenen Rechte. Im Gegenzug blieben dem Adoptierten jedoch alle Ansprüche, sowohl die unter Lebenden als auch die von Todes wegen, auf das Vermögen des Adoptierenden vorbehalten[495].

Wurde die Fortsetzung der Ehe durch das Vormundschaftsgericht anerkannt, da sich die Ehe als nicht nachteilig für das Adoptivkind herausgestellt hatte, so blieb diesem dennoch das Recht erhalten, die Ehe in einem Zeitrahmen von sechs Monaten - nach erlangter Großjährigkeit - anzufechten. In der bis dahin verbleibenden Zeit wurde das Vermögen des Adoptivkindes durch einen Vormund verwaltet. Gemäß § 993 Zweyter Theil, erster Titel, ALR hatte der Mann bis zur Volljährigkeit seiner Frau nur insoweit Zugriff auf dieses Vermögen, wie dies zum standesgemäßen Unterhalt der Frau notwendig war. Wie viel jeweils zum standesgemäßen Unterhalt erforderlich war, lag dabei im Ermessen des Vormundschaftsgerichts. Freilich oblag es nach erlangter Volljährigkeit dem freien Entschluss der Frau, wie viel oder ob sie überhaupt Vermögen in die Ehe einbringen wollte.

Die Schwierigkeiten, die sich daher bei einer Eheschließung zwischen einem Adoptivelternteil und dem Adoptivkind, insbesondere wenn dieses noch minderjährig war, ergeben konnten, lagen hingegen nicht vor, wenn das Adoptivkind eine Ehe mit einem Abkömmling seiner Adoptiveltern eingehen wollte. Denn nach § 709 ALR bestand zwischen den nach der Adoption erzeugten Kindern des Annehmenden und dem Adoptivkind kein geschwisterliches Verhältnis. Somit konnte

---

Ansicht nach käme lediglich für den Minderjährigen, der noch nicht ehefähig sei, die Bestellung eines Pflegers in Betracht, da allein dieser Minderjährige zur Anfechtung der Ehe nicht legitimiert sei.

493 §§ 988, 41 – 44 Zweyter Theil, erster Titel, ALR.

494 Als Nachteil wurde auch die wirkliche Abneigung des Adoptivkindes gegenüber der anderen Person verstanden.

495 Vgl. § 1000 Zweyter Theil, erster Titel, ALR.

die Adoption in diesem Verhältnis kein Ehehindernis darstellen. Mithin war eine Aufhebung der Annahme an Kindes statt in diesem Fall nicht notwendig[496].

## 2) Erforderlicher Konsens zur Eheschließung

Zum anderen kam es entscheidend darauf an, ob der Konsens zur Eheschließung von den Personen vorlag, von denen die Brautleute abhingen. Nach § 45 Zweyter Theil, erster Titel, ALR bedurften Kinder aus einer Ehe zur rechten Hand der Einwilligung des leiblichen Vaters, um eine gültige Ehe schließen zu können. Für Kinder aus einer Ehe zur linken Hand galt hingegen, ebenso wie für Söhne, die schon aus der väterlichen Gewalt entlassen worden waren und Töchter, die das 24. Lebensjahr erreicht hatten[497], dass sie lediglich dazu angehalten waren, die väterliche Einwilligung in die Eheschließung einzuholen[498].

### a) Erteilung der Einwilligung durch den Adoptivvater

Angelehnt an die Regelung für Kinder, die aus einer Ehe zur rechten Hand stammten, bestimmte § 47 Zweyter Theil, erster Titel, ALR für Adoptivkinder:

> *Wer an Kindes statt förmlich angenommen worden, bedarf zu seiner Heirath nur der Genehmigung desjenigen, welcher ihn dazu angenommen hat.*

Die Formulierung dieser Vorschrift sowie die zu den §§ 45 – 48 Zweyter Theil, erster Titel, ALR gewählte Überschrift[499] weisen darauf hin, dass allein die Einwilligung des Adoptivvaters gemeint war[500]. Da jedoch auch eine Frau an Kindes statt annehmen konnte, ist fraglich, wessen Einwilligung erforderlich war, wenn solch

---

496 Etwas anderes konnte sich allerdings dann ergeben, wenn § 709 ALR durch eine vertragliche Bestimmung abgeändert worden war. Wurde durch Vertrag festgesetzt, dass die Adoption eine Familienbindung zur Folge haben sollte (§ 710 ALR), dann entstand zwischen den Abkömmlingen des Adoptivvaters und dem Adoptivkind ein geschwisterliches Verhältnis. Die dadurch begründete Verwandtschaft stellte - für die Ehe zwischen einem Kind des Adoptivvaters und dem Adoptivkind - ein Ehehindernis dar. Damit eine solche Ehe in der Folge gültig werden konnte, bedurfte es daher auch in diesem Fall der Aufhebung der Adoption.

497 Nach dem Gesetz vom 09.12.1869 galt bei Töchtern das zurückgelegte 21. Lebensjahr, Rehbein/Reincke, Band III, zehnter Abschnitt, S. 127.

498 Aus § 250 ALR folgt zwar, dass auch nach Endigung der väterlichen Gewalt die Pflicht bestand, die Einwilligung des Heiratskonsenses einzuholen, aber nach § 1009 Zweyter Theil, erster Titel, ALR bewirkte der Mangel der Einwilligung keine Ungültigkeit der Ehe mehr.

499 Die Überschrift lautet: „Erfordernisse einer gültigen Ehe, in Ansehung der Einwilligung des Vaters."

500 Dass der Konsens des natürlichen Vaters nicht noch zusätzlich vorliegen musste, wie dies etwa noch der erste schriftliche Entwurf vorgesehen hatte, ist auf eine Bemerkung Svarez zu diesem Entwurf zurückzuführen. Nach der Ansicht von Svarez war die Einwilligung des natürlichen Vaters deswegen nicht mehr notwendig, weil sich dieser durch die Adoption seiner natürlichen Rechte im Hinblick auf das Adoptivkind begeben hatte. Daraufhin entfiel das Erfordernis der zusätzlichen Einwilligung des leiblichen Vaters in die Heirat des Adoptivkindes; Schubert/Regge, Gesetzesrevision, Band V, 1. Halbband, S. 143.

ein Adoptivkind heiraten wollte. In Betracht kommt einerseits die Einwilligung der Adoptivmutter, als Annehmender, oder die des leiblichen Vaters des Adoptivkindes. Allerdings könnte die fehlende gesetzliche Regelung ein Indiz dafür sein, dass der Konsens in die Heirat des Adoptivkindes seitens der Adoptivmutter nicht erwünscht war. Andererseits könnte es sich dabei auch nur um eine versehentliche Gesetzeslücke handeln. Aufschlussreich ist in diesem Zusammenhang, welche Rechte die leibliche Mutter bei der Heirat eines ehelichen Kindes hatte. Denn nach § 690 ALR standen der annehmenden Mutter gegen das angenommene Kind alle Rechte und Pflichten einer leiblichen Mutter zu. Die Einwilligung der leiblichen Mutter im Fall der Heirat eines ehelichen, leiblichen Kindes war nicht erforderlich. Notwendig war der Konsens der leiblichen Mutter nur dann, wenn es sich bei der heiratswilligen Person um eine noch minderjährige, vaterlose Waise handelte[501]. Hielte man einen Konsens seitens einer Adoptivmutter bei der Heirat ihres Adoptivkindes für erforderlich, so ständen der Adoptivmutter mehr Rechte im Hinblick auf den Adoptatus zu, als dies bei einer leiblichen Mutter der Fall gewesen wäre. Damit würde die Adoptivmutter jedoch nicht nur eine bevorzugte Stellung gegenüber einer leiblichen Mutter einnehmen, sondern auch gegenüber dem möglicherweise noch lebenden, leiblichen Vater des Adoptivkindes. Diese Ansicht, die der Adoptivmutter hinsichtlich der Erteilung des Heiratskonsenses den Vorrang gegenüber dem leiblichen Vater einräumte, stützte sich auf das Erziehungsrecht der Adoptivmutter[502]. Denn nach erfolgter Adoption stand nunmehr ihr - und nicht mehr den leiblichen Eltern - das Erziehungsrecht zu. Dementsprechend würde das Konsensrecht aus dem Erziehungsrecht fließen. Des Weiteren lässt sich für den Vorrang des Konsenses der Adoptivmutter gegenüber dem des leiblichen Vaters eine Textstelle aus einem am 10.01.1803 erlassenen Reskript anführen[503]. Danach musste das Adoptivkind jedenfalls den Konsens der natürlichen Eltern einholen, wenn seine Adoptiveltern verstorben waren. Demgemäß musste die Einwilligung des leiblichen Vaters erst dann eingeholt werden, wenn auch die Adoptivmutter verstorben war.

Allerdings betont das gleiche Reskript auch, dass es gesetzlich nicht festgesetzt sei, dass die väterliche Gewalt des leiblichen Vaters durch die Adoption aufhöre oder ruhe, und damit § 47 Zweyter Theil, erster Titel, ALR, der lediglich die Einwilligung des Adoptivvaters – und gerade nicht des leiblichen Vaters - in die Heirat des Adoptivkindes verlangt, als besondere Ausnahmevorschrift gesehen werden müsse[504]. Abgesehen davon, ob die väterliche Gewalt des leiblichen Vaters durch die Adoption nicht aufhörte oder endete, folgt daraus jedenfalls, dass nur ein Inhaber der väterlichen Gewalt in der Lage sein sollte, den Konsens zu erteilen. Die vä-

501 Vgl. § 49; § 1011, § 1012 Zweyter Theil, erster Titel, ALR.

502 Vgl. Dernburg, Lehrbuch, § 14, S. 45, Fn. 21.

503 v. Goldbeck, Neues Archiv, Band III, S. 26 – 28; Sutro, S. 81, 84.

504 v. Goldbeck, Neues Archiv, Band III, S. 26, 27.

terliche Gewalt konnte jedoch nach wie vor nicht von einer Frau ausgeübt werden. Sie war immer noch ein Mittel, um die Vormachtstellung des Vaters innerhalb der Familie zu sichern[505]. Zwar bestand auch eine elterliche Gewalt, aus der unter anderem das Erziehungsrecht abgeleitet wurde, doch überlagerte die väterliche die beiden Elternteilen zustehende elterliche Gewalt. Folglich wäre die Vormachtstellung der Adoptivmutter gegenüber dem leiblichen Vater hinsichtlich der Erteilung des Heiratskonsenses allein aus dem Erziehungsrecht der Adoptivmutter nicht begründbar[506]. Nach dieser Ansicht konnte in die Heirat des Adoptivkindes, wenn es durch eine Frau angenommen worden war, daher nur der leibliche Vater und nicht die Adoptivmutter einwilligen[507]. Diese Auffassung teilte später auch der Gesetzesrevisior des XV. Pensums, OLG-Rat Wünsch. In seinem Entwurf bemerkte er die Inkonsequenz der Regelung bei der Heirat eines durch eine Frau angenommenen Adoptivkindes und berichtigte sie dahingehend, dass der Konsens des leiblichen Vaters in diesem Fall einzuholen sei[508].
Allerdings lässt ein Jahrzehnte danach erlassenes Reichsgesetz[509] diese Klarheit wieder vermissen[510]. Denn der dortige § 31 lautete:

> *Bei angenommenen Kindern tritt an Stelle des Vaters (§ 29) derjenige, welcher an Kindes statt angenommen hat. Diese Bestimmung findet in denjenigen Theilen des Bundesgebiets keine Anwendung, in welchen durch eine Annahme an Kindes statt die Rechte der väterlichen Gewalt nicht begründet werden können.*

Und § 29 normierte:

> *Eheliche Kinder bedürfen zur Eheschließung, so lange der Sohn das fünfundzwanzigste, die Tochter das vierundzwanzigste Lebensjahr nicht voll-*

505 Das folgt auch aus § 62 ALR.

506 Anderer Ansicht Dernburg, Lehrbuch, § 14, S. 45, Fn. 21, der argumentiert: „Die Adoptivmutter ist es, welche das Kind erzieht und für dasselbe gesorgt hat, die natürlichen Eltern haben das Kind aufgegeben, oft um Geldes willen. Sie sind häufig in anderen Lebensstellungen, als das Kind, und ihre Einwilligung wird sich nicht immer durch die entsprechenden Motive leiten lassen."

507 Im Ergebnis auch Koch, ALR, Zweiter Theil, erster Band, erste Abtheilung, S. 27, Fn. 59, 60; Goldenring, in: Gruchots Beiträge, Band 21, Nr. 21, S. 657, 688; Schubert/Regge, Gesetzesrevision, Band V, 1. Halbband, S. 143; Rehbein/Reincke, Band III, erster Abschnitt, S. 7, Fn. 33; Delius, Annahme an Kindes statt, S. 501, 528.

508 Schubert/Regge, Gesetzesrevision, Band V, 1. Halbband, S. 143.

509 vom 06.02.1875 abgedruckt in Reichsgesetzblatt 1875, S. 23 – 40.

510 a.A. Goldenring, in: Gruchots Beiträge, Band 21, Nr. 21, S. 657, 668, der das Reichsgesetz für offensichtlich hält: „Durch das Reichsgesetz sind diese Kontroversen beseitigt, indem es offensichtlich im § 31 nur den Adoptivvater, nicht aber auch die Adoptivmutter im Auge hat...".

*endet hat, der Einwilligung des Vaters, nach dem Tode des Vaters der Einwilligung der Mutter und, wenn sie minderjährig sind, auch des Vormundes.*

Dem Wortlaut des § 31 erster Satz folgend, kam es nicht darauf an, ob eine Frau oder ein Mann an Kindes statt angenommen hatte, sondern nur darauf, dass derjenige, der adoptiert hatte, in die Eheschließung des Adoptivkindes einwilligte[511]. Demgemäß wäre der Konsens der Adoptivmutter in die Heirat des Adoptivkindes ausreichend gewesen. Der Einwilligung des leiblichen Vaters des Adoptivkindes hätte es dann nicht bedurft.

Zweifel daran ergeben sich allerdings bei Betrachtung des zweiten Satzes von § 31[512]. Denn dieser beschränkt die Anwendbarkeit des ersten Satzes auf die Gebiete, in denen durch die Adoption die väterliche Gewalt begründet wurde. Wenn jedoch die Begründung der väterlichen Gewalt durch die Adoption in einem Zusammenhang mit der Erteilung des Konsens in die Eheschließung des Adoptivkindes stand, so folgt daraus, dass nur der Adoptivvater - und bei dessen Ableben sowie bei der Annahme an Kindes statt durch eine Frau der natürliche Vater - in die Eheschließung einwilligen konnten, da weiterhin nur ein Mann die väterliche Gewalt ausüben konnte. Eine Gleichstellung von Adoptivmutter und Adoptivvater konnte daher in der Regelung des § 31 Reichsgesetz nicht gesehen werden[513]. Vielmehr wurde die bereits bekannte Auffassung vertreten, dass das heiratswillige Adoptivkind, welches durch eine Frau angenommen worden war, des Konsenses seines leiblichen Vaters zur Eheschließung bedurfte. Auch für den Fall, dass der Adoptivvater verstorben oder die Adoption aufgehoben worden war, traten die Rechte des leiblichen Vaters wieder ein. Für die Eheschließung des Adoptivkindes war dann sein väterlicher Konsens erforderlich.

### b) Fehlen der väterlichen Einwilligung

Die Notwendigkeit der väterlichen Einwilligung in die Heirat des (Adoptiv-) Kindes gründete einerseits auf der väterlichen Gewalt des (Adoptiv-) Vaters, die trotz der neben ihr bestehenden elterlichen Gewalt immer noch die Vormachtstellung des Vaters innerhalb der Familie legitimierte, und andererseits auf sittlichem Empfinden. Ausdruck dieses sittlichen Empfindens war die von den Kindern geforderte Dankbarkeit und Ehrerbietung für ihr Leben – sofern es sich um leibliche Kinder

---

511 Förster/Eccius, Band IV, § 203, S. 16, 17, Fn. 19, Fn. 21; Dernburg, Lehrbuch, § 14, S. 45, Fn. 21.

512 Anderer Ansicht Dernburg, Lehrbuch, § 14, S. 45, Fn. 21, der behauptet, dass der zweite Satz des Reichsgesetzes für das preußische Recht keine Bedeutung habe; Förster/Eccius, Band IV, § 203, S. 16, Fn. 19, der ohne Begründung die Auffassung vertritt, dass die Erwähnung der väterlichen Gewalt in Satz 2 von § 31 des Reichsgesetzes dem Konsensrecht der Adoptivmutter nicht entgegenstünde.

513 Motive, Band IV, § 1239, S. 30; Goldenring, in: Gruchots Beiträge, Band 21, Nr. 21, S. 657, 668.

handelte - und ihre bis dahin genossene Erziehung. Neben diesen moralischen Erwägungen war der väterliche Konsens bei der Heirat eines Minderjährigen auch in dessen Interesse, da der Minderjährige sich selbst noch nicht verpflichten konnte und der leibliche Vater die Stellung eines Vormundes einnahm. Insgesamt wurde die Heirat als der wichtigste Schritt im Leben einer Person betrachtet, der auch auf das Elternhaus, durch die Einführung eines neuen Familienmitglieds, Auswirkungen hatte und somit die erforderliche Einwilligung des (Adoptiv-) Vaters rechtfertigte[514].

Heiratete nun ein Kind ohne die erforderliche väterliche Einwilligung, so war nach § 1006, Zweyter Theil, erster Titel, ALR der natürliche Vater befugt, die Ehe innerhalb von sechs Monaten nach Kenntnisnahme ihrer Vollziehung anzufechten. Mit der Anfechtung der Ehe wurde diese dann für ungültig erklärt. Dass dem leiblichen Vater das weitreichende Recht der Erhebung der Ungültigkeitsklage zustand, rechtfertigte sich aus dem Fehlverhalten des Kindes. Denn mit Eingehung der Ehe ohne den erforderlichen väterlichen Konsens brachte es dem Vater nicht die Ehrerbietung und Dankbarkeit entgegen, die es ihm nicht nur nach sittlichem Empfinden, sondern auch rechtlich schuldete.

Eine Regelung, die dieses Recht auch dem Adoptivvater verlieh, für den Fall, dass das Adoptivkind ohne seine Einwilligung heiratete, gab es allerdings nicht. Aus der Regelungslücke und dem Aspekt, dass es sich bei dem Anfechtungsrecht um ein höchstpersönliches Recht handelte, könnte demnach folgen, dass dem Adoptivvater das Anfechtungsrecht nicht zustehen sollte. Dagegen ließe sich jedoch einwenden, dass der Adoptivvater nach § 681 ALR an die Stelle des leiblichen Vaters treten sollte und ihm die gleichen Rechte und Pflichten zustehen sollten, die auch dem leiblichen Vater zustanden. Gesetzlich wurde daher die Gleichstellung von Adoptivvater und leiblichem Vater angeordnet. Im Hinblick auf die Erteilung des Konsenses zur Eheschließung des Adoptivkindes wurde dem Adoptivvater sogar der Vorrang gegenüber dem leiblichen Vater angeordnet. Gerade unter diesem Gesichtspunkt ist nicht ersichtlich, warum dem Adoptivvater das Anfechtungsrecht verweigert werden sollte. Es handelte sich daher um eine versehentliche und nicht etwa um eine beabsichtigte Regelungslücke[515]. Mithin stand dem Adoptivvater das Recht zu, die ohne seinen Konsens eingegangene Ehe anzufechten. Folglich galt auch für den Adoptivvater die im öffentlichen Interesse getroffene zeitliche Be-

514 Nach Goldenring, in: Gruchots Beiträge, Band 21, Nr. 21, S. 657, 662 ist die Ehe ein Verhältnis von so tiefgehender, für das ganze Lebensglück entscheidender Bedeutung, dass es sich rechtfertigt, so lange der Vater lebt, das Kind an dessen, seines besten Beraters, Zustimmung zu binden.

515 So auch Sutro, S. 81, 84; Dernburg, Lehrbuch, § 14, S. 45; Delius, Annahme an Kindes statt, S. 501, 529; Schubert/Regge Gesetzesrevision, Band V, 1. Halbband, S. 542; a.A. nur Förster/Eccius, Band IV, § 203, S. 17, Fn. 21, 22.

grenzung der Ausübung des Anfechtungsrechts auf sechs Monate nach Kenntnisnahme der Vollziehung der Ehe.
Übte der Adoptivvater sein Anfechtungsrecht nicht aus, so blieb die Ehe gültig. Dennoch konnte die ohne den väterlichen Konsens geschlossene Ehe für das sich darüber hinwegsetzende Adoptivkind vermögensrechtliche Nachteile haben. Der Adoptivvater konnte nämlich das Adoptivkind bis auf die Hälfte seines Pflichtteils enterben[516]. Das Enterbungsrecht blieb dem Adoptivvater auch dann erhalten, wenn das Adoptivkind bereits großjährig war, da die sittliche Verpflichtung, den Heiratskonsens einzuholen, für das Kind das ganzes Leben lang bestand. Erst wenn der Adoptivvater nachher trotz allem noch freiwillig seinen Konsens in die Ehe des Adoptivkindes gab, fiel sein Enterbungsrecht fort[517]. Handelte es sich bei dem Adoptivkind um eine Tochter, so hatte die nicht genehmigte Ehe auch zur Folge, dass sie nicht aus der väterlichen Gewalt entlassen wurde[518]. Das galt selbst dann, wenn der Adoptivvater die Ungültigkeitsklage nicht erhoben hatte. Damit sollte vermieden werden, dass Töchter ohne den Willen des Vaters aus dessen väterlicher Gewalt entwichen.
Insgesamt waren bei der Eheschließung eines Adoptivkindes damit einige Besonderheiten zu beachten. Für den Fall, dass ein Adoptivelternteil das Adoptivkind ehelichen wollte, stellte das Adoptionsverhältnis zwar ein Ehehindernis dar, das jedoch beseitigt werden konnte. Mit der Aufhebung der Adoption zwischen dem Adoptivelternteil und dem Adoptatus stand einer Eheschließung der beiden Parteien nichts mehr im Wege. Des Weiteren kam es bei der Heirat eines Adoptivkindes vornehmlich auf den Konsens des Adoptivvaters an. Erst bei dessen Ableben stand das Recht, die Einwilligung in die Ehe zu erteilen, dem leiblichen Vater des Adop-

516 Delius, Annahme an Kindes statt, S. 501, 529; Förster/Eccius, Band IV, § 203, S. 17. Nach § 1000 Zweyter Theil, erster Titel, ALR steht das Enterbungsrecht nach dem Tod des leiblichen Vaters auch der leiblichen Mutter zu. Demnach bestand ein Zusammenhang zwischen der Erteilung der Einwilligung in die Eheschließung und dem Enterbungsrecht. Nach der hier vertretenen Ansicht stand der Adoptivmutter das Konsensrecht jedoch nicht zu, so lange der leibliche Vater noch lebte. Da folglich der Konsens der Adoptivmutter in die Eheschließung in diesem Fall nicht notwendig war, besaß sie auch das Enterbungsrecht nicht. Etwas anders konnte nur dann in Betracht kommen, wenn auch der leibliche Vater verstorben war und nur noch Adoptivmutter oder leibliche Mutter des Adoptivkindes lebten. Für diesen Fall wäre dann der Adoptivmutter der Vorrang gegenüber der leiblichen Mutter einzuräumen, da die Adoptivmutter – und nicht die leibliche Mutter - das Erziehungsrecht über den Adoptatus ausüben würde. Der Adoptivmutter stünde dann nicht nur das Konsensrecht, sondern auch bei einer nicht genehmigten Ehe das Enterbungsrecht zu; a.A. Sutro, S. 81, 84, der der Adoptivmutter sowohl das Konsensrecht als auch das Enterbungsrecht einräumt und ihr nur das Anfechtungsrecht verweigert.

517 Das folgt aus dem Umkehrschluss zu § 412 ALR.

518 Das folgt aus dem Umkehrschluss zu § 228 ALR. Das Alter der Tochter war dabei nicht entscheidend, vgl. Goldenring, in: Gruchots Beiträge, Band 21, Nr. 21, S. 657, 709.

tivkindes zu. Weitere Eigenheiten, die bei der Heirat eines Adoptivkindes beachtet werden mussten, gab es nicht.

## C. Der Annahme an Kindes statt zu Grunde liegendes Familienverständnis

### I. Die Definition der „Familie“ im ALR

Im ALR sind die Vorschriften über die Ehe, die väterliche Gewalt und das Verhältnis der übrigen Familienmitglieder zueinander zu Beginn des Zweiten Teils in den Titeln 1 – 4 geregelt. Die Definition der „Familie“ findet sich hingegen, ebenso wie die Bestimmungen zur häuslichen Gemeinschaft, schon im Ersten Theil, erster Titel, §§ 3 – 5 sowie in den §§ 40 f. Danach wurden Familienverhältnisse durch die Abkunft gemeinschaftlicher Stammeltern begründet. Des Weiteren regelte § 40, dass „wenn von Familienverhältnissen die Rede ist, so werden unter Eltern und Kindern die Verwandten in auf- und absteigender Linie, ohne Unterschied des Grades verstanden“ und § 41: „So lange Aeltern oder Kinder des ersten Grades leben, werden in der Regel, unter dergleichen Benennung die Großältern und Enkel nicht mit begriffen“.

Damit wich das ALR vom Entwurf zum allgemeinen Gesetzbuch ab. Der Entwurf behandelte im Ersten Teil, dritter Titel die Rechte und Pflichten der übrigen Mitglieder der Familie. Nach § 1 des Entwurfs wurden Familienverhältnisse noch durch Geburt oder Heirat begründet. Was allerdings unter dem Begriff der Familie zu verstehen war, und wer von den Mitgliedern der häuslichen Gemeinschaft dazu zu rechnen war, unterlag keiner Regelung. So bemerkte denn auch Grolman[519]:

> „Das Wort Familie ist von sehr vielfacher Bedeutung. Es kann den Hausvater und seine Hausgenossen, oder Verwandte, die einerlei Namen führen, oder Verwandte von mütterlicher Seite, oder gar verschwiegerte Verwandte bedeuten. Wenn in § 1 gesagt wird, Familienverhältnisse würden durch Heirat begründet, so kann man darunter verstehen, dass die Frau in die Familie des Mannes tritt, oder dass der Mann mit den Verwandten seiner Frau in Familienverhältnisse trete, oder dass sogar beiderseitige Familien in ein solches Verhältniß gerathen.“

Die Anmerkung Grolmans zeigt, dass der Begriff der „Familie“ zwar mittlerweile in den allgemein üblichen Sprachgebrauch übernommen worden war, aber zur Zeit des Entwurfs des allgemeinen Gesetzbuches über seine Bedeutung und Verwendung noch Unsicherheit bestand. Daher waren die Redaktoren des ALR gezwungen gewesen, den bis dahin unbestimmten Begriff zu präzisieren. Das führte schließlich zu der in § 5 Erster Theil, erster Titel, ALR festgelegten Definition des Familienbegriffs, wonach für die Beantwortung der Frage, ob jemand Mitglied einer Familie war, die Blutsverwandtschaft als Abgrenzungskriterium herangezogen wurde.

---

519 Schubert/Regge, Gesetzesrevision, Band V, 2. Halbband, S. 941 m.V.a. Mat. Bd. 73. f. 580.

## II. Der Aufbau der häuslichen Gesellschaft

Das ALR beginnt im Zweiten Teil mit der Regelung der Beziehung zwischen Mann und Frau. An die Vorschriften über die Ehe schließen sich die Bestimmungen über die wechselseitigen Rechte und Pflichten der Eltern und Kinder an. Im dritten und vierten Titel werden dann die Rechte und Pflichten der übrigen Mitglieder einer Familie und die gemeinschaftlichen Familienrechte behandelt, bevor im fünften Titel das Verhältnis zwischen Herrschaften und Gesinde geregelt wird. Mit dieser Aneinanderreihung der verschiedenen Beziehungen zeichnet das Gesetz den Aufbau der damaligen häuslichen Gesellschaft nach. Allerdings machte, gemäß § 3 Zweyter Theil, erster Titel, ALR, die Verbindung zwischen Ehegatten in gleichen zwischen Eltern und Kindern die „eigentliche" häusliche Gesellschaft aus und nur unter Vorbehalt wurde, gemäß § 4 Zweyter Theil, erster Titel, ALR, noch das Gesinde mit dazu gerechnet. Erstmalig wurde damit die Abtrennung des Gesindes von der „eigentlich" häuslichen Gesellschaft gesetzlich bestimmt. Diese Abspaltung leitete schließlich die Entwicklung ein, die zur Unterscheidung zwischen Familie und familienfremden Personen führte. Mithin unterlag nicht nur der Begriff der Familie einer Änderung im Sinne der gesetzlichen Fixierung in § 5 Erster Theil, erster Titel, ALR, sondern auch Struktur und Aufbau der häuslichen Gesellschaft waren im Wandel begriffen. Fraglich ist, inwiefern der Monarch im aufgeklärt absolutistischen Staatswesen diesen Wandel durch die Gesetzgebung beeinflusste oder beeinflussen konnte.

## III. Verhältnis zwischen Staat und häuslicher Gesellschaft

Wie das Verhältnis zwischen Staat und häuslicher Gesellschaft ausgestaltet war, bzw. welche Rolle die häusliche Gesellschaft innerhalb des Staates einnahm und ob der Gesetzgeber regelnd in die familiären Lebensverhältnisse eingreifen konnte, wird durch eine Betrachtung der dem ALR zu Grunde gelegten Staatstheorie deutlich.

Von den Forderungen der Aufklärung beeinflusst, ging auch die politische Theorie des Landrechts von der Notwendigkeit eines Gesellschaftsvertrages aus[520]. Dieser Gesellschaftsvertrag kam durch die Vereinigung von Individuen, die in einem Land zusammenlebten und den gleichen Zweck, in Form der Erhaltung des gemeinschaftlichen Wohls, anstrebten und damit nach § 2 erster Theil, erster Titel, ALR die bürgerliche Gesellschaft bildeten, zustande[521]. Partei des Gesellschafts-

---

520 Zum Verhältnis von Familie und Staat im Zeitalter der Aufklärung, siehe oben 3. Teil: 1. Abschnitt: E. II.; Svarez, Schriftliche Vorträge, 364 R, S. 580; Kleinheyer, Staat und Bürger im Recht, S. 37 – 40; inwiefern die von den Verfassern entworfene politische Theorie des Landrechts mit der praktischen Wirklichkeit übereinstimmte, Koselleck, Preußen zwischen Reform und Revolution, S. 23 – 51.

521 Hinsichtlich der Frage, warum der von Natur aus bestehende staatenlose Zustand nicht beizubehalten und die Errichtung eines Staates notwendig ist, Svarez, Schriftliche Vorträge, 364, S. 580: „Die vielen Irrtümer, denen der Mensch wegen eingeschränkter Kenntnisse und Fähigkei-

vertrages war dabei der einzelne Mensch[522] – und nicht etwa das „Haus“ in seiner Gesamtheit. Die bürgerliche Gesellschaft reichte zur Errichtung des Staates allerdings nicht aus, da allein durch sie noch nicht festgesetzt wurde, auf welche Weise, also in welcher Regierungsform, der anzustrebende Zweck erreicht werden konnte. Dazu bedurfte es vielmehr noch der Einsetzung eines Regenten, der die Geschicke des Volks zu dessen Wohl leitete. Erst dieser bürgerliche Vertrag, oder auch Herrschaftsvertrag, führte zur Errichtung eines Staates[523].

Da die häusliche Gesellschaft, ebenso wie die Stände, Zünfte oder anderen Vereinigungen, schließlich in der bürgerlichen Gesellschaft des ALR „aufging“, kam ihr nach der von den Verfassern entworfenen Theorie innerhalb des Staates keine besonders hervorgehobene Bedeutung zu, obwohl sie – nach wie vor - zum staatlichen Unterbau dazu gehörte. Die häusliche Gesellschaft „bildete lediglich ein abhängiges Element im politischen Gesamtgefüge“ und stand nicht etwa dem Staat als ein natürlich vorgegebener Verband gegenüber[524].

Durch den im Gesellschaftsvertrag festgesetzten Zweck, der „Beförderung der gemeinschaftlichen Glückseligkeit“[525], war der Monarch nach der politischen Theorie in der Ausübung seiner Herrschaft gebunden. Orientierte sich seine Herrschaft nicht am Gesellschaftsvertrag oder missachtete ihn sogar, so wurde er vertragsbrüchig und untergrub damit „den Grund, auf welchem sein Recht zu gebieten und die Pflicht seiner Untertanen, ihm zu gehorchen, wesentlich beruht[e][526]“. Damit war die Herrschaft des Monarchen theoretisch nur so lange legitimiert, wie sie auf Erreichung des Zwecks ausgerichtet war. Um die „gemeinschaftliche Glückseligkeit“ allerdings fördern zu können, musste es dem Monarchen gestattet sein, in die Le-

---

ten, wegen des überwiegenden Hanges zur Sinnlichkeit, wegen der tyrannischen Gewalt, die von den Leidenschaften über den Verstand und das moralische Gefühl ausgeübt werden, in der Beurteilung seiner Rechte und Pflichten unterworfen ist, sind die Ursache, warum nach dem Zeugnisse der Erfahrung und der Geschichte aller Zeitalter und aller Völker der bloße Naturzustand ein Stand beständiger Unruhen und Streitigkeiten ist, in welchem keine Gewissheit und Sicherheit des Eigentums stattfindet, in welchem nicht die Gesetze der Natur, sondern das Recht des Stärkeren entscheidet und in welchem die Ausbildung und Veredelung der höheren Seelenkräfte zum Zwecke der Vollkommenheit und Glückseligkeit als der höchsten und letzten Bestimmung unseres Daseins niemals gedeihen kann“.

522 Kleinheyer, Staat und Bürger im Recht, S. 37.

523 Dabei beruhte der bürgerliche Vertrag auf der gegenseitigen Einwilligung von Regent und einzelnem Untertan. Als Beispiele für solche Vertragserklärungen nennt Svarez die „Huldigung bei Regierungsveränderung“, die „Eide der Vasalle, Bürge, Offizieren pp.“ und „das Faktum der Etablierung ein einem Staate welche eine stillschweigende Unterwerfung unter die Gesetze und Verfassungen desselben enthält“. Svarez, Schriftliche Vorträge, 291, 291 R, S. 462 ff.; 364 R, S. 582 ff.; Kleinheyer, Staat und Bürger im Recht, S. 37 – 40.

524 So Dörner, S. 29.

525 Svarez, Schriftliche Vorträge, 291 R, 292, S. 464 - 468, der dort auch den Zweck der „Beförderung der gemeinschaftlichen Glückseligkeit“ in drei Unterpunkten näher bestimmt.

526 Svarez, Schriftliche Vorträge, 292 R, S. 468.

bensbereiche seiner Untertanen regelnd einzugreifen[527]. Dieser fast schrankenlos eingeräumten Kompetenz, die dem Regenten zuerkannt wurde, standen zwar natürliche und grundsätzlich unentziehbare[528] Rechte des Einzelnen entgegen, doch erstreckte sich die gesetzgeberische Einflussnahme sogar auf das jeweils als richtig empfundene sittliche Handeln[529]. Mithin richtete sich das eigene Handeln nicht mehr an der selbst gewonnenen Überzeugung aus, da diese vom Monarchen per Gesetz gleichsam als „allgemeiner Wille" verordnet wurde[530].
Damit erschließt sich von selbst, dass der Gesetzgeber regelnd in die Lebensverhältnisse der Familie eingriff und dies auch im Einklang mit der zu Grunde liegenden politischen Theorie stand. Fraglich bleibt demnach nur die Stärke des tatsächlichen Eingriffs, also wie sehr durch gesetzliche Regelungen die Familienbeziehungen untereinander bestimmt wurden[531].

## 1) Die Regelungen der Familienbeziehungen untereinander

### a) Das Verhältnis der Eheleute zueinander

Das Verhältnis der Eheleute zueinander war durch die Normierung von Ehezwecken vorgegeben. Die Ehe sollte zur arbeitsteiligen Unterstützung und zur Erziehung der Nachkommenschaft dienen[532]. Für die Frau bedeutete das, dass sie durch die Ehe zur rechten Hand den Namen und den Stand ihres Gatten erhielt und gemäß § 194 Zweyter Theil, erster Titel, ALR dem Hauswesen des Mannes nach dessen Stand und Rang vorstehen musste. Darauf beschränkte sich auch im Wesentlichen die Rolle der Frau, die sonst weitestgehend von ihrem Ehemann abhängig war. So konnte die Ehefrau in der Regel ohne die Hinzuziehung und Einwilligung ihres Mannes keine Prozesse führen[533]. Des Weiteren durfte sie bei entgegenste-

527 Dörner, S. 31: „Für den Gesetzgeber besteht demnach die Verpflichtung, verändernd in die Lebensverhältnisse einzugreifen, die Bedingungen individueller Glückseligkeit zu sichern und notfalls den Weg zu ihr vorzuschreiben."

528 Mittels des „Notrechts" konnte der Staat auch in die unentziehbaren Menschenrechte, z.B. das Leben, seiner Untertanen eingreifen, Kleinheyer, Staat und Bürger im Recht, S. 45.

529 Die Trennung von Recht und Sittlichkeit, die im jüngeren Naturrecht erarbeitet worden war, war vom ALR nicht übernommen worden, vgl. Dörner, S. 31. Eine der gesetzlich verankerten, moralischen Verhaltensregeln findet sich z.B. schon bei der Erteilung des Heiratskonsenses durch den Adoptivvater bzw. durch den leiblichen Vater, da selbst nach Aufhebung der väterlichen Gewalt die Kinder den Konsens einholen mussten (§ 250 Zweyter Theil, zweyter Titel, ALR), siehe oben VIII. 2.

530 Kleinheyer, Staat und Bürger im Recht, S. 41.

531 Bei der sich anschließenden Betrachtung werden die einzelnen Vermögens- und Güterrechte außen vor gelassen, da dies den Umfang der Arbeit überschreiten würde. Dazu jedoch: Schumacher, S. 334 – 347; Dernburg, Lehrbuch, §§ 24, S. 83 – 139; §§ 53, S. 177 – 196. Insgesamt zum Familienmodell des ALR, Dörner, S. 19 – 66.

532 § 174 Zweyter Theil, erster Titel, ALR.

533 § 189 Zweyter Theil, erster Titel, ALR.

hendem Willen des Ehemannes kein eigenes Gewerbe betreiben[534]. Dass sie im Gewerbe ihres Mannes mitarbeitete, war hingegen selbstverständlich. Handelte es sich um eine gemeinsame Angelegenheit, so gab allein der Entschluss des Mannes den Ausschlag[535], wobei der entgegenstehende Wille der Ehefrau keine Rolle spielte.

Gegenüber dem Ehemann besaß die Ehefrau jedoch auch Rechte. So war der Mann als „Haupt der ehelichen Gesellschaft" dazu angehalten, seiner Frau den standesgemäßen oder, wenn er diesen nicht beschaffen konnte, zumindest den notdürftigen Unterhalt zu gewähren[536]. Weiterhin war er nach § 188 Zweyter Theil, erster Titel, ALR „schuldig und befugt, die Person, die Ehre und das Vermögen seiner Frau, in und außer Gerichten zu vertheidigen". Insgesamt unterstreichen die §§ 184 ff. Zweyter Theil, erster Titel, ALR deutlich die Vormachtstellung des Mannes innerhalb der Ehe[537]. Damit finden sich jedenfalls schon im vierten Abschnitt des Zweyten Theils, erster Titel, ALR zahlreiche Ausnahmen zu dem in § 24 Erster Theil, erster Titel, ALR festgelegten Grundsatz,

> „Die Rechte beyder Geschlechter sind einander gleich, so weit nicht durch besondre Gesetze, oder rechtsgültige Willenserklärungen, Ausnahmen bestimmt worden"

der Gleichheit der Geschlechter.

**b) Das Eltern–Kind Verhältnis**

Das Kind aus einer Ehe zur rechten Hand erhielt den Namen und den Stand des Vaters, soweit dieser durch Geburt übertragbar war[538]. Aufgrund der geburtständischen Gesellschaft war die Entwicklung des Kindes damit größtenteils vorhersehbar. Von seiner Geburt an stand das Kind sowohl unter väterlicher als auch unter elterlicher Gewalt. Neben der Geburt waren weitere Entstehungsgründe für die väterliche und elterliche Gewalt die Adoption und Legitimation eines Kindes. Die väterliche Gewalt, unter der die Kinder nach § 62 Zweyter Theil, zweyter Titel, ALR „vorzüglich" standen, stellte eine Art Vormundschaft des Vaters dar, die allein im Interesse des Kindes ausgeübt werden sollte[539]. Aufgrund der väterlichen Autorität war daher rechtlich der Vater die Hauptbezugsperson für das Kind. Gesetzlich waren beide Ehepartner verpflichtet, mit vereinten Kräften für den standesmäßigen

---

534 § 195 Zweyter Theil, erster Titel, ALR.

535 § 184 Zweyter Theil, erster Titel, ALR.

536 Wobei zum Unterhalt der Frau auch die Kur- und Prozesskosten zählten, vgl. §§ 184 – 187, § 229 Zweyter Theil, erster Titel, ALR. Zum Güterrecht, Dörner, S. 46 – 53.

537 Erst durch Reskript vom 28.01.1812 wurde klargestellt, dass dem Ehemann nicht das Recht der mäßigen Züchtigung gegen die Ehefrau zustand, Gräff/Koch/Rönne/Simon/Wentzel, Abt. III, II. Theil, Tit. 1 – 5, vierter Abschnitt, S. 43.

538 Für das Adoptivkind galt selbiges in Bezug auf den Adoptivvater, siehe oben B. V.

539 Dernburg, Lehrbuch, § 47, S. 159 ff.; § 63, S. 205 f.; Förster, Band III, § 218, S. 573 f.

Unterhalt und die Erziehung der Kinder Sorge zu tragen. Nach §§ 65, 66 Zweyter Theil, zweyter Titel, ALR musste der Vater für die Kosten zur Verpflegung der Kinder aufkommen, während die Mutter für die körperliche Pflege und Wartung zuständig war. Die Rechte der Mutter an ihrem Kind waren darüber hinaus sehr beschränkt. So bestimmte § 68 Zweyter Theil, zweyter Titel, ALR sogar[540]:

> „Wie lange sie aber dem Kinde die Brust reichen solle, hängt von der Bestimmung des Vaters ab.“

Es überrascht daher nicht, dass auch die Anordnung der Art der Erziehung dem Vater und nicht etwa der Mutter zukam. Der Vater hatte gemäß § 75 Zweyter Theil, zweyter Titel, ALR dafür zu sorgen, „daß das Kind in der Religion und nützlichen Kenntnissen den nöthigen Unterricht, nach seinem Stande und Umständen, erhalte“. Die religiöse Erziehung richtete sich dabei immer nach dem Glaubensbekenntnis des jeweiligen Geschlechts. Wenn die Mutter eine andere Konfession besaß als der Vater, so wurde die Tochter nach dem Glaubensbekenntnis der Mutter – der Sohn nach dem Bekenntnis des Vaters erzogen[541]. Des Weiteren war die Erziehung gemäß § 108 Zweyter Theil, zweyter Titel, ALR dahingehend auszurichten, dass das Kind ein „brauchbares Mitglied des Staats“ wurde, indem es in einer nützlichen Wissenschaft, Kunst oder einem Gewerbe vorbereitet werden musste. Um dies zu erreichen, war es den Eltern auch gestattet, unschädliche Zwangsmittel zu gebrauchen. Wurden allerdings Misshandlungen vom vormundschaftlichen Gericht festgestellt, so konnte es den Eltern ihre Kinder abnehmen[542]. Aus der väterlichen Gewalt floss auch das Recht des Vaters die künftige Lebensart des Sohnes zu bestimmen. Bei dieser Ermessensentscheidung musste der Vater jedoch auf die Neigungen, Fähigkeiten und körperlichen Umstände seines Sohnes Rücksicht nehmen. Bis zum zurückgelegten 14. Lebensjahr war der Sohn der väterlichen Entscheidung unterworfen. Danach bestand für ihn die Möglichkeit, dass das vormundschaftliche Gericht unter Hinzuziehung von ein oder zwei Verwandten und dem Lehrer des Sohnes die Argumente beider Seiten prüfte

---

540 Dass es widernatürlich, schädlich und unausführbar sei, eine Mutter durch richterlichen Zwang zum Säugen anzuhalten, wurde, wie vom Gesetzesrevisior angemerkt, schon bei der Redaktion eingewendet. Svarez war jedoch der Ansicht, dass „schon die gerichtliche Vorhaltung ihrer gesetzlichen Pflicht auf die Frau Eindruck mache(n), und das Gesetz in manchen Fällen auch dadurch Effekt erhalten könne, dass die Amme, die wider den Willen des Mannes angenommen worden, von der Frau aus ihrem Vorbehaltenen bezahlt werden müsse“, Schubert/Regge, Gesetzesrevision, Band V, 2. Halbband, S. 727 f.; Bornemann, S. 297, Fn.* erwähnt, dass diese Vorschrift die das Ammenwesen einschränken wollte, in der Praxis wohl keine Anwendung fand.

541 § 76 Zweyter Theil, zweyter Titel, ALR; mit zurückgelegtem 14. Lebensjahr stand es den Kindern dann frei, zu welcher Religion sie sich bekennen wollten, § 84 Zweyter Theil, zweyter Titel, ALR.

542 Zu den Rechten der elterlichen Zucht §§ 86 – 91 Zweyter Theil, zweyter Titel, ALR.

und eine entsprechende Entscheidung für die künftige Lebensart des Sohnes fällte[543].
Während der Sohn so auf sein Leben als künftiges Oberhaupt der Familie vorbereitet wurde, bestand die Erziehung der Töchter im Wesentlichen darin, sie auf ihre Aufgaben als Ehefrau vorzubereiten.
Was schließlich die Wahl des Ehepartners anging, so konnten die Eltern ihr Kind zwar nicht zwingen, einen von ihnen favorisierten Partner zu nehmen[544]. Doch bot sich ihnen nach § 60 Zweyter Theil, erster Titel, ALR die Möglichkeit, ihre Einwilligung in die Ehe zu versagen, wenn den künftigen Ehepartnern das nötige Auskommen fehlte. Darin fehlte es jedoch schon, wenn der Hausvater die zum Auskommen erforderlichen Mittel, wie beispielsweise die Aussteuer, nicht zur Verfügung stellte. Das wird dann der Fall gewesen sein, wenn die „Wunschheirat" im Widerstreit mit den familiären Interessen stand. Mithin waren die Eltern durchaus in der Lage, die Wahl des Ehepartners entscheidend zu beeinflussen[545].
Demgegenüber ergaben sich die allgemeinen Rechte und Pflichten der Kinder aus den §§ 58 – 63 Zweyter Theil, zweyter Titel, ALR. So waren sie den Eltern gegenüber ihr Leben lang zu Ehrfurcht und Gehorsam verpflichtet und weiterhin bestimmte § 63 Zweyter Theil, zweyter Titel, ALR:

> „Sie sind verbunden die Aeltern in Unglück und Dürftigkeit nach ihren Kräften und Vermögen zu unterstützen, und besonders in Krankheiten deren Pflege und Wartung zu übernehmen."

Die Alimentationspflicht, die wechselseitig bestand, galt jedoch dann nicht, wenn der hilfsbedürftige Teil durch eigene Schuld verarmt war. Gleiches galt hinsichtlich einer nach ALR berechtigten Enterbung. Der Enterbte musste sich dann mit bloß notdürftigem Unterhalt begnügen[546]. Neben der Unterhaltsfürsorge bestand für die Kinder auch die Pflicht zu häuslichen Diensten. Sie mussten den Eltern in deren Wirtschaft und Gewerbe nach ihren Kräften Hilfe leisten, soweit ihr Unterricht und ihre Ausbildung dadurch nicht beeinträchtigt wurden[547]. Diese Pflichten bestanden für die Kinder auch noch nach Aufhebung der väterlichen Gewalt[548].
Wann die väterliche Gewalt aufgehoben wurde, war für die Geschlechter unterschiedlich geregelt. So galt für Töchter, dass sie mit ihrer Heirat aus der väterli-

543 Vgl. §§ 109 – 118 Zweyter Theil, zweyter Titel, ALR.

544 So § 119 Zweyter Theil, zweyter Titel, ALR.

545 Neben der familiären gab es auch die politische Heiratskontrolle. So existierte nach § 30 Zweyter Theil, erster Titel, ALR für die Partner die ungleichen Standes waren, ein Eheverbot; ausführlich dazu Dörner, S. 32 – 53.

546 Zur Alimentationspflicht, Svarez, Unterricht für das Volk, S. 42 – 45; Bornemann, S. 297 ff.

547 §§ 121 f., Zweyter Theil, zweyter Titel, ALR.

548 Zur Pflicht der Ehrerbietung § 249, zur Pflicht der Einholung des Heiratskonsens § 250 und zur Pflicht der wechselseitigen Unterstützung §§ 251 – 254 Zweyter Theil, zweyter Titel, ALR nach aufgehobener väterlicher Gewalt.

chen Gewalt entlassen wurden. War eine Tochter zwar großjährig aber noch unverheiratet, so konnte sie nur mittels einer ausdrücklichen Erklärung seitens des Vaters aus dessen Macht entlassen werden[549]. Großjährige Söhne wurden regelmäßig dann aus der väterlichen Gewalt entlassen, wenn sie nach § 210 Zweyter Theil, zweyter Titel, ALR eine eigene von den Eltern abgesonderte Wirtschaft errichteten oder wenn sie nach § 212a Zweyter Theil, zweyter Titel, ALR ein eigenes Gewerbe betrieben oder ein öffentliches Amt bekleideten. Weiterhin musste der Vater auch dann seine Gewalt aufheben, wenn der großjährige Sohn das Gewerbe zwar noch nicht ausübte, sich aber von dem Gewerbe ohne weitere Unterstützung würde ernähren können. Allein im Fall des § 210 Zweyter Theil, zweyter Titel, ALR war es dem Vater möglich, durch Einlegung eines Widerspruchs bei Gericht, die Aufhebung der väterlichen Gewalt zu verhindern. Dazu musste er vor Gericht hinreichend darlegen, dass sein Sohn ein Verschwender war. Konnte er dies, so blieb der großjährige Sohn nach wie vor unter seiner Gewalt. Der minderjährige Sohn, der allerdings schon das 20igste Lebensjahr erreicht haben musste, war hingegen völlig auf das Wohlwollen seines Vaters angewiesen. Nur aufgrund des ausdrücklichen Willens des Vaters konnte er aus der väterlichen Gewalt entlassen werden. Für die Emanzipation des Minderjährigen war eine Erklärung des Vaters vor dem Vormundschaftsgericht oder die Einwilligung in den Betrieb eines Gewerbes auf eigene Rechnung notwendig[550].
Die Entlassung aus der väterlichen Gewalt konnte demnach mit dem Erreichen der Großjährigkeit nach § 26 Erster Theil, erster Titel, ALR nicht gleichgesetzt werden und hatte auch für Söhne und Töchter eine unterschiedliche Bedeutung. Während die Emanzipation für die männlichen Nachkommen den Erwerb der vollen Geschäftsfähigkeit zur Folge hatte, bedeutete die Aufhebung der väterlichen Gewalt für die heiratende Frau lediglich, dass sie von der väterlichen in die ehemännliche Gewalt wechselte[551]. Folge der Endigung der väterlichen Gewalt war jeweils die Auskehrung des bis dahin vom Vater verwalteten Vermögens, sowie eine – notfalls aus dem Kindesvermögen entnommene - Ausstattung seitens des Vaters[552].

### c) Das Verhältnis zwischen Adoptiveltern und Adoptivkindern

Neben der regelmäßigen Beendigung der väterlichen Gewalt gab es auch die außerordentliche Beendigung, das Ruhen und die Beschränkung der väterlichen Gewalt[553]. Für die Adoption war in § 716 lediglich bestimmt, dass die aus der Adop-

---

549 Vgl. §§ 228 – 230 Zweyter Theil, zweyter Titel, ALR.

550 §§ 214, 216, 218 Zweyter Theil, zweyter Titel, ALR; nach § 219, § 223 Zweyter Theil, zweyter Titel, ALR reichte die Übernahme eines öffentlichen Amtes oder die Errichtung einer besonderen Wirtschaft hingegen nicht aus.

551 Dörner, S. 64.

552 Dazu §§ 231 – 248 Zweyter Theil, zweyter Titel, ALR.

553 Außerordentliche Beendigungsgründe waren solche nach §§ 255 – 265 Zweyter Theil, zweyter

tion entspringende väterliche Gewalt des Annehmenden durch die Aufhebung der Adoption die gleiche Wirkung zukommen sollte, die eine Entlassung des Kindes aus der väterlichen Gewalt des leiblichen Vaters hatte[554]. Dementsprechend erlangte der Adoptivvater durch die Adoption die väterliche Gewalt und bei Beendigung des Adoptionsverhältnisses erlosch seine Gewalt über den Annehmenden. Was hingegen mit der väterlichen Gewalt des leiblichen Vaters passierte, wenn dieser sein Kind zur Adoption gab, war gesetzlich nicht geregelt.

In Betracht kam, dass die väterliche Gewalt des leiblichen Vaters durch die Adoption erlosch und sie auch dann nicht mehr auflebte, wenn die Adoption aufgehoben wurde[555]. Eine andere Erwägung war, dass die väterliche Gewalt des leiblichen Vaters für die Dauer der Adoption nur ruhte[556]. Diese Ansicht stützte sich im Wesentlichen darauf, dass es an einer ausdrücklichen gesetzlichen Aufhebung der väterlichen Gewalt des leiblichen Vaters fehlte. Die Auffassung, die ein Erlöschen der väterlichen Gewalt des leiblichen Vaters durch die Adoption annahm, lehnte hingegen ein gleichzeitiges Bestehen einer väterlichen Gewalt des Adoptivvaters und des leiblichen Vaters ab[557]. Wenn nach § 681 Zweyter Theil, zweyter Titel, ALR schon „zwischen dem angenommenen Vater und Kinde in der Regel die Rechte und Pflichten wie zwischen leiblichen Aeltern und den aus einer Ehe zur rechten Hand erzeugten Kindern“ bestanden, so konnten nicht die gleichen Rechte noch zwischen dem leiblichen Vater und dem Adoptivkind „ruhen“. Abgesehen davon, konnte die bestehende Regelungslücke auch darauf hinweisen, dass man es bei der Redaktion des Gesetzbuches für selbstverständlich hielt, dass die väterliche Gewalt des leiblichen Vaters durch die Adoption erlosch. Auch im Hinblick auf die vorzeitige Beendigung des Adoptionsverhältnisses macht die Annahme, dass die väterliche Gewalt des leiblichen Vaters lediglich für die Dauer des Adoptionsverhältnisses ruhte und danach wieder auflebte, wenig Sinn. Denn ob das Adoptivkind nach Aufhebung der Adoption wieder unter die väterliche Gewalt des leiblichen Vaters fiel, war von äußeren Umständen abhängig[558]. Hatte etwa die Adoptivtochter mittlerweile geheiratet oder der Adoptivsohn eine abgesonderte Wirtschaft errichtet, ein eigenes Gewerbe betrieben oder ein öffentliches Amt bekleidet, so konnte der leibliche Vater über die mittlerweile selbständigen Kinder gar keine vä-

---

Titel, ALR. Einschränkungen der väterlichen Gewalt waren in den §§ 266 – 268 Zweyter Theil, zweyter Titel, ALR normiert.

554 Siehe oben B. V.

555 Bornemann, S. 65; Dernburg, Lehrbuch, § 49, S. 164; Förster/Eccius, Band IV, § 220, S. 138 f.

556 v. Goldbeck, Neues Archiv, Band III, S. 26 – 28.

557 Bornemann, S. 65.

558 Dazu, dass das ALR die Aufhebung der väterlichen Gewalt gerade nicht an das Erreichen der Großjährigkeit des Kindes knüpfte, und zu den Beendigungsgründen der väterlichen Gewalt, siehe oben unter B.

terliche Gewalt mehr ausüben. Etwas anderes konnte nur dann gelten, wenn sich das jeweilige Kind noch nicht selbst verwalten konnte. Festzuhalten bleibt demnach, dass der Adoptivvater durch die Adoption die väterliche Gewalt über das Adoptivkind erlangte, während die väterliche Gewalt des leiblichen Vaters gänzlich erlosch.

Insgesamt entsprach die Beziehung zwischen Adoptiveltern und Adoptivkindern in weiten Teilen dem Verhältnis zwischen Eltern und Kindern aus einer Ehe zur rechten Hand. So bestimmte denn auch § 692 Zweyter Theil, zweyter Titel, ALR:

> „Alles daher, was von der Verpflegung, Erziehung, Austattung, und Erbfolge solcher Kinder verordnet ist, gilt auch von angenommenen Kindern[559]".

Die Adoptiveltern besaßen demnach sowohl das Erziehungs- als auch das Züchtigungsrecht. Ferner bestimmten sie, in welcher Religion das von ihnen angenommene Kind unterrichtet werden sollte[560]. Auch auf die Wahl des Lebensberufes konnte der leibliche Vater nach der Adoption nicht mehr einwirken. Vielmehr stand dieses Recht den Adoptiveltern zu. Die angenommenen Kinder mussten ihrer Pflicht zu häuslichen Diensten im Haus der Adoptiveltern nachkommen. Demgegenüber waren die Adoptiveltern verpflichtet, das Kind auszustatten und zu alimentieren. Bei der Unterhaltsverpflichtung handelte es sich hingegen um eine wechselseitige Pflicht, die zwischen Adoptivkind und Adoptiveltern bestand. Allerdings existierte auch die wechselseitige Alimentationsverpflichtung zwischen dem Adoptivkind und seinen leiblichen Eltern fort[561]. Das führte dazu, dass wenn die Adoptiveltern nicht in der Lage waren, für die Ausstattung des Adoptivkindes zu sorgen, oder ihrer Unterhaltsverpflichtung sonst nicht nachkommen konnten, auf die leiblichen Eltern des Adoptivkindes zurückgegriffen werden konnte. Umgekehrt galt, dass wenn die leiblichen Eltern des Adoptivkindes alimentationsbedürftig wurden, auch das Adoptivkind seiner gesetzlichen Pflicht nachkommen und die leiblichen Eltern unterstützen musste. Waren sowohl Adoptiveltern als auch die leiblichen Eltern des Adoptivkindes bedürftig, so musste das Adoptivkind zunächst seine Adoptiveltern unterstützen, da diese durch die Wirkungen der Adoption an die Stelle der leiblichen Eltern getreten waren und damit dem Adoptivkind näher standen als dessen leiblichen Eltern[562].

### 2) Fazit

Allein schon die Vielzahl der gesetzlichen Vorschriften weist darauf hin, dass eine sehr genaue Vorstellung davon existierte, wie die Ordnung innerhalb der Familie

---

559 Mit „solcher Kinder" sind Kinder, die aus einer Ehe zur rechten Hand stammen, gemeint. Das ergibt sich aus dem vorhergehenden § 691 Zweyter Theil, zweyter Titel, ALR.

560 Vgl. Anh. § 104 zu § 754 Zweyter Theil, zweyter Titel, ALR.

561 Das folgt aus § 712 Zweyter Theil, zweyter Titel, ALR.

562 Delius, Annahme an Kindes statt, S. 501, 527.

auszusehen hatte. Die gesetzlichen Regelungen bestimmten somit maßgeblich die einzelnen Beziehungen der Familienmitglieder untereinander. Dabei richtete sich die dem ALR zu Grunde liegende Sozialstruktur nach wie vor an der Vorherrschaft des Mannes aus, der, mittels familiärer Arbeitsverhältnisse, den auf die gemeinsame Produktion von lebenserhaltenden Gütern gerichteten Erwerbsbetrieb „Familie" führte und dessen Dominanz sich auch auf den persönlich-familiären Bereich erstreckte[563]. Die Ehefrau durfte hingegen nach § 194 Zweyter Theil, erster Titel dem Hauswesen des Mannes nach dessen Stand und Range vorstehen. Durch Abspaltung des Gesindes von der eigentlich häuslichen Gesellschaft nach § 3 Erster Theil, erster Titel, ALR bezog sich auch die mit dem Familienbegriff eng verbundene Pflicht zur gegenseitigen Unterstützung nach § 14 Zweyter Theil, dritter Titel, ALR, lediglich auf die Verwandten in auf- bzw. absteigender Linie.
Gleichzeitig mit der Einengung des Familienbegriffs erfuhr auch die väterliche Gewalt Einschränkungen. Ebenso wie die Bindung des Monarchen an den Gesellschaftsvertrag in der politischen Theorie eine willkürliche Machtausübung verhindern sollte, sollte auch die väterliche Gewalt nur noch im Interesse des Kindes, also im Sinne einer Vormundschaft, ausgeübt werden. Neben der Einschränkung der väterlichen Gewalt wurden allerdings andere naturrechtliche Forderungen, wie die, die väterliche Gewalt mit Erreichen der Großjährigkeit des Kindes enden zu lassen, nicht übernommen. Insgesamt wurde in den Normen des ALR die Individualität des Einzelnen jedoch stärker betont. So musste etwa der Vater bei der Berufswahl des Sohnes auf dessen Neigungen und Fähigkeit Rücksicht nehmen, auch wenn dies den väterlichen Interessen widerstrebte. Allerdings schränkte das ALR auf der anderen Seite diese selbst gewährten Freiräume zu Gunsten von traditionellen Anschauungen auch wieder ein, indem fast immer finanzielle Nachteile[564] für die Kinder entstanden, wenn sie sich den Interessen ihrer Eltern widersetzten. In der Regel wird diese - möglicherweise sogar zur „Überlebensfrage" ausufernde - Folge dazu geführt haben, dass die Kinder dem elterlichen Willen folgten. Aber das ALR enthielt nicht nur Einschränkungen dieser tatsächlichen Art, die auf der Ebene der Familie und oft in deren Sinne eine Klärung erfahren konnten, sondern auch gesetzliche Verbote. Diese Verbote – insbesondere die Eheverbote - dienten im Wesentlichen dem Erhalt der ständischen Gesellschaftsordnung[565]. Somit spiegelte sich der Interessenkonflikt des ALR, auf der einen Seite den Forderungen der Auf-

563 Sieder, Sozialgeschichte der Familie, S. 128; Dörner, S. 65.

564 So etwa, wenn der Vater die Aussteuer verweigerte oder dem Sohn die finanzielle Unterstützung versagte, wenn dieser gegen den Willen des Vaters studieren wollte (§ 115 Zweyter Theil, zweyter Titel, ALR). Teilweise waren sogar Enterbungen möglich.

565 Heiratete etwa ein aus der Adelsschicht stammender Mann eine Frau aus bäuerlichem Stand oder einem geringeren Bürgerstand, so konnte eine Ehe zur rechten Hand nicht geführt werden. Selbst mit Art. 4 der preußischen Verfassung von 1850, der die Standesvorrechte beseitigte, wurde die Eheschließungsfreiheit noch nicht erreicht.

klärung und des Naturrechts gerecht werden zu können und auf der anderen Seite dem ständisch strukturierten absoluten Staatswesen zu entsprechen, um es zu erhalten, in den familienrechtlichen Normen wider.

## D. Résumée

### I. Die Kodifikation

Als umfassendes Gesetzeswerk, das die gesamte Rechtsmaterie[566] in zwei Teilen behandelte und dessen Fundament das Corpus Iuris Civilis in deutscher Sprache bildete[567], verdrängte das ALR das gemeine römische Recht und, entgegen dem ursprünglichen Vorhaben, auch die Provinzialrechte[568]. Während das ALR inhaltlich den Rechtsstoff vorwiegend aus dem gemeinen Recht übernahm[569], folgte es im Aufbau dem von Pufendorf und Wolff entwickelten naturrechtlichen System[570]. Denn nach der Einleitung, die „Von Gesetzen überhaupt" und von „Allgemeinen Grundsätzen des Rechts" handelt, wird im Ersten Teil im Wesentlichen das individuelle Vermögensrecht und werden im zweiten Teil die verschiedenen Personenverbindungen behandelt. Da am Ende des zweiten Teils auch die Rechte und Pflichten des Staates gegenüber den Einwohnern geregelt werden, wurden somit sämtliche Rechtsbeziehungen abgehandelt[571]. Den Forderungen der Aufklärung folgend, sollte das Gesetz von Anfang an nicht nur Leitfaden für den Richter, sondern auch dem Volk zugänglich und verständlich sein, da sich eine willkürliche Handhabung des Rechts durch die an der Rechtspflege Beteiligten nur dann schwieriger gestaltete, wenn das Volk besser über das Recht unterrichtet war[572]. Hinzu kam der aus der vernunftrechtlichen Pflichtenlehre Pufendorfs und Wolffs übernommene Gedanke, das Volk durch die Gesetze erziehen und leiten zu können, was voraussetzte, dass das Volk die Gesetze kannte und auch verstand[573].

---

566 Das ALR beinhaltet sowohl das Staats-, Stände-, Lehn-, Kirchen- und Strafrecht als auch das Privatrecht.

567 Hattenhauer, Einführung ins ALR, S. 21; Thieme, SZ (Germ. Abt.) 57 (1937), S. 355, 390.

568 Thieme, SZ (Germ. Abt.) 57 (1937), S. 355, 392; Schlosser, Grundzüge, § 3 III, 3), S. 103; Koselleck, Preußen zwischen Reform und Revolution, S. 45; Krause, Das gemeine Recht, S. 69, 78 ff.

569 Eine Bestimmung wurde freilich nur dann übernommen, wenn sie der vernunftrechtlichen Überprüfung standhielt.

570 Dernburg, Lehrbuch, S. 42, Schwarz, SZ (RA) 42 (1921), S. 578, 605; Wieacker, PRGN, § 19, S. 332 ff.

571 Dies trug wesentlich zur Rechtsvereinheitlichung bei, siehe dazu Kleinheyer, Das Allgemeine Landrecht, S. 15.

572 Dass dies die Motivation von Svarez war, zeigt schon seine Schrift über den „Unterricht für das Volk".

573 Dieser von den Verfassern des ALR sehr ernst genommene Erziehungsauftrag zeigt sich be-

Dem Adressat entsprechend war daher die Gesetzessprache eine leicht verständliche, fast bildhafte aber auch sehr weitschweifige Sprache[574]. Abgesehen davon, dass die Gesetzeskasuistik die Auslegung oder Interpretation von Normen in nur sehr geringem Maße zuließ, waren Auslegungs- oder Anwendbarkeitsstreitigkeiten über Gesetze auch nicht erwünscht[575]. Inhaltlich kam das ALR der Forderung der Aufklärung nach der Auflösung der ständischen Geburtsunterschiede, die unweigerlich zu einer umstürzenden Neuerung des Sozialmodells geführt hätte, nicht nach. Zwar wurde in § 22 der Einleitung zum ALR festgehalten, dass die Gesetze des Staates alle Mitglieder ohne Unterschied des Standes, Ranges und Geschlechts verbinden, und damit ein Aspekt des Gleichheitsgedankens aufgenommen, doch blieben der Ständestaat und mit ihm seine Rechtsunterschiede erhalten. Insgesamt stellte das ALR damit ein „Gesetzbuch der Kompromisse"[576] dar, das sowohl naturrechtliches Gedankengut aufgriff, als auch Forderungen der Aufklärung verarbeitete, aber auch der Staatsordnung der absoluten Monarchie gerecht wurde, indem es an Herkömmlichem, wie insbesondere der Ständeordnung, festhielt.

### II. Die Regelung der Annahme an Kindes statt

Auch im Hinblick auf die Regelung der Annnahme an Kindes statt griffen die Verfasser des ALR größtenteils auf das gemeine Recht zurück.

Bereits im gemeinen Recht hatte es in den verschiedenen Landesteilen unterschiedlich starke Bestrebungen gegeben, die Adoptionsformen der Arrogation, adoptio plena und minus plena einander anzugleichen, doch hatte es an einer einheitlichen, schriftlichen Festsetzung gefehlt. Die Handhabung und die Wirkung von Arrogation, adoptio plena und minus plena variierte daher von Landesteil zu Landesteil, bis schließlich der Erlass des ALR der insgesamt ungewissen Rechtslage ein Ende bereitete. Damit wurde die Adoption erstmals im ALR gesetzlich als ein einheitliches Rechtsinstitut ausgestaltet. Möglich war dies nicht zuletzt aufgrund der schon im justinianischen Recht einsetzenden Entwicklung der Schwächung der väterlichen Gewalt, die schließlich nach der Rezeption im gemeinen Recht dem Vater lediglich noch ein Bestimmungs- und Erziehungsrecht, also eine Art Vormundschaft eingeräumt hatte und die eine Differenzierung zwischen Eintritt und Übertritt in die väterliche Gewalt obsolet werden ließ. Auf der Schwächung der väterlichen

---

sonders bei Regelungen wie etwa der des § 68 Zweyter Theil, zweyter Titel, ALR; Schwarz, SZ (RA) 42 (1921), S. 578, 605 ff; Schlosser, Grundzüge, § 3 III, 3), S. 105. Zudem führte dies auch zu der Vielfalt von Normen des ALR.

574 Erst mit der Pandektenwissenschaft des 19. Jahrhunderts erfuhr die Rechtssprache eine größere Abstraktion, Hattenhauer, Einführung ins ALR, S. 21; Wesenberg/Wesener, Neuere deutsche Privatrechtsgeschichte, S. 146.

575 Bis 1798 galt sogar ein Auslegungsverbot. Ergaben sich dennoch Zweifel, sollte eine eigens dafür eingesetzte Gesetzeskommission für Klärung sorgen; Wieacker, PRGN, § 19, S. 332; Eckert, HRG I, 2. Aufl., Sp. 161.

576 So Hattenhauer, Einführung ins ALR, S. 17.

Gewalt, die nach dem ALR nur dem Vater, nicht aber wie nach römischem Recht dem Großvater zustehen konnte, beruhte wohl ebenfalls der Wegfall der Annahme an Enkels statt. War diese nach römischem Recht möglich gewesen, so kannte das ALR nur die Annahme an Sohnes oder Tochter statt.

Den deutsch-rechtlichen Charakter der väterlichen Gewalt übernehmend, sahen die Verfasser des ALR, dem gemeinen Recht folgend, den Sinn und Zweck der Annahme an Kindes statt nicht in der Erlangung der väterlichen Gewalt. Diese blieb, wie schon im gemeinen Recht, nur eine Folge und nicht etwa Bedingung der Begründung des Kindesverhältnisses. Das führte unter anderem dazu, dass im preußischen Recht den Frauen die Adoption ausnahmslos gestattet war. Welchen Sinn und Zweck hingegen die Verfasser des ALR in der Annahme an Kindes statt sahen, geht aus einer Anmerkung Svarez zum gedruckten Entwurf Theil I, Abth. I, Tit. 2, § 481, S. 238 hervor, in dem es heißt:

> „Die Adoption kann bei uns keinen anderen Endzweck haben, als Personen die mit Kindern nicht gesegnet sind Trost und Unterstützung durch dergleichen angenommene Kinder zu verschaffen."

Neben den erbrechtlichen trat somit ein persönlicher Aspekt der Adoptierenden. Auf der einen Seite sollte die Adoption den Kinderlosen zwar nach wie vor die Möglichkeit bieten, auf diesem Wege einen ihnen bekannten Erben zu erlangen[577], doch auf der anderen Seite bot die Adoption den Annehmenden auch die Möglichkeit, einem anderen Menschen durch Erziehung die eigenen und vor allem die dem Staat zu Grunde liegenden Wertvorstellungen vermitteln zu können, da die Annahme an Kindes statt elterliche Rechte begründete. Durch die Adoption entstanden jedoch nicht nur elterliche Rechte und Pflichten, sondern auch Rechte und Pflichten des Angenommenen gegenüber den Adoptiveltern. Das Adoptionsverhältnis, das durch einen vor Gericht zu schließenden Vertrag begründet wurde[578], berührte die Familienverhältnisse allerdings nicht und zwar weder in der Adoptionsfamilie noch in der natürlichen Familie des Angenommenen. Etwas anderes galt nur dann, wenn dies vertraglich vor dem Gericht festgehalten worden war. Damit entsprach das einheitliche Rechtsinstitut der Annahme an Kindes statt im ALR, insbesondere in seiner erbrechtlichen Wirkung, im Wesentlichen der von Justinian eingeführten römischen Adoptionsform der adoptio minus plena.

Im Hinblick auf die Erfordernisse, die bei Vertragsschluss vorliegen mussten, hielten die Verfasser des ALR weitestgehend am römischen Grundsatz „adoptio imitatur naturam" fest. Während dieser jedoch im römischen Recht streng beibehalten

---

577 Das sollte vorliegend jedoch nicht darüber hinwegtäuschen, dass der Angenommene durch die Adoption nicht in die Familie des Adoptivvaters eintrat. Vielmehr behielt er seine Stellung in der natürlichen Familie. Der Angenommene erlangte durch die Adoption lediglich zusätzlich ein gesetzliches Erbrecht und ein Pflichtteilsrecht gegenüber dem Adoptierenden.

578 Dass lediglich diese Form ein Adoptionsverhältnis begründen konnte, folgt aus dem in § 666 Zweyter Theil, zweyter Titel, ALR gebrauchten Wort „nur".

wurde, indem etwa Kastraten nicht adoptieren durften, waren diese nach preußischem Recht, ebenso wie alle anderen, die zur Kinderzeugung unfähig waren, zur Adoption berechtigt. Die Altersgrenze des Annehmenden, im römischen Recht noch auf sechzig Jahre festgelegt, wurde im ALR auf das fünfzigste Jahr herabgesetzt, wobei von diesem Grundsatz durch Dispensation des Landesherrn auch abgewichen werden konnte. Anders als das römischen Recht, das auch nach aufgehobener Adoption die Ehe zwischen Angenommenem und Annehmendem oder gar dessen Ehepartner verbot, war nach preußischem Recht die Eingehung der Ehe zwischen Angenommenem und Annehmenden nach Aufhebung der Adoption zulässig[579].
Eine bedeutende Abweichung zum römischen Recht stellte insbesondere die in den §§ 703 – 706 Zweyter Theil, zweyter Titel ALR normierte Vertragsfreiheit dar. Während nach römischem Recht derjenige, der adoptieren wollte, die gesetzlichen Vorschriften akzeptieren musste, konnte nach §§ 703, 704 Zweyter Theil, zweyter Titel ALR der Adoptierende, in den schwachen Grenzen der §§ 705, 706 Zweyter Theil, zweyter Titel ALR, die gesetzlichen Vorschriften umgehen. Die damit gegebene Missbrauchsgefahr wurde dadurch eingedämmt, dass der Adoptionsvertrag zur Prüfung und Bestätigung dem Gericht vorgelegt werden musste.
Insgesamt wich das ALR somit bei den Regelungen des Adoptionsrechts entscheidend vom römischen Adoptionsrecht ab.

579 Dazu Bornemann, S. 30, 31, der auf die zum ALR abweichende Regelung im gedruckten Entwurf eingeht.

## 2. Abschnitt: Die Regelung der Adoption in Frankreich

### A. Die Rechtslage vor Inkrafttreten des Code Civil von 1804

Ebenso wie in Deutschland hatte es in Frankreich vor der Kodifikation kein einheitliches Recht gegeben. Allerdings konnte sich, im Unterschied zur deutschrechtlichen Entwicklung, das römische Recht in einigen Landesteilen von Frankreich auch noch nach dem Untergang des weströmischen Reichs behaupten[580]. In anderen Gebieten des Landes orientierte man sich hingegen stärker an den lokalen Volksrechten. Die Vermischung von römischem und lokalem Recht, die in den einzelnen Gebieten variierte, führte schließlich im Mittelalter zu einem unübersichtlichen Vulgarrecht. Dennoch hatte sich bis zum 12. Jahrhundert eine Trennungslinie herausgebildet, die ein Indiz dafür lieferte, in welchen Gebieten man mehr auf das römische Recht abstellte und in welchen die lokalen Volksrechte dominierten. Diese Linie verlief auf der Höhe der Loire[581] und halbierte Frankreich somit in einen südlichen und nördlichen Teil. Während im Süden Frankreichs weitestgehend das römische Recht in Gestalt des scholastischen *mos italicus* zur Anwendung kam, das so genannte *droit écrit*, bezog man sich im Norden stärker auf das gemein-französische, zunächst noch ungeschriebene Gewohnheitsrecht germanisch-fränkisch-normannischen Ursprungs[582]. Neben die Geltung des droit écrit und des droit coutumier traten zusätzlich das kanonische Recht und insbesondere ab dem 17. Jahrhundert die königlichen „ordonnances", die vorrangig zu berücksichtigen waren. Dabei trugen insbesondere die von Ludwig XIV. erlassenen ordonnances zur Rechtsvereinheitlichung im Prozess- und Seerecht bei, während die seines Nachfolgers, Ludwig XV., auf eine einheitliche Regelung von Schenkung, Testament und Fideikommiss abzielten[583]. Ordonnances, die das Adoptionsrecht betrafen, wurden jedoch nicht erlassen. Die Adoption, verstanden als ein Rechtsinstitut, das verwandtschaftliche Beziehungen im Sinne der künstlichen Schaffung eines Eltern-Kind-Verhältnisses zwischen den Beteiligten herstellt, war darüber hinaus weder in den Gebieten des droit écrit noch in denen des droit coutumier bekannt[584]. Erst durch die französische Revolution wurde die Adoption in Frankreich wiederentdeckt.

---

580 Declareuil, S. 838 ff.; Hübner/Constantinesco, S. 1.

581 Wieacker, PRGN, § 3, S. 64; § 19, S. 340; Hübner/Constantinesco, S. 2.

582 Die verschiedenen Gewohnheitsrechte germanischen Ursprungs wurden erst 1454 auf Anordnung Karls VII. aufgezeichnet. Das wohl berühmteste unter ihnen ist die *coutume* von Paris, die allerdings erst 1510 veröffentlicht wurde. Dazu auch Sonnenberger/Autexier, S. 19.

583 Wieacker, PRGN, § 19, S. 340; Hübner/Constantinesco, S. 2.; Sonnenberger/Autexier, S. 20.

584 Glasson, Éléments du droit français, S. 287; Gehrunger, S. 17; Lévy/Castaldo, Histoire du droit civil, S. 160; Zachariä/Dreyer, Handbuch des französischen Civilrechts, III, § 554, S. 472; Lett, Droits et Pratiques de l'adoption au Moyen Age, S. 5.

## B. Das „vergessene“ Rechtsinstitut der Adoption im mittelalterlichen Frankreich

Dass die Annahme an Kindes statt in Vergessenheit geraten konnte, ging auch in Frankreich nicht zuletzt auf den erheblichen Einfluss der Kirche zwischen dem 5. und 12. Jahrhundert zurück, die sich, teilweise aus Angst, an Reichtümern einzubüßen, entschieden gegen die Adoption wendete[585]. Maßgeblich für die Wiedereinführung der Adoption zur Zeit der französischen Revolution war unter anderem der Rückgang des kirchlichen Einflusses. Gerade das Zeitalter des Vernunftrechts hatte wesentlich zur kirchlichen Machteinbuße geführt. Das Gedankengut der Aufklärung und die verschiedenen Naturrechtslehren, die das bis dahin stark kirchlich geprägte Weltbild in Frage stellten und eine andere Sicht auf die Welt vermittelten, ebneten somit mittelbar auch den Weg für die spätere Wiedereinführung der Adoption.

## C. Adoptionsähnliche Institute im Mittelalter – die „adoptions par les hôpitaux“

Im frühen Mittelalter existierten jedoch verschiedene adoptionsähnliche Institute[586], die zwar nicht alle die Zeit überdauerten, von denen einige jedoch bis hin zur französischen Revolution im 18. Jahrhundert bekannt blieben.

Zu den adoptionsähnlichen Instituten, die im Laufe der Zeit an Bedeutung verloren, gehörten die aus dem Altertum stammenden germanischen Akte wie etwa das Rasieren des Bartes oder das Scheren des Haares und die so genannten Mantelkinder (filii mantellati; „enfant mis sous le drap“)[587]. Darüber hinaus war die fränkische Affatomie der Lex Salica und der Lex Ribuaria in Frankreich bedeutend. Das frühe Mittelalter überlebte in Frankreich allerdings nur die adoptio in fratrem, die erst im 16. Jahrhundert außer Gebrauch kam[588].

Bis zur französischen Revolution bekannt blieben hingegen die adoptionsähnlichen Institute, die zwischen dem 16. und 18. Jahrhundert üblich waren. Einerseits waren das die vertraglichen oder testamentarischen Erbeinsetzungen[589], die unter der Bedingung gemacht wurden, dass der Angenommene nunmehr den Namen des Schenkers oder Erblassers sowie dessen Waffen führte[590]. Das Recht, den Namen

---

585 Zur Stellung der Kirche im Mittelalter, siehe oben 3. Teil: 1. Abschnitt: A.; Gutton, S. 17 ff.

586 Unter adoptionsähnlichen Instituten sind solche zu verstehen, die lediglich ein rein tatsächliches Verhältnis zwischen den Beteiligten schufen, siehe oben 3. Teil: 1. Abschnitt: A. I.

587 Zu weiteren germanischen Symbolakten siehe oben 3. Teil: 1. Abschnitt: A. I.

588 Lévy/Castaldo, Histoire du droit civil, S. 160; siehe oben 3. Teil: 1. Abschnitt: A. III.

589 So genannte „institutions d'hérétier“. Zu der testamentarischen Erbeinsetzung wird auch das adoptionsähnliche Institut der „lettres du prince“ gezählt. Dabei handelte es sich im Wesentlichen um eine Schenkung auf den Todesfall, dazu Lévy/Castaldo, Histoire du droit civil, S. 160; Gutton, S. 33 mit Beispielen.

590 Secretan, S. 28; Gehrunger, S. 17.

und die Waffen zu übertragen, stand jedoch nur den Adeligen zu und wurde selten in Anspruch genommen.
Andererseits waren das die so genannten „adoptions par les hôpitaux", die im Vergleich zu den Ehrenadoptionen des Öfteren durchgeführt wurden[591]. Dabei handelte es sich um die zeitlich begrenzte Annahme von Waisenkindern durch die Direktoren oder den Direktor eines Pflegeheimes. Den Leitern eines solchen Pflegeheimes stand das Recht zu, Waisen mit ausdrücklicher oder stillschweigender Einwilligung der successionsfähigen Verwandten solange zu adoptieren, bis die adoptierte Waise die Volljährigkeit erlangte[592]. Durch die Adoption erwarb der annehmende Direktor alle Rechte der väterlichen Gewalt über die angenommene Waise und deren Güter einschließlich des Rechts, das Waisenkind bei dessen frühzeitigem Tod zu beerben[593]. Damit entstand zwischen dem Annehmenden und dem angenommenen Waisenkind eine Art verwandtschaftliche Beziehung „auf Zeit".
Mithin bestand der Sinn für die Durchführung der „adoptions par les hôpitaux" in erster Linie darin, dass auf diese Art und Weise den Direktoren der Pflegeheime eine größere Machtbefugnis und Autorität über die ihnen anvertrauten Waisen eingeräumt werden konnte[594].
Zusammenfassend handelte es sich allerdings auch bei den wohltätigen Adoptionen nur um adoptionsähnliche Institute, da sich mit Erreichen der Volljährigkeit der Waise alle Bande, die durch die Adoption zwischen den Beteiligten geknüpft worden waren, auflösten. Eine Beziehung zwischen beiden Parteien gab es, nachdem die adoptierte Waise die Volljährigkeit erreicht hatte, nicht mehr. Von den Wirkungen der „Adoption" blieb somit nichts übrig, so dass die „adoption par les hôpitaux" einer Adoption im engeren Sinne[595] schließlich nicht entspricht.

## D. Die französische Revolution und das Rechtsinstitut der Adoption

### I. Die Wiederentdeckung der Adoption am Vorabend der Revolution

Schon am Vorabend der französischen Revolution gab es einige Stimmen in der Literatur, die sich für die Wiedereinführung der Adoption im Sinne der künstlichen

591 Beispielsweise das Hôpital de la charité wie auch das Hôtel-Dieu zu Lyon genannt; vgl. Gutton, S. 45 ff.; Maleville, Band I, S. 341; Secretan, S. 20; Lett, Droits et Pratiques de l'adoption au Moyen Âge, S. 5 mit Verweis auf P. Gonnet, „L'Adoption lyonnaise des orphelins légitimes (1536-1793)", thèse du droit, Paris, 1935.

592 Baurittel, S.12; Secretan, S. 4, 20; Gutton, S. 46 ff.

593 Baurittel, S. 12.

594 Gutton, S. 46 ff.; Baurittel, S. 13.

595 Entscheidend ist, dass sich bei dem hier zu Grunde gelegten Verständnis der Adoption die Bande zwischen den Beteiligten nicht automatisch mit Erreichen der Volljährigkeit des Adoptierten lösen und so getan wird, als ob eine Adoption nie stattgefunden habe, sondern die Adoption auch noch nach Erreichen der Volljährigkeit des Adoptierten ihre Wirkung entfaltet.

Schaffung eines Eltern-Kind-Verhältnisses aussprachen[596]. Der Grund dafür bestand darin, dass die desolaten wirtschaftlichen Verhältnisse im Land zwar auf der einen Seite zu einer zunehmenden Verarmung innerhalb der Bevölkerung des dritten Standes geführt hatten, was sich unter anderem auch in der ansteigenden Zahl der hilfsbedürftigen Kinder niederschlug, auf der anderen Seite Klerus und Adel jedoch weiterhin ihren Reichtum genießen konnten. Denn der erste Stand besaß nach wie vor das Recht, Abgaben und Frondienste einzufordern, war aber, aufgrund der absolutistischen Herrschaftsform, von der eigenen Regierungsverantwortung befreit. Folglich waren die Pflichten des ersten Standes stark reduziert. Die Schriftsteller, die zur Wiedereinführung der Adoption aufriefen, sahen in dem Rechtsinstitut vor allem ein Mittel, das geeignet war, das Elend der Kinder, die dem dritten Stand angehörten, zu verringern[597]. Sie waren der Überzeugung, dass durch die Wiedereinführung der Adoption nicht nur die akute Not des jeweilig adoptierten Kindes gelindert, sondern auch dessen Zukunft abgesichert würde[598]. Denn durch die Adoption würde das adoptierte Kind auch der zukünftige Erbe der wohlhabenden Adoptiveltern. Zwar blieben die Appelle der Literatur noch unberücksichtigt, ebenso wie die seit den sechziger Jahren des 18. Jahrhunderts bestehende Forderung nach einem einheitlich gemeinfranzösischen Zivilrecht, doch gelangte das Rechtsinstitut auf diese Art und Weise wieder in das Bewusstsein der Bevölkerung.

### II. Die Anerkennung der Adoption als Rechtsinstitut während der Revolution

Mit dem Beginn der französischen Revolution 1789[599], der Abschaffung der Feudalrechte und des Adelstandes nahm man sich auch der Forderung nach einem einheitlichen gemeinfranzösischen Zivilrecht an. Die Schaffung eines Zivilgesetzbuches für das gesamte Königreich wurde sogar als erklärtes Ziel in Art. 1 der von der Nationalversammlung ausgearbeiteten neuen Verfassung vom 03.09.1791 aufgenommen[600].

---

596 Abschrift der Anfrage der Wiedereinführung der Adoption von Louis-Sébastien Mercier, Tableau de Paris, 1783, S. 175-178, bei Gutton, Dokument Nr. 8, S. 101 f.; Secretan, S. 4 f. mit Verweis auf Bernadin de Saint-Pierre, Œuvres complètes, 1797, S. 343.

597 Gehrunger, S. 17; Gutton, S. 101 f.

598 Secretan, S. 4, 6.

599 Nach der Erklärung des dritten Standes innerhalb der Generalstände zur Nationalversammlung (assemblée nationale) verkündete diese, auf Vorschlag des Abgeordneten Lafayette, am 26.08.1789 die erste Allgemeine Erklärung der Menschenrechte.

600 Schlosser, Grundzüge, § 3 IV, 2), S. 111 f.; Barazetti, Einführung in das frz. Civilrecht, S. 12 f. Die Verfassung, die als Ergebnis der ersten Revolutionsphase galt, trug den Charakter einer konstitutionellen Monarchie und bildete die Grundlage für die vom 03.09.1791 – 20.09.1792 amtierende gesetzgebende Versammlung (assemblée nationale).

Die beginnenden Ausarbeitungen zu einem einheitlichen Zivilgesetzbuch führten dazu, dass die Diskussion um die Wiedereinführung der Adoption erneut aufflammte und die Argumente der Literatur wieder aufgegriffen wurden. Sowohl bei der verfassungsgebenden als auch bei der gesetzgebenden Versammlung gingen zahlreiche Schriften ein, die für die Wiedereinführung der Adoption als ein den sozialen Anschauungen entsprechendes Rechtsinstitut plädierten[601]. Dabei war man sich durchaus bewusst, dass es sich bei der Adoption um ein ursprünglich römisches Rechtsinstitut handelte, wie eine vor der Nationalversammlung gehaltene Rede zeigt:

> „Messieurs, l`Assemblée Constituante a planté sur le sol de l`Empire français, l`arbre de la liberté ; c`est aux assemblées législatives à cultiver cet arbre précieux et à lui faire produire de bons fruits ; un des plus salutaires serait l`introduction des bonnes mœurs et la pratique des vertus sociales et patriotiques. Un des moyens les plus efficaces pour parvenir à ce but serait la loi de l`adoption. Les Romains autrefois nos maîtres, et encore aujourd`hui à bien des égards nos législateurs, avaient admis cette loi sage et en avaient obtenu les plus grands avantages. Qui ne sait que le grand Scipion, le vainqueur d`Annibal, était fils adoptif de Paul-Emile, que le divin Antonin était fils adoptif d`Adrien, que le vertueux Marc-Aurèle, le plus grand des humains s`il n`eût pas laissé succéder à l`empire Commode, son indigne fils, était fils adoptif d´Antonin? De pareils exemples qui seraient nombreux si on en voulait faire une compilation historique démontrent assez l`utilité de la loi sur l`adoption...“[602].

Allerdings beschäftigte die Nationalversammlung die Tatsache, dass es sich um ein römisches Rechtsinstitut handelte, insgesamt weniger als der soziale Aspekt der Adoption. Denn die sozialen und humanitären Erwägungen, die für eine Wiedereinführung des Rechtsinstituts sprachen, stimmten mit dem Gedankengut der französischen Revolution, die sozialen Missstände im Land zu beseitigen, überein. Daher waren es vor allem die bereits von der Literatur am Vorabend der französischen Revolution angeführten Argumente, die die Nationalversammlung am 18.01.1792 schließlich dazu bewegten, das Dekret zur Wiedereinführung des Rechtsinstituts der Adoption zu erlassen:

> „L´Assemblée nationale décrète que son comité de législation comprendra dans son plan général des lois civiles, celles relatives à l´adoption.[603]“

Die Nationalversammlung beauftragte das Gesetzeskomitee, das Rechtsinstitut der Adoption in dem allgemeinen Plan der Zivilgesetzgebung zu berücksichtigen[604].

---

601 Nachweise insbesondere bei Secretan, S. 6 ff. und Gutton, S. 105, 111.

602 So Delivet de St-Mars, Mémoire su l`adoption, zitiert nach Secretan, S. 6 f.

603 Glasson, Éléments du droit français, S. 286; Gutton, S. 107.

604 Die weiteren von der Nationalversammlung erlassenen Dekrete vom 03.05. und 04.06. 1792

Somit war die Adoption als die künstliche Schaffung eines Eltern – Kind - Verhältnisses zwischen den Beteiligten prinzipiell wieder anerkannt. In den Zuständigkeitsbereich des Gesetzeskomitees fiel nun die Aufgabe, Form, Voraussetzungen und Wirkungen der Adoption innerhalb eines Zivilgesetzbuches zu regeln. Allerdings sollte es noch weitere 12 ereignisreiche Jahre dauern, bis die Adoption in einem Zivilrechtsgesetzbuch verankert wurde, das dann auch tatsächlich in Kraft trat. Mithin fehlte es zur Zeit der Anerkennung der Adoption 1792 noch an einer gesetzlichen Regelung. Ein 11 Jahre später erlassenes Gesetz vom 15.04.1803[605] ordnet jedoch an, dass auch die Adoptionen als gültig zu betrachten seien, die seit der offiziellen Anerkennung der Adoption 1792 durchgeführt worden waren. Daraus folgt, dass, unabhängig vom Bestand einer gesetzlichen Regelung, Adoptionen bereits seit dem Jahr 1792 stattfanden[606]. Welche Wirkungen die Adoptionen dabei entfalteten, lässt sich nur einem Dekret aus dem Jahr 1795[607] entnehmen, das sich rückwirkend auch auf die seit 1792 durchgeführten Adoptionen bezieht. Danach wurde dem Adoptierten jedenfalls ein Erbrecht gegenüber dem Adoptanten eingeräumt. Die Rechtsfolge entsprach damit den sozialen Hintergründen, die überhaupt erst zur Anerkennung der Adoption geführt hatten.

### 1) Die „öffentliche Adoption"

Zu den Adoptionen, die vor Inkrafttreten einer gesetzlichen Regelung durchgeführt worden waren, zählten seit 1793 neben den privaten auch die so genannten „öffentlichen" Adoptionen. Die öffentlichen Adoptionen waren Adoptionen, die im Namen der Nation durch den Staat erfolgten. Dadurch wollte man sich insbesondere der Kinder annehmen, deren Väter oder Eltern „für" die Revolution und damit für das Vaterland gestorben waren[608]. Auf diese Art und Weise adoptierte die Nation zahlreiche Kinder. Die erste öffentliche Adoption war die von Suzanne Lepelletier de Saint-Fargeau. Am 15.01.1793 wurde die Tochter von Michael Lepelletier de Saint-Fargeau[609] durch den Nationalkonvent im Namen des Vaterlandes an Kindes statt angenommen[610].

---

sollten das Gesetzeskomitee an diesen ersten Auftrag erneut erinnern, Baurittel, S. 12.

605 Nach republikanischem Kalender war das der 04. germinal des Jahres 11.

606 Nach Lévy/Castaldo, Histoire du droit civil, S. 160 wurden private Adoptionen durch notariellen Akt vollzogen.

607 Dekret vom 15. frimaire des Jahres 3; Zachariä/Dreyer, Handbuch des französischen Civilrechts, III, § 554, S. 473; Baurittel, S. 14.

608 Gutton, S. 109.

609 Michael Lepelletier de Saint-Fargeau war durch die königliche Leibgarde getötet worden, die ihm vorgeworfen hatte, für den Tod des „Bürgers Capet" (König Ludwig XVI.) am 17.01.1793 im Konvent gestimmt zu haben, Glasson, Éléments du droit français, S. 288; Lévy/Castaldo, Histoire du droit civil, S. 161.

610 Spangenberg, I, S. 328; Zachariä/Dreyer, Handbuch des französischen Civilrechts, III, § 554, S. 472 f.

### 2) Das Wesen der öffentlichen Adoption

Ihrem Wesen nach entsprach die 1793 durch den Konvent geschaffene öffentliche Adoption den wohltätigen Adoptionen[611], die zwischen dem 16. und 18. Jahrhundert in Frankreich üblich waren. Ebenso wie bei der „adoption par les hôpitaux" handelte es sich bei der öffentlichen Adoption, der hier zu Grunde gelegten Definition der Kindesannahme folgend, allerdings nicht um eine Adoption im engeren Sinne. Denn es fehlte schon an der künstlichen Schaffung eines Eltern-Kind-Verhältnisses zwischen dem französischen Vaterland und einem (Waisen-) Kind im Sinne einer verwandtschaftlichen Beziehung. Eine verwandtschaftliche Beziehung mit daraus fließenden Rechten und Pflichten für beide Parteien kann nur zwischen Personen, nicht aber zwischen einem Land und einer Person entstehen. Folglich handelte es sich bei der durch den Konvent 1793 geschaffenen öffentlichen Adoption um ein adoptionsähnliches Institut, das allerdings noch lange nach der Revolution in Frankreich in Gebrauch war[612].

## III. Die Regelung der Adoption im Code de la Convention

Das Gesetzeskomitee, das zur Schaffung eines Zivilgesetzbuches für das gesamte Königreich eingesetzt worden war, hatte unter der Redaktion von Cambacérès schließlich einen ersten Gesetzesentwurf ausgearbeitet, den Cambacérès dem Nationalkonvent am 09.08.1793 zur Prüfung vorlegte[613]. Dieser erste Entwurf eines einheitlichen Zivilgesetzes, der „Code de la Convention", bestand aus insgesamt vier Büchern. Das erste Buch handelte vom Stand der Personen, das zweite von den Gütern, das dritte Buch von den Verträgen und schließlich wurden im vierten Buch die Klagen behandelt. Jedes Buch war in verschiedene Titel gegliedert, die wiederum einzelne Artikel enthielten. Die Adoption wurde im ersten Buch, siebter Titel in insgesamt 24 Artikeln behandelt[614].

### 1) Ausgestaltung der Adoption als einheitliches Rechtsinstitut

Ebenso wie im preußischen Gesetzbuch von 1794 war die Adoption im Code de la Convention als einheitliches Rechtsinstitut ausgestaltet. Bei der Ausarbeitung der gesetzlichen Regelung hatte man sich somit nicht an den unterschiedlichen Adoptionsformen adoptio plena, minus plena und Arrogation aus dem römischen Recht orientiert. Denn eine solche Orientierung hätte auf der Annahme beruhen müssen, dass zwischen dem Eintritt und dem Übertritt in die väterliche Gewalt in der Gestalt der römischen patria potestas ein Unterschied besteht[615]. Dazu wäre die Anerkennung der römischen patria potestas zwingende Voraussetzung gewesen. Die

---

611 Siehe oben unter C.

612 Nachweise dazu bei Gutton, S. 109 f.

613 Barazetti, Einführung in das frz. Civilrecht, S. 13 f.; 313.

614 Siehe Fenet, Recueil complet des travaux préparatoires du Code civil, T. I, 1.Buch: De l'état des personnes, titre VII, S. 29–31.

615 Dazu auch oben 1. Abschnitt: B. I.

Revolutionsgesetzgebung wandte sich jedoch entschieden gegen die römische patria potestas und das damit verbundene Familienverständnis[616]. Die Familie sollte eine freiwillige Vereinigung[617] zum Zweck der Kindererziehung sein, die ebenso wie die Revolution von den Gedanken der Freiheit, Gleichheit und Unabhängigkeit getragen sein sollte[618]. Die revolutionäre Gesetzgebung betonte die persönliche Glückseligkeit des Einzelnen wieder stärker, was unter anderem zur Anerkennung der kindlichen Persönlichkeit führte[619]. Das stand jedoch im krassen Gegensatz zu einem Verständnis von der väterlichen Gewalt als einer an die römische patria potestas angelehnten, tyrannischen Macht des Hausvaters. Die revolutionären Gesetzgeber setzten der totalitären Ausübung der väterlichen Gewalt daher Schranken, die letztlich sogar auf die Beseitigung der hausväterlichen Macht gerichtet waren[620]. Ausgegangen wurde nunmehr von einer elterlichen Gewalt, die nur zum Wohl des Kindes ausgeübt werden durfte[621]. Nach dem Dekret vom 28.08.1792 durfte die elterliche Gewalt lediglich noch über minderjährige Kinder ausgeübt werden und endete mit dem Erreichen der Volljährigkeit, des 21. Lebensjahres[622].

---

616 Sagnac, La législation civile de la Révolution Française, S. 305, 294-324.

617 Die Revolutionsgesetzgebung wandte sich entschieden gegen (familiäre) Heiratskontrollen. Die Freiheit der Eheschließung, zu deren Wirksamkeit es keines Gottesdienstes mehr bedurfte, zählte später ebenso wie die Scheidungsfreiheit zu den Errungenschaften der Revolution; vgl. Dörner, S. 128.

618 Sagnac, La législation civile de la Révolution Française, S. 305. Eine gesetzliche Definition der Familie findet sich in der Revolutionsgesetzgebung nicht.

619 Es vermischte sich somit Gedankengut aus dem Zeitalter der Aufklärung und des Naturrechts mit den revolutionären Vorstellungen, die nur zunächst auf die Umwälzung des Staates beschränkt waren, sich dann aber auf das Verständnis der Familie als der „kleineren Republik" ausbreiteten.

620 Glasson, Éléments du droit français, S. 237 f.; Chaussinand-Nogaret, Väterliche Gewalt und revolutionäres Verhalten, S. 310, 312. Siehe auch Art. 18 der Verfassung von 1793 („La loi ne reconnaît point de domesticité"), der das Ende der Hausherrschaft verkündete. Es sollte kein Hausgesinde mehr geben, das der Gewalt des „Chef de famille" unterworfen war. Da grundsätzlich alle Menschen gleich und frei waren, sollte ein Individuum lediglich seine Zeit und Arbeitskraft, nicht mehr aber seine eigene Person verkaufen können. Die häuslichen Dienste sollten nur noch durch einen zwischen den Individuen abzuschließenden Vertrag vereinbart werden können. Allerdings wurde der Artikel nicht in die französische Verfassung von 1795 übernommen; Koselleck, Die Auflösung des Hauses als ständischer Herrschaftseinheit, S. 109.

621 Die Ausübung der elterlichen Gewalt unterlag seit 1790 einem *tribunal domestique*, dem die nächsten Verwandten des Kindes angehörten und bei Züchtigungsmaßnahmen der Eltern darüber entschieden, ob diese im Interesse des Kindes ausgeübt worden waren, Sagnac, La législation civile de la Révolution Française, S. 305 f.

622 Das Dekret vom 20.09.1792 setzte die Volljährigkeit auf die Vollendung des 21. Lebensjahres

Des Weiteren unterlag das väterliche Detentionsrecht der Kontrolle durch die Familiengerichte, was eine weitere Einschränkung bedeutete[623].
Unter Zugrundelegung dieses Verständnisses von Familie und elterlicher Gewalt verbot sich für die Revolutionsgesetzgebung daher eine Anlehnung an die römischrechtliche Teilung der Adoptionsformen. Die Ausgestaltung der Adoption als ein einheitliches Rechtsinstitut war damit nur konsequent.

### 2) Voraussetzungen der Adoption

Die Voraussetzungen der Adoption waren in den Art. I – IX Code de la Convention geregelt. Die Artikel I – IV des Code de la Convention bezogen sich auf die Frage, wer an Kindes statt annehmen durfte und wer angenommen werden konnte. Danach durften Frauen und Männer sowie auch ein Ehepaar gemeinsam an Kindes statt annehmen. Bereits vorhandene leibliche Nachkommen stellten dabei, anders als im römischen und preußischen Recht, kein Adoptionshindernis dar. Ebenfalls vom preußischen Recht abweichend bestimmte Art. IV Code de la Convention[624]:

„L'enfant impubère peut seul être adopté".

Demgemäß durfte nur ein unmündiges Kind adoptiert werden. Die Adoption eines Großjährigen war untersagt. Des Weiteren bestimmte Art. V Code de la Convention die Voraussetzungen, die in der Person des Annehmenden vorliegen mussten. Es reichte nicht aus, dass der Annehmende großjährig war, sondern es musste auch ein gewisser Altersunterschied zwischen Annehmendem und Angenommenen bestehen. Der verlangte Altersunterschied variierte jedoch danach, ob ein Mann oder eine Frau an Kindes statt annahm. Bei einem Adoptivvater musste nach Art. V Code de la Convention der Altersunterschied mindestens 15 Jahre betragen, während die annehmende Mutter nur mindestens 13 Jahre älter sein musste. Für eine wirksame Adoption war es außerdem notwendig, dass die leiblichen Eltern des Anzunehmenden in die Adoption einwilligten[625]. War bereits ein Elternteil verstorben, dann genügte die Zustimmung des noch Lebenden. Handelte es sich bei dem anzunehmenden Kind hingegen um eine Vollwaise, so konnte es nur durch denjenigen in Adoption gegeben werden, den der Familienrat vorher ausgewählt hatte[626]. Besaß das Kind auch keine Verwandten mehr, so reichte nach Art. IX Code de la Convention auch die einseitige Erklärung des Annehmenden aus, um die Vollwaise an Kindes statt anzunehmen. Neben der Erklärung des Annehmenden sowie der

---

fest. Gleichzeitig wurde die Zustimmung der Eltern in die Eheschließung des Kindes auf Minderjährige beschränkt; Sagnac, La législation civile de la Révolution Française, S. 309; Lévy/Castaldo, Histoire du droit civil, S. 59.

623 Dekret vom 16.08.1790; Glasson, Éléments du droit français, S. 238; Maleville, Band I, S. 387.

624 Fenet, Recueil complet des travaux préparatoires du Code civil, T. I, 1. Buch: De l'état des personnes, titre VII, S. 29.

625 Vgl. Art. VII, 1. Buch, VII. Titel, Code de la Convention.

626 Vgl. Art. VIII, 1. Buch, VII. Titel, Code de la Convention.

Zustimmung der leiblichen Eltern in die Adoption stellte Art. VI Code de la Convention als weitere formelle Voraussetzung auf, dass der Adoptionsakt von Staatsbeamten aufgenommen und aufbewahrt wurde.

### 3) Unwiderruflichkeit der Adoption seitens des Annehmenden

War der Adoptionsakt damit wirksam durchgeführt worden, so konnte die Adoption von dem Annehmenden nicht widerrufen werden[627]. Allein der Unmündige besaß das Recht, nach erlangter Großjährigkeit Einspruch gegen seine Adoption einzulegen[628]. Erhob der Adoptierte mit Erreichen der Großjährigkeit binnen eines Jahres allerdings keinen Einspruch gegen die Adoption, so entsprach das einer Genehmigung der Annahme. Für den Fall aber, dass der Angenommene Einspruch erhob, galt, dass er nach Art. XII Code de la Convention zu seiner leiblichen Familie zurückkehren konnte und dort rechtlich so gestellt wurde, als wenn keine Adoption stattgefunden hätte. Denn mit Erhebung des Einspruchs handelte es sich um eine Adoption, die nicht rechtskräftig geworden war[629]. Entschied sich der Angenommene für diesen Weg, so stand dem Adoptierenden nach Art. XIII Code de la Convention nicht das Recht zu, Forderungen gegen den Angenommenen oder seine Familie wegen der geleisteten Unterstützung geltend zu machen.

### 4) Wirkungen der Adoption

Die Wirkung der Adoption richtete sich dementsprechend danach, ob der mittlerweile großjährige Adoptant Einspruch gegen die Annahme erhoben oder sie anerkannt hatte. Handelte es sich um eine rechtskräftige und damit vollendete Adoption, hatte also der mittlerweile großjährige Adoptant keinen Einspruch erhoben, so bestimmte Art. XV Code de la Convention:

> „Dans l`état d`adoption parfaite, l`enfant n`appartient plus qu` à son père adoptif; il sort de sa famille primitive, et n`y conserve, comme il ne lui transmet aucun droit, soit en ligne directe, soit en ligne collatérale“ [630].

Danach „gehörte“ der Adoptierte nur seinem Adoptivvater an. Der Angenommene trat aus seiner ursprünglichen Familie aus und verlor dort alle seine Rechte[631], genauso, wie er seiner leiblichen Familie kein Recht übertrug – weder in der direkten

---

627 Vgl. Art. X, 1. Buch, VII. Titel, Code de la Convention.

628 Verstarb der Adoptierte noch vor Erreichen der Großjährigkeit, so bestimmte Art. XIV, 1. Buch, VII. Titel, Code de la Convention, dass es sich um eine rechtskräftige Adoption handelte und die Adoption damit so zu behandeln sei, als wenn der Adoptierte auch bei Erreichen der Großjährigkeit keinen Einspruch gegen seine Adoption erhoben hätte.

629 Das folgt aus dem Umkehrschluss von Art. XV, 1. Buch, VII. Titel, Code de la Convention.

630 Fenet, Recueil complet des travaux préparatoires du Code civil, T. I, 1. Buch: De l'état des personnes, titre VII, S. 30.

631 Gemäß Art. XXIII, 1. Buch, VII. Titel, Code de la Convention besaß der Angenommene gegenüber seiner ursprünglichen Familie nach vollendeter Adoption auch nur noch die Pflicht, für Nahrungsunterhalt zu sorgen.

noch in der Seitenlinie. Somit verlor der Angenommene auch seine erbrechtliche Stellung in der ursprünglichen Familie. Allerdings führte die künstliche Schaffung des Eltern-Kind-Verhältnisses zwischen Annehmenden und Angenommen[632] nicht nur dazu, dass der Adoptierte den Namen des Adoptivvaters erhielt, sondern hatte außerdem zur Folge, dass der Angenommene gegenüber dem Adoptivvater die gleichen Rechte wie dessen leibliche Nachkommen genoss[633]. Aus vermögensrechtlicher Sicht stand dem Angenommenen daher ein Erbrecht gegenüber dem Adoptivvater zu. Eine Gefährdung dieses Erbrechts, etwa durch die Aufhebung der Adoption, konnte nicht eintreten, da einerseits die Adoption nach Art. X Code de la Convention seitens des Annehmenden nicht widerrufen werden konnte und andererseits bei Erhebung des Einspruchs durch den großjährigen Angenommenen dieser zurück in den Schoß seiner ursprünglichen Familie fiel und ihm dort die vermögensrechtliche Stellung wieder eingeräumt wurde, die er auch vor der Adoption besessen hatte. Indes war das Erbrecht des Adoptierten gegenüber dem Annehmenden gemäß Art. XIX Code de la Convention der Höhe nach begrenzt:

> „La part de l'enfant adoptif dans la succession du père qui l'a adopté, ne pourra s'élever au-délà d'un capital, donnant le revenu annuel de 300 quintaux de froment. Jusqu'à cette concurrence, il partagera également avec les enfants du sang, s'il s'en trouve, et à leur défaut, il en fera le prélèvement sur la masse"[634].

Danach konnte der Erbteil des Adoptivkindes am Erbe seines Adoptivvaters ein Kapital, das ein jährliches Einkommen von 300 Zentnern Weizen abwarf, nicht übersteigen[635]. Bis zu diesem Höchstbetrag musste der Angenommene mit den leiblichen Kindern des Annehmenden gleich teilen. Waren keine leiblichen Kinder des Adoptivvaters vorhanden, so sollte sich nach dem letzten Halbsatz des Art. XIX Code de la Convention der Adoptierte den Betrag im Voraus von der Erbmasse nehmen können. Überstieg der Nachlass des Adoptivvaters den Betrag, so hatte das für das Adoptivkind keine Auswirkungen, da der Überschuss den leiblichen

---

632 Art. XVII, 1. Buch, VII. Titel, Code de la Convention bestimmte, dass der Adoptivvater gegenüber dem Adoptivkind die gleichen Rechte und Pflichten besaß wie der natürliche Vater gegenüber seinen leiblichen Nachkommen. In Zusammenhang mit den Artt. I – IX, 1. Buch, V. Titel, Code de la Convention folgt daraus, dass das Adoptivkind der Aufsicht und dem Schutz des Adoptierenden unterstellt war und der Adoptierende die Pflicht besaß, das Adoptivkind zu ernähren und zu erziehen. Weiterhin musste der Adoptivvater dafür sorgen, dass das Adoptivkind ein landwirtschaftliches Gewerbe oder ein Handwerk erlernte. Ferner bestand im Bedürfnisfall eine wechselseitige Alimentationsverpflichtung.

633 Vgl. Art. XVI und XVIII, 1. Buch, VII. Titel, Code de la Convention.

634 Fenet, Recueil complet des travaux préparatoires du Code civil, T. I, 1. Buch: De l'état des personnes, titre VII, S. 30.

635 Handelte es sich hingegen um eine gemeinschaftliche Adoption durch die Eheleute, so sollte das Adoptivkind diesen Betrag verhältnismäßig von den Gütern des Adoptivvaters und der Adoptivmutter nehmen, vgl. Art. XX, 1. Buch, VII. Titel, Code de la Convention.

Nachkommen des Adoptivvaters nach Art. XXI Code de la Convention zustand. Waren keine leiblichen Nachkommen vorhanden, so erlangten die nächsten nach Gesetz Berufenen das restliche Erbe.
Auf die Familie des Adoptivvaters hatte die Adoption keine Auswirkung. Ihr gegenüber galt der Adoptierte als Fremder[636]. Dementsprechend trat das Adoptivkind durch die Adoption nicht in die Adoptivfamilie ein, so dass es ihr gegenüber auch keinerlei Rechte besaß. Allerdings bestimmte Art. XXII Satz 2 Code de la Convention[637]:

> „Néanmoins, et en cas qu`il meure sans enfants, et après son père adoptif, les biens qu`il laissera appartiendront à la famille de ce dernier par droit de retour."

Verstarb demnach das Adoptivkind nach seinem Adoptivvater und ohne eigene Nachkommen, so erbte die Adoptivfamilie kraft Rückfallsrechts die Güter. Rechtlich war dies jedoch die einzige Situation, die eintreten konnte, in der die Adoption Auswirkungen auf die Adoptivfamilie entfaltete.

### IV. Fazit

Letztendlich trat dieser erste Entwurf eines allgemeinen Zivilgesetzbuches jedoch nicht in Kraft, sondern scheiterte an der fehlenden Zustimmung des Nationalkonvents. Das gleiche Schicksal erlitten auch noch drei weitere während der Revolutionszeit entstandene Gesetzesentwürfe[638]. Der Nationalkonvent hatte den Code de la Convention mit der Begründung abgelehnt, dass der Entwurf nicht dem Geiste der Revolution entspreche und es an republikanischen Ideen mangele[639]. Der Vorwurf des Konvents bezog sich dabei auf den gesamten Gesetzgebungsentwurf und nicht auf einzelne Rechtsinstitute.
Im Hinblick auf die Regelung der Adoption wäre eine solche Kritik allerdings auch ungerechtfertigt gewesen. Denn sowohl die Erinnerung an das Rechtsinstitut wie die Wiederanerkennung der Adoption im Sinne der künstlichen Schaffung eines Eltern-Kind-Verhältnisses beruhten maßgeblich auf den Umständen der Revolution. Gerade dem Geist der Revolution war es zu verdanken, dass der Wille, die Adoption gesetzlich zu verankern, überhaupt bestand. Nichts anderes folgt ferner aus dem von Cambacérès am 09.08.1793 vor dem Nationalkonvent abgelieferten Be-

---

636 Vgl. Art. XXII, 1. Buch, VII. Titel, Code de la Convention.

637 Fenet, Recueil complet des travaux préparatoires du Code civil, T. I, 1. Buch: De l'état des personnes, titre VII, S. 31.

638 Die anderen drei Gesetzesentwürfe stammen aus den Jahren 1794, 1796 und 1799. An den Gesetzesentwürfen von 1794 und 1796 war Cambacérès maßgeblich beteiligt, was den Umstand erklärt, dass diese Gesetzesentwürfe dem ersten ähnelten, Barazetti, Einführung in das frz. Civilrecht, S. 15; Conrad, Band II, S. 397.

639 Schlosser, Grundzüge, § 3 IV, 2), S. 112; Barazetti, Einführung in das frz. Civilrecht, S. 15.

richt über die von dem Gesetzeskomitee zu Grunde gelegten Motive. Darin heißt es unter anderem[640]:

> „L`adoption est tout à la fois une institution de bienfaisance et la vivante image de la nature. Le respect dû à cette double qualité a déterminé le mode que nous venons de vous soumettre. L`adoption donne plus d`étendue à la paternité, plus d`activité à l`amour filial; elle vivifie la famille par l`emulation; elle la répare par de nouveaux choix; et corrigeant ainsi les erreurs de la nature, elle en acquitte la dette en agrandissant son empire. C`est le rameau étranger enté sur un tronc antique; il en ranime la sève; il embellit sa tige de nouveaux rejetons; et, par cette insertion heureuse, elle couronne l`arbre d`une nouvelle moisson de fleurs et de fruits: admirable institution que vous avez eu la gloire de renouveler, et qui se lie si naturellement à la constitution de la rèpublique, puisqu`elle amène sans crise la division des grandes fortunes!“

Abweichend von dieser bildhaften Sprache enthielt der Bericht an anderer Stelle noch die etwas kürzer und prägnanter formulierte Aussage[641]:

> „L´adoption, cette institution protectrice, cette sage et bienfaisante émule de la nature, n`appartient pas moins à l`état des personnes; elle le confère à l`enfant.“

Hintergrund für die gesetzliche Regelung der Adoption im Code de la Convention waren für das Gesetzeskomitee demnach hauptsächlich die Aspekte der Wohltätigkeit, der Nachahmung der Natur und die Aufteilung des Vermögens unter den (adoptierten) Erben gewesen[642]. Damit hatte sich das Komitee maßgeblich an den Forderungen orientiert, die schon zur Anerkennung der Adoption geführt hatten und die insbesondere von der Partei der Jakobiner[643] aufgegriffen worden waren, die mittels der Adoption eine Umstrukturierung der Gesellschaft im Sinne der Annäherung der verschiedenen sozialen Klassen hatte erreichen wollen. Dass sich das Komitee sogar der allgemeinen Glorifizierung des Rechtsinstituts angeschlossen hatte, zeigt einerseits bereits die wiedergegebene Passage des Berichts von Cambacérès, andererseits der Entwurf selbst. Denn der letzte Artikel der Adoptionsregelung im Code de la Convention bestimmte[644]:

---

640 Fenet, Recueil complet des travaux préparatoires du Code civil, T. I, Rapport fait a la Convention Nationale, S. 7.

641 Fenet, Recueil complet des traveaux préparatoires du Code civil, T. 1, Rapport fait a la Convention Nationale, S. 12.

642 Deutlich erkennbar ist dies unter anderem an den Art. III, V, X, XV, XVII, XVIII – XXII, 1. Buch, VII. Titel, Code de la Convention.

643 Ausführlich zu dem Programm der Jakobiner: Secretan, S. 7 und Gutton, S. 107, 111 f. (Document n° 9, Saint- Just et l`adoption).

644 Art. XXIV, 1. Buch, VII. Titel, Code de la Convention.

„Les noms des citoyens qui auront adopté des enfans, seront honorablement inscrits dans un tableau: ce tableau sera affiché en la principale salle des séances de la municipalité où ils résideront."

Danach sollten die Namen der Bürger, die ein Kind adoptiert hatten, auf eine Ehrentafel, die im Hauptsitzungssaal ihrer Gemeinde auszuhängen war, geschrieben werden. Eine Adoption sollte daher dem adoptierenden Bürger zu ehrenhaftem Ansehen verhelfen.

Insgesamt entsprachen somit die Adoptionsregelungen im ersten Entwurf eines allgemeinen Zivilgesetzbuches für Frankreich aus dem Jahr 1793 dem Geist der Revolution. Die revolutionären Ideen bildeten die Grundlage für das Verständnis und damit für den Sinn und Zweck, den die Adoption erfüllen sollte. Im Vordergrund standen dabei durchgängig der erbrechtliche und der sozial-wohltätige Aspekt.

Auf den ersten Blick erscheint daher ein Vergleich zu den Adoptionsregelungen des römischen Rechts, insbesondere wegen der vermögensrechtlichen Seite der Adoption, nicht fern liegend. Allerdings weichen die Adoptionsregelungen in Voraussetzungen und Rechtsfolgen erheblich voneinander ab. Selbiges gilt für Adoptionshindernisse und für die aus dem römischen Recht bekannten Adoptionsverbote. Teilweise beruhten die erheblichen Unterschiede auf dem zu Grunde liegenden Familienverständnis. Das demokratisch geprägte Familienverständnis zur Zeit der französischen Revolution[645] stand in krassem Gegensatz zu dem streng hierarchischen Familienaufbau im römischen Recht. Das Gesetzeskomitee konnte sich daher schon nicht der römisch-rechtlichen Einteilung der Adoption in verschiedene Formen anschließen. Die Schaffung eines einheitlichen Rechtsinstituts, nach dem beide Geschlechter gemeinsam oder allein adoptieren konnten, war somit Ausfluss des Familienverständnisses zur Zeit der Revolution[646]. Abgesehen davon, lagen die Rechtsfolgen, die eine Adoption auslösen konnte, nach dem Entwurf des ersten französischen Zivilgesetzbuches in der Hand des adoptierten Kindes. Eine rechtskräftige Adoption bestand nur dann, wenn der mittlerweile volljährig Adoptierte der Adoption nicht widersprach. Erst und nur dann trat der Adoptierte aus seiner ursprünglichen Familie aus und beerbte seinen Adoptivvater. Die Entscheidung darüber lag also gerade nicht bei dem Adoptierenden bzw. bei dessen Wahl der Adoptionsform.

Alles in allem grenzte sich das Gesetzeskomitee bei der gesetzlichen Fixierung der Adoption im Code de la Convention somit deutlich vom römischen Adoptionsrecht ab. Allerdings ist zu beachten, dass dieser erste Entwurf eines französischen Zivilgesetzbuches nicht in Kraft trat. Rückblickend folgt daraus, dass die Wiederentdeckung der Adoption und deren Anerkennung im Jahr 1792 der französischen Revolution zu verdanken sind. Da die Schaffung eines einheitlichen Zivilgesetzbu-

645 Das Postulat von der Freiheit und Gleichheit aller Individuen beeinflusste das französische Familienverständnis erheblich, siehe oben D.

646 Siehe oben D. III. 1.

ches für Frankreich zu dieser Zeit jedoch scheiterte, fehlte es an einem Gesetz, das die Voraussetzungen und Wirkungen der Adoption festlegte. Erst mit dem Inkrafttreten des Code Napoleon 1804 wurde die Adoption mit ihren Voraussetzungen und Wirkungen gesetzlich verankert.

## E. Der Code civil von 1804 (für die linksrheinischen Länder)

### I. Zustandekommen des Code civil

Durch den Staatsstreich vom 09.11.1799 stürzte Napoleon Bonaparte mit Hilfe des Militärs schließlich die seit 1795 bestehende Direktorialregierung und führte die Konsularregierung ein[647]. Nach der Einführung der Konsulatsverfassung nahm Napoleon, als Erster Konsul der französischen Republik, die unter der Direktorialregierung gescheiterten Bemühungen um eine Vereinheitlichung von Revolutionsgesetzgebung und des daneben angewendeten feudalen Rechts wieder auf. Zur Schaffung eines einheitlichen Zivilgesetzbuches wurde eine Kommission, bestehend aus den Juristen Portalis, Tronchet, Bigot de Préameneu und Maleville, eingesetzt[648]. Ein schon wenige Monate später von der Kommission vorgelegter Entwurf[649] wurde den Obergerichten und der Öffentlichkeit zur Prüfung vorgelegt und dann Titel für Titel bei der Section de législation, der gesetzgebenden Sektion des Staatsrates, durchberaten[650]. Die Änderungen, die sich durch die Umarbeitung ergaben, wurden dann titelweise dem gesamten Conseil d`État unter dem Vorsitz des Ersten Konsuls oder dem des Konsuls Cambacérès zur Diskussion vorgelegt[651].
Nach der Überwindung parlamentarischer Schwierigkeiten im Jahr 1802 wurden die 36 Titel des Gesetzesentwurfs schließlich als IV. Projekt des Code civil dem gesetzgebenden Körper vorgelegt[652]. Der gesetzgebende Körper nahm den Geset-

647 Conrad, Band II, S. 397; Schlosser, Grundzüge, § 3 IV, 2), 3) S. 111 ff.

648 Locré, Bd. I, S. 9; Wieacker, PRGN, § 19, S. 339 ff.; Wesenberg/Wesener, Neuere deutsche Privatrechtsgeschichte, S. 161.

649 Das I. Projekt des Code civil, bestehend aus insgesamt 36 Titeln.

650 Durch die dort vorgenommenen Abänderungen entstand das II. Projekt des Code civil.

651 Das Ergebnis der Diskussion im Plenum des Staatsrates wird als III. Projekt des Code civil bezeichnet, Barazetti, Einführung in das frz. Civilrecht, S. 18; Heinsheimer, Einleitung, S. VII.

652 Wurde ein Titel im Staatsrat angenommen, so wurde er als Gesetzesvorschlag durch den Ersten Konsul vor den Corps législatif gebracht, der, entsprechend Art. 25 der Konsulatsverfassung, den Gesetzesvorschlag, nach dessen mündlicher Begründung, an das Tribunal weiterleitete. Die gesetzgebende Kommission des Tribunals sandte dann, nach eingängiger Prüfung des Gesetzesvorschlages, ein Mitglied zum Plenum des Tribunals, das die Entscheidung der Kommission, Annahme oder Ablehnung des Gesetzes, kundgab. Daraufhin stellte das Plenum des Tribunals bei dem Corps législatif den Antrag auf Ablehnung oder Annahme des Gesetzes. Der Corp législatif war nach der Verfassung jedoch nicht an den Antrag des Tribunals gebunden. Dieses Verfahren führte unweigerlich zu Unstimmigkeiten zwischen der Regierung, dem gesetzgebenden Körper und dem Tribunal. Die Beseitigung der parlamentarischen Schwierigkeiten im Jahr 1802 (die Gesetzesarbeiten ruhten vom 16. nivose X (06.01.1802) – 27. bru-

zesentwurf zunächst in 36 Einzelgesetzen an und verkündete diese zusammen am 20.03.1804 als Code civil des Français[653]. Mit dem Inkrafttreten des Code civil des Français endete für die ehemals linksrheinisch-preußischen Gebiete, die mit dem Vertrag von Lunéville 1801 an Frankreich gefallen waren, die Geltung des ALR. Das ALR hatte damit insgesamt nur 10 Jahre in der gesamten preußischen Monarchie gegolten[654].

## II. Die Debatten über die Adoption während der Gesetzesarbeiten zum Code civil

### 1) Vor der Unterbrechung der Gesetzesarbeiten am 06. Januar 1802

Die Adoption erregte auch während der Gesetzesarbeiten zum Code civil noch die Gemüter. Zwar war die Adoption seit 1792 generell anerkannt, doch fand sie im Gesetzesentwurf der durch die Konsuln Bonaparte, Cambacérès und Lebrun ernannten Redaktionskommission keine Berücksichtigung[655]. Während die Kommission demnach die Adoption stillschweigend übergehen wollte, befürwortete die gesetzgebende Sektion des Staatsrates eine gesetzliche Regelung des Instituts. Die Section de législation legte dem Staatsrat daher selbst einen Gesetzesentwurf vor[656]. Folglich war eine Auseinandersetzung mit der Frage, ob die Adoption überhaupt Eingang in das neue Gesetzbuch finden sollte, unumgänglich.

#### a) Aufnahme der Adoption in das Gesetzbuch

Zunächst beharrte die Kommission auf dem Standpunkt, den sie auch schon bei der Erstellung des Gesetzesentwurfs zu Grunde gelegt hatte und der ablehnend gegenüber einer gesetzlichen Einführung der Adoption war[657]. Insbesondere die Kommissionsmitglieder Maleville und Tronchet wandten sich in ihrer Argumentation gegen die Adoption[658]. So führten sie unter anderem aus, dass ein Rückgriff auf das den französischen Sitten unbekannte Rechtsinstitut der Adoption nicht not-

---

maire XI (18.11.1802)) geschah in der Art, dass Napoleon verfassungswidrig die Zahl der Mitglieder des Tribunals von 100 auf 50 herabsetzte und dem Tribunal das Recht entzog, über die Gesetzesentwürfe der Regierung zu entscheiden. Dem Tribunal stand danach nur noch das Recht der beratenden Mitwirkung zu, bis es durch eine Sénatus-Consulte 1807 endgültig abgeschafft wurde. Der gesetzgebende Körper wurde schon durch die teilweisen Erneuerungswahlen „regierungsfreundlicher", ausführlich dazu Locré, Bd. I, S. 12 - 15; Barazetti, Einführung in das frz. Civilrecht, S. 16 – 20.

653 Heinsheimer, Einleitung, S. VII.

654 Hattenhauer, Das ALR im Widerstreit der Politik, S. 47.

655 Locré, Band VI, S. 358.

656 M. Berlier präsentierte in der Staatsratssitzung vom 27.11.1801 (nach republikanischem Kalender am 06. frimaire X) das Projekt, Locré, Band VI, S. 358.

657 Maleville, Band I, S. 343 f.

658 Locré, Band VI, S. 403 – 411; Maleville, Band I, S. 342 f.

wendig sei, nur weil eine Person einer anderen eine Wohltat erweisen wolle[659]. Denn rechtlich gebe es genügend Mittel, wie etwa die Schenkung unter Lebenden oder auf den Todesfall, um diesem Verlangen nachzukommen[660]. Eine gesetzliche Aufnahme der Adoption fördere nicht nur die Ehelosigkeit, sondern führe auch zu einer Umgehung der gesetzlichen Erbfolge. Denn mittels der Adoption sei es möglich, dass uneheliche Kinder, die nach dem Gesetz gerade nicht erbberechtigt seien, erbberechtigt würden[661]. Wollte man die Adoption dennoch nicht gänzlich verwerfen, so sei sie nur als politisches Instrument denkbar[662]. Als politisches Institut bedürfe die Adoption jedoch keiner gesetzlichen Regelung, da sie als von der Regierung zu erlassendes Einzelfallgesetz ergehen würde[663]. Form und Wirkung der Adoption würden durch das Gesetz im Einzelfall festgesetzt werden. Dennoch sollte die Adoption nur in wenigen Ausnahmefällen zugelassen werden. Für die Kommission stand dementsprechend die Einführung der Adoption als ein zivilrechtliches Institut gar nicht zur Debatte[664]. Ganz im Gegensatz zu dieser von der Kommission vertretenen Auffassung stand die Ansicht der Sektion des gesetzgebenden Staatsrates.

Die Section de législation hielt, wie der von ihr eingebrachte Gesetzesentwurf zeigte, eine gesetzliche Fixierung der Adoption für unerlässlich[665]. Auch der Erste Konsul sprach sich für die Einführung der Adoption aus. So bemerkte er, dass der Sinn der Adoption gerade darin bestehe, eine vollkommene Nachahmung der Natur in den Fällen zu erreichen, wo die Natur selbst versagt hätte[666]. Durch die künstliche Schaffung eines Eltern-Kind-Verhältnisses würden zwischen Adoptivkind und Adoptivvater die gleichen Gefühle hervorgerufen werden können, die auch zwischen einem Vater und seinem leiblichen Kind bestehen würden. Auf den Einwand, dass es unmöglich sei, die Natur nachzuahmen, entgegnete Napoleon, dass sich die Natur tatsächlich nicht gänzlich nachahmen lasse, sich aber für die Paternität und die Filiation ein Analogon bilden lasse, auf das nicht verzichtet werden dürfe[667]. Denn die Glückseligkeit der Menschen beruhe auf dem Familienverhältnis, insbesondere auf dem Eltern-Kind-Verhältnis. Wo die Natur dem Menschen diese Glückseligkeit verweigere, könne der Kinderwunsch durch die Adop-

659 Maleville, Band I, S. 343.

660 Locré, Band VI, S. 400 ff.

661 Locré, Band VI, S. 401, 404; Maleville, Band I, S. 345; S. 346 Fn. *.

662 Locré, Band VI, S. 389, 399, 404 ff.

663 Maleville, Band I, S. 342 f.; Locré, Band VI, S. 399 ff.

664 Maleville, Band I, S. 343.

665 Die Section de législation betrachtete die Adoption als ein zivilrechtliches Institut und gerade nicht als politisches Instrument, ausführlich dazu unten unter b.

666 Locré, Band VI, S. 450, 454.

667 Bauríttel, S. 16; Locré, Band VI, S. 450, 554.

tion, die eine Täuschung der Gefühle zur Folge hätte, realisiert werden und so zum Glück des Einzelnen beitragen[668]. Die Adoption stelle somit eine Wohltat für Adoptierenden und Adoptierten dar. Nach Ansicht des Ersten Konsuls rechtfertigte allein schon dieser Punkt die Aufnahme der Adoption in das Gesetzbuch[669]. Die Adoption hatte mit Napoleon einen mächtigen Fürsprecher im Staatsrat, gegen den endlich auch die erbitterten Widersacher Tronchet und Maleville nichts ausrichten konnten.

Man einigte sich schließlich, nicht zuletzt wegen der erheblichen Einflussnahme des Ersten Konsuls, auf die generelle Aufnahme der Adoption in das Gesetzbuch.

### b) Der Charakter der Adoption – zivilrechtliches Institut oder politisches Instrument?

Allerdings bestanden die Kommissionsmitglieder Tronchet und Maleville weiterhin darauf, dass die Adoption lediglich als ein rein politisches Institut eingeführt werden dürfe. Sie waren der Überzeugung, dass die Adoption nur unter erschwerten Bedingungen angewendet werden dürfe und formell allein vom Corps législatif zugestanden werden könne[670]. Die Adoption sollte, als eine absolute Ausnahmeregelung, nur den Bürgern zur Verfügung stehen, die der Republik besondere Dienste geleistet und sich dadurch besonders ehrenhaft ausgezeichnet hatten, deren Ehen jedoch kinderlos geblieben waren[671]. Wollte demnach ein Bürger die Freuden der Elternschaft genießen und besaß selbst keine leiblichen Kinder, so sollte er sich die Adoption eines fremden Kindes erst „verdienen“ müssen. Der so gestaltete Ausnahmecharakter der Adoption blieb nach der Ansicht Tronchets und Malevilles für eine wirksame Einschränkung der Missbrauchsgefahr[672] unerlässlich. Im Gegensatz dazu wollte die Section de législation die Adoption als ein rein zivilrechtliches Institut ausgestalten, das jedermann zugänglich sein sollte, der die noch festzulegenden Voraussetzungen erfüllte[673].

Somit stellte sich noch in der Staatsratssitzung vom 27.11.1801[674] die weitere Frage, ob die Adoption im französischen Recht ein politisches Instrument oder ein zi-

---

668 Locré, Band VI, S. 454.

669 Baurittel, S. 18.

670 Locré, Band VI, S. 399, 407, 428 ff.; Fenet, Recueil complet des travaux préparatoires du Code civil, T. X, 1. Buch: De l'état des personnes, titre VIII, S. 251 ff.; 255; 260 ff.; 275.

671 Locré, Band VI, S. 358, 399; Lassaulx, II, S. 222.

672 Die Missbrauchsgefahr wurde insbesondere darin gesehen, dass durch die Adoption uneheliche Kinder, die nach dem Gesetz nicht erbberechtigt waren, erbberechtigt würden; Maleville, Band I, S. 346 – 350, Fn. *.

673 Locré, Band VI, S. 359, 411, 428 ff.; auch der Erste Konsul sprach sich für die Adoption als ein zivilrechtliches Institut aus, vgl. Locré, Band VI, S. 360.

674 Nach republikanischem Kalender der 06. frimaire X.

vilrechtliches Institut werden sollte[675]. Mit der Klärung dieser Frage wurde die gesetzgebende Sektion des Staatsrats beauftragt[676]. Das von ihr gefundene Ergebnis sollte in Form eines Berichts in einer nächsten Sitzung erneut dem Staatsrat vorgelegt werden.

Jedoch noch vor einer Stellungnahme der Section de législation entkräfteten Roederer und Portalis[677] die von den Kommissionsmitgliedern Tronchet und Maleville vorgetragenen Argumente zur politischen Instrumentalisierung der Adoption. Portalis wandte gegen Tronchet und Maleville ein[678]:

> „Comme mesure politique, elle est impossible; d`aprés quelles bases seraitelle organisée? Elle serait accordée, dit-on, comme récompense de services rendus, et comme encouragement pour les services à rendre; mais ignore-t-on combien la prétention d`avoir rendu des services, ou d`être capable d`en rendre est commune? Avoir égard à de telles prétentions, ce serait engager des débats indéfinis. Cette seule considération suffit pour rejeter l`adoption comme mesure politique. Que si on l`admet comme institution civile, loin d`avoir des inconvéniens, elle a au contraire de grands avantages."

Und Roederer bemerkte[679]:

> „M. Tronchet regarde l`adoption purement civile comme une institution aristocratique, propre à servir la vanité. Ce reproche peut être fait, avec plus de justice, à l`adoption politique qu`il propose; car accorder à un homme illustre par ses services, le privilège de se créer une descendance, c`est rétablir le patriciat: au contraire, l`adoption de droit commun et permise à tous, ne fait pas revivre les distinctions de famille."

Hinsichtlich des von Tronchet und Maleville aufgeführten Arguments, eine rein zivilrechtliche Ausgestaltung der Adoption fördere die Ehelosigkeit, und habe eine Bevorzugung der unehelichen Kinder zur Folge, antwortete Roederer:

> „On craint enfin que l`adoption ne devienne un moyen de trop avantager les enfans illégitimes. Le remède est facile: la loi peut défendre l`adoption des enfans dont la filiation n`est pas connue."

---

675 Locré, Band VI, S. 359. Die „Charakterfrage" der Adoption beschäftigte den Staatsrat auch in der darauffolgenden Sitzung vom 05.12.1801 (14. frimaire X), Locré, Band VI, S. 425 ff.; Theewen, S. 163; Fenet, Recueil complet des travaux préparatoires du Code civil, T. X, 1.Buch: De l'état des personnes, titre VIII, S. 251- 277, 280.

676 Locré, Band VI, S. 359.

677 Portalis war selbst Kommissionsmitglied, siehe oben E. I.

678 Fenet, Recueil complet des travaux préparatoires du Code civil, T. X, 1.Buch: De l'état des personnes, titre VIII, S. 263; Locré, Band VI, S. 411.

679 Locré, Band VI, S. 412 f.; Fenet, Recueil complet des travaux préparatoires du Code civil, T. X, 1.Buch: De l'état des personnes, titre VIII, S. 264.

Demnach sollte lediglich die Adoption von Kindern, deren Herkunft bekannt war, möglich sein. Mithin hatte das von Tronchet und Maleville aufgeführte Argument der Missbrauchsgefahr an Kraft verloren. Nachdem sich die Section de législation mit der „Charakterfrage" der Adoption beschäftigt hatte und ihr Ergebnis am 05.12.1801[680] durch Berlier im Staatsrat darlegen ließ, wurde deutlich, dass auch die gesetzgebende Sektion des Staatsrates die Argumente von Tronchet und Maleville nicht überzeugt hatten. Denn die Section de législation war in dem von ihr vorgelegten Entwurf erneut zu dem Ergebnis gelangt, dass die Adoption als zivilrechtliches Institut jedermann zugänglich sein und als ein solches Eingang in das Gesetzbuch finden sollte[681]. Tronchet und Maleville, als ärgste Gegner der Ausgestaltung einer zivilrechtlichen Adoption aus der Redaktionskommission, akzeptierten schließlich dieses Ergebnis. Die wesentlichen Fragen, ob die Adoption in das Gesetzbuch aufgenommen werden sollte und wenn ja, welcher Charakter ihr zu Grunde zu legen sei, waren damit beantwortet.
Die Diskussion richtete sich nunmehr auf die formalen Fragen der Durchführung der Adoption, die der Entwurf der gesetzgebenden Sektion des Staatsrats aufwarf[682]. Der Erste Konsul eröffnete die Diskussion im Staatsrat mit der Feststellung, dass es hinsichtlich der Form der Adoption drei Möglichkeiten gäbe[683]. Man könne entweder ein einfaches Verfahren vor einem Standesbeamten (officier public) oder ein gerichtliches Verfahren (tribunaux d`appel) genügen lassen. Als dritte Möglichkeit käme die Autorisation des Adoptionsaktes von einer hohen staatlichen Instanz wie der des Senats, des Corps législatif oder der Regierung in Betracht.

Aufgrund des zivilrechtlichen Charakters der Adoption läge die Schlussfolgerung nahe, dass die formalen Anforderungen, die die Mitglieder des Staatsrats an das Adoptionsverfahren stellten, eher gering ausfallen und ein Verfahren vor dem Standesbeamten genügen lassen würden. Denn ein Verfahren vor dem Corps législatif wäre zwar bei einer Adoption politischen Charakters unvermeidbar gewesen, drängte sich jedoch bei einer Adoption mit zivilrechtlichem Charakter nicht gerade auf. Dennoch entsprach dies nicht der allgemeinen Auffassung im Staatsrat[684]. So sprachen sich etwa Roederer, Thibaudeau, Berlier und auch Boulay für ein gericht-

680 Nach republikanischem Kalender der 14. frimaire X.

681 Berlier, als Organ des Staatsrats, unterbreitete dem Staatsrat in der Sitzung vom 05.12.1801 (14. frimaire X) den entsprechenden Entwurf, Locré, Band VI, S. 359, 432 ff.

682 Locré, Band VI, S. 442.

683 Locré, Band VI, S. 360, 442.

684 Ausdrücklich wurde das einfache Verfahren zunächst von Portalis abgelehnt. Seiner Ansicht nach würde ein einfaches Verfahren der Bedeutung des Gesetzes nicht gerecht. Dementsprechend käme von vorneherein nur ein gerichtliches Verfahren oder eines vor einer höheren Instanz in Betracht, Locré, Band VI, S. 442. Portalis selbst sprach sich, ebenso wie der Erste Konsul, für ein Verfahren vor einer höheren Instanz aus, Locré, Band VI, S. 444.

liches Verfahren aus[685]. Der Erste Konsul favorisierte sogar das Verfahren vor einer hohen staatlichen Instanz[686]. Napoleon entwickelte schließlich eine eigene Theorie, die seine Ansicht unterstützte und die anderen Mitglieder im Staatsrat von ihrer Richtigkeit überzeugen sollte.

### c) Die von Napoleon entwickelte Theorie

Mit der Beantwortung der von ihm selbst aufgeworfenen Frage „Qu`est - ce que l`adoption en soi?" begann der Erste Konsul die Darlegung seiner Theorie[687]:

> „L`adoption est une fiction qui singe la nature; une espèce de sacrament destiné à établir les sentimens et les affections de la filiation et de la paternité entre deux individus nés étrangers l`un à l`autre: c`est dans l`essence de l`institution ainsi conçue qu`il faut chercher les règles de son organisation. Les ministres de ce sacrement civil ne peuvent être trop élevés: ce doivent être les premières autorités de la république; et s`il était possible de monter à des pouvoirs encore plus éminens, le législateur devrait le faire."

An anderer Stelle führte er weiter aus[688]:

> „...si on veut la faire (l`adoption) tout ce qu`elle doit être, il faut l`organiser de manière à frapper assez viviement l`imagination pour que le père adoptif obtienne, dans le cœur du fils adopté, la préférence sur le père naturel. On n`admettra pas alors ce système de révocabilité qui nourrit dans l`adopté la pensée qu`il peut dire un jour à son père adoptif: «Je ne vous connais pas.» On l`entourera de solennités capables de faire des impressions fortes et profondes. Qu`on l`érige en sacrement politique, dont l`autorité la plus éminente soit le ministre. Elle n`agirait pas là comme le pouvoir purement civil, comme lorsqu`il ne faut que décider d`une propriété; elle agirait, pour ainsi dire, comme grand pontife de la France, au nom du souverain, dont la puissance sur la terre est une vive image de la toute-puissance de Dieu. Si l`Église connaissait l`adoption, point de doute qu`elle ne s`efforçât d`inculquer, par les cérémonies les plus augustes, les sentimens que l`adoption doit produire. On ne joue pas avec les hommes comme avec les choses inanimées. Les hommes ne se meuvent que par l`âme. C`est done rétrécir l`adoption, c`est la dénaturer, que de l`opérer par une simple déclaration faite devant un notaire ou à un greffe, et dont chacun peut dire le prix. Il faut donner au père adoptif plus qu`un héritier, il faut lui donner un fils;

---

685 Locré, Band VI, S. 445 (Roederer), S. 446 (Thibaudeau), S. 447 (Boulay), S. 448 (Berlier); Theewen, S. 164, Fn. 580.

686 Locré, Band VI, S. 360.

687 Fenet, Recueil complet des travaux préparatoires du Code civil, T. X, 1.Buch: De l´état des personnes, titre VIII, S. 298; Locré, Band VI, S. 427; 450; 450 – 458.

688 Locré, Band VI, S. 454; Fenet, Recueil complet des travaux préparatoires du Code civil, T. X, 1. Buch: l'état des personnes, titre VIII, S. 301.

> et cependant, au changement de nom près, l'adoption, si elle n'est une institution morale, si elle est révocable, ne fait plus qu'un héritier....".

Die Nachahmung der Natur durch die Adoption stellte demnach die Ausgangsprämisse der napoleonischen Theorie dar[689]. Da die Adoption nach der Ansicht Napoleons mehr als nur eine Erbfolgeregelung für den Adoptivvater darstellen sollte, kam es maßgeblich auf die gegenseitigen Gefühle von Adoptivvater und Adoptivkind an. Denn nur wenn diese einem Vater-Sohn-Verhältnis entsprachen, lag eine Nachahmung der Natur vor. Das Adoptivkind sollte durch die Adoption in die Adoptionsfamilie eintreten und dort wie ein eheliches, leibliches Kind behandelt werden[690]. Darüber hinaus sollten sich die Gefühle des Adoptivkindes gegenüber seinem Adoptivvater jedoch so stark entwickeln, dass das Adoptivkind in seinem Herzen den Adoptivvater seinem leiblichen Vater vorziehen würde. Eine Schwierigkeit sah Napoleon darin nicht, war er doch der Meinung, dass Menschen grundsätzlich so empfinden würden, wie man sie fühlen lassen würde[691]. Die Empfindungen des Adoptivkindes gegenüber seinem Adoptivvater würden nach Ansicht des Ersten Konsuls unter anderem dadurch erreicht werden, dass zwischen den späteren Adoptionsparteien schon sehr frühzeitig unwiderrufliche Bande geknüpft würden. Zudem käme es maßgeblich auf das Verfahren der Adoption an, da auch durch das Adoptionsverfahren die Gefühle der Beteiligten angesprochen würden. Die Bewilligung der Adoption von einer hohen staatlichen Instanz wie der des Senats, des Corps législatif oder der Regierung sei deshalb notwendig, weil dieser Akt den Beteiligten in Erinnerung bleiben würde. Er würde das Gefühl und die Seele ansprechen.
Denn je höher die Autorität wäre, die den Adoptionsakt bewillige, und umso feierlicher dieser Akt zelebriert würde, umso größer sei der damit einhergehende Respekt[692]. Der von dem Verfahren hinterlassene überwältigende Eindruck würde bei dem Adoptivkind schließlich zu einer Steigerung der Zuneigung führen, da es realisieren würde, dass seine Adoption durch den Adoptivvater etwas ganz Besonderes sei. Somit stelle die Adoption nicht nur eine Fiktion der Natur dar, sondern müsse zu einer Art politischem Sakrament erhoben werden, dessen Priester die

---

689 Dazu auch oben unter a.; Demolombe, VI, S. 4 f.; zu der von Napoleon entwickelten Theorie auch Theewen, S. 165.

690 Glasson, Éléments du droit français, S. 288. Daran wird deutlich, wie stark sich Napoleon in der von ihm entwickelten Theorie an das römische Recht und dem dortigen Grundsatz „adoptio imitatur naturam" anlehnte. Allerdings werden die weiteren Ausführungen auch zeigen, dass die napoleonische Theorie in ihrer Absolutheit und Radikalität weit über römischrechtliche Adoptionsgrundsätze hinausging.

691 Locré, Band VI, S. 456; Fenet, Recueil complet des travaux préparatoires du Code civil, T. X, 1. Buch: l'état des personnes, titre VIII, S. 303.

692 In dem obigen Zitat auf S. 136, äußert Napoleon des Weiteren, dass, wenn die Kirche die Adoption einführen müsste, sie daraus eine würdige Feierlichkeit machen würde.

höchste staatliche Autorität sein sollte. Nach der napoleonischen Theorie stellte demnach die Adoption, als ein politisches Sakrament, die „Liebesgefühle“ zwischen Adoptivvater und Adoptivkind gesetzlich her. Ein Rücktritt oder Widerruf der Adoption für den Fall, dass das Adoptivkind dem Adoptivvater gegenüber einmal nicht die in der angestrebten Art und Weise vorgegebene Liebe entgegenbringen würde, war allerdings nach Ansicht Napoleons, im Gegensatz zu einer Ehescheidung, nicht möglich. Adoption und Widerruf seien nicht miteinander vereinbar, da kein vernünftiger Mensch ein Kind aufziehen und erziehen würde, wenn das von ihm angenommene Kind ihn später ablehne, nur weil es in einem schwierigen Alter sei[693].

Entgegen den Einwänden Tronchets, der vergeblich versuchte, auf die Gefahren bei der Adoption eines Minderjährigen, der gegen seinen Willen in früher Kindheit adoptiert würde, hinzuweisen[694], übernahmen die Mitglieder der Staatsratsversammlung die napoleonische Theorie. In der darauf folgenden Staatsratssitzung vom 07.12.1801[695] stellte Berlier die im Sinne der napoleonischen Theorie geänderten Artikel vor. Der Staatsrat erließ daraufhin den Beschluss, dass die Adoption nur von einem der obersten staatlichen Organe ausgesprochen werden solle[696]. Des Weiteren wurde die Unwiderruflichkeit der Adoption beschlossen. In den folgenden Staatsratssitzungen vom 25.12.1801 und 02.01.1802[697] wurde noch über einzelne Details des Adoptionsrechts, insbesondere über die Artikel, die die Ursachen und Bedingungen der Adoption regeln sollten, diskutiert. Allerdings wurden die Gesetzesarbeiten am 06.01.1802[698] aufgrund der parlamentarischen Schwierigkeiten unterbrochen[699].

### 2) Nach der Wiederaufnahme der Gesetzesarbeiten am 18.11.1802

Die Wiederaufnahme der Gesetzesarbeiten am 18.11.1802[700] führte zu einer Wende des bis dahin debattierten Adoptionsrechts. Die elfmonatige Pause hatte dazu geführt, dass die Einwände, die insbesondere von Tronchet und Maleville gegen die Einführung der Adoption im Sinne der napoleonischen Theorie erhoben worden waren, von den Mitgliedern des Staatsrats kritisch überdacht worden waren. Bedenken erregte unter anderem die Wirkung der Adoption, den Anzunehmenden

---

693 Locré, Band VI, S. 514.

694 Locré, Band VI, S. 452 f.

695 Nach republikanischem Kalender der 16. frimaire X.

696 Zu der im Staatsrat geführten Diskussion und dem Gewaltenverständnis Napoleons, siehe Theewen, S. 167 f.; Locré, Band VI, S. 462 – 473.

697 Nach republikanischem Kalender der 04. und 12. nivôse X. Zu denen im Staatsrat besprochenen Artikeln ausführlich Theewen, S. 169 ff.; Locré, Band VI, S. 488 – 523.

698 Nach republikanischem Kalender der 16. nivôse X.

699 Siehe oben unter I.

700 Nach republikanischem Kalender der 27. brumaire XI.

in die Adoptivfamilie eintreten zu lassen, da dies unweigerlich zu Veränderungen innerhalb der Familie führte[701]. Schließlich war auch ein Stimmungswandel beim Ersten Konsul festzustellen. Er gab seine zuvor vertretene radikale Adoptionstheorie von der vollkommenen Nachahmung der Natur zugunsten einer gemäßigten Theorie auf[702]. Napoleon vertrat nunmehr die Ansicht, dass die Adoption tatsächlich keine andere Wirkung habe, als die der Übertragung des Namens und des Vermögens auf das Adoptivkind[703]. Zwar sollte die Adoption nach wie vor für denjenigen, der keine leiblichen Abkömmlinge besaß, ein Mittel darstellen, durch das er in den Genuss elterlicher Gefühle, Rechte und Pflichten kommen konnte, doch sollten dadurch die Beziehungen zwischen dem Adoptivkind und seiner leiblichen Familie nicht beeinträchtigt werden[704]. Dementsprechend sollte der Adoptierte durch die Adoption gerade nicht in die Adoptivfamilie eintreten[705]. Im Hinblick auf die Adoption eines Minderjährigen setzte Napoleon nun ebenfalls andere Maßstäbe. Die Annahme eines Minderjährigen sollte keine „vollkommene“ Adoption mehr darstellen. Denn die Einwilligung der Eltern in die Adoption des Minderjährigen sollte nur noch eine vorläufige sein[706]. Dem Minderjährigen sollte das Recht zustehen, bei Erreichen der Volljährigkeit dem Adoptionsverhältnis zu widersprechen und es so selbst lösen zu können[707]. Mithin sollten die Wirkungen der Adoption bei der Annahme eines Minderjährigen erst dann eintreten, wenn der mittlerweile Volljährige der Adoption nicht widersprochen habe[708]. Nach der Ansicht Napoleons entsprach allein dieses Verständnis der Achtung der kindlichen Persönlichkeit. Folglich sollte nur noch ein Volljähriger rechtsgültig adoptiert wer-

---

701 Fenet, Recueil complet des travaux préparatoires du Code civil, T. X, 1.Buch: De l'état des personnes, titre VIII, S. 362 f.; Locré, Band VI, S. 531.

702 Locré, Band VI, S. 362; Theewen, S. 173; Zachariä/Dreyer, Handbuch des französischen Civilrechts, III, § 554, S. 473.

703 Locré,Band VI, S. 362; 535; 540; 542; 552; Fenet, Recueil complet des travaux préparatoires du Code civil, T. X, 1.Buch: De l'état des personnes, titre VIII, S. 366; 373 f.

704 Locré, Band VI, S. 362; 537.

705 Glasson, Éléments du droit français, S. 288.

706 Fenet, Recueil complet des travaux préparatoires du Code civil, T. X, 1.Buch: De l'état des personnes, titre VIII, S. 368; Locré, Band VI, S. 537.

707 Dabei handelte es sich um keine neue Idee. Schon der erste Gesetzesentwurf von Cambacérès von 1793 hatte dem Unmündigen das Recht eingeräumt, die Adoption nach erlangter Großjährigkeit durch die Einlegung eines Einspruchs zu widerrufen, siehe oben D. III. 3. Hinter der napoleonischen Überlegung stand, ebenso wie dies beim Code de la Convention der Fall gewesen war, der Schutz des Minderjährigen und die Achtung des Individuums. Im späteren Code civil wurde der Gedanke, den Minderjährigen vor den Folgen einer unerwünschten Adoption zu schützen, schließlich durch die Schaffung der „tutelle officieuse“ umgesetzt, siehe unten III. 1. a. aa.

708 Locré, Band VI, S. 537; Fenet, Recueil complet des travaux préparatoires du Code civil, T. X, 1.Buch: De l'état des personnes, titre VIII, S. 368.

den können[709]. Damit war eine Beeinflussung des Minderjährigen durch das Adoptionsverfahren überflüssig geworden. Die Notwendigkeit, den Adoptionsakt durch den Corps législatif genehmigen zu lassen, bestand demgemäß nicht mehr. Die gerichtliche Genehmigung der Adoption sollte nach Ansicht Napoleons ausreichend sein[710].

Somit waren die vor der Unterbrechung der Gesetzesarbeiten durch den Staatsrat beschlossenen Artikel über die Adoption größtenteils hinfällig. Napoleon selbst gab der gesetzgebenden Sektion des Staatsrats den Befehl, das Prinzip der Adoption erneut zu prüfen und einen entsprechenden Entwurf im Staatsrat vorzulegen. Nach dem Zugeständnis des Ersten Konsuls waren jedoch zahlreiche Mitglieder des Staatsrats nicht mehr von dem Erfordernis der Aufnahme der Adoption in das Gesetzbuch überzeugt, da nach ihrer Ansicht die Adoption nun nicht wesentlich mehr als eine Erbeinsetzung darstellte[711]. Napoleon ergriff jedoch erneut Stellung für das Rechtsinstitut und gegen Tronchet und dessen Anhänger[712]. Während Tronchet unter anderem einwandte, dass die Testierfreiheit das Rechtsinstitut der Adoption überflüssig werden lasse, entgegnete der Erste Konsul, dass die Bande, die durch eine Adoption geknüpft würden, durch erbrechtliche Vorschriften nicht geschlossen werden könnten[713]. Abgesehen davon, wäre eine Namensübertragung allein nach erbrechtlichen Vorschriften nicht möglich[714]. Die weiteren Argumente, die jeweils für oder gegen die Aufnahme der Adoption in das Gesetzbuch angeführt wurden, ähnelten dabei denen, die man bereits in anderen Staatsratssitzungen ausgetauscht hatte, stark[715]. Im Ergebnis einigte man sich schließlich im Sinne des Ersten Konsuls. Die Adoption sollte im Code civil, entsprechend den neuen Vorschlägen Napoleons, gesetzlich verankert werden. Die Debatte, ob die Adoption Eingang in den Code civil finden sollte, wurde damit endgültig beendet. Allerdings bedurfte es noch drei weiterer Staatsratssitzungen, um die Voraussetzungen, Bedingungen und Wirkungen der Adoption festzusetzen. Insgesamt waren damit sie-

709 Locré, Band VI, S. 537.

710 Fenet, Recueil complet des travaux préparatoires du Code civil, T. X, 1.Buch: De l'état des personnes, titre VIII, S. 368; Locré, Band VI, S. 537.

711 Locré, Band VI, S. 362 f.; 530.

712 Locré; Band VI, S. 537 – 543. Ob das starke Engagement Bonapartes für die Adoption tatsächlich auf seine eigenen Beweggründe zurückging, da seine Ehe mit Josephine kinderlos und er seine dynastischen Pläne durch eine Adoption verwirklichen wollte, ist umstritten. Ablehnend, Villeneuve de Janti, Bonaparte et le Code civil, S. 131; Theewen, S. 179 – 183; bejahend, Secretan, S. 9 und wohl auch Glasson, Éléments du droit français, S. 288.

713 Theewen, S. 174; Locré, Band VI, S. 539 f.

714 Locré, Band VI, S. 540; Theewen, S. 174.

715 Fenet, Recueil complet des travaux préparatoires du Code civil, T. X, 1.Buch: De l'état des personnes, titre VIII, S. 368 - 372; Locré, Band VI, S. 537 – 543; zu weiteren Argumenten, Theewen, S. 174.

ben Redaktionen der von der gesetzgebenden Sektion des Staatsrates vorgelegten Entwürfe notwendig, bis die Artikel 343 – 360 Code civil in der Fassung von 1804 das geltende Adoptionsrecht bestimmten.

### III. Die Regelung der Adoption im Code civil von 1804

Die Adoption ist im ersten Buch „Des personnes", achter Titel, erstes Kapitel in den Artikeln 343 – 360 Code civil geregelt. Abweichend zum ALR, das in den ersten Paragrafen die Form, in der eine Adoption zu erfolgen hatte, festlegte, wurde im Code civil mit den Voraussetzungen und den Wirkungen der Adoption in den Artikeln 343 – 352 begonnen. Erst in einem zweiten und letzten Abschnitt wurde in den Artikeln 353 – 360 die einzuhaltende Form behandelt.

#### 1) Die einzelnen Voraussetzungen der Adoption

##### a) Von den Beteiligten zu erfüllende und generelle Voraussetzungen

Artikel 343 Code civil bestimmte zunächst die Voraussetzungen, die in der Person des Annehmenden vorliegen mussten. So musste der Annehmende das 50. Lebensjahr zurückgelegt haben und mindestens 15 Jahre älter sein als der Anzunehmende. Ferner durfte er keine eigenen ehelichen oder legitimierten Abkömmlinge haben, da sonst der Sinn und Zweck der Adoption, demjenigen den Genuss elterlicher Gefühle vermitteln zu können, der selbst keine leiblichen Abkömmlinge besaß, vereitelt worden wäre. Die Altersgrenze des Adoptierenden hatte man entsprechend dem preußischen Gesetzbuch im Vergleich zum römischen Recht auf 50 Jahre heruntergesetzt[716]. Die Argumentation blieb jedoch die Gleiche wie schon im römischen Recht. Wenn man bis zu diesem Alter keine Abkömmlinge besaß, so war es höchst unwahrscheinlich, dass man noch welche erwarten konnte[717]. Dem Wortlaut des Art. 343 Code civil folgend[718], war die Adoption beiden Geschlechtern gestattet. Während der Gesetzesarbeiten zum Code civil war man sich allerdings noch nicht darüber einig gewesen, ob die Adoption durch eine einzelne Person zulässig war. Insbesondere die Mitglieder des Tribunats hatten sich gegen die Möglichkeit der Adoption durch eine einzelne Person ausgesprochen[719]. Sie waren der Überzeugung, dass es dadurch zu einer Abwendung von der Ehe kommen würde. Berlier war es, der diese Befürchtungen aus dem Weg räumte. Er äußerte, dass die Adoption ja immer nur dann statthaft sei, wenn der Annehmende das 50. Lebens-

716 Zum preußischen Recht siehe oben 1. Abschnitt: B. II. 2. Zu Gemeinsamkeiten und Unterschieden von römischem Recht, ALR und dem Code civil, siehe unten 5. Teil: 2. Abschnitt.

717 Duranton, III, S. 272; Locré, Band VI, S. 422. Erst in der 6. Redaktion des Titels, Staatsratssitzung vom 09.12.1802 (18. frimaire XI), wurde die Altersgrenze von 50 Jahren angenommen, Locré, Band VI, S. 561.

718 Artikel 343 Code civil beginnt mit den Worten : „L'adoption n'est permise qu'aux personnes de l'un ou de l'autre sexe…".

719 Maleville, Band I, S. 352.

jahr erreicht hätte[720]. In diesem Alter aber seien Heiraten für die Gesellschaft ohnehin von geringem Interesse. Zudem würde die Befugnis eines Tages, bei Erreichen des 50. Lebensjahres, adoptieren zu können, wohl kaum zur Ehelosigkeit ermuntern[721]. Abgesehen davon, würde die Zulässigkeit der Adoption durch eine einzelne Person nicht nur den Hagestolzen, sondern auch die bereits verwitweten Personen erfassen[722]. Die von Berlier angeführten Argumente überzeugten die Mitglieder des Tribunals. Die Zulässigkeit der Annahme an Kindes statt durch eine einzelne Person wurde danach nicht mehr bestritten.
Nach Art. 344 Code civil konnte niemand von mehr als einer Person an Kindes statt angenommen werden, es sei denn es handelte sich um „zwei Ehegatten". Nahm ein Ehepartner an Kindes statt an, so war nach Art. 344 Code civil die Einwilligung des anderen Ehepartners in die Adoption zwingende Voraussetzung, da kein Ehepartner mit alleiniger Wirkung für sich adoptieren können sollte[723]. Damit sollten Familienstreitigkeiten, die durch die Annahme einer fremden Person entstehen konnten, wenn sie nicht im beiderseitigen Einverständnis erfolgte, vermieden werden[724]. Des Weiteren wurde von dem Adoptierenden nach Art. 355 Code civil verlangt, dass er einen guten Ruf genoss. Die Beurteilung darüber oblag dem in formeller Hinsicht zuständigen Gericht[725]. Nach eingehender Untersuchung der zuvor in der Umgebung des Adoptierenden eingeholten Erkundigungen traf das Gericht dann eine Ermessensentscheidung.

**aa) Art. 345 Code civil**

Erfüllte der Annehmende die in seiner Person liegenden Voraussetzungen und lag die Einwilligung seines Ehepartners vor, so stellte sich noch die Schwierigkeit des Art. 345 Code civil. Denn nur unter den strengen Voraussetzungen des Art. 345 Code civil war eine Adoption statthaft. Art. 345 lautete:

> „La faculté d`adopter ne pourra être exercée qu`envers l`individu à qui l`on aura, dans sa minorite et pendant six ans au moins, fourni des secours et donné des soins non interrompus, ou envers celui qui aurait sauvé la vie à l`adoptant, soit dans un combat, soit en le retirant des flammes ou des flots.

---

720 Locré, Band VI, S. 420 - 423.

721 Lassaulx, II, S. 228; Maleville, Band I, S. 352.

722 Locré, Band VI, S. 420 ff.; Baurittel, S. 14.

723 Zu der in Art. 344 Code civil genannten Ausnahme des Art. 366 Code civil (testamentarische Adoption), siehe unten unter aa.; für den Fall, dass die erforderliche Einwilligung nicht vorlag, siehe unten unter 3.

724 Insbesondere sollte verhindert werden, dass eine Frau, die unter der Vorherrschaft des Mannes stand, alleine eine Person annehmen konnte und damit die alleinige Autorität über sie ausüben würde. Das hätte im Widerspruch zu der damaligen Vorstellung einer gesunden Familienordnung gestanden, die auf der Vorrangsstellung des Mannes innerhalb der Familie basierte, vgl. Locré, Band VI, S. 488, 495 – 499; zum Familienverständnis des Code civil unten unter F.

725 Ausführlich zu Art. 355 Code civil unten unter b.

Il suffira, dans ce deuxième cas, que l'adoptant soit majeur, plus âge que l'adopté, sans enfans ni descendans légitimes; et s'il est marié, que son conjoint consente à l'adoption."

Mithin regelte Art. 345 Code civil lediglich die Adoption eines Erwachsenen. Die Annahme eines Volljährigen war danach zulässig, wenn entweder der Adoptierende den Anzunehmenden schon während dessen Minderjährigkeit mindestens 6 Jahre lang unterstützt und ununterbrochen gepflegte hatte, oder wenn der Anzunehmende den Annehmenden in einem Gefecht, vor den Flammen oder dem Ertrinken gerettet hatte. Nach der zweiten Variante[726] sollte jedoch von dem Alterserfordernis und der Altersdifferenz gemäß Art. 343 Code civil abgewichen werden können. Für eine wirksame Adoption sollte es in dem Fall ausreichen, dass der Annehmende volljährig und älter war als der Anzunehmende und außerdem keine ehelichen Kinder und Abkömmlinge besaß. War der Annehmende verheiratet, so musste allerdings nach wie vor die Einwilligung seines Ehepartners vorliegen[727].

Insgesamt hatte damit die von Napoleon während der Gesetzesarbeiten geäußerte Vorstellung[728], dass man eine Adoption nur noch unter der Bedingung der Erbringung von besonderen Diensten zulassen könne, Eingang in das Gesetzbuch gefunden.

Durch die Einführung von Art. 345 Code civil hatte man zwar einerseits die Zulässigkeit von Adoptionen erheblich erschwert, andererseits aber auch ein neues Rechtsinstitut[729], die Pflegekindschaft, geschaffen. Da der Adoption eines Erwachsenen in der Regel[730] die 6-jährige Pflegschaft des noch Minderjährigen vorangehen musste, war die Pflegekindschaft der Adoption vorgelagert. Die Pflegekindschaft, so genannte „tutelle officieuse[731]", regelte dabei die Voraussetzungen, unter denen eine 25-jährige Person einen Minderjährigen, der gemäß Art. 364 Code civil das 15. Lebensjahr noch nicht erreicht hatte, in Pflegschaft nehmen konnte. Formell reichte es für die Begründung einer Pflegekindschaft aus, dass die Zustimmung der Eltern oder der gesetzlichen Vertreter des Kindes vorlag und dass ein Friedensrichter aus dem Wohnort des Kindes einen „procès-verbal" über das auf die Pflege sich beziehende Gesuch und über die gegebene Einwilligung anfertigte[732]. Gemäß Art. 364 Code civil umfasste die Pflegschaft die Pflicht, den Minder-

726 Auch „l'adoption rémunératoire" genannt.

727 Duranton, III, S. 277.

728 Abgestellt wird hier auf die von Napoleon vertretene Ansicht nach der Wiederaufnahme der Gesetzesarbeiten, siehe oben II. 2.; vgl. Locré, Band VI, S. 543.

729 Vgl. Locré, Band VI, S. 553; 558.

730 Es sei denn die zweite Alternative Art. 345 Code civil lag vor.

731 „De la Tutelle officieuse" geregelt im ersten Buch „Des personnes", achter Titel, zweites Kapitel, Artt. 361 – 370 Code civil.

732 Vgl. Art. 363 Code civil.

jährigen zu ernähren, zu erziehen und ihn darauf vorzubereiten, später seinen eigenen Lebensunterhalt zu verdienen[733]. Im Gegensatz zum Vormund war es dem Pfleger allerdings untersagt, die Erziehungskosten des Minderjährigen aus dessen Einkünften, sofern sie vorhanden waren, zu bestreiten[734]. Hatte der Annehmende diesen Voraussetzungen entsprochen, so konnte er den Minderjährigen, nachdem dieser die Volljährigkeit erreicht hatte, mit dessen Einwilligung und unter den Voraussetzungen der Adoptionsregeln an Kindes statt annehmen.

Etwas anderes ergab sich nur im Fall des Art. 366 Code civil[735]. Danach konnte ein Pfleger, wenn er bereits nach 5 Jahren der Pflegschaft merkte, dass er vor Erreichen der Volljährigkeit des Minderjährigen sterben würde, den Minderjährigen durch Testament an Kindes statt annehmen und ihn so, unter der Voraussetzung, dass keine ehelichen oder legitimierten Kinder vorhanden waren[736], zum Erben bestimmen. Bei dem in Art. 366 Code civil bestimmten Fall handelte es sich folglich um eine testamentarische Adoption[737], bei der von dem in Art. 344 Code civil genannten Erfordernis der Einwilligung des Ehegatten in die Adoption abgesehen werden konnte und die auch eine Ausnahme zu der sonst erforderlichen 6-jährigen Pflegschaft darstellte. Verstarb der Pfleger allerdings vor den in Art. 366 Code civil festgesetzten 5 Jahren[738], ohne sein Pflegekind adoptiert zu haben, so sollte nach Art. 367 Code civil der Minderjährige bis zu seiner Volljährigkeit Geld zu seinem Lebensunterhalt aus dem Nachlass des Pflegers bekommen. Dabei sollte der Betrag, sofern keine förmliche Übereinkunft darüber bestand, entweder von dem Stellvertreter des verstorbenen Pflegers und dem gesetzlichen Vertreter des Minderjährigen gemeinsam oder vom Gericht festgesetzt werden[739].

Die Durchführung einer sich an die Pflegschaft anschließenden Adoption war jedoch nicht nur dann gefährdet, wenn der Anzunehmende vor Ablauf der 6-jährigen Pflegschaft verstarb. Vielmehr barg die zur Vorbereitung auf eine spätere Adoption dienende Pflegschaft für den Anzunehmenden die weitere Gefahr, dass sich der

---

733 Allerdings endete die elterliche Gewalt der leiblichen Eltern durch die tutelle officieuse nicht. Alle elterlichen Rechte, die mit und neben der Pflegschaft bestehen konnten, blieben den leiblichen Eltern des Pflegekindes erhalten. Anderes konnte jedoch vertraglich zwischen den leiblichen Eltern und dem Pfleger vereinbart werden, Zachariä/Dreyer, Handbuch des französischen Civilrechts, III, § 564, S. 492, Fn. 2; Demolombe, VI, S. 189, 235; Duranton, III, S. 339.

734 Vgl. Art. 365 Code civil; Maleville, Band I, S. 366; zur Vormundschaft im Code civil von 1804 siehe, Schlüter, S. 105 – 156.

735 Vgl. Locré, Band VI, S. 544; 560.

736 Waren eheliche oder legitimierte Kinder vorhanden, so galt die Adoption als nicht geschehen.

737 So genannte „l'adoption testamentaire".

738 Dem Wortlaut des Art. 367 Code civil folgend, konnte der Pfleger auch später versterben – maßgeblich war nur, dass er sein Pflegekind bis zu seinem Tod noch nicht adoptiert hatte.

739 Spangenberg, I, S. 338.

Adoptant nach Ablauf der Pflegschaftsjahre aus persönlichen Gründen gegen eine Adoption entschied. Ob dem volljährigen Pflegekind dann eine Entschädigung seitens des Pflegers zustand, hatten die Mitglieder der Staatsratssitzungen vom 02.12.1802 und 09.12.1802[740] nach langer Diskussion aber verneint[741]. Zwar sollte das Institut der Pflegekindschaft dazu dienen, armen und verlassenen Kindern zu helfen. Doch die mit der Pflegschaft einhergehende Wohltat, insbesondere der Umfang der Pflegschaft, sollte sich allein nach dem Willen des Wohltäters richten[742]. Eine Ersatzpflicht, die allein auf der Übernahme der Pflegschaft gründete, wurde daher abgelehnt. Gesetzlich wurde nur für den Fall des Art. 369 Code civil[743] eine „Entschädigungspflicht" des Pflegers bestimmt. Dabei lag Art. 369 Code civil der Fall zu Grunde, dass sich der Pfleger weigerte, das mittlerweile großjährige und adoptionswillige Pflegekind an Kindes statt anzunehmen, während das Pflegekind alleine für seinen Lebensunterhalt nicht sorgen konnte. Die Entschädigungspflicht des Pflegers wandelte sich, dem Wortlaut des Art. 369 folgend, allerdings in eine Pflicht zur Unterstützung um, die dazu dienen sollte, das Pflegekind ein Gewerbe erlernen zu lassen, das es ihm später ermöglichen sollte, für seinen Lebensunterhalt selbst zu sorgen. Der Pfleger war somit nur in dem Fall zur Unterstützung des Pflegekindes nach dessen Volljährigkeit verpflichtet, dass er selbst eine Adoption ablehnte und das Pflegekind sich nicht selbst unterhalten konnte. Lehnte hingegen das Pflegekind eine Adoption durch seinen Pfleger ab, so trat die Ersatzpflicht des Pflegers im Sinne von Art. 369 Code civil nicht ein.

Zusammenfassend lässt sich somit festhalten, dass Art. 345 Code civil lediglich die Adoption eines Erwachsenen regelte und auch diese nur unter strengen Bedingungen zuließ. In der Regel war es die 6-jährigen Pflegschaft[744], die zur späteren Adoption berechtigte. Die Struktur des Art. 345 Code civil verwies den Adoptierenden daher zunächst auf die Voraussetzungen einer Pflegschaft, die vorliegen mussten, bevor eine Adoption überhaupt statthaft sein konnte. Somit war das Rechtsinstitut der Pflegschaft der Adoption vorgelagert. Dabei sollte die Pflegschaft, die „tutelle officieuse", zwar auf die spätere Adoption des Pflegekindes vorbereiten, doch musste der Pfleger bei Antritt der Pflegschaft noch nicht die Absicht aufweisen, das Pflegekind später tatsächlich adoptieren zu wollen. Vielmehr

---

740 Nach republikanischem Kalender 11. frimaire und 18. frimaire XI.

741 Locré, Band VI, S. 544; 549; 561; 568 f.

742 Locré, Band VI, S. 554 ff.; Maleville, Band I, S. 362; 364.

743 Art. 369 Code civil lautete: „Si, dans les trois mois qui suivront la majorité du pupille, les réquisitions par lui faites à son tuteur officieux, à fin d'adoption, sont restées sans effet, et que le pupille ne se trouve point en état de gagner sa vie, le tuteur officieux pourra être condamné à indemniser le pupille de l'incapacité où celui-ci pourrait se trouver de pourvoir à sa subsistance."

744 Die „adoption rémunératoire", Art. 345 Code civil zweite Variante, dürfte eher ein Ausnahmefall gewesen sein.

war der wohltätige Charakter der Pflegschaft bestimmend[745], der sich schon in der Pflege selbst widerspiegelte. Er bildete unter anderem die Grundlage dafür, dass ein Pfleger mehrere Personen in Pflege aufnehmen konnte. Dabei spielte es keine Rolle, ob es sich bei dem Pflegekind um ein uneheliches oder ein völlig fremdes Kind handelte. Selbst wenn der Pfleger sich später dafür entschied, sein uneheliches Pflegekind zu adoptieren, stellte dies, sofern alle weiteren Voraussetzungen für eine Adoption erfüllt waren, kein Hindernis dar[746].

**bb) Art. 346 Code civil**

Im Gegensatz zu Art. 345 Code civil, der ausschließlich die Voraussetzungen für die Adoption eines Erwachsenen regelte, bestimmte der darauf folgende Art. 346 Code civil dem Wortlaut nach zweierlei:

> „L`adoption ne pourra, en aucun cas, avoir lieu avant la majorité de l`adopté. Si l`adopté, ayant encore ses père et mère, ou l`un des deux, n`a point accompli sa vingtcinquième année, il sera tenu de rapporter le consentement donné à l`adoption par ses père et mère, ou par le survivant; et s`il est majeur de vingt-cinq ans, de requérir leur conseil."

Während im ersten Satz zunächst eher beiläufig erwähnt wird, dass die Adoption eines Minderjährigen untersagt ist, regelt der zweite Satz die weiteren Voraussetzungen, die für die Wirksamkeit der Adoption (eines Erwachsenen) maßgeblich waren. So war, dem Wortlaut des zweiten Satzes folgend, der Anzunehmende bis zu seinem 25. Lebensjahr dazu verpflichtet, die Einwilligung seiner Eltern oder des überlebenden Teils in die Adoption einzuholen[747]. Hatte der Anzunehmende das 25. Lebensjahr bereits überschritten, so wandelte sich diese Verpflichtung um in eine zur Einholung des elterlichen Rats. Der zweite Satz griff daher das Verbot des ersten Satzes nicht weiter auf. Eine Notwendigkeit hierzu hätte allerdings auch nur bestanden, wenn der vorangehende Art. 345 Code civil nicht bereits auf das die Adoption eines Erwachsenen vorbereitende Pflegeverhältnis verwiesen hätte. Da aber nach Art. 345 Code civil selbst für die Annahme eines Erwachsenen in der Regel die Pflegschaft des noch minderjährigen Anzunehmenden vorangehen musste, war die Verhängung eines Adoptionsverbots für Minderjährige nach Art. 346 Code civil nur konsequent. Mithin war während der Minderjährigkeit des Anzu-

745 Locré, Band VI, S. 567; Duranton, III, S. 329; Boileux/Poncelet, I, § 361, S. 251; a.A. Molinier, S. 161 f.

746 Spangenberg, I, S. 330 f.; Baurittel, S. 8; 34; 40; Zachariä/Dreyer, Handbuch des französischen Civilrechts, III, § 556, S. 476 f.; auch die Adoption mehrerer Personen auf einmal war zulässig, sofern die gesetzlichen Voraussetzungen der Adoption erfüllt waren, Heinsheimer, Zeitschrift für frz. Civilrecht IV, S. 405, 409, 411, 417; Laurent, IV, S. 205, 209; Duranton, III, S. 278; Aubry et Rau, VI, § 556; Locré, Band VI, S. 500 f.; 526; Maleville, Band I, S. 354, Fn. *. Hinsichtlich der Frage, ob derselbe Adoptant jedoch auch zwei Ehegatten adoptieren konnte, siehe unten unter IV. 2.

747 Für den Fall, dass die elterliche Einwilligung in die Adoption nicht vorlag, siehe unten unter 3.

nehmenden nur die Pflegschaft, die zwischen dem Vormund und dem Mündel ein pflegeelterliches Verhältnis schuf, statthaft[748].

Der von Napoleon nach der Wiederaufnahme der Gesetzesarbeiten eingebrachte Vorschlag[749], eine vorläufige Einwilligung der Eltern in die Adoption des Minderjährigen verbunden mit dem Recht des Minderjährigen, nach erlangter Volljährigkeit das Adoptionsverhältnis durch seinen Widerspruch lösen zu können, zuzulassen, war somit nicht in das Gesetzbuch aufgenommen worden. Die vermögens- und erbrechtlichen Schwierigkeiten, die sich durch die Adoption eines Minderjährigen ergeben konnten, insbesondere in dem Fall, dass der Adoptant vor erlangter Volljährigkeit des Minderjährigen verstarb, konnten, nach Ansicht der Mitglieder des Staatsrats, nur zu erheblichen Rechtsunsicherheiten führen[750]. Um diese zu vermeiden, einigte man sich schließlich darauf, die Adoption von Minderjährigen gänzlich zu verbieten. Nach der Fassung des Art. 346 in Verbindung mit Art. 361 Code civil konnte sich eine mögliche Einwilligung der Eltern daher nur noch auf ein Pflegeverhältnis zu dem minderjährigen Kind, nicht aber auf eine Adoption desselben, erstrecken.

**b) Formelle Voraussetzungen der Adoption**

Formell verlangte Art. 353 Code civil zunächst, dass beide Parteien, Annehmender und Anzunehmender, vor dem Friedensrichter des Wohnorts des Adoptanten ihre gegenseitige Einwilligung in die Adoption versicherten. Nach Art. 354 Code civil musste dann innerhalb der nächsten 10 Tage dem kaiserlichen Prokurator bei dem Gericht der ersten Instanz des Gerichtsbezirks, in dem der Adoptant seinen Wohnsitz hatte, eine schriftliche Ausfertigung dieses Vertrages überreicht werden. Dabei war es unerheblich, wer von beiden, Annehmender oder Anzunehmender, die schriftliche Ausfertigung an den kaiserlichen Prokurator überreichte[751]. Notwendig war die Einreichung bei dem Gericht der ersten Instanz deswegen, weil die gegenseitige Erklärung der Einwilligung in das Adoptionsverhältnis gerichtlich bestätigt werden musste[752]. Gemäß Art. 355 Code civil musste das Gericht, versammelt in einem Beratschlagungszimmer unter Ausschluss der Öffentlichkeit, nach zuvor eingezogenen zweckmäßigen Erkundigungen, darüber entscheiden, ob alle gesetzlichen Bedingungen der Adoption erfüllt waren und ob der Annehmende einen guten Ruf besaß. Nur für den Fall, dass der Annehmende über einen guten Ruf ver-

748 Vgl. Locré, Band VI, S. 554 f.

749 Siehe oben II. 2.

750 Locré, Band VI, S. 537 f.; Baurittel, S. 29.

751 Spangenberg, I, S. 334.

752 Durch die Formvorschriften des zweiten Abschnitts und insbesondere durch die Einführung der Artt. 354, 355 und 357 Code civil war die erst zum Schluss der Gesetzesarbeiten auch von Napoleon als ausreichend erachtete gerichtliche Bestätigung der Adoption in das Gesetzbuch aufgenommen worden; vgl. Locré, Band VI, S. 537; siehe auch oben II. 2.

fügte und die weiteren gesetzlichen Voraussetzungen der Adoption vorlagen, war die Adoption zulässig. Insbesondere bei der „l`adoption rémunératoire", der zweiten Variante des Art. 345, wurden die Verwandten und Menschen aus dem näheren Umfeld des Adoptierenden eingehend zu dessen Lebensumständen vernommen[753]. Nach eingehender Prüfung aller Umstände entschied das Gericht ohne Angabe seiner Entscheidungsgründe[754] gemäß Art. 356 mit den Worten: *„Il y a lieu"* oder *„Il n`y a pas lieu à l`adoption"* - die Adoption hat statt oder die Adoption hat nicht statt. Innerhalb eines Monats nach der Entscheidung des Gerichts der ersten Instanz musste das von ihm getroffene Urteil von der einen oder von der anderen Partei gemäß Art. 357 Code civil dem Appellationsgerichtshof vorgelegt werden. Das Verfahren vor dem Appellationshof entsprach dabei formell dem Verfahren vor der ersten Instanz. Ebenfalls ohne Bekanntgabe der Entscheidungsgründe fällte das Appellationsgericht gemäß Art. 357 Code civil sein Urteil: *„Le jugement est confirmé"* oder *„Le jugement est reformé, et en conséquence il y a lieu"* oder *„il n`y a pas lieu à l`adoption"* – Das Urteil wird bestätigt oder das Urteil wird reformiert und die Adoption hat folglich statt oder die Adoption hat nicht statt. Das Appellationsgericht war demgemäß nicht an die Entscheidung des Gerichts der ersten Instanz gebunden. Für den Fall, dass das Appellationsgericht die Adoption annahm, bestimmte Art. 358 Code civil weiterhin, dass:

> „Tout jugement du tribunal d`appel qui admettra une adoption, sera prononcé à l`audience, et affiché en tels lieux et en tel nombre d`exemplaires que le tribunal jugera convenables."

Bei der Annahme einer Adoption durch den Gerichtshof wurde demnach das Urteil in der Audienz verkündet und öffentlich angeschlagen. Allerdings stand die Bestimmung der Orte und die Anzahl der Exemplare, die gedruckt werden sollten, im Ermessen des Gerichts. Freilich stellte der öffentliche Anschlag der Adoption für den Adoptierenden eine Ehre dar. Denn der Anschlag der angenommenen Adoption diente als Beweis für seinen tadellosen Lebenswandel. Dem Wortlaut des Art. 358 Code civil folgend, galt die Bestimmung allerdings nur bei der Annahme einer Adoption und nicht etwa bei ihrer Verwerfung. Verwarf das Appellationsgericht die Adoption, so wurde dies, wohl zum Schutz der Beteiligten vor Schmähungen, nicht öffentlich bekannt gegeben. Für eine wirksame Adoption war in formeller Hinsicht weiterhin zwingend erforderlich, dass nach der Verkündung des Urteils durch das Appellationsgericht die Adoption in die Zivilstandsregister eingetragen wurde[755]. Art. 359 Code civil bestimmte, dass innerhalb von drei Monaten nach

---

753 Maleville, Band I, S. 359.

754 Da das Gericht über die Zulässigkeit der Adoption in seiner Eigenschaft als Schwurgericht oder Verwaltungsbehörde entschied, wurde auf die Angabe von Entscheidungsgründen ebenso wie auf die Einhaltung einer bestimmten Form verzichtet, vgl. Zachariä/Dreyer, Handbuch des französischen Civilrechts, III, § 557, S. 479, Fn. 5; S. 480, Fn. 9; Duranton, III, S. 293.

755 Abweichend von der Beurkundung der Geburt (vgl. Art. 319 Code civil), der Ehe (vgl. Artt.

Verkündung des Urteils auf Ansuchen der einen oder anderen Adoptionspartei die Adoption an dem Ort, wo der Adoptant seinen Wohnsitz hatte, in die Zivilstandsregister eingetragen werden musste. Dem Wortlaut des Art. 359 Code civil folgend, durfte der zuständige Beamte die Eintragung der Adoption in das Zivilstandsregister nur auf Vorzeigen der förmlichen Ausfertigung des von dem Appellationsgericht erlassenen Urteils vornehmen. Von wesentlicher Bedeutung war außerdem die in Art. 359 Code civil genannte Dreimonatsfrist. Denn verstrichen drei Monate, ohne dass eine Eintragung der Adoption erfolgte, so bestimmte der letzte Halbsatz von Art. 359 Code civil:

„..l`adoption restera sans effet si elle n`a été inscrite dans ce délai".

Die Adoption blieb demnach ohne Wirkung, wenn sie nicht innerhalb von drei Monaten nach Verkündung des Urteils in die Register eingetragen worden war. Mithin handelte es sich bei der Frist des Art. 359 Code civil um eine Not- oder auch Ausschlussfrist[756]. Im Fall der fehlenden fristgerechten Eintragung und dem Festhalten der Parteien an der Adoption musste somit das gesamte Adoptionsverfahren wiederholt werden, da die Adoption schlicht als nicht geschehen betrachtet wurde. Folglich stellte die Eintragung der Adoption die letzte formelle Wirksamkeitsvoraussetzung dar[757].

Den zweiten Abschnitt „Des Formes de l`adoption" beendend, behandelte Art. 360 Code civil noch den Fall, dass der Adoptant nach der Schließung des Adoptionsvertrages vor dem Friedensrichter und nachdem der Vertrag vor das Gericht der ersten Instanz gebracht wurde, aber vor der Entscheidung des erstinstanzlichen Gerichts verstarb. Nach Art. 360 Code civil sollte dann das Adoptionsverfahren fortgesetzt und über die Zulässigkeit der Adoption trotz des Todes des Adoptanten weiterhin entschieden werden. Wurde die Adoption gerichtlich bestätigt, so stand dem Angenommenen ein gesetzliches Erbrecht zu[758]. Den gesetzlichen Erben des verstorbenen Adoptanten blieb allerdings das Recht vorbehalten, dem kaiserlichen Prokurator jede Denkschrift und Anmerkung, die ihrer Ansicht nach die Adoption unzulässig machte, einzureichen. Denn auch in diesem Fall mussten sowohl das

---

63, 166 Code civil), des Todes (vgl. Art. 77 ff. Code civil) oder der Anerkennung eines unehelichen Kindes (vgl. Art. 331 Code civil) erstellte der Beamte bei der Ehescheidung und der Adoption allerdings keine Urkunde, sondern trug das Urteil des Gerichts in das Register ein und erstellte einen förmlichen Akt. Dieser musste Auskunft erteilen über das Datum, den Vor- und Zunamen, das Alter, den Wohnort von Adoptanten und Adoptiertem, den Vertragsakt und das Urteil, das die Adoption zuließ. Erforderlich war für die Erstellung des förmlichen Akts die Anwesenheit von zwei Zeugen; Locré, Band VI, S. 519; Baurittel, S. 65 – 67; a.A. Lassaulx, I, S. 218, der sich gegen das Erfordernis der Gegenwart von Zeugen ausspricht.

756 Im Gegensatz zu den in Artt. 354, 357 Code civil genannten Fristen.

757 Freilich galt dies nicht für die testamentarische Adoption nach Art. 366 Code civil. Die testamentarische Adoption bedurfte weder einer gerichtlichen Bestätigung noch einer Eintragung in das Zivilstandsregister.

758 Siehe dazu unten 2. b.

erstinstanzliche wie auch das Appellationsgericht bei ihrer eingehenden Untersuchung und vor ihrer Entscheidung, ob die Adoption zulässig war, alle zweckdienlichen Umstände eingehend prüfen. Kam das Gericht zu der Entscheidung, dass die Adoption statthaft war, obwohl eine gesetzliche Voraussetzung der Adoption nicht vorlag, so stand den Erben gegen die Zulassung der Adoption die Nichtigkeitsklage zu[759].

Zusammenfassend lässt sich festhalten, dass auch das der Adoption zu Grunde liegende formelle Verfahren die Durchführung einer Adoption erheblich erschwerte. Bei einer gemeinsamen Betrachtung der generellen und der Voraussetzungen, die außerdem in der jeweiligen Person des Beteiligten vorliegen mussten, stellte die Adoption damit ein wenig attraktives Rechtsinstitut dar.

## 2) Die rechtlichen Wirkungen der Adoption nach Artt. 347 – 352 Code civil

### a) Eintritt der rechtlichen Wirkungen

Lagen alle Voraussetzungen für eine wirksame Adoption vor, so bestimmten sich die rechtlichen Wirkungen der Adoption in Ansehung der Personen, der Familienverhältnisse und der erbrechtlichen Stellung des Adoptierten nach den Artt. 347 – 352 Code civil. Fraglich ist jedoch, ab wann die Adoption für die Parteien rechtlich bindend war.

In Betracht kommt zunächst der Zeitpunkt, in dem beide Parteien vor dem Friedensrichter ihren gegenseitigen Willen, eine Adoption durchzuführen, erklärten. Unter dem Aspekt, dass die gerichtliche Bestätigung der Adoption zu den formellen Wirksamkeitsvoraussetzungen gehörte, hätte der Vertragsschluss dann unter der auflösenden Bedingung gestanden, dass das Gericht die Adoption nicht zulasse[760]. Für diese Ansicht lässt sich der in Art. 360 Code civil beschriebene Fall anführen. Denn verstarb der Adoptant, bevor eine gerichtliche Entscheidung über die Zulässigkeit der Adoption ergangen war, aber nachdem er die Einwilligung in die Adoption vor dem Friedensrichter erteilt hatte, so wurde das Adoptionsverfahren weiter fortgesetzt. Dabei musste das Gericht den hypothetischen Willen des Adoptanten, die Adoption zu vollziehen, zu Grunde legen. Einen Anhaltspunkt dafür bildete der von dem Adoptanten vor dem Friedensrichter erklärte Wille. Wenn es aber in diesem Fall für den Eintritt der rechtlichen Wirkungen der Adoption maßgeblich auf den vor dem Friedensrichter erklärten Willen ankam, so müsste das, den Vertretern dieser Ansicht folgend, erst recht für den Fall gelten, dass der Adoptant noch lebte[761]. Denn die gerichtliche Annahme oder Verwerfung der Adoption läge schließlich nicht in den Händen der Adoptionsparteien. Die rechtlichen Wirkungen der Adoption würden somit dann eintreten, wenn sich die Adoptions-

---

759 Zachariä/Dreyer, Handbuch des französischen Civilrechts, III, § 558, S. 481; Duranton, III, S. 327 ff.; Baurittel, S. 127.

760 Aubry et Rau, VI, § 559; Toullier, II, no. 1004, 1010.

761 Aubry et Rau, VI, § 559.

parteien nicht mehr einseitig von der Adoption lösen könnten. Das sei jedoch mit der Schließung des auflösend bedingten Adoptionsvertrages vor dem Friedensrichter der Fall.
Nach einer anderen Ansicht trat die rechtliche Bindung der Adoptionsparteien erst mit der Eintragung in das Zivilstandsregister nach Art. 359 Code civil ein, wobei die Eintragung ex tunc auf den Zeitpunkt des Vertragsschlusses zurückwirken sollte[762]. Diese Ansicht stützte sich im Wesentlichen auf den Wortlaut des Art. 359 Code civil. Danach entfaltete die Adoption keinerlei Wirkung, wenn sie nicht innerhalb von 3 Monaten nach Verkündung des Urteils in die Zivilstandsregister eingetragen worden war. Gegen eine Vorverlagerung des Eintritts der rechtlichen Wirkungen der Adoption auf den Zeitpunkt des Vertragsschlusses vor dem Friedensrichter und damit für eine Annahme der zweiten Ansicht spricht auch, dass sich die gegenteilige Argumentation allein auf den in Art. 360 Code civil beschriebenen Sonderfall stützte. Von einem gesetzlichen Sonderfall kann allerdings nicht ohne weiteres auf den Eintritt der rechtlichen Wirkungen der Adoption im Allgemeinen geschlossen werden. Für die Adoption war, abgesehen von eben jenem Sonderfall, die Einhaltung des formellen Verfahrens nach den Artt. 353 – 359 Code civil Voraussetzung für ihre Wirksamkeit. Eine rechtliche Bindungswirkung der Parteien konnte die Adoption mithin erst dann entfalten, wenn alle Wirksamkeitsvoraussetzungen erfüllt waren. Das war jedoch erst mit der nach Art. 359 Code civil geforderten fristgerechten Eintragung in das Zivilstandsregister der Fall – auch wenn diese dann auf den Zeitpunkt des Vertragsschlusses zurückwirkte. Ebenso war ein Abbruch der Adoption durch die Parteien bis zu der in Art. 359 Code civil genannten Eintragung möglich. Der vor dem Friedensrichter geschlossene Vertrag konnte mutuum consensum widerrufen werden. Die Beteiligten mussten lediglich eine der für die Adoption erforderlichen formellen Wirksamkeitsvoraussetzungen nicht erfüllen. Erst die nach Art. 359 Code civil geforderte fristgerechte Eintragung machte die Adoption unwiderruflich[763]. Folgt man der Systematik des Gesetzes ist mithin die Ansicht vorzugswürdig, die die rechtlichen Wirkungen der Adoption mit der Eintragung in das Register ex tunc auf den Zeitpunkt des Vertragsschlusses zurückwirken ließ.

---

762 Duranton, III, S. 295; 319; Lassaulx, II, S. 260; Baurittel, S. 74, Fn. 61; Demolombe, VI, S. 101 f.

763 Selbst wegen grober Undankbarkeit des Adoptierten konnte die Adoption dann nicht mehr widerrufen werden. Dem Adoptant blieb lediglich das Recht vorbehalten, den Adoptierten wegen Erbunwürdigkeit von der Erbschaft auszuschließen. Dabei mussten die Grundsätze, die für den Ausschluss der Erbschaft für eheliche Kinder galten, beachtet werden; Zachariä/Dreyer, Handbuch des französischen Civilrechts, III, § 559, S. 483; Demolombe, VI, S. 119; Boileux/Poncelet, I, § 359, S. 250.

## b) Wirkungen der Adoption in Ansehung der Personen und Familienverhältnisse

Für den Angenommenen hatte die Adoption zunächst zur Folge, dass er den Familiennamen des Adoptanten annehmen musste. Nach Art. 347 Code civil war er verpflichtet, den Nachnamen des Adoptanten seinem eigenen Familiennamen anzufügen. Handelte es sich bei dem Adoptanten um eine verwitwete Frau, so erhielt der Angenommenen den Familiennamen der Frau und nicht etwa den ihres verstorbenen Mannes, den die Frau durch die Heirat zusätzlich erlangt hatte[764]. Die natürliche Abstammung des Angenommenen blieb somit - trotz der Adoption - nach außen für jedermann ersichtlich.
In Ansehung der rechtlichen Wirkungen der Adoption auf die Familienverhältnisse bestimmte Art. 348 erster Satz Code civil:

> „L`adopté restera dans sa famille naturelle, et y conservera tous ses droits...".

Danach verblieb der Angenommene in seiner natürlichen Familie und behielt dort alle seine von Geburt an bestehenden Rechte. Insbesondere verlor der Adoptierte innerhalb seiner natürlichen Familie nicht seine erbrechtliche Stellung[765]. Durch die Adoption trat der Adoptierte somit nicht in die Adoptivfamilie ein. Rechte und Verbindlichkeiten entstanden allein im Verhältnis zwischen Annehmendem und Angenommenen, nicht aber zwischen dem Angenommenen und seiner Adoptivfamilie oder zwischen der natürlichen Familie des Angenommenen und der Adoptivfamilie[766]. Allerdings erwarb der Adoptivvater durch die Adoption nicht alle Rechte, die auch einem natürlichen, leiblichen Vater zustanden. So erlangte er nicht die elterliche Gewalt über den Angenommenen. Denn die Ausübung der elterlichen Gewalt durch den Vater[767] war nach Art. 372 Code civil auf Minderjährige beschränkt und endete mit Erreichen der Volljährigkeit des Kindes. Nach Art. 346 Code civil war jedoch nur die Adoption eines Volljährigen zulässig, so dass der Anzunehmende zum Zeitpunkt einer Adoption bereits aus der elterlichen Gewalt entlassen war. Freilich schuldete der Adoptierte dem Adoptanten dennoch ebenso Ehrerbietung, Dankbarkeit und Gehorsam[768] wie nach Art. 371 Code civil seinen leiblichen Eltern.

---

764 Durch eine Heirat wurde der Name des Mannes dem Familiennamen der Frau hinzugefügt, so dass eine verheiratete oder bereits verwitwete Frau einen Doppelnachnamen besaß; Baurittel, S. 75 f.

765 Demolombe, VI, S. 121; Boileux/Poncelet, I, § 348, S. 243.

766 Zu der erbrechtlichen Stellung der Nachkommenschaft des Adoptierten, siehe unten d.

767 Nach Art. 378 Code civil übte während der Ehe allein der Vater die elterliche Gewalt aus.

768 Maleville, Band I, S. 356 f.; Heinsheimer, Zeitschrift für frz. Civilrecht II, S. 271.

Im Gegenzug war der Adoptant verpflichtet, die Interessen des Angenommenen genauso wahrzunehmen, wie die eines leiblichen Kindes[769]. Des Weiteren folgte aus Art. 349 Code civil die zwischen Adoptierendem und Adoptierten bestehende gegenseitige Verpflichtung, sich im Fall der Bedürftigkeit zu unterstützen. Die wechselseitige Alimentationspflicht bestand allerdings auch zwischen dem Adoptierten und seinen leiblichen Eltern fort. Waren die leiblichen Eltern und die Adoptiveltern des Adoptierten bedürftig, so oblag dem Adoptierten zunächst die Pflicht, seine Adoptiveltern zu unterstützen, da ihm durch deren Annahme eine Ehre zu teil geworden war, die ihn zur Dankbarkeit verpflichtete[770]. Dementsprechend galt für den Fall, dass der Adoptierte der Unterstützung bedurfte, dass zunächst die Adoptiveltern und dann erst die leiblichen Eltern des Adoptierten zur Alimentation verpflichtet waren. Allerdings fehlte es an einer gesetzlichen Regelung, die bestimmte, ob die Alimentationspflicht einer Partei eintrat, wenn die andere Partei durch eigene Schuld verarmt war.
Hinsichtlich der erbrechtlichen Stellung, die der Adoptierte durch die Adoption erlangte, bestimmte Art. 350 Code civil:

> „L`adopté n`acquerra aucun droit de successibilité sur les biens des parens de l`adoptant; mais il aura sur la succession de l`adoptant les mêmes droits que ceux qu`y aurait l`enfant né en mariage, même quand il y aurait d`autres enfans de cette dernière qualité nés depuis l`adoption.“

Demgemäß besaß der Adoptierte zwar ein gesetzliches Erbrecht auf den Nachlass des Adoptanten, aber keine Successionsrechte auf das Vermögen der Blutsverwandtschaft des Adoptanten. Die erbrechtliche Regelung entsprach damit der Stellung des Adoptierten in der Adoptivfamilie. Der Adoptierte trat durch die Adoption nicht in die Adoptivfamilie ein und erwarb ihr gegenüber auch keine weiteren Rechte.
Anderes galt hingegen im Verhältnis zum Adoptierenden. Durch die Adoption entstand zwischen ihm und dem Adoptierten zu Lebzeiten ein elternähnliches Verhältnis, das schließlich zu einem gesetzlichen Erbrecht des Angenommenen führte. Das Intestaterbrecht des Adoptierten gegenüber dem Adoptanten entsprach nach Art. 350 Code civil dabei dem von ehelichen Kindern[771]. Dem Wortlaut des Art. 350 Code civil folgend, galt dies selbst für den Fall, dass nach erfolgter Adoption noch eheliche Abkömmlinge des Adoptierenden geboren wurden. Somit bestimmte Art. 350 Code civil die erbrechtliche Gleichstellung von angenommenen und ehelichen Kindern. Dementsprechend stand dem Adoptierten auf den Nachlass des

---

769 Locré, Band VI, S. 500.

770 Lassaulx, II, S. 249; Aubry et Rau, VI, § 560, Spangenberg, I, S. 332; Bauríttel, S. 78 f.

771 Ebenso wie ein eheliches Kind schloss der durch Adoption Angenommene die Aszendenten und Seitenverwandten des Adoptanten von dessen Nachlass aus; Zachariä/Dreyer, Handbuch des französischen Civilrechts, III, § 560, S. 485.

Adoptanten ebenso ein Vorbehalt[772] zu, wie dies bei einem ehelichen Kind auf den Nachlass seines Vaters der Fall war[773].

### aa) Minderung und Widerruf von Schenkungen des Adoptanten

Einigkeit herrschte auch darüber, dass durch die nach Art. 350 Code civil angeordnete Gleichstellung dem Adoptierten, ebenso wie dem ehelichen oder legitimierten Kind, ein Minderungsrecht für den Fall zugestanden werden musste, dass Schenkungen, die der spätere Erblasser unter Lebenden oder auf den Todesfall tätigte und die das verschenkbare Vermögen überschritten, sich nachteilig auf den Wert des Vorbehalts auswirkten.

Gesetzlich verankert war die Minderung von Schenkungen und Vermächtnissen in den Artt. 920 - 930 Code civil. Dabei bestimmte Art. 920 Code civil, dass die Schenkungen des Erblassers unter Lebenden oder auf den Todesfall, die den disponiblen Teil überschritten, anteilig zu mindern waren[774]. Über welche Anteile seines Vermögens der spätere Erblasser nicht frei verfügen können sollte, ergab sich aus den Artt. 913 – 919 Code civil. So durften nach Art. 913 Code civil die Schenkungen des späteren Erblassers nicht die Hälfte der verfügbaren Güter überschreiten, wenn er bei seinem Tod ein Kind hinterließ. Entsprechend ein Drittel bei zwei und ein Viertel bei drei und mehr Kindern. Verfügte der spätere Erblasser durch Schenkung unter Lebenden oder auf den Todesfall trotzdem über einen Anteil, über den er nach dem Gesetz gerade nicht verfügen können sollte, wie über den gesetzlich anerkannten Vorbehalt seiner Nachkommen, so mussten die Nachkommen den durch den Erblasser absichtlich geschmälerten Nachlass nicht hinnehmen[775]. Vielmehr konnten sie sich auf Art. 920 Code civil berufen und auf Minderung der allzu großzügigen Schenkungen des späteren Erblassers klagen. Gerichtlich wurde dann die Schenkung bis zum Betrag des Vorbehalts gemindert. Aufgrund der Gleichstellung zwischen Adoptierten und ehelichen Kindern nach

772 Der „Vorbehalt“ des französischen Rechts unterscheidet sich von dem „Pflichtteil“ des römischen Rechts. Der Vorbehalt ist eine Quote des Gesamtvermögens und stellt das wegen der Anwartschaft der Familie kraft der Natur des Vorbehalts nicht verschenkbare Familienvermögen dar. Zu weiteren Unterschieden Zachariä/Dreyer, Handbuch des französischen Civilrechts, IV, §§ 677 - 683, S. 287 - 302.

773 Sirey, 1808, I, S. 333; 1814, II, S. 3.

774 Art. 920 Code civil lautete: "Les dispositions, soit entre-vifs, soit a cause de mort, qui excéderont la quotité disponible, seront réductibles à cette quotité lors de l'ouverture de la succession."

775 Also nur dann, wenn das Vermögen, über welches der Erblasser nicht verfügt hatte, zur Erfüllung des Vorbehalts nicht ausreichte, war die Einziehung der getätigten Verfügungen zulässig. War das freie Vermögen zur Erfüllung unzureichend, so erfolgte nach Art. 923 Code civil vor der Einziehung der Schenkungen, die der ausgesetzten Vermächtnisse.

Art. 350 Code civil sollte dieses Recht auch den durch Adoption Angenommenen zustehen[776].

Für den Adoptierten stellte sich allerdings noch die weitere Frage, ob die Ausübung des Minderungsrechts daran gebunden war, dass der Adoptant die Schenkung zeitlich nach der Adoption vollzogen hatte oder ob sich das Minderungsrecht nach Art. 920 Code civil ebenfalls auf Schenkungen des Adoptanten erstreckte, die dieser vor der Adoption vorgenommen hatte.

Einige Stimmen in der Literatur befürworteten eine Differenzierung[777]. So wurde gegen die Annahme, das Anfechtungsrecht des Adoptierten auf die zeitlich vor der Adoption gelegenen Schenkungen des Adoptanten zu erstrecken, vorgetragen, dass dadurch der Adoption rückwirkende Kraft verliehen würde[778]. Dies sei vom Gesetzgeber jedoch nicht gewollt gewesen. Die nach Art. 350 Code civil geforderte Gleichstellung von ehelichen Kindern und Adoptierten beziehe sich lediglich auf den Nachlass des Adoptanten. Der Adoptierte könne somit nur das „in Rechnung" stellen, was zum Zeitpunkt der Adoption das Vermögen des Adoptanten ausgemacht hätte. Folglich bestehe ein Anfechtungsrecht des Adoptierten allein in dem Fall, in dem die Schenkung des Adoptanten zeitlich nach der Adoption erfolgt sei[779]. Dann müsse dem Adoptierten jedoch das Anfechtungsrecht eingeräumt werden, da der Adoptivvater sonst einseitig die Wirkungen der Adoption, insbesondere das dem Adoptierten verliehene gesetzliche Erbrecht am Nachlass des Adoptanten, untergraben könne. Das sei allerdings mit der Eigenschaft des Rechtsinstituts als einem Wohltätigkeitsinstitut nicht vereinbar.

Nach einer anderen Ansicht war eine Differenzierung nach dem Zeitpunkt der Schenkung des Adoptanten nicht erforderlich[780]. Gegen das Argument, dass die Adoption rückwirkende Kraft entfalten würde, wenn das Anfechtungsrecht des Adoptierten die vor der Adoption geschehenen Schenkungen erfasse, wurde eingewandt, dass nach dem Gesetz auch ein eheliches Kind eine bereits vor seiner Geburt gemachte Schenkung anfechten könne, ohne dass es sich hierbei um eine rückwirkende Kraft der Geburt handele[781]. Des Weiteren sei nicht verständlich, warum der Adoptierte nicht zusätzlich das „in Rechnung" stellen können sollte, was dem Gesetz zufolge in das Vermögen des Adoptanten zurückkehren könne.

---

776 Sirey 1822, I, S. 422; Demolombe, VI, S. 140.

777 Duranton, III, S. 308 - 313; Proudhon, II, S. 141; Toullier, II, no. 1004, 1010 f.

778 Proudhon, II, S. 141; Duranton, III, S. 308 ff.

779 Toullier, II, no. 1004, 1010 f.; Grenier, traité de l'adoption, II, no. 40; Duranton, III, S. 310 ff.; Proudhon, II, S. 141.

780 Baurittel, S. 91 ff.; Aubry et Rau, VI, § 560; VII, § 700, Anm. 11-13; Zachariä/Dreyer, Handbuch des französischen Civilrechts, III, § 560, S. 485; Laurent, XII, S. 18; Demolombe, VI, S. 143.

781 Zachariä/Dreyer, Handbuch des französischen Civilrechts, III, § 560, S. 485, Fn. 7; Aubry et Rau, VI, § 560; Laurent, XII, S. 18; 456.

Im Einklang mit der späteren Rechtsprechung[782] ist schließlich der Ansicht zu folgen, die das Anfechtungsrecht des Adoptierten auch auf die der Adoption zeitlich vorangehenden Schenkungen des Adoptanten erstreckte. Denn faktisch konnten sich die der Adoption zeitlich vorgelagerten Schenkungen des Adoptanten ebenso nachteilig auf den Wert des Vorbehalts des Adoptierten auswirken, wie die Verfügungen, die der Adoptant nach der Adoption vornahm. Der Sinn der Beschränkung der Verfügungsgewalt des Erblassers über sein Vermögen nach den Artt. 913, 920 Code civil bestand darin, das Vorbehaltsrecht bzw. den Wert des Vorbehaltsrechts seiner Nachkommen zu schützen. Ein solcher Schutz war jedoch nur dann möglich, wenn es gerade nicht auf den Zeitpunkt der Verfügung des Adoptanten ankam. Mithin konnte der Adoptierte auch dann das Minderungsrecht nach Art. 920 Code civil vor Gericht geltend machen, wenn es sich um eine der Adoption zeitlich vorgelagerte Schenkung des Adoptanten handelte.
Abgesehen von dem in Art. 920 Code civil festgesetzten Minderungsrecht, das der Adoptierte klagweise geltend machen musste, war fraglich, ob die nach Art. 350 Code civil bestimmte Gleichstellung von ehelichen Kindern und Adoptierten für den durch Adoption Angenommenen nicht ebenfalls bewirkte, dass zuvor getätigten Schenkungen des Adoptanten nach Art. 960 Code civil ipso iure widerrufen wurden.
Gemäß Art. 960 Code civil wurde eine Schenkung, die von einer zum Zeitpunkt der Schenkung kinderlosen Person getätigt worden war, widerrufen, wenn der Schuldner nach der Schenkung ein eheliches oder ein natürliches, durch nachfolgende Ehe legitimiertes Kind bekam[783]. Sinn und Zweck der Regelung war es, dem Schenker die Möglichkeit offen zu halten, seinen Nachlass an die eigenen Nachkommen und nicht an eine ihm fremde Person vererben zu können. Der Regelung lag demnach das Verständnis zu Grunde, dass der Vater die eigenen Kinder einer fremden Person immer vorziehen würde.
Der Wortlaut des Art. 960 Code civil bezog sich allerdings gerade nicht auf Personen, die durch eine Adoption angenommen worden waren, sondern erwähnte ausdrücklich nur eheliche und legitimierte Kinder. Eine entsprechende Regelung für die durch Adoption Angenommenen fehlte. Nach einer in der Literatur vorherrschenden Ansicht sprach gegen eine versehentliche Regelungslücke in Art. 960

782 Sirey 1822, I, S. 422; 1826, I, S. 29 ff.

783 Aus Art. 960 Code civil folgte ebenfalls, welche Schenkungen davon ausgenommen waren. Art. 960 Code civil lautete: "Toutes donations entre-vifs faites par personnes qui n'avaient point d'enfans ou de descendans actuellement vivans dans le temps de la donation, de quelque valeur que ces donations puissent être, et à quelque titre qu'elles aient été faites, et encore qu'elles fussent mutuelles ou rémunératoires, même celles qui auraient été faites en faveur de mariage par autres que par les ascendans aux conjoints, ou par les conjoints l'un à l'autre, demeureront révoquées de plein droit par la survenance d'un enfant légitime du donateur, même d'un posthume, ou par la légitimation d'un enfant naturel par mariage subséquent, s'il est né depuis la donation. "

Code civil die Erwähnung der legitimen Kinder[784]. Denn hätte der Gesetzgeber die Anwendung auf die Adoptierten erstrecken wollen, so hätte er diese - ebenso wie die legitimen Kinder - in den Gesetzeswortlaut aufgenommen. Da es sich somit um eine absichtliche Auslassung des Gesetzgebers handele, könne ein Widerruf einer vor der Adoption getätigten Schenkung, dem gesetzgeberischen Willen folgend, nach Art. 960 Code civil nicht eintreten[785]. Weiterhin wurde von den Vertretern dieser Ansicht, die im Wesentlichen mit denen identisch waren, die sich schon gegen ein Anfechtungsrecht des Adoptierten im Hinblick auf die vor einer Adoption getätigten Schenkungen ausgesprochen hatten, erneut darauf hingewiesen, dass auch eine entsprechende Anwendung des Art. 960 Code civil zur Folge hätte, dass der Adoption rückwirkende Kraft verliehen würde[786]. Zwar wurde vereinzelt noch einmal bemerkt, dass auch eine entsprechende Anwendung des Art. 960 Code civil der Adoption keine rückwirkende Kraft verleihen würde[787], doch blieb die Ansicht herrschend, die den Eintritt des Widerrufs der vor der Adoption durch den Adoptanten getätigten Schenkungen, entsprechend Art. 960 Code civil, ablehnte[788].

Die rechtliche Ungleichbehandlung der Révocation (Art. 960 Code civil) und der Réduction (Art. 920 Code civil) - auf der einen Seite die strikte Ablehnung einer entsprechenden Anwendung des Art. 960 Code civil auf den Adoptierten, auf der anderen Seite die Annahme eines Anfechtungsrechts des Adoptierten im Hinblick auf zuvor getätigte Schenkungen des Adoptanten - ist auf den ersten Blick schwer nachvollziehbar. Folgte doch aus dem Sinn und Zweck des Art. 960 Code civil, dass dem Schenker die Möglichkeit eingeräumt werden sollte, erbrechtlich zunächst die Personen berücksichtigen zu können, die ihm am nächsten standen. Eine adoptierte Person aber stand dem Adoptant durch die Schaffung des elternähnlichen Verhältnisses deutlich näher als ein völlig Fremder, obwohl der Adoptierte durch die Versagung des nach Art. 960 Code civil eintretenden Widerrufs wie ein solcher behandelt wurde. Aufgrund der in Art. 350 Code civil gesetzlich normierten Gleichstellungspflicht von ehelichen Kindern und durch Adoption Angenommenen hätte dem Adoptierten somit das gleiche Recht wie den ehelichen Kindern

784 Maleville, Band I, S. 356; Troplong, XXVI, S. 305; Baurittel, S. 90; Proudhon, II, S. 141; Demolombe, VI, S. 148 f.

785 Boileux/Poncelet, II, § 960, S. 322 f.; I, § 350, S. 244; Zachariä/Dreyer, Handbuch des französischen Civilrechts, IV, § 709, S. 410 f.; Spangenberg, I, S. 333.

786 Duranton, III, S. 307 - 310; Proudhon, II, S. 141; Baurittel, S. 91.

787 Aubry et Rau, VI, § 560; Laurent, XII, S. 18 ; Zachariä/Dreyer, Handbuch des französischen Civilrechts, III, § 560, S. 485, Fn. 7.

788 Die Rechtsprechung betonte zwar in mehreren Urteilen die von Art. 350 Code civil geforderte Gleichstellung von ehelichen Kindern und Adoptierten, Sirey 1811, I, S. 329; Sirey 1826, I, S. 29, 31 (Kassation des Urteils Sirey 1823, II, S. 295 (Montpellier)), doch blieb es für Art. 960 Code civil bei der ablehnenden Haltung. Nach Sirey 1852, I, S. 178 - 186 sollte allerdings ein durch die Geburt eines ehelichen Kindes ausgelöster Widerspruch auch dem Adoptierten zu Gute kommen.

eingeräumt werden müssen. Betrachtet man jedoch die beiden Rechtsinstitute, so treten die Verschiedenheiten, die eine unterschiedliche rechtliche Behandlung rechtfertigen, deutlich hervor[789]. Während auf Minderung der Schenkung geklagt werden musste, traten die Wirkungen der Révocation ipso iure ein. Bei der Révocation flossen die Güter frei von Lasten zurück in das Vermögen des Schenkers[790]. Anders hingegen bei der Minderung, wo bereits konstituierte dingliche Rechte die Ausübung hindern konnten. Auch im Hinblick auf den Schutzzweck der Norm unterschieden sich Widerruf und Minderung voneinander. Der Widerruf kam dem Schenker zu Gute, da es durch Art. 960 Code civil gewährleistet war, dass der spätere Erblasser seinen gesamten Nachlass an seine Nachkommen vererben konnte. Im Gegensatz dazu, kam die Minderung dem Vorbehaltserben zu Gute. Denn durch das nach Art. 920 Code civil eingeräumte Recht wurde der gesetzlich bestimmte Vorbehalt des Anfechtenden gesichert. Da es sich letztlich also um zwei verschiedene Rechtsinstitute handelte, war die unterschiedliche rechtliche Behandlung entgegen dem ersten Eindruck nicht widersprüchlich.

#### bb) Entsprechende Anwendung des Art. 1098 Code civil auf den Adoptierten?

Nachdem man das Widerrufsrecht nach Art. 960 Code civil abgelehnt und das Anfechtungsrecht nach Art. 920 Code civil für den Adoptierten weitestgehend anerkannt hatte, drängte sich die weitere Frage auf, ob der Adoptierte für den Fall, dass der Adoptant nach der Adoption zu einer Ehe geschritten und seinem Ehegatten mehr als nach Art. 1098 Code civil bei einem ehelichen Kind erlaubt war, zugewendet hatte, Minderung verlangen konnte.

Dem Wortlaut des Art. 1098 Code civil nach[791] durfte die Zuwendung des Mannes oder der Frau, die Kinder aus einer früheren Ehe besaßen und zu einer zweiten oder ferneren Ehe schritten, dem neuen Ehegatten nicht mehr zuwenden, als der Anteil des Mindestbegünstigten ihrer ehelichen Kinder betrug. In keinem Fall aber durfte die Schenkung ein Viertel des gesamten Vermögens übersteigen. Ausdrücklich bezog sich der Wortlaut des Art. 1098 Code civil daher lediglich auf die „enfans d`un autre lit", also die Kinder aus einer früheren Ehe. Die sich nun, im Hinblick auf eine entsprechende Anwendung des Art. 1098 Code civil auf den durch Adoption Angenommenen, in der Literatur entwickelnde Kontroverse glich den Diskussionen um die Anerkennung des Anfechtungsrechts und des Widerrufs. Denn ebenso wie bei den vorhergehenden Auseinandersetzungen handelte es sich

789 Demolombe, VI, S. 143 ff.; 148; Boileux/Poncelet, II, § 920, S. 266 – 268; § 960, S. 321 – 325.

790 Duranton, III, S. 308.

791 Art. 1098 Code civil lautete: „L`homme ou la femme qui, ayant des enfans d`un autre lit, contractera un second ou subséquent mariage, ne pourra donner à son nouvel époux qu`une part d`enfant légitime le moins prenant, et sans que, dans aucun cas, ces donations puissent excéder le quart des biens."

bei der Frage, ob unter den „enfans d`un autre lit“ auch die Adoptierten zu verstehen seien, um eine möglicherweise vorzunehmende ergänzende Wortlautauslegung. Während einige Verfasser der Ansicht waren, dass Art. 1098 Code civil gar keine Anwendung auf den Adoptierten finde, da sich der Wortlaut und die Bestimmung der Vorschrift eben allein an die „Kinder aus einer früheren Ehe“ wende[792], vertraten andere die Auffassung, dass durch die in Art. 350 Code civil angeordnete erbrechtliche Gleichstellung zwischen ehelichen Kindern und Adoptierten, die Regelung des Art. 1098 Code civil im Rahmen der ergänzenden Auslegung ebenfalls auf die durch Adoption Angenommene anzuwenden sei[793]. Vereinzelt wurde auch angenommen, dass der Adoptierte, aufgrund der allein erbrechtlichen Gleichstellung nach Art. 350 Code civil, sich nur auf Art. 1098 Code civil berufen könne, wenn es sich um eine rein testamentarische Verfügung des Adoptanten handelte[794]. Nachdem die Rechtsprechung jedoch immer stärker die Gleichstellung von ehelichen Kindern und Adoptierten nach Art. 350 Code civil hervorhob[795], konnte sich schließlich die Ansicht behaupten, die eine entsprechende Anwendung des Art. 1098 Code civil auf den durch Adoption Angenommenen schon anfänglich befürwortet hatte[796].

War demnach der Adoptant nach der Adoption eine Ehe eingegangen und hatte er seinem Ehegatten mehr zugewandt als nach Art. 1098 Code civil ausdrücklich bei einem ehelichen Kind erlaubt war, so konnte der Adoptierte durch die entsprechende Anwendung des Art. 1098 Code civil ebenso wie ein eheliches Kind Minderung verlangen.

### c) Artt. 351 und 352 Code civil - die Rückfallsrechte des Adoptanten

Im Gegensatz zu dem Adoptierten, der durch die Adoption nach Art. 350 Code civil ein gesetzliches Erbrecht auf den Nachlass des Adoptanten erlangte und selbst vor allzu freigiebigen Verfügungen des Adoptanten durch den ihm zustehenden Vorbehalt abgesichert war, erwarb der Adoptierende keinerlei Rechte auf das Vermögen des Angenommenen. Ein gesetzliches Erbrecht auf den Nachlass des Adoptierten blieb dem Adoptanten ebenso wie ein Vorbehaltsrecht verwehrt, da der Angenommene von seiner ursprünglichen leiblichen Familie beerbt wurde. Al-

792 Troplong, XXVII, S. 885; Baurittel, S. 101; Grenier, traité de l`adoption, II, no. 37, 43; Aubry et Rau, VI, § 560; Laurent, XV, S. 386.

793 Demolombe, XXIII, S. 647 f; VI, S. 148; Zachariä/Dreyer, Handbuch des französischen Civilrechts, III, § 560, S. 485; IV, § 690, S. 336.

794 Delvincourt, I, S. 259.

795 Sirey 1808, I, S. 333; 1822, I, S. 422; 1826, I, S. 29 ff.

796 Demolombe, XXIII, S. 647, 668; VI, S. 148; Zachariä/Dreyer, Handbuch des französischen Civilrechts, III, § 560, S. 485; IV, § 690, S. 336.

lerdings stand dem Adoptanten in den Fällen des Art. 351 und Art. 352 Code civil ein so genanntes „droit de retour“ - ein Rückfallsrecht - zu[797].

Art. 351 Code civil lautete:

> „Si l'adopté meurt sans descendans légitimes, les choses données par l'adoptant, ou recueillies dans sa succession, et qui existeront en nature lors du décès de l'adopté, retourneront à l'adoptant ou à ses descendans, à la charge de contribuer aux dettes, et sans préjudice des droits des tiers.
>
> Le surplus des biens de l'adopté appartiendra à ses propres parens; et ceux-ci excluront toujours, pour les objets même spécifiés au présent article, tous héritiers de l'adoptant autres que ses descendans.“

Verstarb demnach der Adoptierte ohne eheliche Nachkommen, so fiel alles, was er von dem Adoptanten geschenkt bekommen oder geerbt hatte, insofern es beim Ableben des Adoptierten noch in Natur vorhanden war[798], auf den Adoptanten oder seine Abkömmlinge, unter der Bedingung, zur Tilgung von Schulden mit beizutragen und unbeschadet der Rechte eines Dritten, zurück. Das übrige Vermögen des Adoptierten fiel auf seine eigenen Verwandten und diese schlossen, selbst im Hinblick auf die in dem Artikel angeführten Gegenstände, alle Erben des Adoptanten aus, wenn es seine Abkömmlinge nicht waren.

Mit der Normierung dieses Rückfallsrechts sollte somit ausgeschlossen werden, dass die leibliche Familie des Adoptierten die Geschenke, die der Adoptant ursprünglich dem Adoptierten erwiesen hatte, durch den Tod des Adoptierten ihrem Vermögen einverleiben konnte. Denn der Adoptant hatte durch die von ihm getätigten Schenkungen allein den Adoptierten bevorzugen wollen, nicht aber auch dessen leibliche Familie, zu der er keinerlei Beziehung hegte. Dem Wortlaut des Art. 351 Code civil folgend, galt das Rückfallsrecht des Adoptanten allerdings nur

---

797 Der Code civil kannte mehrere solcher „Rückfallsrechte“. So war etwa in Art. 747 Code civil ein den Aszendenten verliehenes gesetzliches Rückfallsrecht und in Art. 951 Code civil ein für die Person des Schenkers bedungenes Rückfallsrecht normiert. Die Auswirkungen einer Adoption auf die in Art. 747 und Art. 951 normierten Rückfallsrechte waren dabei unterschiedlich. Während ein vom Schenker hinterlassenes Adoptivkind auf das Rückfallsrecht des Schenkers nach Art. 951 Code civil keinerlei Auswirkungen hatte, wurde das den Aszendenten verliehene Rückfallsrecht nach Art. 747 Code civil durch eine Adoption entkräftet; Boileux/Poncelet, I, § 351, S. 246; Zachariä/Dreyer, Handbuch des französischen Civilrechts, III, § 560, S. 486; Duranton, VI, S. 235; Sirey 1822, I, S. 422; Heinsheimer, Zeitschrift für frz. Civilrecht II, S. 270 ff.

798 Nach einhelliger Auffassung wurde der Halbsatz „...et qui existeront en nature lors du décès de l'adopté,...“ weit ausgelegt, vgl. Maleville, Band I, S. 357 f.; Duranton, III, S. 316; Baurittel, S. 106 ff.; 109 ff. Ähnlich wie bei dem in Art. 747 Code civil normierten Rückfallsrecht sollte auch dem Adoptant oder seiner Deszendenz das Recht zustehen, einen etwa noch rückständigen Kaufpreis zu fordern, für den Fall, dass der Adoptierte den vom Adoptanten geschenkten Gegenstand veräußert hatte. Gleiches galt für Klagen, die dem Adoptierten auf die Wiedererlangung des Gegenstandes gegen Dritte zustanden.

für den Fall, dass der Adoptierte ohne Nachkommen verstarb. Daher bestimmte Art. 352 Code civil weiter:

> „Si du vivant de l`adoptant, et après le décès de l`adopté, les enfans ou descendans laissés par celui-ci mouraient eux-mêmes sans postérité, l`adoptant succédera aux choses par lui données, comme il est dit en l`article précédent; mais ce droit sera inhérent à la personne de l`adoptant, et non transmissible à ses héritiers, même en ligne descendante."

Demgemäß erbte der Adoptant nach dem vorhergehenden Artikel (Art. 351 Code civil) das, was er dem Angenommenen geschenkt hatte, wenn noch zu Lebzeiten des Adoptanten und nach dem Tod des Adoptierten die Kinder oder Abkömmlinge des Adoptierten ohne eigene Nachkommenschaft verstarben. Dem Wortlaut nach haftete dieses Recht jedoch allein der Person des Adoptanten an und konnte nicht auf seine Erben, selbst in absteigender Linie nicht, übertragen werden. Folglich musste für den Fall, dass der Adoptierte eigene Nachkommen hinterließ, für die Geltendmachung des Rückfallsrechts danach unterschieden werden, ob die Deszendenz des Adoptierten kinderlos vor dem Adoptanten verstorben war oder ob die Nachkommen des Adoptierten den Adoptanten überlebten. Nur wenn die von dem Adoptierten hinterlassenen Nachkommen kinderlos und vor dem Adoptanten verstorben waren, konnte der Adoptant sein Rückfallsrecht geltend machen. Überlebten hingegen die Nachkommen des Adoptierten den Adoptanten, so führte die Deszendenz des Adoptierten zum Ausschluss des Rückfallsrechts. Denn starb der Adoptierte vor seinen Abkömmlingen und dem Adoptanten, so floss alles, was der Adoptant dem Adoptierten zugewendet hatte, in den Nachlass des Adoptierten und ging damit auf die gesetzlichen Erben, die Nachkommen des Adoptierten, über.

#### d) Rechte der Nachkommen des Adoptierten bei dessen vorzeitigem Ableben

In diesem Zusammenhang wurde von der Literatur noch eine weitere vom Code civil nicht behandelte, Frage kontrovers diskutiert. Starb der Adoptierte vor dem Adoptanten und hinterließ der Adoptierte eigene eheliche Deszendenz, so war fraglich, ob diese die Rechte, die dem Adoptierten bei dessen Überleben auf den Nachlass des Adoptanten zugestanden hätten, geltend machen konnten[799].
Strenge Dogmatiker lehnten eine solche Übertragung der Successionsrechte des Adoptierten auf dessen Nachkommen mit Hinweis auf Artt. 350 und 351 Code civil ab[800]. Denn der Adoptierte erlange, dem Wortlaut des Art. 350 Code civil fol-

799 Im Unterschied zum Code civil hatte das ALR diese Frage ausdrücklich zu Gunsten der Kinder des Adoptierten entschieden. Nach der gesetzlichen Regelung des preußischen Landrechts traten die Kinder des Adoptierten in die Familie des Adoptivvaters ein. Für den Fall, dass der Adoptierte vor dem Adoptierenden verstarb, besaßen daher die Abkömmlinge des Adoptierten nach preußischem Recht ein Erbrecht.

800 Grenier, traité de l`adoption, II, No. 37; Lassaulx, II, S. 252; Delvincourt, I, S. 258 f.

gend, die Rechte auf den Nachlass des Adoptanten erst mit dem Tod des Adoptanten. Würde der Adoptierte aber vor dem Adoptanten versterben, so hätte der Adoptierte die Successionsrechte noch gar nicht erlangt. Eine Übertragung von Rechten, die noch nicht erworben seien, sei jedoch nicht möglich. Der Adoptierte könne daher durch sein Ableben die noch nicht von ihm erlangten Successionsrechte auf den Nachlass des Adoptanten auch nicht auf seine Nachkommen übertragen[801]. Des Weiteren könne man sich nicht auf Art. 351 Code civil berufen. Zwar setze Art. 351 Code civil die Deszendenten des Adoptierten an dessen Stelle und führe so zum Ausschluss des Rückfallsrechts, doch könne dies nicht auf das Erbrecht übertragen werden. Denn Vermögen wieder erlangen zu wollen, sei etwas anderes als eine Erbschaft, die noch nicht übertragen sei, zu erhalten suchen[802]. Ferner könne sich die Nachkommenschaft des Adoptierten nicht auf Art. 759 Code civil berufen. Denn dieser behandele ausdrücklich nur den Fall, dass sich die Deszendenz eines natürlichen Kindes, bei dessen vorzeitigem Ableben, auf die in den vorhergehenden Artikeln beschriebene Rechte berufen könne. Da eine entsprechende Regelung für die Abkömmlinge des Adoptierten fehle und diese auch keine Erwähnung in Art. 759 Code civil fänden, könne daraus nur folgen, dass den Adoptivenkeln kein Erbrecht zustehe[803].

Nach einer anderen Ansicht sollte, bei vorzeitigem Ableben des Adoptierten, der ehelichen Deszendenz des Adoptierten dieselben Erbrechte auf den Nachlass des Adoptanten zustehen, wie wenn der Adoptierte ein eheliches Kind gewesen wäre[804]. Die Vertreter dieser Ansicht beriefen sich einerseits auf Art. 759 Code civil, der für die Deszendenz des Adoptierten entsprechend gelten sollte, und andererseits auf das in den Artt. §§ 739 ff. Code civil geregelte Repräsentationsrecht und den Sinn und Zweck des Rechtsinstituts der Adoption. Das Repräsentationsrecht der ehelichen Deszendenz des Adoptierten wurde dabei aus den Artt. 350 und 740 Code civil abgeleitet. Dieser Ansicht folgend, bewirkte die in Art. 350 Code civil angeordnete Gleichstellung nämlich auch, dass sich der Adoptierte durch seine Deszendenz nach Art. 740 Code civil, der die Repräsentation ipso iure in der direkten absteigenden Linie bestimmte, repräsentieren lassen könne[805]. Dagegen wurde jedoch eingewandt, dass dies dem Zweck des Repräsentationsrechts widerspreche[806]. Das Repräsentationsrecht nach Artt. 739 ff. Code civil sei eine reine gesetz-

801 Delvincourt, I, S. 258 f.; Grenier, traité de l'adoption, II, No. 37.

802 Lassaulx, II, S. 252; Delvincourt, I, S. 258 f.

803 Lassaulx, II, S. 252.

804 Duranton, III, S. 305 ff.; Proudhon, II, S. 140; Baurittel, S. 84; Toullier, II, no. 1015; Aubry et Rau, VI, §§ 560, 561.

805 Baurittel, S. 85; Aubry et Rau, VI, §§ 560, 561.

806 Demolombe, XXIII, S. 639; Delvincourt, I, S. 258 f.; Grenier, traité de l'adoption, II, No. 37; Lassaulx, II, S. 252; Zachariä/Dreyer, Handbuch des französischen Civilrechts, III, § 568, S. 503.

liche Fiktion, die den Zweck habe, den Repräsentanten auf die Stufe, in den Grad und in die Rechte des Repräsentanten zu stellen. Eine Ausdehnung des Repräsentationsrechts auf die Deszendenz des Adoptierten sei nicht möglich, da die Adoption gerade keine Übertragung der Familienrechte bewirke[807].

Das Argument des Repräsentationsrechts zwar nicht mehr aufgreifend, schloss sich die Rechtsprechung jedoch, aus Gründen der Billigkeit und den Charakter des Rechtsinstituts betonend, schließlich der Ansicht an, die der ehelichen Deszendenz des Adoptierten dieselben Erbrechte auf den Nachlass des Adoptanten zugestand, wie wenn der Adoptierte ein eheliches Kind gewesen wäre[808]. Denn der Zweck des Rechtsinstituts, sich eine künstliche Deszendenz zu schaffen, die der natürlichen ähnlich sei, würde, der Rechtsprechung folgend, vereitelt, wenn man leugne, dass durch die Adoption einer Person der Adoptant auch die Kinder des Adoptierten zu seinen Enkel annehme[809]. Die Wohltat der Adoption bleibe daher nicht auf den Adoptierten beschränkt. Vielmehr würde durch die Adoption die eheliche Deszendenz des Adoptierten mit der Nachkommenschaft eines ehelichen Kindes gleichstehen[810]. Nachdem die Rechtsprechung zum Vorteil der Nachkommen des Adoptierten entschieden hatte, schloss sich auch die spätere Literatur weitestgehend dieser Meinung an[811]. Starb daher der Adoptierte vor dem Adoptanten und hinterließ der Adoptierte eigene eheliche Nachkommen, so konnten diese die Rechte, die dem Adoptierten bei dessen Überleben auf den Nachlass des Adoptanten zugestanden hätten, geltend machen.

### 3) Adoptionshindernisse und Ausschluss der Adoption

Nach dem Code civil war eine Adoption ausgeschlossen, wenn die gesetzlichen Erfordernisse nicht vorlagen. Das war unter anderem dann der Fall, wenn der Adoptant entgegen Art. 343 Code civil noch eheliche, lebende Deszendenz besaß. Für den Fall, dass eine Frau, die entweder alleine oder mit ihrem Ehemann zusammen eine andere Person an Kindes statt annehmen wollte, zum Zeitpunkt der Adoption schwanger war, galt, dass die rechtlichen Wirkungen der Adoption erst eintraten, wenn das eheliche Kind tot geboren wurde. Denn überlebte das Kind, besaß der Adoptant entgegen Art. 343 Code civil einen ehelichen Abkömmling. Die vorgenommene Adoption galt dann als rechtsungültig. Gleiches galt für den Fall, dass der Adoptant ein eheliches aber vermisstes oder verschollenes Kind besaß, das nach einer vorgenommenen Adoption wieder zurückkehrte[812].

---

807 Delvincourt, I, S. 258 f.; Lassaulx, II, S. 252; Grenier, traité de l`adoption, II, No. 37.

808 Sirey, 1823, I, S. 74 f.; 1825, I, S. 231; 1870, I, S. 18.

809 Sirey, 1825, I, S. 231; 1870, I, S. 18; Heinsheimer, Zeitschrift für frz. Civilrecht II, S. 270 ff.

810 Sirey, 1823, I, S. 74; 1825, I, S. 231.

811 Zachariä/Dreyer, Handbuch des französischen Civilrechts, III, § 560, S. 487, Fn. 12; Heinsheimer, Zeitschrift für frz. Civilrecht II, S. 284.

812 Duranton, III, S. 271.

Im Hinblick auf die Person des Adoptanten fand zwar keine ausdrückliche, etwa mit § 670 ALR vergleichbare, Einschränkung im Code civil statt, dennoch war auch in Frankreich die Annahme durch einen katholischen Geistlichen schwer mit den Grundzügen des kanonischen Rechts in Einklang zu bringen. Aufgrund der Berufung zum Zölibat war ein katholischer Geistlicher daher in Frankreich ebenso von einer Adoption ausgenommen wie in Preußen[813]. Eine vorgenommene Adoption war außerdem nichtig, wenn die Einwilligung des Ehegatten des Adoptanten in die Adoption nach Art. 344 Code civil nicht vorlag[814]. Hingegen führte die Nichteinholung der elterlichen Einwilligung des Anzunehmenden in die Adoption nach Art. 346 Code civil lediglich dann zur Nichtigkeit, wenn der Anzunehmende das 25. Lebensjahr noch nicht vollendet hatte. Denn hatte der Anzunehmende sein 25. Lebensjahr vollendet, so wandelte sich seine Verpflichtung in eine zur Einholung des elterlichen Rats um. Für die Eltern bedeutete das, dass sie dem Anzunehmenden keine Einwilligung mehr, sondern nur noch ihren Rat erteilen durften. Lehnten die Eltern des Anzunehmenden das ehrerbietige Ansuchen ab, konnte die Adoption, ähnlich wie eine Eheschließung, erst einen Monat später stattfinden[815]. Eine gänzliche Verhinderung der Adoption durch die Versagung der Einwilligung von beiden Elternteilen oder durch einen Ehegatten alleine nach der dem Eherecht entlehnten Regelung des Art. 346 Code civil war somit nicht möglich.
Ebenso wie das Fehlen inhaltlicher Voraussetzungen konnte die Nichtbeachtung der gesetzlichen Formvorschriften zur Nichtigkeit der Adoption führen. Abgesehen von Art. 359 Code civil, der die Nichtigkeit ausdrücklich anordnete, wenn die Adoption nicht innerhalb von 3 Monaten in das Zivilstandsregister eingetragen worden war, war eine Adoption nichtig, wenn der Adoptant sich absichtlich an einen anderen als den in Art. 353 Code civil bestimmten Friedensrichter[816] wandte, um den Adoptionsvertrag aufnehmen zu lassen[817].

## IV. Besonderheiten bei der Heirat des Adoptanten oder des Adoptierten

War hingegen das Adoptionsverhältnis von den Parteien wirksam begründet worden, lagen demnach keine Adoptionshindernisse oder gar ein Ausschluss der Adoption vor, so waren noch die Besonderheiten zu beachten, die sich ergeben konnten, wenn der Adoptant oder der Adoptierte eine Ehe eingehen wollte.
Welches Eheverständnis dabei dem Code civil zu Grunde lag und was unter dem Begriff der Ehe überhaupt verstanden wurde, lässt sich dem Gesetz allerdings ausdrücklich nicht entnehmen. Auch eine den §§ 1, 2 Zweyter Theil, erster Titel, ALR

813 Baurittel, S. 21; Duranton, III, S. 275 f.

814 Locré, Band VI, S. 496; vgl. auch S. 396; siehe auch oben III. 1. a.

815 Baurittel, S. 32.

816 Siehe oben III. 1. b.

817 Sirey, 1875, I, S. 62; Zachariä/Dreyer, Handbuch des französischen Civilrechts, III, § 557, S. 478.

entsprechende Regelung des Ehezwecks fehlt im Code civil. Sinn und Zweck der Ehe lassen sich jedoch aus den Artt. 203 – 211, erstes Buch, fünfter Titel, fünftes Kapitel Code civil ableiten. Nach Art. 203 Code civil entstand aus der Heirat die Verpflichtung der Ehegatten, für den Lebensunterhalt und die Erziehung ihrer Kinder zu sorgen. Mithin wurde die Erzeugung von ehelichen Nachkommen zwar nicht ausdrücklich vorgeschrieben, doch wurde letztlich nichts anderes vorausgesetzt[818]. Als weitere rechtliche Folge der Eheschließung ergab sich aus den Artt. 204 – 211 Code civil eine zwischen Eltern, Großeltern, Kindern und Schwiegerkindern bestehende gegenseitige Unterhaltsverpflichtung. Im Wesentlichen kann daher der Sinn und Zweck einer Eheschließung nach dem Code civil in der Erzeugung und Erziehung von leiblichen Nachkommen und der, mit der Ehe eintretenden, weitergehenden familiären Unterstützung untereinander gesehen werden.
Die Eheschließung selbst geschah durch einen zivilrechtlichen Vertrag, der die freiwillige Willensübereinkunft der Partner dokumentierte[819]. Der Sakramentscharakter der Ehe blieb im Code civil unberücksichtigt. Durch die strikte Ablehnung jeglichen kirchlichen Einflusses auf die staatliche Gesetzgebung wurde der Entwicklung, die im Aufklärungszeitalter begonnen hatte und durch die revolutionäre Gesetzgebung gestärkt worden war, schließlich Rechnung getragen[820]. Vergleichbar mit dem preußischen ALR setzte die Eingehung der Ehe nach dem Code civil voraus, dass beide Parteien freiwillig in die Ehe einwilligten, der Konsens der Personen vorlag, von denen die Parteien abhingen[821], und keine sonstigen Ehehindernisse bestanden.

### 1) Die Einwilligung in die Eheschließung

Voraussetzung für eine Eheschließung war nach Art. 144 Code civil zunächst, dass die Parteien das heiratsfähige Alter besaßen. Für Männer war dies die Vollendung des 18. und für Frauen die des 15. Lebensjahres. Gemäß Art. 145 Code civil konnte der Kaiser jedoch Dispensation erteilen, wenn wichtige Beweggründe für eine vorzeitige Eheschließung vorlagen. Beide künftigen Ehegatten mussten außerdem ihre freie Einwilligung in die Eheschließung geben[822].
Für eheliche Kinder folgte aus Art. 148 Code civil weiterhin, dass sie nicht ohne die Einwilligung ihres Vaters und ihrer Mutter heiraten konnten[823]. Waren die El-

---

818 Dörner, S. 142 nimmt an, dass mit der Heirat auch konkludent die Vereinbarung über die Erzeugung von eigenen Nachkommen getroffen wurde.

819 Vgl. Artt. 63, 166 ff., 146 Code civil.

820 Schubert, S. 433; Dörner, S. 123 – 142.

821 Vgl. Art. 148 Code civil.

822 Artt. 146, 180 Code civil.

823 Selbiges galt nach Art. 158 Code civil (mit den Verweisen auf die Artt. 148, 149, 151 – 155 Code civil) auch für die natürlichen, gesetzlich anerkannten Kinder. War ein Ehegatte bereits verstorben oder konnte seinen Willen nicht erklären, so war nach Art. 149 Code civil die Einwilligung des anderen ausreichend. Für den Fall, dass beide Ehegatten bereits verstorben wa-

tern über die Erteilung der Einwilligung hingegen unterschiedlicher Meinung, so war, dem Gesetzeswortlaut folgend, die Einwilligung des Vaters ausreichend. Nach Art. 148 Code civil musste der heiratswillige Sohn bis zum vollendeten 25. Lebensjahr die Einwilligung seiner Eltern einholen, während die Tochter nur bis zum vollendeten 21. Lebensjahr dazu verpflichtet war. Der Unterschied zwischen den Geschlechtern beruhte auf der Annahme, dass Frauen von Natur aus früher zur Ehe fähig seien als Männer und die Erhaltung der guten Sitten eine frühere Verehelichung der Frau erfordere[824]. Daher deckte sich allein bei der Frau das nach Art. 148 Code civil bestehende Einwilligungserfordernis mit ihrer Minderjährigkeit[825]. Fehlte die Einwilligung der Eltern, sei es weil das Kind sie gar nicht erst gefragt hatte oder weil die Eltern sie versagt hatten, was ohne die Angabe von Gründen bis zur Trauung geschehen konnte, und hatte dennoch die Eheschließung stattgefunden, so lag ein trennendes Ehehindernis vor[826]. Die Anfechtbarkeit der Ehe ergab sich aus Art. 182 Code civil. Infolge der Anfechtung wurde die Ehe dann durch richterliches Urteil für nichtig erklärt. Ferner erwartete den Beamten des Zivilstandes, der die Eheschließung trotz des entgegenstehenden trennenden Ehehindernisses vorgenommen hatte, nach Art. 156 Code civil auf Betreiben der Beteiligten oder des kaiserlichen Prokurators eine Geldstrafe[827] und eine Verurteilung zu einer Gefängnisstrafe, die nicht unter sechs Monaten liegen durfte.

Die Notwendigkeit der Einholung der elterlichen Einwilligung in die zukünftige Ehe basierte auf dem Gedanken, dass eheliche Kinder ihren Eltern gegenüber zu Dankbarkeit und Ehrerbietung verpflichtet waren, da die Eltern ihnen das Leben geschenkt hatten[828]. Diese Dankbarkeit bestand jedoch ein Leben lang und endete nicht etwa mit dem Erreichen der in Art. 148 Code civil festgesetzten Altersgrenze. Daher bestand für die eheliche Tochter, die das 21. Lebensjahr und für den ehelichen Sohn, der das 25. Lebensjahr bereits vollendet hatte, nach Art. 151 Code civil die Obliegenheit, den elterlichen Rat in die geplante Eheschließung einzuholen. Die Einholung des elterlichen Rats musste gemäß Art. 151 Code civil in Form eines ehrerbietigen und förmlichen Akts[829] geschehen. Lehnten die Eltern die Bitte

---

ren oder ihren Willen nicht erklären konnten, bestimmte Art. 150 Code civil, dass an ihre Stelle die Großväter und Großmütter traten.

824 Maleville, I, S. 165.

825 Vgl. Art. 488 Code civil.

826 Ein trennendes Ehehindernis zeichnete sich dadurch aus, dass bei dessen Nichtbeachtung die Ehe durch Erhebung einer Nichtigkeitsklage angefochten und durch richterrechtliches Urteil für nichtig erklärt werden konnte. Die Möglichkeit der Anfechtung der geschlossenen Ehe musste allerdings gesetzlich ausdrücklich bestimmt sein, Zachariä/Dreyer, Handbuch des französischen Civilrechts, III, § 458; S. 37.

827 Art. 192 Code civil.

828 Vgl. Art. 371 Code civil.

829 Zunächst musste die heiratswillige Person die Bitte in Form eines Notariatsakts aufnehmen

um Erteilung ihres Rats ab, so musste die heiratswillige Person das Ansuchen noch zweimal im Abstand von einem Monat wiederholen. Erst dann konnte sich das Kind über die Ablehnung hinwegsetzen und sich trotz fehlenden Rats trauen lassen[830]. Folglich handelte es sich bei Art. 151 Code civil – im Gegensatz zu Art. 148 Code civil - um ein verhinderndes Ehehindernis[831]. Die Eltern konnten eine geplante Eheschließung ihres ehelichen Kindes zwar erschweren, nicht aber gänzlich verhindern.

Im Code civil waren demnach die Voraussetzungen und die Rechtsfolgen, die bei Nichtbeachtung eintraten, für die ehelichen Kinder[832], die eine Eheschließung beabsichtigten, eingehend bestimmt worden.

Für die durch Adoption Angenommenen mangelte es jedoch an einer gesetzlichen Regelung. Fraglich war daher, ob sich der Adoptierte an seine leiblichen Eltern oder an den Adoptanten wenden musste, um das Einverständnis oder den Rat in die Eheschließung zu erlangen. Da durch die Adoption zwischen dem Adoptanten und dem Adoptierten ein elternähnliches Verhältnis begründet wurde, liegt die Vermutung nahe, dass sich der Adoptierte an den Adoptanten wenden musste. Allerdings fehlte es im Code civil an einer dem preußischen Recht entsprechenden Regelung[833], aus der folgte, dass der Adoptant durch die Adoption an die Stelle des leiblichen Vaters treten sollte. Nach Art. 348 Code civil sollte die Adoption gerade nicht das Verhältnis zwischen dem Adoptierten und seiner leiblichen Familie beeinträchtigen. Eine solche Beeinträchtigung läge jedoch darin, dem Adoptanten das dem ursprünglich leiblichen Vater zustehende Recht der Erteilung des Einverständnisses oder der Einwilligung in die Heirat zuzubilligen. Denn der Adoptant würde dadurch an die Stelle des leiblichen Vaters treten, der durch die Adoption sein Recht verloren hätte. Art. 348 erster Satz Code civil steht daher einem durch den Adoptanten zu erteilenden Einverständnis oder Rat in die von dem Adoptierten geplante Heirat entgegen. Ferner folgt aus dem Grund, weshalb eine heiratswillige Person überhaupt das elterliche Einverständnis bzw. den Rat in die geplante

---

lassen. Das Ansuchen wurde dann den Eltern durch zwei Notare oder durch einen Notar und zwei Zeugen bekannt gegeben. Über diesen Vorgang muss von dem Notar ein Protokoll aufgenommen werden, welches auch die Antwort der Eltern, samt Gründen, enthält. Zachariä/Dreyer, Handbuch des französischen Civilrechts, III, § 468, S. 74 – 77.

830 Art. 152 Code civil. Für den Fall, dass die Tochter das 25. und der Sohn bereits das 30. Lebensjahr vollendet hatte, galt nach Art. 153 Code civil, dass die heiratswillige Person an die Eltern nur einmal ein ehrerbietiges Ersuchen stellen musste. Wurde dann die Bitte abgelehnt, so konnte die heiratswillige Person schon nach Ablauf eines Monats die beabsichtigte Ehe schließen.

831 Ein verhinderndes Ehehindernis berechtigte nur zur Erhebung eines Einspruchs (opposition en mariage, Artt. 172 – 179 Code civil) gegen den Abschluss der Ehe, nicht aber auch zur Anfechtung der trotz des Mangels abgeschlossenen Ehe, Stabel, § 24, S. 52; siehe auch unten 2.

832 Ebenso wie für die natürlichen, durch Gesetz anerkannten Kinder, vgl. Art. 158 Code civil.

833 § 681 Zweyter Theil, zweyter Titel ALR, siehe oben 1. Abschnitt: B. V.

Heirat einholen musste, dass sich auch der durch Adoption Angenommenen an seine leiblichen Eltern wenden musste. Denn aufgrund der Adoption und den damit erlangten Vorzügen war der Adoptierte dem Adoptanten zwar sehr verbunden, doch sein Leben hatte er nach wie vor seinen leiblichen Eltern zu verdanken. Mithin musste sich der Adoptierte an seine leiblichen Eltern und nicht etwa an seinen Adoptanten wenden, um das Einverständnis bzw. die Einwilligung in die Eheschließung zu erlangen[834].

Für den Fall, dass der Adoptierte untätig blieb oder sich über ein nicht erteiltes elterliches Einverständnis oder einen versagten Rat hinwegsetzte, galten dann die gleichen Rechtsfolgen wie bei ehelichen Kindern. Bei den durch Adoption Angenommenen kamen somit die gleichen gesetzlichen Regelungen zur Anwendung, die bei ehelichen und natürlichen, durch Gesetz anerkannten Kindern galten.

### 2) Das Adoptionsverhältnis als Ehehindernis

Zwar änderte demnach eine vorgenommene Adoption nichts daran, dass sich der Adoptierte an seine leiblichen Eltern wenden musste, um das erforderliche Einverständnis bzw. die Einwilligung in die geplante Eheschließung einzuholen, doch konnte das zwischen dem Adoptanten und dem Adoptierten entstandene Adoptionsverhältnis ebenso ein Ehehindernis begründen wie eine nicht erteilte elterliche Einwilligung. Wann das Adoptionsverhältnis für die Parteien ein verhinderndes Ehehindernis darstellte, folgte dabei aus Art. 348 Code civil, der lautete:

> „L´adopté restera dans sa famille naturelle, et y conservera tous ses droits[835];
> néanmoins le mariage est prohibé
> Entre l`adoptant, l`adopté et ses descendans;
> Entre les enfans adoptifs du même individu;
> Entre l`adopté et les enfans qui pourraient survenir à l`adoptant;
> Entre l`adopté et le conjoint de l`adoptant, et réciproquement entre l`adoptant et le conjoint de l`adopté."

Danach war die Ehe nicht nur zwischen dem Adoptanten und dem Adoptierten und dessen ehelichen Abkömmlingen verboten, sondern auch zwischen Adoptivkindern derselben Person und dem Adoptierten und den Kindern, welche der Adoptant später noch bekam. Ferner bestand ein Eheverbot für den Adoptierten und den Ehegatten des Adoptanten sowie umgekehrt auch für den Adoptanten und den Ehegatten des Adoptierten.

Das Ehehindernis, das zwischen dem Adoptanten und dem Adoptierten bestand, war Ausfluss der rechtlichen Wirkungen der vorgenommenen Adoption. Denn

834 Demolombe, VI, S. 121; 136; III, S. 89 mit der Feststellung, dass der Adoptierte nicht das Einverständnis oder die Einwilligung des Adoptanten benötigt; ebenso Zachariä/Dreyer, Handbuch des französischen Rechts, III, § 468, S. 74, Fn. 14.

835 Siehe oben III. 2. b.

durch die Adoption war zwischen den Beteiligten ein elternähnliches Verhältnis begründet worden, das einer Eheschließung der Parteien entgegenstand. Ähnliches galt für das Eheverbot, das zwischen dem Adoptanten und den ehelichen Abkömmlingen des Adoptierten existierte. Denn durch die Adoption hatte der Adoptant auch die ehelichen Kinder des Adoptierten angenommen[836]. Zwischen dem Adoptanten und den Adoptivenkeln bestand somit ein verwandtschaftliches Verhältnis, das eine Eheschließung ausschloss. Anderes galt hingegen für die Adoptivkinder derselben Person untereinander und für die Kinder, die der Adoptant nach vollzogener Adoption noch bekam. Der Adoptierte trat durch die Adoption nicht in die Familie des Adoptivvaters ein. Folglich bestand kein geschwisterliches Verhältnis zwischen dem Adoptiertem und dem Kind, das der Adoptant nach der Adoption gezeugt hatte. Selbiges galt für die Adoptivkinder untereinander. Durch die Wirkungen der Adoption waren sie rechtlich keine Geschwister geworden. Da somit eine Verwandtschaft zwischen den Personen durch die Adoption nicht entstanden war, konnte das in Art. 348 Code civil normierte Eheverbot eigentlich nicht auf ein zu Grunde liegendes Verwandtschaftsverhältnis gestützt werden. Begründet wurden die Eheverbote jedoch damit, dass die Adoption ein künstliches Abbild der ehelichen Verwandtschaft darstelle[837]. Um eine Harmonie zwischen der Fiktion und der Realität erreichen zu können, mussten für den Adoptierten, sofern er ein anderes Adoptivkind derselben Person oder ein von dem Adoptanten nach der Adoption gezeugtes Kind ehelichen wollte, die gleichen Maßstäbe und damit die gleichen Eheverbote gelten wie für die eheliche Deszendenz[838]. Die Adoptivkinder wurden daher faktisch wie eheliche Nachkommen behandelt, denen – aus verwandtschaftlichen Gründen[839] – die Heirat eines ihrer Geschwister untersagt war. Das nach Art. 348 Code civil bestehende Eheverbot für Adoptivkinder derselben Person hatte außerdem zur Folge, dass die im Rahmen von Art. 344 Code civil aufgeworfene Frage, ob ein und dieselbe Person zwei Ehegatten adoptieren könne, nur verneint werden konnte. Denn die faktische Gleichbehandlung von den durch Adoption Angenommenen und den ehelichen Kindern hätte dazu geführt, dass das adoptierte Ehepaar durch die Adoption in ein geschwisterliches Verhältnis getreten wäre[840]. Das galt es jedoch zu vermeiden. Aufgrund dessen stellte eine zwischen dem anzunehmenden Paar bestehende Ehe ein Hindernis für eine Adoption durch ein und dieselbe Person dar.

---

836 Siehe oben III. 2. d.

837 Baurittel, S. 77 f.; Duranton, II, S. 129.

838 Duranton, II, S. 129.

839 Vgl. Artt. 161 – 164 Code civil. Verwandtschaft oder Schwägerschaft zwischen den heiratswilligen Personen begründete danach ein trennendes, absolutes Ehehindernis.

840 Glasson, Éléments du droit français, S. 291; Heinsheimer, Zeitschrift für frz. Civilrecht, IV, S. 404 ff.

Die nach Art. 348 Code civil zwischen dem Adoptanten und dem Ehegatten des Adoptierten sowie zwischen dem Adoptierten und dem Ehegatten des Adoptanten bestehenden Eheverbote wurden schließlich auf die Weise begründet, dass die Parteien miteinander verschwägert seien[841] und daher auch in diesem Fall eine Eheschließung aus verwandtschaftlichen Gründen ausgeschlossen sei. Freilich entsprach das zwischen den Parteien angeblich bestehende verwandtschaftliche Verhältnis nicht den rechtlichen Wirkungen der Adoption[842]. Doch weil die Adoption ein künstliches Abbild der ehelichen Verwandtschaft darstellen und für Adoptierten und Adoptanten im Hinblick auf die Eheverbote all das gelten sollte, was für die eheliche Verwandtschaft galt[843], wurde ein „Verwandtschaftsverhältnis" zwischen den Parteien angenommen. Einige Stimmen in der Literatur vertraten sogar die Ansicht, dass es sich bei dem zwischen Adoptiertem und dem Ehegatten des Adoptanten bestehenden Eheverbot um ein trennendes Ehehindernis handele[844]. Gegen die Annahme eines trennenden Ehehindernisses wurde jedoch zu Recht eingewandt, dass niemandem wegen des Ehehindernisses eine Nichtigkeitsklage im Code civil eingeräumt wurde[845]. Mithin stellte das zwischen dem Adoptierten und dem Ehegatten des Adoptanten bestehende Eheverbot ebenfalls ein hinderndes und kein trennendes Ehehindernis dar.

### 3) Folgen bei Nichtbeachtung des Ehehindernisses / Einspruchserhebung

Alle in Art. 348 Code civil normierten Eheverbote dienten erkennbar dazu, den Abschluss einer Ehe zwischen den aufgeführten Parteien zu verhindern. Wie eine dennoch geplante Eheschließung abgewendet werden konnte, folgte aus den Artt. 172 – 179 Code civil.

Danach konnte der für die Eheschließung zuständige Beamte des Zivilstandes durch die Erhebung eines Einspruchs[846] auf den Missstand aufmerksam gemacht werden. Nach der Aufnahme des Einspruchs wurde nach Art. 66 Code civil an die zukünftigen Ehegatten gemeinsam, oder wenn sich der Einspruch nur gegen einen Ehegatten wendete, allein an diesen[847], und an den Beamten des Zivilstandes zugestellt. Gegen den eingelegten Einspruch konnten sich die zukünftigen Ehegatten

---

841 Nach der Rechtsprechung verbot die zwischen dem Adoptanten und dem Ehegatten des Adoptierten bestehende Schwägerschaft schon eine gemeinsame Angehörigkeit zu einer Behörde, Sirey 1842, I, S. 916 - 918; 1845, I, S. 116 f.; Demolombe, VI, S. 123 f.; dagegen jedoch Laurent, IV, S. 253.

842 Vgl. Art. 348 Code civil erster Halbsatz, siehe oben III. 2. b.

843 Duranton, II, S. 129; Demolombe, VI, S. 123 ff.

844 Proudhon I, S. 230 f.; Lassaulx, I, S. 281.

845 Stabel, § 25, S. 53; Zachariä/Dreyer, Handbuch des französischen Civilrechts, III, § 468, S. 72, Fn. 2; Laurent, II, S. 484; Aubry et Rau, V, § 463, Anm. 3.

846 So genannter „oppostion au mariage".

847 Dem Wortlaut des Art. 66 Code civil folgend, wurde der Einspruch entweder in Person zugestellt oder an dem Wohnorte der zukünftigen Ehegatten.

oder der einzelne Ehegatte nur wehren, indem sie gemeinsam oder der allein Betroffene auf Aufhebung des Einspruchs vor dem Gericht der ersten Instanz klagten[848] oder auf die geplante Eheschließung verzichteten. Denn bis zum Erlass der gerichtlichen Entscheidung, die den Einspruch entweder aufhob oder bestätigte, hinderte der Einspruch die Eheschließung[849].

Gegen den Abschluss der Ehe konnte jedoch nicht jede beliebige Person Einspruch einlegen. Um einem Missbrauch vorzubeugen, war bei ehelichen Kindern nach Art. 173 Code civil[850] lediglich der Vater oder im Falle seines Todes die Mutter dazu berechtigt. Waren beide Elternteile bereits verstorben, so stand das Einspruchsrecht den Großeltern zu. Hingegen stand dem Bruder oder der Schwester, dem Onkel oder der Tante das Einspruchsrecht nur dann zu, wenn keinerlei Aszendenten des ehelichen Kindes mehr vorhanden waren und wenn eine Einwilligung des Familienrats nicht erteilt worden war oder wenn die Opposition sich auf den Wahnsinn des künftigen Ehegatten gründete[851]. Das Einspruchsrecht gegen die geplante Eheschließung stand den Berechtigten dabei unabhängig vom Alter der heiratswilligen Person zu.

Allerdings fehlte eine Art. 173 Code civil entsprechende Regelung für den durch Adoption Angenommenen. Für den Fall, dass eine Eheschließung entgegen einem der in Art. 348 Code civil bestimmten Verbote vorgenommen werden sollte, stellt sich somit die Frage, wem das Einspruchsrecht gegen die geplante Eheschließung zustand. In Betracht kommen sowohl der Adoptant als auch der leibliche Vater des Adoptierten. Ähnlich wie bei dem einzuholenden elterlichen Einverständnis oder dem elterlichen Rat in die von dem Adoptierten geplante Heirat, spricht auch hier Art. 348 erster Satz Code civil gegen ein dem Adoptanten zustehendes Einspruchsrecht. Zwar wurde durch die Adoption ein elternähnliches Verhältnis begründet, doch sollte das gerade nicht das Verhältnis zwischen dem Adoptierten und seiner leiblichen Familie beeinträchtigen. Durch die Adoption erlangte der Adoptant nämlich keineswegs die gleichen Rechte und Pflichten, die dem leiblichen Vater zustanden. Gegen ein dem Adoptanten zustehendes Einspruchsrecht kann außerdem angeführt werden, dass die in Art. 348 Code civil normierten Eheverbote den Adoptanten selbst an der Schließung bestimmter Ehen hindern sollten. So war etwa die Eheschließung zwischen dem Adoptanten und dem Adoptierten verboten. Ein dem Adoptanten zustehendes Einspruchsrecht würde in diesem Fall leer laufen, da der Adoptant es entgegen seinen eigenen Interessen wohl kaum ausüben würde. Abgesehen davon, würde ein dem Adoptanten zustehendes Einspruchsrecht

848 Duranton, II, S. 160.

849 Die Eheschließung wurde ausgesetzt, vgl. Artt. 67, 68 Code civil.

850 Art. 173 Code civil lautete: „Le père, et à défaut du père, la mère, et à defaut de père et mère, les aïeuls et aïeules, peuvent former opposition au mariage de leurs enfans et descendans, encore que ceux-ci aient vingt-cinq ans accomplis. “

851 Art. 174 Code civil.

dem von den leiblichen Eltern zu erteilenden Einverständnis oder Rat in eine von dem Adoptierten beabsichtigte Eheschließung widersprechen. Denn sonst müssten zwar die leiblichen Eltern ihr Einverständnis oder ihren Rat in die beabsichtigte Eheschließung des Adoptierten erteilen, könnten aber keinen Einspruch gegen die Eheschließung aus anderen Gründen erheben. Somit konnte nur dem leiblichen Vater des Adoptierten, und wenn dieser bereits verstorben war, den in Art. 173 Code civil Genannten, das Einspruchsrecht zustehen.

War eine Ehe trotz eines erhobenen Einspruchs oder gar gegen das gerichtliche, den Einspruch bestätigende Urteil abgeschlossen worden, so war sie dennoch nicht von Rechts wegen nichtig[852]. Denn der Sinn und Zweck der Erhebung eines Einspruchs bestand im Wesentlichen darin, die heiratswillige Person erneut zum Nachdenken über den gewählten Partner und das gesetzlich bestehende Eheverbot anzuregen[853]. Die Zeit zwischen der Erhebung des Einspruchs und der gerichtlichen Klärung konnte der Einspruchsberechtigte somit noch einmal nutzen, um auf die Vorstellung der heiratswilligen Person Einfluss zu nehmen.

## F. Der Adoption zu Grunde liegendes Familienverständnis

### I. Die Familie im Code civil

Die das Familienverhältnis bestimmenden Normen, wie die Vorschriften über die Ehe, die Scheidung, das Eltern-Kind-Verhältnis, die Adoption und die väterliche Gewalt, wurden im ersten Buch „Des Personnes“ des Code civil geregelt. Auffällig ist, dass das Wort „famille“ dabei nur selten in den einzelnen Artikeln erwähnt wird. Davon abgesehen, wird der Familienbegriff gesetzlich nicht definiert[854]. Wer demnach zu einer Familie gehörte, ob etwa die Blutsverwandten in auf- und absteigender Linie von dem Begriff der Familie mit erfasst wurden, lässt sich aus dem Gesetz heraus nicht beantworten.

Ursächlich für das Übergehen der „Familie“ im Code civil war die gesellschaftliche Entwicklung und die damit im Zusammenhang stehende, dem Code civil zu Grunde liegende, Staatstheorie. Diese gründete sich ebenso wie die politische Theorie des ALR auf der Notwendigkeit eines Gesellschaftsvertrages. Partei der vertraglichen Vereinbarung war dabei der Einzelne. Den liberalen Tendenzen der Revolutionszeit entsprechend, sollte die staatliche Ordnung danach nicht mehr auf dem Zusammenschluss von Familien als kleinster Einheit basieren, sondern auf

852 Allerdings folgt aus Art. 68 Code civil, dass der Beamte des Zivilstandes, der das heiratswillige Paar entgegen eines bestehenden Einspruchs getraut hatte, eine Geldstrafe von 300 Francs zahlen und darüber hinaus den Beteiligten den Schaden ersetzen musste, der ihnen durch die widerrechtliche Verehelichung möglicherweise entstanden war, Maleville, I, S. 174; Zachariä/Dreyer, Handbuch des französischen Rechts, III, § 461, S. 45.

853 Maleville, I, S. 174.

854 Ebenso wie in der revolutionären Gesetzgebung, siehe oben D. III. 1.

den einzelnen Individuen[855]. Der Einzelne wurde daher bewusst getrennt von seinen sozialen Bindungen betrachtet. Folglich hätte die Betonung eines Zusammenschlusses von Individuen durch eine gesetzlich vorgegebene Definition, etwa der der Familie, der zu Grunde liegenden politischen Idee widersprochen[856]. Für die Familie des Code civil bedeutete das, dass sie zwar als eine in sich geschlossene, Vertrauen verdienende Grundeinheit vorausgesetzt wurde, es aber keine staatliche Vorgabe im Sinne einer gesetzlichen Definition gab und geben konnte. Vielmehr wurde die Familie ebenso wie die Ehe[857] als ein privater, von staatlichen Reglementierungen weitestgehend unabhängiger Bereich anerkannt, dessen Gestaltung im Wesentlichen dem Bürger selbst oblag. Mit der politischen Theorie des Code civil waren somit staatliche Vorgaben oder Eingriffe in den Bereich von Ehe und Familie nur begrenzt vereinbar[858].

Inwiefern die auf die Familie[859] bezogenen Normen des Code civil dennoch das familiäre Leben bestimmten und ob das aus ihnen folgende Familienverständnis demjenigen gleicht, das zur Zeit der Revolution bestand, oder ob die Gesetzgeber des Code civil im Bereich der Familie stärker auf vorrevolutionäres Gedankengut zurückgriffen, wird bei einer Betrachtung der Regelungen der Familienbeziehungen deutlich.

### II. Die Regelungen der Familienbeziehungen untereinander

Hinsichtlich der Rechtsstellung der Frau behielt der Code civil die von den revolutionären Gesetzgebern vertretene Ansicht[860] – die der vorrevolutionären Meinung

---

855 Dörner, S. 140 f.; Müller-Freienfels, RabelsZ 37 (1973), S. 609, 650 ff. Nach der dem Code civil zu Grunde liegenden Staatstheorie bedurfte es – abweichend zum preußischen Gesetzbuch – zur Errichtung des Staates freilich nicht mehr eines Souveräns, der die Geschicke des Volkes leitete. Vielmehr sollte, der Idee Rousseaus folgend, der Volkswille die letzte politische Instanz bilden; Möbus, Politische Theorien, II, S. 139, 142.

856 Nach Müller-Freienfels, Familienrecht im In- und Ausland, S. 61, 71 ff. regiert den Code civil ein tiefes Misstrauen gegenüber jeglichen Gemeinschafts- oder Gruppenbildungen, mit einer gewissen, engen Ausnahme des Staats, der indes auch nur die private Familiensphäre zu achten und zu sichern hat, ohne sie inhaltlich zu bestimmen.

857 Zu den Regelungen der Ehe und dem Eheverständnis des Code civil, siehe oben E. IV.

858 Dörner, S. 141 ff.; Müller-Freienfels, Familie im In- und Ausland, S. 61, 72 ff.

859 Im Folgenden wird davon ausgegangen, dass der Code civil ebenso wie das preußische Gesetzbuch unter einer „Familie“ die Eltern und Kinder des ersten Grades verstand. Danach wurden Blutsverwandte in auf- und absteigender Linie - wie die Großeltern und Enkel - solange nicht vom Begriff der Familie mit erfasst, wie die Eltern und Kinder des ersten Grades noch lebten. Zum preußischen Familienbegriff, siehe oben 1. Abschnitt: C. I.

860 Entgegen dem Gleichheitsprinzip schloss sich die Revolutionsgesetzgebung der in der Aufklärung entwickelten Theorie von der natürlichen Unterordnung der Frau an. Danach erklärte sich die untergeordnete Stellung der Frau aus der „biologisch-psychologisch angelegten Andersartigkeit der Geschlechter“, Dörner, S. 127. Die Ungleichbehandlung der Frau war demgemäß von Natur aus vorgegeben und bedingte geradezu die unterschiedliche Behandlung im Gesetz.

ja gänzlich entsprochen hatte (!) – bei. Die männliche Vorherrschaft blieb, aufgrund der persönlichen und vermögensrechtlichen Unterwerfung der Frau, im Code civil garantiert[861]. So musste etwa die Ehefrau, die adoptiert werden sollte, die Einwilligung ihres Ehemannes in die Adoption einholen, obwohl der Ehemann im umgekehrten Fall dazu nicht verpflichtet war[862]. Dieser Umstand war allein auf die allgemeinen Regeln unter Ehegatten zurückzuführen. Anders als der Mann, der in juristische Verhältnisse treten konnte, die sein Vermögen vermehrten oder minderten, war die Frau ohne die Erlaubnis ihres Mannes nicht befugt, ihr Vermögen durch Schenkungen oder Erbschaften zu vermehren[863]. Ohne die Erlaubnis des Ehemannes konnte sich die Ehefrau nicht zu einer juristischen Handlung verpflichten. Erteilte der Mann seine Einwilligung nicht, so blieb es der Frau jedoch unbenommen, die Autorität der Gerichte anzurufen[864]. Die eheinterne Rollenverteilung bestimmte sich weiterhin nach den Artt. 212 – 214 Code civil. Danach waren die Ehegatten zur gegenseitigen Hilfe und Unterstützung verpflichtet[865]. Gemäß Art. 213 Code civil traf den Mann gegenüber seiner Frau eine Schutzpflicht, während die Frau zum Gehorsam gegenüber ihrem Mann verpflichtet war. Schließlich regelte Art. 214 Code civil noch:

> „La femme est obligée d`habiter avec le mari, et de le suivre par-tout où il juge à propos de résider: le mari est obligé de la recevoir, et de lui fournir tout ce qui est nécessaire pour les besoins de la vie, selon ses facultés et son état."

Ähnlich wie das preußische ALR bestimmte der Code civil somit jedenfalls die Grundzüge der Familienordnung durch die Vorgabe einiger Verhaltensregeln[866]. Aus der revolutionären Epoche übernahmen die Gesetzgeber des Code civil außerdem das Volljährigkeitsalter[867]. Nach Art. 388 Code civil war ein Kind mit der

---

Für die Vertreter der Aufklärung bedeutete das, ebenso wie für die revolutionären Gesetzgeber, dass die Frau allein dafür geschaffen war, dem Mann zu gefallen, die Kinder zu erziehen und den Haushalt zu führen. Die revolutionäre Entwicklung ging an der Frau daher vorbei. Ausführlich zur Rechtsstellung der Frau, Dörner, S. 127, 131.

861 Vgl. Artt. 215 – 226; 1124 Code civil; zu dem damaligen Empfinden einer gesunden Familienordnung, vgl. auch Locré, Band VI, S. 488.

862 Baurittel, S. 37 f.

863 Vgl. Artt. 215 – 226 Code civil.

864 Art. 218 Code civil.

865 Vgl. Art. 212 Code civil.

866 An die preußische Genauigkeit – im Hinblick auf das Bemühen, jegliches Verhalten gesetzlich zu erfassen und zu bestimmen, – reichten die Verhaltensvorschriften des Code civil freilich lange nicht heran. Das hätte auch im Widerspruch zu der dem Code civil zu Grunde liegenden Staatstheorie gestanden, siehe oben unter I.

867 Dekret vom 28.08.1792 und vom 20.09.1792; Lévy/Castaldo, Histoire du droit civil, S. 59.

Vollendung seines 21. Lebensjahres volljährig[868]. Im Zusammenhang damit blieb auch die zur Revolutionszeit gemachte Beschränkung der Ausübung der väterlichen Gewalt allein über Minderjährige in Art. 372 Code civil erhalten.
Im Gegensatz zu den revolutionären Gesetzgebern, die sich gegen die totalitäre Ausübung der väterlichen Gewalt gewendet hatten[869], kehrten die Verfasser des Code civil zur „puissance paternelle“ zurück[870]. Zwar sollte die puissance paternelle nach wie vor eher als väterlicher Schutz und nicht als Gewalt verstanden werden[871], doch wurde der Vater, dem die puissance paternelle während der Ehe gemäß Art. 373 Code civil alleine zustand, mit erheblicher Strafgewalt ausgestattet. Nach dem in den Artt. 375 – 382 Code civil verankerten Detentionsrecht konnte der Vater das Kind unter bestimmten Voraussetzungen in öffentliche Anstalten einsperren lassen. Gesetzlich wurde dabei nur zwischen Kindern, die das 16. Lebensjahr bereits erreicht hatten, und solchen, die noch unter 16 Jahren alt waren, unterschieden. Nach Art. 376 Code civil (einer Schutzvorschrift!) konnte der Vater das Kind, das noch keine 16 Jahre alt war, nicht länger als einen Monat einsperren lassen, ohne dass der Präsident des Arrondissementsgerichts einen Arrestbefehl erließ. Auch der Wortlaut des Art. 377 Code civil zeigt, wie ausgeprägt das Detentionsrecht des Vaters war. Dort heißt es:

> „Depuis l`âge de seize ans commencés jusqu`à la majorité ou l`emancipation, le père pourra seulement requérir la détention de son enfant pendant six mois au plus; il s`adressera au président duduit tribunal, qui, après en avoir conféré avec le commissaire du Gouvernement, délivrera l`ordre d`arrestation ou le refusa, et pourra, dans le premier cas, abréger le temps de la détention requis par le père.”

Eine Kontrolle der väterlichen Strafgewalt erfolgte danach bei Kindern, die das 16. Lebensjahr bereits erreicht hatten und wenn der Vater ein Einschließungsgesuch gestellt hatte, das die Zeit von maximal sechs Monaten nicht überschreiten durfte.

---

868 Vgl. auch Art. 488 Code civil.

869 Siehe oben D. III. 1.

870 Ausführlich zu Inhalt und Wirkung der puissance paternelle - auch auf das Vermögen der Kinder, Schumacher, S. 351 – 365; Duranton, III, S. 343 ff.; 354 ff.; Stabel, § 40, S. 87; Boileux/Poncelet, I, § 371, S. 257 – 259. Während die väterliche Gewalt im preußischen ALR durch die Staatsform des aufgeklärten Absolutismus geschwächt wurde, erfuhr die väterliche Gewalt im bürgerlich-liberalen Code civil eine Stärkung. Aufgrund der starken Stellung des Hausvaters im Code civil, der die familiären Streitigkeiten innerhalb der Familie nach seinen und nicht etwa nach einer gesetzlich vorgegebenen Ansicht klären konnte, wurden staatliche Eingriffe in den Bereich der Familie, ganz im Sinne der dem Code civil zu Grunde liegenden politischen Theorie, vermieden.

871 Locré, Band VI, S. 554; VII, S. 82; Duranton, I, S. 335. Die väterliche Gewalt beinhaltete nach wie vor die Pflicht, das Kind zu ernähren, zu erziehen und den Sohn einen Beruf erlernen zu lassen bzw. die Tochter auf ihr zukünftiges Leben als Ehefrau vorzubereiten, vgl. Artt. 203, 385 No. 2 Code civil.

Die Kontrolle in Form der Überprüfung des Einschließungsgesuchs erfolgte dabei durch den Präsidenten des Ziviltribunals[872]. Im Endeffekt oblag es somit allein dem Willen des häuslichen Patriarchen, ob er die väterliche Gewalt tatsächlich zum Schutz und Glück des Kindes und nicht in seinem eigenem Interesse ausübte. Entgegen den Vorstellungen der Revolutionsgesetzgeber schränkten die Verfasser des Code civil auch die Freiheit der Eheschließung und der Scheidung, durch die Verhängung von zusätzlichen Anforderungen, erheblich ein. So sollte zwar Art. 146 Code civil[873] die freie Ehepartnerwahl ermöglichen und die Ausübung elterlichen Zwangs, mit dem ein Kind dazu gebracht werden sollte, den von den Eltern ausgesuchten Partner zu akzeptieren, verhindern, doch wurde die familiäre Einflussnahme auf die Eheschließung insbesondere durch die Artt. 148 – 153 und die Artt. 172 – 178 Code civil unterstützt[874]. Denn die Eltern konnten ihr erforderliches Einverständnis oder die Bitte um ihren Rat in die Eheschließung verweigern. Zudem konnten sie gegen die geplante Eheschließung Einspruch erheben. Ein weiteres Machtinstrument der Eltern ergab sich aus Art. 204 Code civil. Danach hatten die Kinder keinen Anspruch auf eine Aussteuer, sondern waren diesbezüglich auf das Wohlwollen ihrer Eltern angewiesen. Da sich dies bei einem anderen, als bei dem von den Eltern favorisierten Partner in Grenzen gehalten haben dürfte, besaßen die Eltern damit ein zusätzliches wirtschaftliches Druckmittel, um eine ihnen genehme Eheschließung arrangieren zu können.

Die Eltern hatten nach dem Code civil somit genügend Einfluss, um eine Eheschließung, die nicht ihrem Willen entsprach, zumindest erheblich zu erschweren. Die Wiedereinführung der elterlichen Einflussnahme auf die Heirat des Kindes rechtfertigten die Verfasser des Code civil mit der herausragenden Bedeutung der Ehe und der größeren Lebenserfahrung der Eltern, die das Kind davon abhalten sollte, sich durch die Eheschließung ins Unglück zu stürzen[875]. Die Ehe, als die wichtigste Handlung im Leben eines Menschen, sollte daher nicht allein den „gefährlichen Leidenschaften der Kinder[876]" unterliegen, sondern zusätzlich die Mitwirkung der Eltern erfordern. Diese aus dem vorrevolutionären Recht stammende Argumentation war von den Revolutionsgesetzgebern mit Hinweis auf die Ver-

---

872 Zur Kontrolle der väterlichen Strafgewalt zur Zeit der Revolution, siehe oben D. III. 1. Zum weitaus schwächeren Detentionsrecht des Vaters während der Revolutionsgesetzgebung, siehe Duranton, III, S. 343 ff.

873 Art. 146 Code civil lautete: „Il n'y a pas de mariage lorsqu'il n'y a point de consentement." Eine Ehe konnte nicht ohne das gegenseitige Einverständnis der künftigen Ehepartner geschlossen werden, siehe dazu auch oben E. IV. 1.

874 Zur Einholung des elterlichen Einverständnisses oder des elterlichen Rats in die Eheschließung nach den Artt. 148 – 153 Code civil siehe oben, S. 159 f.; zu dem Einspruchsrecht gegen die Heirat nach den Artt. 172 – 178 Code civil siehe oben E. IV. 3.

875 Dörner, S. 137.

876 Maleville, Band I, S. 164.

antwortlichkeit eines jeden Individuums für sein persönliches Glück entschieden abgelehnt worden. Die Regelungen des Code civil über die Eheschließung entsprachen daher nur noch sehr begrenzt dem Verständnis der revolutionären Gesetzgeber. Ähnliches galt für die Scheidungsfreiheit. Die Gesetzgeber des Code civil schränkten die möglichen Scheidungsgründe erheblich ein[877].

### III. Fazit

Das sich aus den für die Familie relevanten Normen des Code civil ergebende Familienverständnis wich somit von dem, das sich zur Zeit der Revolution entwickelt hatte, ab. Die Errungenschaften der Revolution, die Schwächung der väterlichen Position innerhalb der Familie und die Ehe- und Scheidungsfreiheit, fanden in ihrer „radikalen" Gestalt nur geringe Berücksichtigung im bürgerlich-liberalen Code civil. Dennoch übernahmen die Verfasser des Code civil einige Ansichten der revolutionären Gesetzgeber und führten sie in abgeschwächter Form in das Gesetz ein[878]. Insgesamt folgten Aufbau und Struktur der Familie im Code civil dem Bild der wieder erstarkten väterlichen Gewalt. Das gesetzgeberische Verständnis der Familienorganisation orientierte sich, mit den Normen über die väterliche Gewalt, der Rechtsstellung der Frau, der eheinternen Rollenverteilung und des Eltern-Kind-Verhältnisses, größtenteils an den Vorstellungen der agrarischen Gesellschaft[879].

## G. Résumée

### I. Die Kodifikation

Der Code civil behandelt ausschließlich das Privatrecht. Bestehend aus den drei Büchern
„Des Personnes", „Des Biens et des Différentes Modifications de la Propriété" und „Des Différentes Manières Dont On Acquiert La Propriété", folgt das Gesetz in seinem Aufbau dem römischen Institutionensystem.

Das Verhältnis des Code civil zu den früheren in Frankreich geltenden Rechten, insbesondere den Provinzialrechten, bestimmte § 7 Promulgationsgesetz[880]. Danach waren alle früheren privatrechtlichen Regelungen aufgehoben, sofern der

---

877 Lévy/Castaldo, Histoire du droit civil, S. 61.

878 Allgemein zur Kompromisshaltung des Code civil zwischen „l'ancien droit français" und revolutionärem Recht, Garaud, La révolution française et la famille, S. 173; Sagnac, La législation civile de la Révolution Française, S. 381 – 398; Dörner, S. 132 ff.

879 Dörner, S. 156 f. Anderes galt hingegen für die Rechtsinstitute, die in engem Zusammenhang mit der ökonomischen Entwicklung standen. So schaffte der Code civil etwa die regionale Einheitlichkeit des Güterrechts und die Vereinheitlichung des Erlöschens der väterlichen Gewalt. Damit ebnete der Code civil die sich mit der anbahnenden Industrialisierung und die mit ihr einhergehenden wirtschaftlichen Veränderungen den Weg.

880 § 7 Promulgationsgesetz lautete: „A compter du jour, où ces lois sont exécutoires, les lois romaines, les ordonnances, les coutumes générale ou locales, les status, les règlements cessent d'avoir force de loi générale ou particulière dans les matières qui sont l'objet des dites lois composant le présent Code.", zitiert nach Barazetti, Einführung in das frz. Civilrecht, S. 21.

Code civil nicht ausdrücklich auf die Anwendbarkeit des früheren Rechts hinwies. Regelungen, die nicht Gegenstand des Code civil waren, also außerhalb des Privatrechts lagen, blieben gültig, sofern sie nicht im Widerspruch zu denen des Code civil standen. Mit dem Code civil wurde im Bereich des Privatrechts somit endlich die gewünschte Rechtsvereinheitlichung[881] erreicht.

Im Gegensatz zum preußischen ALR, das auf der von Pufendorf und Wolff entwickelten Pflichtenlehre basierte und ein Werk des aufgeklärten Absolutismus darstellte, lag dem Code civil die Vorstellung eines ständefreien Staates zu Grunde. Als erstes Gesetzbuch ging der Code civil daher von der Freiheit und Gleichheit aller Individuen aus und sicherte damit die aus der Revolution gewonnenen Erkenntnisse[882]. Inhaltlich stellte der Code civil jedoch eine Vermischung aus älterem französischen Recht und revolutionären Errungenschaften dar, was der Intention der Gesetzgeber bei der Abfassung des Code civil auch entsprochen hatte[883]:

> „Nous avons fini le roman de la Révolution. Il faut voir ce qu`il y a de réel et de possible dans l`application des principes et non ce qu`il y a de spéculatif et d`hypothéque. Suivre aujourd`hui une autre marche serait philosopher et non gouverner."

Einige der „revolutionären Errungenschaften" wurden bei der Übernahme in den Code civil allerdings ganz erheblich eingeschränkt[884]. Abschließend lässt sich noch festhalten, dass die Gesetzessprache des Code civil eine klare, leicht verständliche und wenig weitschweifige Sprache war[885]. Im Gegensatz zum preußischen Gesetzbuch, dessen Kasuistik die Auslegung von Normen in nur sehr geringem Maße zuließ, hatte der französische Gesetzgeber die Aus- und Weiterbildung der Regelungen des Code civil durch die Rechtsprechung von Anfang an befürwortet[886].

---

881 Weitere vernunftrechtliche Kodifikationen folgten: 1806 der Code de procédure civile; 1807 der Code de commerce; 1808 der Code d`instruction criminelle und schließlich 1810 der Code pénal.

882 Zur herausragenden Bedeutung des Code civil Wieacker, PRGN, § 19, S. 339 ff.; Wesenberg/Wesener, Neuere deutsche Privatrechtsgeschichte, S. 160 ff.; Heinsheimer, Einleitung, S. VII – X; Schlosser, Grundzüge, § 3 IV, 4), S. 113 ff.; ders., Kodifikationen im Umfeld des Preußischen Allgemeinen Landrechts, S. 68 ff. Alle Verfasser betonen allerdings auch, dass insgesamt die konservativen Tendenzen im Code civil überwiegen.

883 Bemerkung Napoleons vor der gesetzgebenden Sektion des Staatsrats, zitiert nach Garaud, La révolution française et la famille, S. 173.

884 Ausführlich dazu unten II.

885 Die präzise Sprache des Code civil hatte angeblich Henri Beyle (Stendhal), als er an der „Karthause von Parma" schrieb, dazu veranlasst, jeden Tag im Code civil zu lesen, um Sprachdisziplin zu erlangen, so Schlosser, Kodifikationen im Umfeld des Preußischen ALR, S. 74.

886 Heinsheimer, Einleitung, S. X.

## II. Die Regelung der Adoption im Code civil im Vergleich zu der im Code de la Convention

Im Hinblick auf die Regelung der Adoption in ihren Voraussetzungen und Wirkungen unterschied sich der Code civil deutlich von den Vorstellungen, die sich die revolutionären Gesetzgeber zur rechtlichen Ausformung der Adoption gemacht hatten. Vergleicht man die Adoptionsregelungen im ersten Entwurf des Zivilgesetzbuches, dem Code de la Convention von 1793, so blieb aus den Vorschriften über die Adoption im Code civil nur wenig erhalten. Sowohl nach dem Code de la Convention als auch nach dem späteren Code civil durften Männer und Frauen an Kindes statt annehmen[887]. Ebenso verlangten beide Gesetze die Einwilligung der leiblichen Eltern des Anzunehmenden in die Adoption und die Eintragung der Adoption in die Zivilstandsgesetzbücher[888]. Außerdem sollte der Adoptierte nach Art. XVI Code de la Convention wie auch nach Art. 347 Code civil den Namen des Adoptanten erhalten. Darüber hinaus gab es jedoch keinerlei Gemeinsamkeiten.

Während Art. IV Code de la Convention lediglich die Adoption von Unmündigen gestattete, erlaubte der Code civil allein die Adoption von Großjährigen. Der Schutz des Minderjährigen wurde dabei jedoch weder vom Entwurf noch vom Code civil vernachlässigt – er wurde nur anders umgesetzt. Der Entwurf achtete die kindliche Persönlichkeit insoweit, als dass der adoptierte Minderjährige mit Erreichen der Volljährigkeit der Adoption widersprechen und so die Bande zwischen ihm und dem Adoptanten lösen konnte[889]. Anders löste das Problem hingegen der Code civil, der den Minderjährigen durch ein Adoptionsverbot vor den möglichen Folgen einer gegen den Willen des Kindes ausgeführten Adoption schützte und so Unsicherheiten, die durch einen Widerruf der Adoption innerhalb des Familienstandes hätten eintreten können, vermied.

Ferner waren die Rechtsfolgen, die eine Adoption nach dem Code de la Convention auslösen sollte, von denen des Code civil verschieden. Sofern das Adoptivkind keinen Gebrauch von dem ihm zustehenden Widerrufsrecht gemacht hatte, sollte es nach dem Code de la Convention aus seiner ursprünglichen Familie ausscheiden[890]. Demgemäß verlor der mittlerweile volljährige Adoptierte durch die Adoption seine Rechtstellung innerhalb der leiblichen Familie. Er erhielt jedoch ein Erbrecht gegenüber seinem Adoptivvater. Nach den Regelungen des Code civil verblieb der Angenommene in seiner ursprünglichen Familie und behielt seine dortige Rechtsstellung. Für den Angenommenen hatte die Adoption nach dem Code civil somit ein zusätzliches Erbrecht zur Folge.

---

887 Vgl. Artt. I; II Code de la Convention und Art. 343 Code civil

888 Vgl. Artt. VI ; VII Code de la Convention und Artt. 346 ; 359 Code civil.

889 Siehe oben D. III. 3.

890 Freilich erinnert die nach dem Code de la Convention vorgesehene Rechtsfolge der Adoption an die römische adoptio plena 2. Teil: 4. Abschnitt: B. II. 1.

Weiterhin waren die Voraussetzungen, die in der Person des Annehmenden vorliegen mussten, verschieden. Denn noch nach der Vorstellung des ersten Entwurfs war es ausreichend, dass der Annehmende großjährig war. Ein bestimmtes Alter, ab dem eine Adoption erst zulässig sein sollte, war, anders als nach dem späteren Code civil, der ein Mindestalter des Adoptanten von 50 Jahren forderte, nicht bestimmt. Im Gegensatz zum Code civil sollten nach Art. III Code de la Convention auch leibliche Nachkommen die Adoption nicht ausschließen. Im Hinblick auf den geforderten Altersunterschied zwischen Annehmenden und Anzunehmenden differenzierte der Code de la Convention noch zwischen Frauen und Männer. Der Code civil hingegen forderte auch für adoptierende Frauen einen Altersunterschied zum Annehmenden von mindestens 15 Jahren. Abgesehen davon, waren die nach dem Code de la Convention vorgeschlagenen formellen Voraussetzungen für eine Adoption lange nicht so umständlich, wie die, die später nach dem Code civil tatsächlich für die Wirksamkeit einer Adoption eingehalten werden mussten. Keine Erwähnung findet im Code de la Convention ein durch das Adoptionsverhältnis begründetes Eheverbot, während in Art. 348 Code civil ausführlich auf die bestehenden Ehehindernisse hingewiesen wird. Insgesamt lag dem Code civil schlechthin ein anderes Adoptionssystem als dem Code de la Convention zu Grunde.

Ursächlich für die voneinander abweichenden Regelungen der Adoption im Code de la Convention und im Code civil war der Wandel des Adoptionsverständnisses. Die Auffassung, welchen Sinn und Zweck die Adoption erfüllen sollte, hatte sich von der Revolutionszeit bis hin zum Code civil verändert.

Zur Zeit der Revolution sollte die Adoption, die als Rechtsinstitut wieder entdeckt worden war, vor allem dazu dienen, den bedürftigen Kindern zu helfen. Die Adoption, als künstliche Schaffung eines Eltern-Kind-Verhältnisses, sollte dabei dem natürlichen Eltern-Kind-Verhältnis weitestgehend entsprechen. Die Nachahmung der Natur stand bei der Abfassung der Adoptionsvorschriften im Code de la Convention daher an erster Stelle. Ferner sollte die Aufteilung des Erbes unter den Adoptivkindern und den möglichen leiblichen Kindern[891] der Adoptiveltern dazu führen, die Ansammlung von Vermögen in einer einzelnen Person zu vermeiden. Durch die Aufteilung des Erbes sollte längerfristig gesehen eine Annäherung der sozialen Klassen erreicht werden. Mithin sollte die Adoption im Kampf gegen die sozialen Missstände eine entscheidende Rolle einnehmen. Folglich standen bei der Abfassung der Adoptionsvorschriften im ersten Entwurf des Zivilgesetzbuches neben den wohltätigen die politischen Absichten der revolutionären Gesetzgeber im Vordergrund.

Im Gegensatz zur Revolutionsgesetzgebung fiel die Ausarbeitung des Code civil in die Phase der politischen Stabilisierung. Nach der Schreckensherrschaft der Jakobiner wurde nunmehr der Aufbau einer dauerhaften Ordnung erstrebt. Für die Adoption bedeutete das, dass ein der Revolutionsgesetzgebung entsprechender poli-

891 Vgl. Artt. X; XIX; XXI Code de la Convention.

tischer Charakter der Adoption von den Gesetzgebern des Code civil abgelehnt wurde[892]. Das von Napoleon favorisierte Argument, dass durch die Adoption die Natur überall dort nachgeahmt werden könne, wo sie selbst versagt habe, und sich eine rechtliche Ausgestaltung der Adoption somit an den natürlichen Verhältnissen orientieren müsse, fand in der gesetzgebenden Sektion des Staatsrats zunächst Beifall[893]. Schließlich kam man jedoch überein, dass die Adoption zwar den Genuss der elterlichen Gefühle verschaffen könne, doch ihr wesentlicher Sinn und Zweck in der Übertragung des Namens und des Vermögens bestand[894]. Die rechtliche Ausgestaltung der Adoption im Sinne der vollkommenen Nachahmung der Natur wurde somit wieder verworfen. Die Möglichkeit, bedürftigen Kindern durch eine Adoption zu helfen, war nach dem Code civil nicht mehr gegeben, denn der Minderjährigenschutz, den die Gesetzgeber durch das Verbot der Minderjährigenadoption erreichen wollten, sprach dagegen. Um dennoch den bedürftigen Kindern helfen zu können, schufen die Gesetzgeber des Code civil das Rechtsinstitut der Pflegschaft. Die tutelle officieuse konnte über Minderjährige ausgeübt werden und verpflichtete den Pfleger zur Ernährung und Erziehung des Kindes[895]. Zudem wurde die tutelle officieuse der Adoption eines Großjährigen vorgeschaltet, indem die sechsjährige Pflegschaft in der Regel eine Wirksamkeitsvoraussetzung der Adoption darstellte[896]. Folglich sollte die tutelle officieuse auf eine spätere Adoption vorbereiten.

Insgesamt lag den Adoptionsregelungen des Code civil damit ein anderes Verständnis der Adoption zu Grunde, als dies noch zur Zeit der Revolutionsgesetzgebung der Fall gewesen war. Denn die Ziele, die durch die Einführung der Adoption erreicht werden sollten, hatten sich nach der Revolution verschoben. Die politische Komponente der Adoption entfiel mit dem Code civil ganz; die wohltätige Komponente wurde durch die zusätzliche Schaffung der tutelle officieuse anders gestaltet und die erbrechtliche Seite der Adoption, insbesondere das Erbrecht des Adoptierten, erfuhr durch den Code civil eine Stärkung[897].

---

892 Siehe oben unter D. IV.

893 Siehe oben E. II. 1.

894 Siehe oben E. II. 2.

895 Die tutelle officieuse stellte jedoch keinen „Ersatz" der Minderjährigenadoption dar. Denn die elterliche Gewalt der leiblichen Eltern endete nicht durch die „tutelle officieuse". Alle elterlichen Rechte, die mit und neben der Pflegschaft bestehen konnten, blieben bei den leiblichen Eltern des Pflegekindes. Siehe oben E. III. 1.a. aa.

896 Anderes galt bei der l'adoption testamentaire und der l'adoption rémunératoire, siehe oben E. III. 1. a. aa.

897 Eine Begrenzung des Erbrechts der Höhe nach - wie in Art. XIX Code de la Convention – kannte der Code civil nicht.

# 4. Teil: Ergebnis

## 1. Abschnitt: Vergleich der Adoptionsregelung in ALR und Code civil

Während in Frankreich noch die Revolutionsgesetzgebung darum bemüht war, ein einheitliches Zivilgesetzbuch zu schaffen, hatte man in Preußen bereits 1794 das Allgemeine Landrecht für die preußischen Staaten erlassen. Ebenso wie der 10 Jahre später verkündete Code civil war das preußische Allgemeine Landrecht von den Ideen der Aufklärung geprägt und basierte auf den Gedanken des Natur- und Vernunftrechts. Allerdings handelte es sich bei dem Allgemeinen Landrecht für die preußischen Staaten, im Gegensatz zum Code civil, der das Gesetzbuch des revolutionären Bürgertums war, um ein Gesetzbuch der absoluten Monarchie. Das preußische ALR ging nach wie vor von einer ständisch gegliederten Gesellschaft aus. Der Code civil hingegen übernahm die in der Revolution gewonnenen Grundprinzipien und ging von der Freiheit und Gleichheit aller Bürger aus. Zwar waren Motivation und Zielsetzung der Redaktoren beider Gesetzbücher, ein einheitliches Recht zu schaffen, die gleichen. Doch die gesellschaftlichen Umstände, die die Entstehung der Gesetzbücher prägten, waren, trotz ihrer zeitlichen Nähe, grundverschieden. Inwiefern sich die jeweilige gesellschaftliche Entwicklung in den Adoptionsvorschriften widerspiegelte und sich auf das der Adoption zu Grunde liegende Familienverständnis auswirkte, wird bei einem Vergleich der Adoptionsregelungen des preußischen ALR und des Code civil deutlich.

### A. Ausgangspunkt des Code civil: Die Adoptionsregeln des preußischen ALR

Im Hinblick auf die Regelung der Adoption im Code civil folgt aus den Diskussionen, die in der gesetzgebenden Sektion des Staatsrates stattgefunden haben, dass sich die Gesetzgeber des Code civil mit den Adoptionsregelungen des Allgemeinen Landrechts für die preußischen Staaten ebenso auseinandergesetzt haben wie mit denen des römischen Rechts. So hatte Berlier für den Code civil die Ausgestaltung der Adoption nach römischem Vorbild verworfen, da sie für den Adoptierten den Austritt aus seiner leiblichen Familie und den Eintritt in die Adoptivfamilie bewirken konnte[898]. Zu den Adoptionsregeln im Allgemeinen Landrecht bemerkte er hingegen[899]:

> „Un exemple plus rapproché de nos temps et de nos mœurs existe près de nous. L`adoption a trouvé place et faveur dans le Code prussien; là, elle ne rompt pas les liens de la famille entre l`adopté et ses parens; là aussi elle n`établit entre l`adoptant et l`adopté qu`un contrat personnel, et dont les ef-

898 Fenet, Recueil complet des travaux préparatoires du Code civil, T. X, 1.Buch: De l'état des personnes, titre VIII, S. 420 ff.

899 Fenet, Recueil complet des travaux préparatoires du Code civil, T. X, 1.Buch: De l'état des personnes, titre VIII, S. 422.

fets circonscrits entre eux n`atteignent nul autre membre de la famille. Si, dans le Code cité, l`organisation de cette idée principale est susceptible d`améliorations, du moins le vrai point de départy est fixé, et nous l`avons suivi, ou plutôt nous nous sommes rencontrés dans le même voie, après examiné beaucoup d`autres systèmes."

Bei den Gesetzgebern des Code civil war demnach die Wirkung der preußischen Adoption - der Adoptierte verblieb in seiner leiblichen Familie und trat nicht in die Adoptivfamilie ein - auf Zustimmung gestoßen. Die preußische Regelung sollte der späteren Regelung der Adoption im Code civil daher als Ausgangspunkt dienen. Darüber hinaus sollte die Regelung der Adoption nach dem Allgemeinen Landrecht für die preußischen Staaten die Gesetzgeber des Code civil dazu anregen, über weitere Verbesserungen nachzudenken.

## I. Die aus dem preußischen Adoptionsrecht übernommenen Vorschriften

Der direkte Vergleich der Adoptionsregelungen des preußischen Allgemeinen Landrechts und des Code civil zeigt, wie stark sich schließlich die Gesetzgeber an den bereits vorhandenen preußischen Adoptionsregelungen orientierten. So bestimmten §§ 711, 712 des Zweyten Theils, zweyter Titel, des 10. Abschnitts ALR[900]:

„Dagegen verbleibt das angenommene Kind ein Mitglied der Familie, in welcher es geboren worden."

„Es bestehen also zwischen ihm, und seinen natürlichen Verwandten, alle Rechte und Pflichten eben so, als wenn keine Adoption erfolgt wäre."

Und im Vergleich dazu lautete Art. 348 erster Halbsatz Code civil:

„L`adopté restera dans sa famille naturelle, et y conservera tous ses droits...".

Ähnlich eindeutig fällt ein Vergleich der Regelungen des § 682 ALR und des Art. 347 Code civil aus, nach denen der Adoptierte durch die Adoption den Namen des Adoptanten erhielt. Ebenso wie nach § 679 ALR stellte nach Art. 346 Code civil die Einwilligung des Vaters bzw. der Eltern des Anzunehmenden in die Adoption eine Wirksamkeitsvoraussetzung dar. Darüber hinaus lassen sich auch die Vorschriften über die vermögensrechtliche Stellung des Adoptierten nach den §§ 691 – 693 ALR und Art. 350 Code civil miteinander vergleichen. Des Weiteren war die Adoption nach preußischem und nach französischem Recht Männern und Frauen gleichermaßen gestattet[901]. Wollte ein Ehepartner eine Person an Kindes statt annehmen, so bedurfte es nach § 675 ALR wie nach Art. 346 Code civil der Einwilligung des anderen Ehegatten in die Adoption. Beide Kodifikationen gehen außer-

900 Die ohne weitere Angabe genannten, dem ALR entnommenen Paragrafen sind wieder solche des Zweyten Theils, zweyter Titel, des 10. Abschnitts.

901 Vgl. § 674 ALR und Art. 343 Code civil.

dem von einem Mindestalter des Adoptanten von 50 Jahren aus[902]. Ferner wurde nach § 671 ALR sowie nach Art. 343 Code civil den Personen die Adoption nicht gestattet, die noch eheliche oder legitimierte Abkömmlinge besaßen. Im Hinblick auf das formelle Verfahren der Adoption ging der Code civil ähnlich wie die §§ 666, 667 ALR von einem zwischen den Parteien zu schließenden Adoptionsvertrag aus, der gerichtlich bestätigt werden musste. Im Unterschied zum ALR war das formelle Verfahren der Adoption nach den Artt. 353 – 359 Code civil damit allerdings noch nicht beendet[903].

## II. Die modifizierten Adoptionsvorschriften

Modifikationen nahmen die Gesetzgeber des Code civil insbesondere im Bereich der Minderjährigenadoption, der Möglichkeit der abweichenden Vertragsgestaltung und der Aufhebung der Adoption vor.

Im Gegensatz zum preußischen ALR, nach dem die Adoption von Minderjährigen möglich war, war nach dem Code civil die Minderjährigenadoption verboten. Stattdessen hatte der französische Gesetzgeber die tutelle officieuse geschaffen, nach der über eine minderjährige Person die Pflegschaft ausgeübt werden konnte. Der wesentliche Unterschied zwischen der Adoption eines Minderjährigen nach dem preußischen ALR und der tutelle officieuse nach dem Code civil bestand darin, dass die elterliche Gewalt der leiblichen Eltern durch die tutelle officieuse nicht beendet wurde[904]. Während also nach preußischem Recht der Adoptant durch die Adoption die elterliche Gewalt über den Minderjährigen erlangte, erwarb der Pfleger durch die tutelle officieuse lediglich das Recht, den Minderjährigen zu ernähren, zu erziehen und dafür Sorge zu tragen, dass das Pflegekind einen Beruf erlernte[905]. Des Weiteren verpflichtete die eingegangene Pflegschaft den Pfleger nicht zur späteren Adoption des Pflegekindes, auch wenn die 6 jährige Pflegschaft in der Regel eine Zulässigkeitsvoraussetzung der späteren Adoption darstellte[906]. Die tut-

---

902 Allerdings konnte nach dem Allgemeinen Landrecht für die preußischen Staaten von dem in § 668 ALR normierten Alterserfordernis gemäß § 669 ALR abgewichen werden, wenn eine landesherrlicher Erlaubnis vorlag, siehe oben 4. Teil: 1. Abschnitt: B. II. 2. a. Im Vergleich dazu konnte nach dem Code civil von dem Alterserfordernis des Adoptanten abgewichen werden, wenn eine „l`adoption rénumératoire" vorlag. Dann reichte es aus, wenn der Adoptant volljährig und älter als der Anzunehmende war, siehe oben 4. Teil: 2. Abschnitt: E. III. 1. a. aa. Ausführlich zur l`adoption rénumératoire, siehe unten III.

903 Zum aufwendigen formellen Verfahren nach dem Code civil, siehe oben 4. Teil: 2. Abschnitt: E. III. 1. b.

904 Siehe oben 4. Teil: 2. Abschnitt: E. III. 1. a. aa.; vgl. auch 4. Teil: 2. Abschnitt: G. II.

905 So verblieb etwa das Nießbrauchsrecht bei den leiblichen Eltern des Pflegekindes, Zachariä/Dreyer, Handbuch des französischen Civilrechts, III, § 564, S. 492, Fn. 2; Demolombe, VI, S. 235.

906 Siehe oben 4. Teil: 2. Abschnitt: E. III. 1. a. aa.

elle officieuse entsprach daher nicht der Adoption eines Minderjährigen nach dem preußischen ALR.
Das französische Adoptionsrecht verzichtete außerdem auf die nach dem preußischem ALR geschaffene Möglichkeit, die gesetzlichen Bestimmungen über die Adoption durch den bei der Annahme zu schließenden Vertrag ändern zu können. Die Ablehnung der Vertragsfreiheit entsprach dabei dem römischen Verständnis. Denn nach römischem Recht war eine Adoption lediglich im Rahmen der gesetzlichen Vorschriften, die durch abweichende Parteiabreden nicht umgangen werden konnten, statthaft.
Im Unterschied zum Allgemeinen Landrecht für die preußischen Staaten konnte nach dem Code civil auch eine einmal erfolgte Adoption nicht mehr aufgehoben werden. Auswirkungen hatte das unter anderem auf das Eherecht. Während nach §§ 13, 981 Zweyter Theil, erster Titel ALR eine Heirat zwischen den Adoptionsparteien nur solange verboten war, wie das bestehende Adoptionsverhältnis noch nicht aufgehoben war[907], blieb die Eheschließung zwischen dem Adoptanten und dem Adoptierten nach Art. 348 Code civil verboten. Ferner unterschieden sich das preußische ALR und der Code civil im Hinblick auf die Normierung weiterer Eheverbote. Beide Kodifikationen gingen davon aus, dass durch die Adoption der Adoptierte nicht in die Adoptivfamilie eintrat. Demgemäß wurden verwandtschaftliche Verhältnisse, außer zwischen Adoptanten und Adoptierten, zu anderen Familienmitgliedern nicht begründet[908]. Das preußische ALR verzichtete daher konsequent auf die Normierung weiterer Eheverbote. Sofern vertraglich keine Familienbindung vereinbart worden war, konnte nach preußischem Recht das Adoptivkind demnach sogar eine Ehe mit einem ehelichen Abkömmling seines Adoptanten eingehen. Nach dem Code civil war das jedoch nicht möglich. Für den Adoptierten bestanden ebenso wie für den Adoptanten nach Art. 348 Code civil eine Reihe von Eheverboten. Die Eheverbote waren mit der Begründung aufgenommen worden, dass die Adoption ein künstliches Abbild der ehelichen Verwandtschaft darstelle und somit die gleichen Eheverbote für die Adoptierten wie für die eheliche Deszendenz gelten müssten[909]. Dadurch wurde der Adoptierte im Endeffekt so behandelt, als ob durch die Adoption weitergehende Familienbeziehungen entstanden wären, er also in die Adoptivfamilie eingetreten wäre. Mithin wurde im Code civil der Grundsatz, dass durch die Adoption keine weiteren verwandtschaftlichen Beziehungen zur Adoptivfamilie begründet wurden, durch die Normierung der Eheverbote und der damit verbundenen tatsächlichen Gleichbehandlung des Adoptierten mit der ehelichen Deszendenz unterlaufen.

---

907 Unerheblich war, ob das Adoptionsverhältnis vor oder nach der Eheschließung aufgehoben wurde, siehe oben 4. Teil: 1. Abschnitt: B. VIII. 1.

908 Es sei denn § 709 ALR wurde durch eine vertragliche Bestimmung abgeändert.

909 Siehe oben 4. Teil: 2. Abschnitt: E. IV. 2.

Im Vergleich zum preußischen Gesetzbuch war die familiäre Heiratskontrolle des Code civil allerdings schwächer[910]. Selbst wenn das Kind ohne den väterlichen Konsens heiratete[911], konnte es nach dem Code civil nicht mehr enterbt werden. Hatte die heiratswillige Person das 25. Lebensjahr erreicht, so konnten, nach den Vorschriften des Code civil, die Eltern die geplante Eheschließung nur noch verzögern, aber nicht mehr verhindern.

### III. L`adoption rénumératoire und l`adoption testamentaire

Anders als nach preußischem Adoptionsrecht gab es nach dem Code civil die so genannte l`adoption rénumératoire und die l`adoption testamentaire.
Die l`adoption rénumératoire stellte für die adoptionswilligen Parteien eine Vergünstigung dar, weil von dem nach Art. 343 Code civil geforderten Alterserfordernis und der Altersdifferenz zwischen Annehmendem und Anzunehmenden abgewichen werden konnte[912]. Allerdings sollte dieser Vorteil den Parteien nur dann zu Gute kommen, wenn der Anzunehmende, den Annehmenden aus einer gefährlichen Situation gerettet hatte und sich damit seine Adoption „verdient" hatte. Das preußische Adoptionsrecht kannte eine solche Regelung nicht. Denn nach dem ALR konnte von den gesetzlichen Adoptionsvorschriften durch vertragliche Vereinbarung abgewichen werden, sofern es sich nicht um zwingendes Recht handelte. Lag zwingendes Recht vor, so blieb die Möglichkeit, sich an den Landesherrn zu wenden. Der Landesherr konnte dann Dispensation erteilen. Der Gedanke, sich eine Adoption erst „verdienen" zu müssen, war dem preußischen Adoptionsrecht fremd. Folglich bedurfte das Allgemeine Landrecht für die preußischen Staaten einer entsprechenden Regelung der l`adoption rénumératoire nicht.
Schließlich gab es nach dem Code civil noch die Möglichkeit der l`adoption testamentaire. Die testamentarische Adoption setzte voraus, dass ein Pfleger sich eines Pflegekindes angenommen hatte und die Pflegschaft bereits 5 Jahre andauerte[913]. Weiterhin musste der Pfleger bemerken, dass er vor Erreichen der Volljährigkeit des Minderjährigen versterben würde. Unter der Voraussetzung, dass der Pfleger keine leiblichen oder legitimierten Abkömmlinge besaß, konnte er dann den Minderjährigen durch Testament an Kindes statt annehmen. Das preußische Recht wiederum kannte eine solche Besonderheit nicht. Eine Notwendigkeit zur Einfüh-

---

910 Zum ALR siehe oben 4. Teil: 1. Abschnitt: B. VIII. 1.; zum Code civil, siehe oben 4. Teil: 2. Abschnitt: E. IV.

911 Nach dem ALR war die Einholung des Konsens von Seiten des Adoptivvaters notwendig, während nach dem Code civil nach wie vor der leibliche Vater des Adoptierten in die Heirat einwilligen musste, siehe oben 4. Teil: 1. Abschnitt: B. VIII. 2. a.; 4. Teil: 2. Abschnitt: E. IV. 1.

912 Bei Vorliegen der Voraussetzungen der adoption rénumératoire war es ausreichend, dass der Annehmende volljährig und älter war als der Anzunehmende, siehe oben 4. Teil: 2. Abschnitt: E. III. 1. a. aa.

913 Zur adoption testamentaire, siehe oben 4. Teil: 2. Abschnitt: E. III. 1. a. aa.

rung der testamentarischen Adoption hatte aber beim Allgemeinen Landrecht für die preußischen Staaten, im Gegensatz zum Code civil, auch nicht bestanden. Denn die Zulässigkeit einer Adoption richtete sich nach preußischem Recht nicht danach, ob der Adoption eine 6-jährige Pflegschaft[914] vorangegangen war. Außerdem wurde im preußischen Recht die Möglichkeit einer testamentarischen Adoption deswegen verworfen, weil ein Eltern-Kind-Verhältnis, das nach preußischem Verständnis mehr als nur die Namens- und Wappenführung des Adoptanten beinhaltete, durch ein Testament nicht begründet werden konnte[915]. Da nach französischem Recht die Adoption in der Regel jedoch nur dann statthaft war, wenn eine 6-jährige Pflegschaft vorangegangen war, bedurfte es Ausnahmeregelungen, die die engen gesetzlichen Grenzen, in denen eine Adoption zulässig war, aufweichten. Dazu gehörte die Schaffung der l'adoption testamentaire. Einer sterbenden Person, der es unmöglich war, die nach der tutelle officieuse noch folgenden gesetzlichen Vorgaben einzuhalten, um das Pflegekind später wirksam adoptieren zu können, wurde somit ermöglicht, einen Nachkommen zu erhalten, der das Vermögen erbte und den Namen des dann Verstorbenen weiterführte.

## B. Sinn und Zweck der Adoption nach dem ALR und dem Code civil

Sowohl nach preußischem als auch nach französischem Adoptionsrecht bestand der Sinn und Zweck der Adoption nicht mehr im Erwerb der väterlichen Gewalt. Nach preußischem Recht wurde zwar die väterliche Gewalt noch durch die Adoption erlangt, doch war das lediglich eine Folge der Adoption. Entsprechend den Änderungen des Adoptionsrechts nach den Vorstellungen der französischen Gesetzgeber war der Erwerb der väterlichen Gewalt durch die Adoption nach dem Code civil sogar ausgeschlossen.

Nach dem preußischen ALR bestand der Sinn und Zweck der Adoption darin, dem kinderlosen Erblasser einen Erben zu verschaffen. Darüber hinaus wurde im preußischen Recht der persönliche Aspekt der Adoption stark betont. Die Adoption sollte insbesondere dazu dienen, Kinderlosen die Elternfreuden zu verschaffen. Im Wesentlichen bestanden diese in der Ernährung und der Erziehung des Kindes und der Pflicht, es einen Beruf erlernen zu lassen, der es ihm später ermöglichte, seinen eigenen Lebensunterhalt zu verdienen. Dem Kinderlosen bot sich durch die Adoption somit die Möglichkeit, dem angenommenen Kind die eigenen ebenso wie die staatlichen Wertvorstellungen vermitteln zu können.

Schon die Ähnlichkeit der vermögensrechtlichen Folgen einer Adoption im preußischen ALR und im Code civil weisen darauf hin, dass auch nach dem Code civil der Sinn und Zweck einer Adoption darin gesehen wurde, dem kinderlosen Erblasser einen Erben zu geben, der den Familiennamen des Erblassers weiterführte. Die

914 Sofern nicht die Voraussetzungen der adoption rénumératoire erfüllt waren.

915 Grolman bemerkte hierzu: „ Das Testament kann nie die Rechte der Adoption geben.", Schubert/Regge, Gesetzesrevision, Band V, 2. Halbband, S. 907 m.V.a. Mat. Bd. 73 f. 562 ad § 484. mon. 1 und marg.

rechtliche Ausgestaltung der Adoption im Code civil, nach der allein die Adoption eines Großjährigen zulässig war, ließ jedoch nur wenig Raum für den, nach dem preußischen ALR als wesentlich anerkannten, persönlichen Aspekt der Adoption. Allerdings hatten die Gesetzgeber des Code civil die 6 jährige Pflegschaft eines Minderjährigen zur generellen[916] Voraussetzung der späteren Adoption erhoben. Da der Pfleger zur Ernährung und Erziehung des Kindes gesetzlich verpflichtet war, bot sich ihm somit - jedenfalls vor der Adoption - die Möglichkeit, auf das Vorstellungsbild des noch minderjährigen Kindes einzuwirken und damit die elterlichen Freuden und Pflichten wahrzunehmen. Der Vorgang der Adoption selbst bewirkte nach dem Code civil jedoch nur die Übertragung des Namens und den Erhalt eines zusätzlichen Erbrechts auf Seiten des Angenommenen. Die Betonung des erbrechtlichen Aspekts der Adoption im Code civil zeigt sich insbesondere an der Zulässigkeit der testamentarischen Adoption.

## C. Fazit

Insgesamt waren somit die französischen Adoptionsvorschriften denen des preußischen ALR recht ähnlich. Im Wesentlichen beruhte diese Ähnlichkeit allerdings darauf, dass die Gesetzgeber des Code civil die Wirkungen der preußischen Adoption übernommen hatten. Ausgehend von den Wirkungen der Adoption, lag der preußischen und französischen Kodifikation daher dasselbe Adoptionsmodell zu Grunde. Darüber hinaus konnten und wollten die Gesetzgeber des Code civil freilich nur begrenzt die bereits bestehenden Adoptionsvorschriften des preußischen ALR übernehmen.

So verbot sich für die Verfasser des Code civil von Anfang an etwa eine Übernahme der Adoptionsregeln aus dem ALR, die das absolutistische Staatswesen wiederspiegelten, also insbesondere der Vorschriften, die Standesfragen beinhalteten oder die Möglichkeit einer landesherrlichen Genehmigung erwähnten. Ausgehend von einer bürgerlich-liberalen Wertvorstellung wollten die Gesetzgeber des Code civil außerdem gerade im Bereich von Ehe und Familie weitestgehend auf staatliche Vorgaben und Eingriffe verzichten. Diese Tendenz stand im Gegensatz zum preußischen Gesetzbuch, das durch staatliche Reglementierungen versuchte, die Glückseligkeit des Einzelnen auch im privaten Bereich der Familie zu erreichen[917]. In diesem Zusammenhang überrascht es zunächst, dass die Gesetzgeber des Code civil die in den Adoptionsvorschriften normierte Vertragsfreiheit des preußischen

916 Sofern nicht eine adoption rénumératoire oder eine adoption testamentaire vorlag.

917 Das preußische Gesetzbuch war darum bemüht, die Familie und ihre Angelegenheiten weitestgehend gesetzlich zu erfassen. Die Regelungen (über die Familie) waren daher sehr ausführlich, beinahe einzelfallbezogen, und teilweise von ethisch-moralischen Vorstellungen des Gesetzgebers geprägt. Der Code civil hingegen überließ die Familie sich selbst bzw. der väterlichen Autorität. Die Regelungen des Code civil waren daher auch abstrakter gefasst als die des preußischen ALR.

ALR[918] nicht übernahmen. Denn die Zulässigkeit der Vertragsfreiheit hätte den Parteien mehr Handlungsspielraum bei der Ausgestaltung des Adoptionsverhältnisses gegeben, was im Einklang mit der gesetzgeberischen Intention, der stärkeren Privatisierung der Familie, gestanden hätte. Allerdings wandten sich die Gesetzgeber des Code civil ebenso strikt gegen abweichende Parteiabreden wie gegen die Möglichkeit der Aufhebung einer bereits erfolgten Adoption. Während die Ablehnung der Vertragsfreiheit bei den Gesetzgebern des Code civil wohl darauf basierte, die Beteiligten vor allzu ungünstigen vertraglichen Abreden zu schützen, beruhte der Ausschluss der Lösung eines Adoptionsverhältnisses darauf, dass durch die Adoption zwischen dem Adoptanten und dem Adoptierenden ein elternähnliches Verhältnis entstand, das, wäre es ein von Natur aus bestehendes gewesen, ebenfalls nicht hätte aufgelöst werden können. Das künstlich geschaffene Eltern-Kind-Verhältnis wurde im Hinblick auf seine Aufhebung der natürlichen Eltern-Kind-Beziehung gleichgestellt. Da dessen Aufhebung nicht möglich war, sollte es beim künstlichen Abbild ebenfalls nicht der Fall sein.
Abgesehen davon, wählten die Verfasser des Code civil mit dem Verbot der Minderjährigenadoption einen anderen Weg als den, den das preußische Adoptionsrecht vorgab.
Des Weiteren unterschieden sich auch die formellen Voraussetzungen, die nach dem Code civil für eine wirksame Adoption vorliegen mussten, von denen des preußischen Adoptionsrechts. Insgesamt stellte die Adoption nach französischem Recht dadurch ein weniger attraktives Rechtsinstitut als nach dem preußischen ALR dar. Diese nicht unerheblichen Abweichungen führten dazu, dass die Adoption nach dem Code civil der preußischen Adoption zwar einerseits ähnelte, doch andererseits auch eine erhebliche Distanzierung zum preußischen Adoptionsrecht zu verzeichnen war.

## 2. Abschnitt: Aufrechterhaltung von römischen Adoptionsprinzipien im ALR und Code civil?

Fraglich ist, inwiefern sich die Verfasser des preußischen ALR und des Code civil bei der Abfassung der jeweiligen Adoptionsregelungen noch an den römischen Adoptionsvorschriften, Gedanken oder Grundsätzen orientiert hatten und ob sich Fragestellungen des römischen Adoptionsrechts in den Adoptionsvorschriften der naturrechtlichen Kodifikationen wiederholten, wegfielen oder sogar eine Klärung erfuhren.
Im Hinblick auf die Erfordernisse, die bei Abschluss des Adoptionsvertrages vorliegen mussten, hatten sich die Verfasser des preußischen und des französischen Adoptionsrechts am römischen Grundsatz „adoptio imitatur naturam“ orientiert. So erforderte die Zulässigkeit der Adoption nach dem Code civil ebenso wie nach

918 Zu der in §§ 703 - 706 Zweyten Theil, zweyter Titel, 10. Abschnitts ALR normierten Vertragsfreiheit, siehe oben 4. Teil: 1. Abschnitt: B. VI.

dem preußischen ALR ein Mindestalter des Adoptanten und eine Altersdifferenz zwischen dem Adoptanten und dem Adoptierten. Allerdings hatten die Verfasser des Code civil das Mindestalter auf 50 Jahre und die Altersdifferenz auf 15 Jahre herabgesenkt[919]. Außerdem konnte nach dem Code civil von dem Mindestalter des Adoptanten und der Altersdifferenz abgewichen werden, wenn die Voraussetzungen der adoption rénumératoire gegeben waren. Nach preußischem Recht konnte auf das Alterserfordernis des Adoptanten verzichtet werden, sofern eine landesherrliche Genehmigung in die Adoption vorlag. An einer strengen Einhaltung des römischen Grundsatzes „adoptio imitatur naturam" hatte somit weder bei den Verfassern der Adoptionsvorschriften des Code civil noch bei denen des preußischen ALR ein Interesse bestanden.

Ausgehend von den persönlichen Voraussetzungen des Adoptanten war Frauen schon zur Kaiserzeit unter der Regierung Diocletians die Adoption unter bestimmten Bedingungen gestattet worden. Aufgrund des römischen Verständnisses von der väterlichen Gewalt und ihrem Erwerb konnte eine Gleichstellung zwischen einer adoptierenden Frau und einem adoptierenden Mann im römischen Recht allerdings nicht erreicht werden. Da das Verständnis von der väterlichen Gewalt im Laufe der gesellschaftlichen Entwicklung jedoch einen gravierenden Wandel erfahren hatte, waren Adoptionen durch Frauen in beiden naturrechtlichen Kodifikationen ohne besondere Voraussetzungen zulässig. Aufgrund der rechtlichen Stellung der Frau musste sie jedoch, sofern sie einen Ehemann besaß, dessen Einverständnis in die Adoption einholen[920]. Bei der Zulässigkeit einer Adoption durch eine Frau handelte es sich somit insgesamt um eine Entwicklung, die bereits ansatzweise zur römischen Kaiserzeit begonnen hatte.

Eine aus dem römischen Recht übernommene Adoptionsvoraussetzung des Code civil und des preußischen ALR war es, dass der Adoptant keine leibliche, noch lebende Deszendenz haben durfte. Leibliche Nachkommen verhinderten daher nach wie vor eine wirksame Adoption. Denn ebenso wie nach römischem Recht bestand nach den naturrechtlichen Kodifikationen der Sinn und Zweck einer Adoption noch darin, wenn er auch unterschiedlich stark betont wurde, dem Kinderlosen einen Erben zu schenken.

Dieser erbrechtliche Aspekt der Adoption, den schon die frühe römische Gesellschaft zu schätzen gewusst hatte, war es schließlich, der in der römischen Kaiserzeit zu einer wahren Adoptionswut geführt hatte. Die Adoption war durch das

---

919 Das Mindestalter des Adoptanten hatten die Verfasser des Code civil dabei dem preußischen Recht entnommen. Im Hinblick auf die Altersdifferenz unterschied sich der Code civil jedoch vom ALR. Das preußische Adoptionsrecht gab keine feste Altersdifferenz zwischen Annehmendem und Anzunehmenden vor, siehe oben 4. Teil: 1. Abschnitt: B. II. 2.

920 Von einer rechtlichen Gleichstellung der Frau waren daher auch die beiden naturrechtlichen Kodifikationen noch weit entfernt.

Adoptivkaisertum zu einem Rechtsinstitut der Politik geworden[921]. Die Charakterfrage der Adoption, ob zivilrechtliches Institut oder politisches Instrument, stellte sich in der deutschrechtlichen Entwicklung zwar nicht mehr, dafür aber, in einem anderen Zusammenhang, in der französischen. Schon die Wiederentdeckung des Rechtsinstituts zur Zeit der französischen Revolution hatte seine politische Inanspruchnahme zur Folge. So wollten etwa die Jakobiner mit der Einführung der Adoption ihre politischen Ziele – die Umstrukturierung der Gesellschaft – erreichen. Auch noch während den Gesetzesarbeiten zum Code civil wurde vertreten, dass die Adoption den Bürgern vorbehalten bleiben sollte, die besondere Dienste für die Republik geleistet hatten. Schließlich wurde ein politischer Charakter der Adoption aber verworfen und die Adoption, ebenso wie im späteren römischem Recht und dem preußischen ALR, als ein rein zivilrechtliches Institut in den Code civil aufgenommen.

Einer wirksamen Adoption lagen sowohl nach römischem Recht als auch nach dem preußischen ALR und dem Code civil die ehrbaren Absichten des Adoptanten zu Grunde. Im römischen Recht war schon seit der nachweislichen Existenz der Arrogation darauf geachtet worden, dass den Adrogator zur Annahme der fremden Person kein verwerfliches Motiv bewogen hatte. Zur Kaiserzeit, unter der Regentschaft von Antoninus Pius, der die Arrogation von Unmündigen gestattete, wurde der Grundsatz weiter ausgedehnt. Während er sich ursprünglich im Wesentlichen auf die vermögensrechtlichen Verhältnisse des Adoptanten bezogen hatte[922], erstreckte er sich nunmehr auf die gesamten Lebensverhältnisse des Annehmenden. Auch in der nachklassischen Zeit behielt der Grundsatz, nach dem die lauteren Absichten des Annehmenden und sein anständiger Lebenswandel Zulässigkeitsvoraussetzungen für eine wirksame Adoption waren, seine Geltung. Dass sich die Adoption nicht nachteilig auf den Angenommenen auswirken durfte, galt ebenfalls nach dem preußischen ALR. Ebenso wie nach römischem Recht war eine Adoption, die Nachteile für den Anzunehmenden entfaltete, nicht zulässig. Lag ein solcher Fall vor, so wurde nach preußischem Recht die erforderliche gerichtliche Genehmigung in die Adoption versagt. Selbiges galt nach dem Code civil. Der gute Ruf des Annehmenden und sein anständiger Lebenswandel mussten auch nach französischem Recht der gerichtlichen Überprüfung der Adoption standhalten. Dabei hatten sich die Beweggründe der Gesetzgeber, den Annehmenden auf seinen Charakter hin zu überprüfen, seit dem römischen Recht nicht geändert. Im Mittelpunkt der Untersuchung stand zu jeder Zeit die Frage, ob die Adoption für den Anzunehmenden günstig war, oder ob sie negative Folgen für ihn haben könnte.

921 Das galt nur für die römische Kaiserzeit. Unter der Regentschaft von Justinian war die Adoption ein rein zivilrechtliches Institut.

922 Eine Untersuchung der vermögensrechtlichen Verhältnisse des Adrogators sollte verhindern, dass er die Arrogation lediglich deswegen vornehmen wollte, um an das Vermögen der anzunehmenden Person zu gelangen.

Maßgeblich kam es somit auf das Wohl und den Schutz des Anzunehmenden an. Eine Individualisierung der Person des Anzunehmenden begann mithin schon im römischen Recht der Kaiserzeit. Freilich erfuhr sie dann in den naturrechtlichen Kodifikationen Preußens und Frankreichs eine stärkere Ausprägung. So wurde im Code civil die Persönlichkeit des Einzelnen derart stark betont, dass unter anderem deswegen die Adoption von Minderjährigen ausgeschlossen wurde[923]. Denn ein Minderjähriger selbst konnte noch nicht wirksam in den abzuschließenden Adoptionsvertrag einwilligen und eine Genehmigung in die Adoption seitens der Vormünder hätte möglicherweise nicht im Einklang mit dem Willen des Minderjährigen gestanden. Ein stärkerer formaler Schutz des Minderjährigen vor einem Missbrauch der Adoption durch den Adoptanten als den des Verbots der Minderjährigenadoption war kaum denkbar.
Die Überprüfung der Lebensumstände des Adoptanten bildete nach römischem, preußischem und französischem Recht jedoch nur einen Aspekt des formellen Adoptionsverfahrens. Justinian hatte das Adoptionsverfahren der adoptio im römischen Recht erheblich vereinfacht[924]. Für die adoptio plena und minus plena genügte der Abschluss eines Adoptionsvertrages zwischen dem leiblichen Vater und dem Adoptivvater in Anwesenheit des Hauskindes zu den Akten des zuständigen Beamten vor Gericht. Nach dem preußischen ALR genügte ebenfalls die gerichtliche Bestätigung des Adoptionsvertrages. Anderes galt hingegen für das Adoptionsverfahren nach dem Code civil. In seiner komplexen Art erinnerte das formelle Verfahren an die umständliche Durchführung der datio in adoptionem, zu deren Durchführung es eines zweiaktigen Rechtsgeschäfts bedurft hatte. Doch während im römischen Recht die Durchführung der datio in adoptionem dem häufigen Gebrauch der Adoption nicht im Wege gestanden hatte, wirkte das komplizierte formelle Adoptionsverfahren nach dem Code civil abschreckend[925].
Unwirksam war eine Adoption nach römischem und französischem Recht immer dann, wenn die gesetzlichen Voraussetzungen nicht eingehalten worden waren.

923 Der Hauptgrund für den Ausschluss der Minderjährigenadoption hatte jedoch darin gelegen, vermögens- und erbrechtliche Schwierigkeiten, die sich insbesondere bei einem vorzeitigem Ableben des Adoptanten vor erlangter Mündigkeit des Adoptierten ergeben konnten, zu vermeiden, siehe oben 4. Teil: 2. Abschnitt: E. III. 1. a. bb.

924 Die umständliche Form der Arrogation *per populum* hatte schon Diocletian durch die *per rescriptum principis* ersetzt, siehe oben 2. Teil: 3. Abschnitt: D. I. 1.

925 Das formelle Adoptionsverfahren nach dem Code civil war ein Faktor, warum sich die Adoption in Frankreich nicht der größten Beliebtheit erfreute. Noch während den Gesetzesarbeiten zum Code civil gab es Stimmen, unter ihnen Tronchet und Maleville, die die Anerkennung und Einführung der Adoption in den Code civil ablehnten. Sie waren der Ansicht, dass die Adoption ein den französischen Sitten unbekanntes Rechtsinstitut sei, ohne dass man bisher ausgekommen war und dessen Einführung in den Code civil nicht notwendig sei. Auch nach der Einführung der Adoption in den Code civil änderte sich die ablehnende Haltung gegenüber dem Rechtsinstitut nur langsam, siehe oben 4. Teil: 2. Abschnitt: E. – G.

Abweichende vertragliche Vereinbarungen, wie etwa nach dem preußischen Adoptionsrecht, führten im römischen und französischen Adoptionsrecht zur Unwirksamkeit der Adoption. Gemeinsam war dem römischen, preußischen und französischen Recht jedoch, dass eine Adoption unwirksam war, wenn die Einwilligung des leiblichen Vaters bzw. nach dem Code civil die der leiblichen Eltern des Anzunehmenden in die Adoption nicht vorlag.

Im Hinblick auf die Wirkungen der Adoption musste nach römischem Recht unterschieden werden, ob es sich um eine Arrogation, eine adoptio plena oder minus plena handelte. Nach dem preußischen und französischen Adoptionsrecht war die Dreiteilung der Adoptionsformen weggefallen. Die Adoption stellte nach beiden naturrechtlichen Kodifikationen ein einheitliches Rechtsinstitut dar, dessen Wirkung darin bestand, dass der Adoptierte durch die Adoption nicht in die Adoptivfamilie eintrat, sondern seine Stellung innerhalb seiner leiblichen Familie behielt. Ein verwandtschaftliches Verhältnis wurde lediglich zwischen dem Adoptanten und dem Adoptierten begründet. Sowohl nach dem preußischen als auch nach dem französischen Adoptionsrecht blieben daher die Wirkungen der Adoption auf die Vertragspartner beschränkt. Der Adoptierte nahm den Namen des Adoptanten an und erwarb ein zusätzliches Erbrecht auf das Vermögen des Adoptanten. Der kinderlose Adoptant erlangte einen Nachkommen und damit einen Erben. Da nach römischem Recht nur bei der adoptio minus plena die natürlichen Familienbande durch die Adoption nicht aufgehoben wurden, entsprach das preußische wie das französische Adoptionsrecht, innerhalb dieser Wirkungen, der römischen adoptio minus plena.

Im Zusammenhang mit dem wirksam eingegangenen Adoptionsverhältnis stellte sich sowohl im römischen als auch im preußischen und französischen Recht die Frage, in welchem Umfang das Adoptionsverhältnis ein Ehehindernis begründete. Nach römischem Recht bestand für die Arrogation, die adoptio plena und minus plena ein Eheverbot in gerader Linie und in der Seitenlinie zwischen den Personen, die durch die Adoption in das Verhältnis Onkel und Nichte, Tante und Neffe traten, sofern sie zueinander Agnaten waren. Außerdem wurde durch die Adoption ein Ehehindernis zwischen dem Adoptivsohn und der Schwester der Mutter des Adoptivvaters begründet. Selbst nach Aufhebung des Adoptionsverhältnisses galt nach römischem Recht das Eheverbot in gerader Linie weiter. Nach dem preußischen ALR bestand ein Ehehindernis allein zwischen den adoptierenden Parteien, sofern vertraglich keine weiteren Familienverbindungen vereinbart worden waren. Folgte aus der vertraglichen Abrede hingegen, dass der Adoptierte in die Adoptivfamilie eintreten sollte, so entstand durch die Adoption ein Ehehindernis zwischen den Parteien, die in ein verwandtschaftliches Verhältnis getreten waren. Allerdings konnte auch nach preußischem Recht das eingegangene Adoptionsverhältnis wieder gelöst werden. Mit Aufhebung des Adoptionsverhältnisses fiel dann selbst das Ehehindernis, das zwischen den Adoptionsparteien bestanden hatte, weg. Nach dem Code civil hingegen bestanden für den Adoptanten und den Adoptierten weitreichende Ehehindernisse, deren Existenz damit begründet wurde, dass die Adoption ein künstliches Abbild der ehelichen Verwandtschaft darstelle und mithin die gleichen Eheverbote für die Adoptionsparteien wie für die eheliche Deszendenz gelten müssten. Bei der Begründung der nach dem Code civil bestehenden Ehehindernisse wurde somit auf den römischen Grundsatz „adoptio imitatur naturam" zurückgegriffen. Anders als nach römischem oder preußischem Recht gab es nach dem Code civil allerdings nicht die Möglichkeit, ein einmal eingegangenes Adoptionsverhältnis wieder zu lösen[926]. Die Aufhebung der Adoption war nach französischem Recht nicht möglich, so dass die durch die Adoption begründeten Ehehindernisse auch nicht mehr, wie etwa nach dem preußischen ALR, entfallen konnten. Die französischen Regelungen gingen somit in Bezug auf die durch Adoption entstandenen Ehehindernisse deutlich weiter als das römische und erst recht als das preußische Recht.

Das französische Adoptionsrecht beinhaltete außerdem eine bereits bekannte Besonderheit, die weder im preußischen ALR noch im römischen Recht Justinians erwähnt wurden. Der Code civil gestattete unter bestimmten Bedingungen die so genannte l`adoption testamentaire. Nach dem preußischen ALR war eine testamentarische Adoption nicht möglich. Auch im nachklassischen römischen Recht wird die testamentarische Adoption nicht mehr erwähnt. Zuletzt erwähnt und praktiziert wurden testamentarische Adoptionen im römischen Recht der Kaiserzeit. Die Idee der Zulässigkeit von testamentarischen Adoptionen könnten die Verfasser des Code civil somit aus der vor- und klassischen Zeit des römischen Rechts entnommen haben. Allerdings waren die Voraussetzungen für eine testamentarische Adoption nach dem Code civil andere als nach vor- und klassischem römischen Recht. Der Grund für die Zulässigkeit der testamentarischen Adoption nach dem Code civil bestand außerdem darin, dass sie als Ausnahmevorschrift die engen Voraussetzungen, unter denen eine Adoption nach dem französischen Recht überhaupt erst zulässig war, aufweichte.

Insgesamt orientierten sich die Verfasser des preußischen ALR und des Code civil bei der Abfassung der jeweiligen Adoptionsvorschriften daher nur an einigen wenigen Grundsätzen und Regelungen aus dem römischen Recht und dies auch unterschiedlich stark. Das römische Adoptionsrecht diente den Verfassern der naturrechtlichen Kodifikationen vielmehr als Basis, als Ausgangspunkt für die Schaffung eines neuen Adoptionsrechts. So achteten die Verfasser des preußischen ALR insbesondere darauf, dass die aus der gemeinrechtlichen Entwicklung gewonnenen Erkenntnisse in die Adoptionsvorschriften mit aufgenommen wurden. Das galt etwa für das gewandelte Verständnis der väterlichen Gewalt und deren Erwerb durch die Adoption. Die Aufnahme dieser Entwicklung führte schließlich zur Vereinheit-

---

926 In Anlehnung an den römischen Grundsatz „adoptio imitatur naturam" ging die Annahme der Unauflösbarkeit eines Adoptionsverhältnisses nach französischem Recht daher weit über das römische Recht hinaus.

lichung des Rechtsinstituts der Adoption. Das römische und preußische Adoptionsrecht als Vorlage nutzend, waren dann die Verfasser des Code civil darum bemüht gewesen, ein den gesellschaftlichen Entwicklungen Frankreichs entsprechendes Adoptionsrecht zu schaffen, das von der Freiheit und Gleichheit aller Bürger ausging. Im Gegensatz zu den preußischen Adoptionsvorschriften ließen die abstrakter formulierten (Adoptions-) Vorschriften des Code civil jedoch mehr Raum für Auslegung und Interpretation. Dementsprechend wurde etwa bei der Begründung der durch die Adoption entstandenen Ehehindernisse erneut auf das römische Prinzip „adoptio imitatur naturam“ zurückgegriffen, um Ehehindernisse, die nach den Rechtsfolgen der Adoption nicht entstanden, dennoch rechtfertigen zu können.
Wenn auch die rechtliche Gestaltung der Adoption in den naturrechtlichen Kodifikationen eine andere als im römischen Recht gewesen war und sich darüber hinaus die Adoptionsregelungen des preußischen ALR und des Code civil voneinander unterschieden, so wurde mit der Adoption jedoch durchgängig das gleiche Ziel verfolgt: dem Kinderlosen einen Erben zu schenken. Dabei wurde die persönliche Komponente der Adoption jeweils unterschiedlich stark betont. Während schon im römischen Recht die Adoption ein natürliches Kindschaftsverhältnis nachahmen sollte, wurde dieser Gedanke insbesondere im preußischen ALR weiter ausgeführt. Danach sollte die Adoption keinen anderen Endzweck haben, als es kinderlosen Personen zu ermöglichen, in den Genuss der Elternfreuden zu kommen. Der persönliche Aspekt der Adoption, das künstlich geschaffene Eltern-Kind-Verhältnis, rückte somit zunehmend in den Mittelpunkt des Rechtsinstituts.

## 3. Abschnitt: Ausblick

Die heutige Ansicht, nach der das durch die Adoption künstlich geschaffene Eltern-Kind-Verhältnis und damit das Kindeswohl im Mittelpunkt einer Annahme steht, wurde somit maßgeblich erst durch die familienrechtliche Entwicklung des 19. Jahrhunderts geprägt. Die Epoche der Romantik und das Gesellschaftsmodell des Liberalismus führten zu einer Wandlung des bisherigen Familienbegriffs.
Radikaler als die individualrechtliche Deutung der Familie in der Aufklärung wurde die Familie als soziale Grundeinheit von den Romantikern in Frage gestellt[927]. Die Ehe wurde ebenso wie die Eltern-Kind-Beziehung als ein sittlich-privates und nicht mehr überwiegend als ein rechtliches Verhältnis verstanden. Gefordert wurde die Privatisierung der Familie. Im Eltern-Kind-Verhältnis sollte sich die staatliche Pflicht darauf beschränken, über die Erziehung der Kinder zu wachen. Die Funktion des Staates sollte sich somit auf das „Ob“ und nicht mehr auf das „Wie“ der Erziehung beziehen. Erst die liberal-bürgerliche Auffassung führte zur Stabilisierung

927 Schwab, Geschichtliche Grundbegriffe II, S. 253, 284. Ausgangspunkt für die Infragestellung der Familie bildete dabei das sich wandelnde Verständnis von der ehelichen Liebe, so auch Dörner, S. 72 ff.; zur Auffassung von Johann Gottlieb Fichte zur Familie, Schumacher, S. 379 – 381.

der Ehe und zu einer erneuten politischen und sozialen Aufwertung der Familie[928]. Der Familie wurde wieder ein fundamentaler Platz im Staat zugesprochen[929]. Gemeinsam war den Vertretern der geistigen Strömungen von Romantik und Idealismus jedoch, dass sie die Familie als einen sittlichen Organismus verstanden, der frei von staatlich aufgezwungenen, detaillierten Rechts- bzw. Verhaltensregeln sein sollte. Das Recht sollte sich bei der Ausgestaltung von Familienverhältnissen darauf beschränken, die Eingehung und Auflösung der Verhältnisse zu bestimmen, während die inhaltliche Gestaltung den Parteien selbst obliegen sollte.

Diese Auffassung wurde von den Rechtsgelehrten des 19. Jahrhunderts, wenn auch in unterschiedlicher Art und Weise, weitestgehend übernommen[930]. Dabei wurde das Recht der Familie zunächst in Vorlesungsmaterialien der Rechtsgelehrten und später in deren Lehrbüchern zunehmend als ein gegenüber den Abschnitten, die das dingliche und obligatorische Recht behandelten, selbständiger Teil verstanden[931]. Die erste deutsche Kodifikation[932], die auf der Basis des Pandekten-Systems dem Familienrecht einen selbständigen, in sich geschlossenen systematischen Abschnitt einräumte, war das sächsische BGB von 1865. Das sächsische BGB war außerdem die erste Kodifikation, in der sich die möglichen Auswirkungen des gewandelten Familienverständnisses auf das Rechtsinstitut der Adoption bemerkbar machen konnten.

---

928 Ausführlich zur Auffassung von Georg Wilhelm Friedrich Hegel, Dörner, S. 77 ff.

929 Schumacher, S. 381.

930 Savigny, System des heutigen römischen Rechts I, § 53, S. 340 ff.; § 54, S. 345 ff.; Beseler, System des gemeinen deutschen Privatrechts, § 134, S. 554; Puchta, Cursus der Institutionen, I, § 24, S. 58 ff.; Windscheid, Lehrbuch des Pandektenrechts, II, S. 97 f.

931 Die erstmalige Verselbstständigung des Familienrechts erfolgte schon in der 1. Auflage von Gustav Hugo, Institutionen des heutigen römischen Rechts von 1789, was allerdings ohne weitere Wirkung blieb. Erst mit dem von Georg Arnold Heise veröffentlichten, auf dem Fünf-Bücher-System aufgebauten „Grundriss eines Systems des gemeinen Civilrechts zum Behuf von Pandekten Vorlesungen" aus dem Jahr 1807, in dem das Familienrecht zwar nicht namentlich, aber doch der Sache nach einen eigenständigen Abschnitt bildete, konnte sich, durch die Übernahme des Systems von anderen Rechtsgelehrten, das Familienrecht als selbständiger Teil weiter entwickeln und schließlich durchsetzen. Ausführlich dazu, Müller-Freienfels, RabelsZ 37 (1973), S. 609, 650 ff.

932 Die erste Kodifikation, die auf dem Pandekten-System beruhte und dem Familienrecht neben dem Personenrecht einen eigenen Abschnitt zuwandte, war das Privatrechtliche Gesetzbuch für den Kanton Zürich (PGB) von 1853 – 1855.

## Literaturverzeichnis:


*Albertario, Emilio*: Studi di diritto romano. Saggi critici e studi vari: con appendici e indice dei testi dei sei volumi, Band VI, Milano 1953.

*Amelotti, Mario*: La prescrizione delle azioni in diritto romano, Milano 1958.

*Amira, Karl von*: Germanisches Recht, Band II, 4. Auflage ergänzt von Karl August Eckhardt, Berlin 1967.

*Aristoteles*: Politik, Übersetzung mit erklärenden Anmerkungen versehen von Eugen Rolfes, mit einer Einleitung von Günther Bien, Hamburg 1981.

*Arndts, L.*: Lehrbuch der Pandekten, Stuttgart 1883.

*Aubenas, R.*: Le contrat d` "Affrairamentum" dans le droit provençal du Moyen-Age, in: Revue histoire de droit, Band XII (1933), S. 478 – 524.

*Aubry, Charles; Rau, Charles, Frédéric*: Cours de droit civil français d`après la méthode de Zachariae, Tome V, 4e édition, Paris 1872 ; Tome VI, 4e édition, Paris 1873; Tome VII, 4e édition, Paris 1875.

*Aurel, Marc*: Selbstbetrachtungen. Übersetzung und Einleitung von Wilhelm Capelle, 12. Auflage, Stuttgart 1973.

*Bachofen, J. J.*: Ausgewählte Lehren des römischen Civilrechts, Bonn 1848.

*Barazetti, Caesar*: Einführung in das französische Civilrecht (Code Napoleon) und das Badische Landrecht (sowie das Rheinische Recht überhaupt), mit einer Beilage: Der Code de la Convention, 2. Auflage, Heidelberg 1894.

*Baron, J.*: Pandekten, 9. Auflage, Leipzig 1896.

*Barzen, Carola*: Zur Entstehung des Entwurfs zum Allgemeinen Landrecht, in: Zur Ideen- und Rezeptionsgeschichte des Preußischen Allgemeinen Landrechts, Symposium zum 250. Geburtstag von Carl Gottlieb Svarez, Trier 1996, hrsg. von Walther Gose und Thomas Würtenberger, Stuttgart, Bad Cannstatt 1999, S. 87 - 99.

*Baurittel, Karl Friedrich*: Die Lehre von der Adoption nach den Principien des Französischen Civilrechts, Freiburg 1827.

*Berger, Conrad Ernst*: Handbuch des gesammten gemeinen Rechts in Deutschland, Hannover 1823.

*Bergman, Gunnar C.*: Beiträge zum römischen Adoptionsrecht, in: Lunds Universitets Arsskrift, Ny Följd, Första Afdelningen Teologi, Juridik och Humanistiska Ämnen, Band VIII, Lund, Leipzig 1912.

*Behrends, Okko*: Besprechung von: Guarino, Antonio, La rivoluzione della plebe, in: SZ (RA) 94 (1977), S. 392 - 397.

*Ders.*: Der Zwölftafelprozess. Zur Geschichte des römischen Obligationenrechts, Göttingen 1974.

*Ders.; Knütel, Rolf; Kupisch, Berthold; Seiler, Hans-Hermann*: Corpus Iuris Civilis, Text und Übersetzung, Band I, Institutionen, 2. Auflage, Heidelberg 1997; Band II, Digesten 1 – 10, Heidelberg 1995.

*Bekker, Ernst Immanuel*: System des heutigen Pandektenrechts, Band I, Weimar 1886.

*Bertram, Philipp*: Das Nassauische Privatrecht, Wiesbaden, Limbarth, 1873.

*Beseler, Georg*: System des gemeinen deutschen Privatrechts, 2. Auflage, Berlin 1866.

*Bingler, Theo*: Studien zum Elternrecht bei den Naturphilosophen des 16. und 17. Jahrhunderts, Freiburg 1960.

*Boileux, M. J.; Poncelet, M. F. F.*: Commentaire sur le Code civil, contenant l'explication de chaque article séparément, Tome II, cinquième édition, Paris 1843; Tome I, cinquième édition, Paris 1842.

*Bonfante, Pietro*: Corso di diritto romano. I. Diritto di famiglia, Rom 1925, Neudr. Mailand 1963; VI. Le successioni, Rom 1930, Neudruck Mailand 1974.

*Bornemann, W.*: Systematische Darstellung des preussischen Civilrechts mit Benutzung der Materialien des Allgemeinen Landrechts, Band V, Berlin 1837.

*Bresc, Henri*: Stadt und Land in Europa zwischen dem 13. und 15. Jahrhundert, in: Geschichte der Familie, Band II, herausgegeben von André Burguière, Christiane Klapisch-Zuber, Martine Segalen, Françoise Zonabend, Frankfurt, New York, Paris 1997, S. 159 - 206.

*Bretone, Mario*: Geschichte des römischen Rechts, von den Anfängen bis zu Justinian; aus dem Italienischen übersetzt von Brigitte Galsterer, München 1992.

*Brunner, Heinrich*: Grundzüge der deutschen Rechtsgeschichte, Leipzig 1901.

*Bruns, Carl Georg; Sachau, Eduard*: Syrisch-Römisches Rechtsbuch aus dem 5. Jahrhundert, Leipzig 1880.

*Bühler, Christoph*: Die Naturrechtslehre und Christian Thomasius 1655-1728, Regensburg 1991.

*Bühler, Theodor*: Die Annahme an Kindes statt in der schriftlosen Gesellschaft des antiken Roms und des Mittelalters, in: FS für Claudio Soliva zum 65. Geburtstag, herausgegeben von Claudieter Schott; Eva Petrig Schuler, Zürich 1994, S. 21 - 30.

*Bülow, Freiherr v.*: Über das Erforderniß der landesherrlichen Genehmigung zur Annahme an Kindes statt im Gebiet der Verordnung vom 26. Juni und

4. September 1867, Nichtamtlicher Theil, S. 97 – 102 und Nichtamtlicher Theil, S. 106 – 110, in: Justiz-Ministerial-Blatt für die preußische Gesetzgebung und Rechtspflege, 40. Jahrgang, Berlin 1878.

*Burchardi*: Das gemeinrechtliche Erziehungsrecht, in: Archiv für die civilistische Praxis, Band VIII (1825), S. 161 – 190.

*Cassirer, Ernst*: Die Philosophie der Aufklärung, Hamburg 1998.

*Castello, C.*: L'intervento statuale negli atti constitutivi di adozione in diritto romano, in: Annali della Facoltà di Giurisprudenza dell'Università di Genova, AGen. 16 (1977), S. 685 - 757.

*Ders.*: „Problema evolutivo dell' adrogatio, in: SDHI 33 (1967), S. 133 - 158.

*Chaussinand-Nogaret, Guy*: Väterliche Gewalt und revolutionäres Verhalten, in: Familie zwischen Tradition und Moderne, Studien zur Geschichte der Familie in Deutschland und Frankreich vom 16. bis zum 20. Jahrhundert, herausgegeben von Neithard Bulst, Joseph Goy, Jochen Hoock, Göttingen 1981, S. 310 - 317.

*Cicero, Marcus Tullius*: Über die Rechtlichkeit (De legibus). Übersetzung, Anmerkungen und Nachwort von Karl Büchner, Stuttgart 1983.

*Ders.*: De officiis; Vom pflichtgemäßen Handeln. Übersetzt, kommentiert und herausgegeben von Heinz Gunermann, Stuttgart 1992.

*Ders.*: Pro Archia poeta; post reditum in senatu; post reditum ad quirites; de domo sua; de haruspicum responsis; pro Plancio / Cicero. With an English translation by N. H. Watts, London 1961.

*Christ, Karl*: Geschichte der römischen Kaiserzeit, 3. Auflage, München 1995.

*Coing, Helmut*: Europäisches Privatrecht, Band I, Älteres Gemeines Recht (1500 – 1800), München 1985; Band II, 19. Jahrhundert (1800 – 1914), München 1989.

*Ders.*: Die Frankfurter Reformation von 1578 und das Gemeine Recht ihrer Zeit, Göttingen 1935.

*Conrad, Hermann:* Deutsche Rechtsgeschichte, Band I, Frühzeit und Mittelalter, Karlsruhe 1962; Band II, Neuzeit bis 1806, Karlsruhe 1966.

*Daniels, A. v.*: System des preußischen Civilrechtes, Band I, Berlin 1866.

*David, M.*: Gerhard von Beseler, in: SZ (RA) 51 (1931), S. 528 – 532.

*Declareuil, Joseph*: Histoire générale du droit français des origines à 1789: à l'usage des étudiants des facultés de droit, Paris 1925.

*Delius:* Die Adoption (Annahme an Kindes statt) im Geltungsgebiete des Allgemeinen Landrechts für die preußischen Staaten, Nr. 14, in: Beiträge zur Erläuterung des Deutschen Rechts, in besonderer Beziehung auf das Preußische Recht mit Einschluß des Handels- und Wechselrechts. Begründet von Dr. J. A. Gruchot, herausgegeben von Rassow und Küntzel, vierte Folge, dritter Jahrgang, Berlin 1889, S. 501 – 548.

*Delvincourt, M:* Cours de Code Civil, Notes et Explications, Tome I, Paris 1824.

*Demolombe, C.*: Cours de Code Napoléon, Tome VI; De L'Adoption Et De La Tutelle Officieuse; De La Puissance Paternelle; Paris 1854; Tome XXIII, Traité Des Donations Entre-Vifs Et Des Testaments, Paris 1866.

*Denzer, Horst:* Moralphilosophie und Naturrecht bei Samuel Pufendorf: Eine geistes- und wissenschaftsgeschichtliche Untersuchung zur Geburt des Naturrechts aus der praktischen Philosophie, München 1972.

*Dernburg, Heinrich:* Pandekten, Band III, Familien- und Erbrecht, 7. Auflage, Berlin 1903.

*Ders.*: Lehrbuch des preußischen Privatrechts und der Privatrechtsnormen des Reichs, Band III, Familienrecht und Erbrecht, 4. Auflage, Halle 1896.

*Despotopoulos, Constantin*: Sur la famille d'après Aristote, in: Archives de philosophie du droit, Band 20 (1975), S. 71 – 87.

*Dilcher, Gerhard*: Gesetzgebungswissenschaft und Naturrecht, in: JZ 1969, S. 1 – 7.

*Dickel, Karl*: Friedrich der Große und die Prozesse des Müllers Arnold, Marburg 1891.

*Diesselhorst, Malte:* Die Prozesse des Müllers Arnold und das Eingreifen Friedrich des Großen, Göttingen 1984.

*Doeberl, Michael*: Entwicklungsgeschichte Bayerns. Vom Westfälischen Frieden bis zum Tode König Maximilians I., Band II, 3. Auflage, München 1928.

*Dörner, Heinrich*: Industrialisierung und Familienrecht. Die Auswirkungen des sozialen Wandels dargestellt an den Familienmodellen des ALR, BGB und des französischen Code civil. Berlin 1974.

*Donatuti, Guido*: Contributi Allo Studio Dell'Adrogatio Impuberis; La Restituzione Dei Beni Passati All'Arrogatore Per Effetto Dell' Arrogazione, in: BIDR 64 (1961), S. 127 - 198.

*Dulckeit, Gerhard; Schwarz, Fritz; Waldstein, Wolfgang*: Römische Rechtsgeschichte; Ein Studienbuch, 9. Auflage, München 1995.

*Dulheuer, Constantin*: Kurze Darstellung des preußischen Rechts der Gegenwart. Unter Beibehaltung der Legalordnung und Annotirung der Parallelstellen des Römischen Rechts, Berlin 1856.

*Düll, Rudolf*: Besprechung von: Henri Lévy–Bruhl, Quelques problèmes du très ancien droit Romain (Essay de Solution sociologiques), in: SZ (RA) 56 (1936), S. 282 – 291.

*Ders.*: Das Zwölftafelgesetz, 7. Auflage, Zürich 1995.

*Düring, Ingemar*: Aristoteles: Darstellung und Interpretation seines Denkens, Heidelberg 1966.

*Duranton, M*: Cours De Droit Français Suivant Le Code Civil, troisième édition, Tome II, III, VI, Paris 1834.

*Ebel, Friedrich; Thielmann, Georg*: Rechtsgeschichte; Ein Lehrbuch, Band I, Antike und Mittelalter, Heidelberg 1989.

*Eisenhardt, Ulrich*: Deutsche Rechtsgeschichte, 4. Auflage, München 2004.

*Erler, Adalbert*: Kirchenrecht, 3. Auflage, München, Berlin 1965.

*Falck, Niels Nikolaus*: Handbuch des Schleswig-Holsteinischen Privatrechts, Altona 1825 – 1848.

*Fenet, P. A.*: Recueil Complet des Traveaux Preparatoires du Code Civil, suivi d`une Édition de ce Code, a laquelle sont ajoutes les lois, décretes et ordonnances formant le coplément de la législation civile de la France, et ou se trouvent indiquès, sous chaque article séparément, tous les passages du recueil qui s`y rattachent, Tome premier, Réimpression de l`édition 1827, Osnabrück 1968 ; Tome dixième, Réimpression de l`édition 1827, Osnabrück 1968.

*Ferid, Murad*: Das französische Zivilrecht, Band II, Frankfurt am Main, Berlin 1971.

*Fischer, Otto*: Lehrbuch des preußischen Privatrechts, Berlin, Leipzig 1887.

*Fitting, Hermann, Heinrich*: Juristische Schriften des frühen Mittelalters, Halle 1876.

*Flach, Dieter*: Das Zwölftafelgesetz – Leges XII Tabularum, Darmstadt 2004.

*Floßmann, Ursula*: Österreichische Privatrechtsgeschichte, 4. Auflage, Wien, New York 2001.

*Fögen, Marie Theres*: Römische Rechtsgeschichten: über Ursprung und Evolution eines sozialen Systems, Göttingen 2002.

*Förster, Franz*: Theorie und Praxis des heutigen gemeinen preußischen Privatrechts auf der Grundlage des gemeinen deutschen Rechts, Band III, 2. Auflage, Berlin 1870.

*Ders.; Eccius, M. E.*: Preußisches Privatrecht, Band IV, 6. Auflage, Berlin 1893.

*Frauendienst, Werner*: Christian Wolff als Staatsdenker, Berlin 1927.

*Frezza, P.*: Corso di storia del diritto romano, Roma 1974.

*Friedl, Hans*: Codex Maximilianeus Bavaricus Civilis von X. W. A. Freiherrn von Kreittmayr, Düren 1934.

*Gager, Kristin Elizabeth*: Blood Ties And Fictive Ties. Adoption And Family Life In Early Modern France, Princeton, New Jersey 1996.

*Gagnér, Sten*: Die Wissenschaft des gemeinen Rechts und der Codex Maximilianeus Bavaricus Civilis, in: Wissenschaft und Kodifikation des Privatrechts im 19. Jahrhundert, Band I, herausgegeben von Helmut Coing und Walter Wilhelm, Frankfurt am Main 1974, S. 1 - 119.

*Gaius*: Gaius Institutiones. Die Institutionen des Gaius. Herausgegeben, übersetzt und kommentiert von Ulrich Manthe, Darmstadt 2004.

*Galy, Charles*: La Famille a l`époque mérovingienne: étude faite principalement d`après les récits de Grégoire de Tours, Paris 1901.

*Garaud, Marcel*: La révolution française et la famille, Paris 1978.

*Gehrunger, Richard*: Die Adoption im deutschen und französischen Recht, Koblenz 1957.

*Gellius, Aulus*: Noctes Atticae. Die Attischen Nächte, Band I, Buch I. – VIII., mit Anmerkungen von Fritz Weiss, unveränderter reprografischer Nachdruck der Ausgabe Leipzig 1875, Darmstadt 1992.

*Giaro, Tomasz*: Recensioni: Marek Kurylowicz, Adoptio Prawa Rzymskiego. Rozwój I Zmiany W Okesie Poklasycznym I Justyniańskim, in: BIDR 82 (1979), S. 185 - 198.

*Girard, P. F.*: L`histoire des XII Tables, in: Nouvelle revue historique de droit français et étranger, NRH 1902, S. 381 – 436.

*Glasson, E.*: Éléments du Droit Français, considéré dans ses rapports avec le droit naturel et l`économie politique, Paris 1884.

*Glück, Friedrich Christian*: Ausführliche Erläuterung der Pandecten nach Hellfeld – Ein Commentar, Zweiter Theil, 2. Auflage, Erlangen 1800.

*Goldbeck, von*: Die rechtlichen Verhältnisse bei den Ehen adoptirter Kinder betreffend, ingleichen in welcher Parochie bei den Heyrathen des Gesindes das Aufgebot erfolgend müsse, in: Neues Archiv der Preußischen Gesetzgebung und Rechtsgelehrsamkeit, Band III, Berlin 1805, S. 26 - 29.

*Goldenring*: Das Recht des elterlichen und vormundschaftlichen Heiratskonsenses im Gebiete des Landrechts, unter dem Einflusse des Reichsgesetzes vom 06. Februar 1875, Nr. 21, in: Beiträge zur Erläuterung des Deutschen Rechts, in besonderer Beziehung auf das Preußische Recht mit Einschluß des Handels- und Wechselrechts. Begründet von Dr. J. A. Gruchot, herausgegeben von Rassow und Küntzel, dritte Folge, XXI. Jahrgang, Berlin 1877, S. 657 - 711.

*Göschen, Ludwig Friedrich Johann*: Vorlesungen über das gemeine Civilrecht, herausgegeben von Dr. Albrecht Erxleben, Band III, Erste Abteilung. Familienrecht, Göttingen 1839.

*Goody, Jack*: Die Entwicklung von Ehe und Familie in Europa, Berlin 1986.

*Ders.*: Geschichte der Familie, München 2002.

*Goudelin, Pierre*: Commentariorum de iure novissima libri 6, I, Arnhemii 1643.

*Gräff, H.; Koch, F.; Rönne, F. L. v.; Simon, H.; Wentzel, A.*: Ergänzungen und Erläuterungen des Allgemeinen Landrechts für die preußischen Staaten durch Gesetzgebung und Wissenschaft. Unter Benutzung der Justizministerialakten und der Gesetzrevisionsarbeiten, 3. Auflage, bearbeitet von H. Gräff, L.v. Rönne und H. Simon, dritte Abtheilung. Ergänzungen des II. Theils. Titel 1 – 5, Breslau 1849.

*Grenier, Jean de*: Traité des donations, des testaments, et de toutes autres dispositions gratuites, suivant les principes du Code Napoléon: Précédé d`un Discours historique sur l`ancienne législation relat. à cette matière; On y a joint un Traité de l`adoption et de la tutelle officieuse précédé d`un discours historique sur l`adoption, Tome II, 2e édition, Clermont-Ferrand 1812.

*Grimm, Jacob; Grimm, Wilhelm*: Deutsches Wörterbuch, Band III, Leipzig 1862.

*Grimm, Jacob*: Deutsche Rechtsaltertümer, Band I, 4. Auflage, Leipzig 1922.

*Guarino, Antonio*: Studi sull` „incestum“, in: SZ (RA) 63 (1943), S. 175 – 267.

*Guichard, Pierre; Cuvillier, Jean-Pierre*: Europa in der Zeit der Völkerwanderung, in: Geschichte der Familie, Band II, herausgegeben von André Burguière, Christiane Klapisch-Zuber, Martine Segalen, Françoise Zonabend, Frankfurt, New York, Paris 1997, S. 13 - 87.

*Gutton, Jean*-Pierre: Histoire de l`adoption en France, Paris 1993.

*Günter, Helmut*: Das Bayrische Landrecht von 1616, München 1969.

*Handwörterbuch zur deutschen Rechtsgeschichte*: Band I, Aachen – Haussuchung, herausgegeben von Adalbert Erler und Ekkehard Kaufmann. Mitbegründet von Wolfgang Stammler. Berlin 1971; zitiert: Bearbeiter, HRG I, Sp. Band I, Aachen – Anarchismus, herausgegeben von Albrecht Cordes, Heiner Lück und Dieter Werkmüller unter philologischer Mitarbeit von Ruth Schmidt-Wiegand, 2. Auflage, Berlin 2004; zitiert: Bearbeiter, HRG I, 2. Aufl., Sp.

*Handbuch der Quellen und Literatur der neueren europäischen Privatrechtsgeschichte, hrsg. von Coing*: Band I, Mittelalter (1100 – 1500). Die gelehrten Rechte und die Gesetzgebung, München 1973; Band II/1, Neuere Zeit (1500 – 1800). Das Zeitalter des gemeinen Rechts, München 1977; zitiert: Bearbeiter, Handbuch PRG, Band.

*Hassenstein*: I. Welchen Familiennamen hat das bürgerliche Adoptivkind zu führen, wenn der Adoptivvater adlig und die landesherrliche Bestätigung der Annahme an Kindes statt nicht erfolgt ist? II. Hängt in solchem Fall von der landesherrlichen Bestätigung die Rechtsbeständigkeit des ganzen Adoptionsacts, oder nur die Uebertragung des Adels ab? Und inwieweit bleibt daneben für die richterliche Prüfung und Bestätigung Raum? Nr. 27, in: Beiträge zur Erläuterung des Deutschen Rechts, in besonderer Beziehung auf das Preußische Recht mit Einschluß des Handels- und Wechselrechts. Herausgegeben von J. A. Gruchot, IV. Jahrgang, Berlin 1875, S. 731 - 738.

*Hattenhauer, Hans*: Einführung in die Geschichte des Preußischen Allgemeinen Landrechts, in: Allgemeines Landrecht für die Preußischen Staaten von 1794. Mit einer Einführung von Hans Hattenhauer und einer Bibliographie von Günther Bernert, dritte Auflage, Neuwied, Kriftel, Berlin 1996, S. 11 – 39.

*Ders.*: Das ALR im Widerstreit der Politik, in: Das Preußische Allgemeine Landrecht, Politische, rechtliche und soziale Wechsel- und Fortwirkungen. Herausgegeben von Jörg Wolff, Heidelberg 1995, S. 31 - 48.

*Ders.*: Luthers Bedeutung für Ehe und Familie, in: Luther und die Folgen: Beiträge zur sozialgeschichtlichen Bedeutung der lutherischen Reformation. Herausgegeben von Hartmut Löwe und Claus-Jürgen Roepke, München 1983, S. 86 - 109.

*Hausmaninger, Herbert*; *Selb, Walter*: Römisches Privatrecht, 9. Auflage, Wien, Köln, Weimar 2001.

*Hecker, Adolf*: Die Adoption im geltenden Recht als Produkt der historischen Entwicklung, Rostock 1903.

*Hellfeld, Johann August*: Iurisprudentia forensis secundum Pandectarum ordinem in usum auditorii proposita, 5. Auflage, Ienae 1779.

*Heineccii, Gottlieb*: IC. Et Antecessoris Elementa Iuris Civilis secundum ordinem Institutionum Commoda Auditoribus Methodo Adronata CVM Animaduerionibus O. Georg. Estoris, IC. Accesit Index Rerum, Giessae APVD 10. Philipp. Kriegerum.

*Ders.*: Academische Reden über desselben Elementa Iuris Civilis secundum Ordinem Institutionum, 2. Auflage, Frankfurt a. M. 1758.

*Heinsheimer, Karl*: Einleitung, in: Die Zivilgesetze der Gegenwart, Sammlung europäischer und außereuropäischer Privatrechtsquellen. Begründet von Karl Heinsheimer. Band I: Frankreich, Code civil. Herausgegeben von Karl Heinsheimer, Martin Wolff, Erich-Hans Kaden, Walther Merk und dem Institut für ausländisches und internationales Privatrecht in Berlin unter Mitwirkung von Max Gutzwiller, Max Illch und Gustav Schwartz, Mannheim, Berlin, Leipzig, 1932, S. V - XX.

*Kreisgerichtsrath Heinsheimer:* Von dem Erbrechte der Adoptivenkel, in: Zeitschrift für französisches Civilrecht, Band II, herausgegeben von Sigismund Puchelt, Mannheim 1872, S. 270 - 285.

*Ders.*: Adoption natürlich anerkannter Kinder, in: Zeitschrift für französisches Civilrecht, Band IV, herausgegeben von Sigismund Puchelt, Mannheim, Straßburg, 1874, S. 405 - 418.

*Hellmuth, Eckart*: Naturrechtsphilosophie und bürokratischer Werthorizont: Studien zur preußischen Geistes- und Sozialgeschichte des 18. Jahrhunderts, Göttingen 1985.

*Heusler, Andreas*: Systematisches Handbuch der deutschen Rechtswissenschaft, Band II, Institutionen des deutschen Privatrechts, herausgegeben von Karl Binding, Leipzig 1886.

*Hippel, Theodor Gottlieb von*: Über die Ehe, photomechanischer Nachdruck der Ausgabe Berlin 1828, Berlin, New York 1978.

*Hobbes, Thomas*: Leviathan, hrsg. von Howard Warrender, Leviathan: Or the matter, forme and power of a commonwealth ecclesiastical and civil, 11. print, New York, London 1974.

*Hofmann, Hasso*: Von den Ursprüngen deutschen Rechtsdenkens in der nachchristlichen Sozialphilosophie. Eine Erinnerung an Hugo Grotius (1583-1645) und Samuel von Pufendorf (1632-1694), in: JuS 1984, S. 9 - 14.

*Holthöfer, Ernst*: Literaturtypen des mos italicus in der europäischen Rechtsliteratur der frühen Neuzeit, Ius Commune Band II, Frankfurt am Main 1969, S. 130 – 166.

*Honsell, Heinrich*: Römisches Recht, 5. Auflage, Berlin, Heidelberg, New York, Barcelona, Hong Kong, London, Mailand, Paris, Tokio 2002.

*Ders.; Mayer-Maly, Theo; Selb, Walter*: Römisches Recht, aufgrund des Werkes von Paul Jörs; Wolfgang Kunkel; Leopold Wenger, 4. Auflage, Berlin, Heidelberg, New York, London, Paris, Tokio 1987.

*Hölder, Eduard*: Beiträge zur Geschichte des Römischen Erbrechtes, Erlangen 1881.

*Ders.*: Pandekten. Allgemeine Lehren, Freiburg 1891.

*Ders.*: Das Wesen der Erbgründe und der Erbfolge nach römischem Rechte, in: SZ (RA) 30 (1909), S. 65 - 99.

*Höpfner, Friedrich Julius Ludwig*: Theoretisch praktischer Commentar über die Heineccischen Institutionen, 8. Auflage, Frankfurt am Main 1833.

*Hübner, Rudolf*: Grundzüge des Deutschen Privatrechts, IV. Buch, Familienrecht, Leipzig 1908.

*Hübner, Ulrich; Constantinesco, Vlad*: Einführung in das französische Recht, 4. Auflage, München 2001.

*Jörs, Paul; Kunkel, Wolfgang; Wenger, Leopold*: Römisches Recht, 3. Auflage, Berlin, Göttingen, Heidelberg 1949.

*Karlowa, Otto*: Römische Rechtsgeschichte, Band II. Privatrecht und Civilprozess. Strafrecht und Strafprozess, Leipzig 1901.

*Kaser, Max*: Römische Rechtsgeschichte, 2. Auflage, Göttingen 1967.

*Ders.*: Das Römische Privatrecht (Handbuch der Altertumswissenschaft: Abt. 10, Rechtsgeschichte des Altertums; Teil 3, Band III), erster Abschnitt: Das altrömische, das vorklassische und klassische Recht, 2. Auflage, München 1971, zitiert: Kaser, RPR I; zweiter Abschnitt: Die nachklassischen Entwicklungen, 2. Auflage, München 1975, zitiert: Kaser, RPR II.

*Ders.*: Römisches Privatrecht; Ein Studienbuch, 6. Auflage, München 1968.

*Ders.*: Miszellen. Zur altrömischen Hausgewalt, in: SZ (RA) 67 (1950), S. 474 – 497.

*Ders.*: Das Altrömische Ius; Studien zur Rechtsvorstellung und Rechtsgeschichte der Römer, Göttingen 1949, zitiert: Kaser, Altröm. Ius.

*Ders.; Knütel, Rolf*: Römisches Privatrecht; Ein Studienbuch, 17. Auflage, München 2003.

*Kersting, Wolfgang*: Die politische Philosophie des Gesellschaftsvertrages, Darmstadt 1994.

*Kleinheyer, Gerd; Schröder, Jan*: Deutsche Juristen aus fünf Jahrhunderten; Eine biographische Einführung in die Rechtswissenschaft, Karlsruhe 1976.

*Kleinheyer, Gerd*: Das Allgemeine Landrecht für die Preußischen Staaten vom 1. Juni 1794: An der Wende des Spätabsolutismus zum liberalen Rechtsstaat, Heidelberg 1995.

*Klippel, Diethelm*: Neue Literatur zur Sozialgeschichte der Familie, in: FamRZ 1985, S. 444 – 455.

*Knothe, Hans-Georg*: Besprechung von Marek Kurylowicz, Die Adoptio im klassischen römischen Recht, in: SZ (RA) 100 (1983), S. 647 – 654.

*Koch, F.*: Lehrbuch des Preußischen gemeinen Privatrechts, II. Band, 2. Auflage, Berlin 1852.

*Koschaker, Paul*: Europa und das römische Recht , 4. Auflage, München, 1966.

*Ders.*: Adoptio in fratrem, in: Studi in onore di Salvatore Riccobono, Band III, Palermo 1936, S. 360 - 376.

*Koselleck, Reinhart*: Die Auflösung des Hauses als ständischer Herrschaftseinheit. Anmerkungen zum Rechtswandel von Haus, Familie und Gesinde in Preußen zwischen der Französischen Revolution und 1848, in: Familie zwischen Tradition und Moderne; Studien zur Geschichte der Familie in Deutschland und Frankreich vom 16. bis zum 20. Jahrhundert, herausgegeben von Neithard Bulst, Joseph Goy und Jochen Hoock, Göttingen 1981, S. 109 - 124.

*Ders.*: Preußen zwischen Reform und Revolution: Allgemeines Landrecht, Verwaltung und soziale Bewegung von 1791 bis 1848, 3. Auflage, München 1989.

*Kuhn, Hans*: Philologisches zur Adoption bei den Germanen, in: SZ (RA) 65 (1947), S. 1 - 14.

*Kunkel, Wolfgang*: Römische Rechtsgeschichte; Eine Einführung, 12. Auflage, Köln, Wien 1990.

*Ders.*: Die Römischen Juristen. Herkunft und soziale Stellung. Mit einem Vorwort von Detlef Liebs. Unveränderter Nachdruck der 2. Auflage von 1967, Köln 2001.

*Ders.; Schermaier, Martin*: Römische Rechtsgeschichte, 13. Auflage, Köln, Weimar, Wien 2001.

*Kurylowicz, Marek*: Die Adoptio im klassischen römischen Recht, Warszawa 1981.

*Ders.*: Zur nachklassischen Adoption, in: Festschrift für Wolfgang Waldstein zum 65. Geburtstag, Ars Boni Et Aequi, herausgegeben von: Martin Josef Schermaier und Zoltan Végh, Stuttgart 1993, S. 187 – 201.

*Ders.*: Adoptio plena und minus plena, in: Labeo 25 (1979), S. 163 – 182.

*Kübler, B.*: Besprechung von: Hans Stockar, Über die Entzug der väterlichen Gewalt im römischen Recht. Eine Widerlegung der herrschenden Lehre, in: SZ (RA) 24 (1903), S. 453 - 458.

*Knütel, Rolf*: Zur Adoption im römischen Recht, in: Familienrecht in Geschichte und Gegenwart; Symposium aus Anlaß des 80. Geburtstags von Friedrich Wilhelm Bosch am 2. Dezember 1991, herausgegeben von: Hans Friedrich

Gaul, Bielefeld 1992, S. 3 - 11 = Skizzen zum römischen Adoptionsrecht, in: Index 22 (1994), S. 249 – 265.

*Lagarrigue, Georges*: Salvien de Marseille Œuvres. Tome I, Les Lettres: Les Livres De Timothée à l'Église, Paris 1971.

*Lambert, Edouard*: La question de l'authenticité des XII Tables et les annales Maximi, in: Nouvelle revue historique de droit français et étranger, NRH 1902, S. 149 – 200.

*Landrecht für das Großherzogthum Baden nebst Handelsgesetzen*: Amtliche Ausgabe. Mit den beiden Einführungsedikten und unter Bezugnahme auf alle das Landrecht abändernde oder erläuternde Gesetze und Verordnungen, Karlsruhe 1846.

*Lang, J. J.*: Ueber das Ehehinderniß der sogenannten bürgerlichen oder gesetzlichen Verwandtschaft, in: Archiv für die civilistische Praxis, Band 21, 1838, S. 288 – 308; S. 419 - 466.

*Lassaulx, F.*: Codex Napoleon, Theil I, Koblenz 1809; Theil II, Koblenz 1809.

*Laurent, François*: Principes de droit civil français, Tome II, Art. 34 - 193; Tome IV, Art. 331 – 449; Tome XII, Art. 913 - 954; Tome XV, Art. 1075 - 1121; 5e édition, Bruxelles, Paris 1893.

*Lauterbach, Wolfgang, Adam*: W. A. Lauterbachs Collegii Theoretico-Practici, A Libro Primo Pandectarum Usque Ad Vigesimum, Pars Prima. Tubingæ, 1726.

*Leifer, Franz*: Mancipium und auctoritas, in: SZ (RA) 56 (1936), S. 136 - 235.

*Leineweber, Anke*: Die rechtliche Beziehung des nichtehelichen Kindes zu seinem Erzeuger in der Geschichte des Privatrechts, Königstein 1978.

*Lenel, Otto*: Zur Geschichte der Heredis Institutio, in: Essays in legal history. Read before the international congress of historical studies, held in London in 1913, edited by Paul Vinogradoff, London, Edinburgh, Glasgow, New York, Toronto, Melbourne, Bombay 1913, S. 120 – 142.

*Ders.*: Palingenesia Iuris Civilis. Iuris Consultorum Reliquiae Qua Iustiniani Digestis Continentur Ceteraque Iuris Prudentiae Civilis Fragmenta Minora Secundum Auctores Et Libros Disposuit Otto Lenel, Volumen Alterum, Lipsiae 1889.

*Ders.*: Besprechung von: E. Lambert, La Question De L'Authenticité Des XII Tables Et Les Annales Maximi, in: SZ (RA) 26 (1905), S. 498 – 524.

*Lesne, E.*: La propriété ecclésiastique en France aux époques romaine et mérovingienne, Band I, Lille 1910.

*Lett, Didier*: Droits et pratiques de l`adoption au Moyen Âge, in: L`Adoption – Droits et Pratiques, Thème Coordonné par Didier Lett et Christopher Lucken, Médiévales 35, Automne 1998, S. 5 - 8.

*Lévy-Bruhl, Henri*: Nouvelles études sur le très ancien droit romain, Paris 1947.

*Levy, Ernst*: Zum Wesen des weströmischen Vulgarrechts, in: Gesammelte Schriften, dargebracht von Wolfgang Kunkel und Max Kaser, Band I, Köln, Graz 1963, S. 184 – 209.

*Lévy, Jean-Philippe; Castaldo, André*: Histoire du droit civil, Paris 2002.

*Liebs, Detlef*: Römisches Recht; Ein Studienbuch, 6. Auflage, Göttingen 2004.

*Link, Christoph*: Hugo Grotius als Staatsdenker, Tübingen 1983.

*Lipp, Martin*: Wissenschaftstheorie und Vernunftrecht bei W. X. A. von Kreittmayr, in: Wiguläus Xaver Aloys von Kreittmayr: Ein Leben für Recht, Staat und Politik, Festschrift zum 200. Todestag, herausgegeben von Richard Bauer und Hans Schlosser, München 1991, S. 181 – 210.

*Locke, John*: Second Treatise of Government, Oxford 1956.

*Locré, M. Le Baron*: La Législation civile, commerciale et criminelle de la France, ou Commentaire et Complément de Code Français; Tome I, Paris 1827; Tome VI, Paris 1827.

*Luig, Klaus*: Die Rolle des deutschen Rechts in Leibniz` Kodifikationsplänen, in: Ius Commune V (1975), S. 56 – 70.

*Ders.*: Der Einfluss des Naturrechts auf das positive Privatrecht im 18. Jahrhundert, SZ (Germ. Abt.) 96 (1979), S. 38 - 54.

*Ders.*: Leibniz als Dogmatiker des Privatrechts, in: Römisches Recht in der europäischen Tradition. Symposion aus Anlass des 75. Geburtstages von Franz Wieacker. Herausgegeben von Okko Behrends, Malte Diesselhorst und Wulf Eckart Voss, Ebelsbach 1985, S. 213 - 256.

*Maleville, Jacob von*: Commentar über das Gesetzbuch Napoleons oder gründliche Entwicklung der Discussion dieses Gesetzbuches im Staatsrathe, Band I, Köln 1808.

*Mayer-Maly, Theo*: Römisches Recht, 2. Auflage, Wien, New York 1999.

*Mayntz, Renate*: Die moderne Familie, Stuttgart 1955.

*Merten, Detlef*: Allgemeines Landrecht, in: Preußens großer König, Leben und Werk Friedrich des Großen, herausgegeben von Wilhelm Treue, Freiburg, Würzburg 1986, S. 56 - 70.

*Mitteis, Heinrich*: Politische Verträge im Mittelalter, in: SZ (Germ. Abt.) 67 (1950), S. 76 - 140.

*Mitterauer, Michael; Sieder, Reinhard*: Vom Patriarchat zur Partnerschaft. Zum Strukturwandel der Familie, 2. Auflage, München 1980.

*Molinier, Victor*: De l'illégalité de l'adoption des enfants naturels, in: Revue De Droit Français Et Étranger, herausgegeben von M. J.-B. Duvergier und M. Valette, Tome I, 3e Livraison, Paris 1844, S. 161 - 182.

*Mommsen, Theodor*: Römische Geschichte Band I, 13. Auflage, Berlin 1923, zitiert: Mommsen, RG, Band I.

*Ders.*: Abriss des römischen Staatsrechts (Systematisches Handbuch der deutschen Rechtswissenschaft, Abt. 1, Teil 3), 2. Auflage, Leipzig 1907.

*Motive zu dem Entwurfe eines Bürgerlichen Gesetzbuches für das Deutsche Reich*: Band IV, Familienrecht, Berlin, Leipzig 1888.

*Möbus, Gerhard*: Die politischen Theorien im Zeitalter der absoluten Monarchie bis zur Französischen Revolution. Politische Theorien, Teil II, Köln, Opladen 1961.

*Mühlenbruch, F.*: Lehrbuch des Pandekten-Rechts, nach der Doctrina Pandtectarum deutsch bearbeitet, herausgegeben von Otto Carl von Madai, dritter Teil, 4. Auflage, Halle 1844.

*Müller-Freienfels, Wolfram*: Familienrecht im In- und Ausland, Aufsätze, Band II, Frankfurt am Main 1986.

*Ders.*: Zur Diskussion um die systematische Einordnung des Familienrechts, Teil I, in: RabelsZ 37 (1973), S. 609 – 659.

*Neukirchen, Christoph:* Die rechsthistorische Entwicklung der Adoption, Frankfurt am Main, Berlin, Bern, Brüssel, New York, Oxford, Wien 2005.

*Neusüß, Wolfgang*: Gesunde Vernunft und Natur der Sache: Studien zur juristischen Argumentation im 18. Jahrhundert, Berlin 1970.

*Pappenheim, Max*: Über künstliche Verwandtschaft im germanischen Rechte, in: SZ (Germ. Abt.) 29 (1908), S. 304 – 333.

*Peters, Hans*: Besprechung von Gunnar Bergman, Beiträge zum römischen Adoptionsrecht, in: SZ (RA) 33 (1912), S. 582 – 586.

*Petersen, Peter*: Geschichte der aristotelischen Philosophie im protestantischen Deutschland, Leipzig 1921, Nachdruck Stuttgart 1964.

*Prévost, Marcel- Henri*: Lés adoptiones politiques à Rome sous la Republique et le Principat, Paris 1949.

*Ders.*: L'adoption d'Octave, in: RIDA 5 (1950), S. 361 – 381.

*Proudhon, M.*: Cours De Droit Français. Première Partie, sur l'état des personnes et sur le titre préliminaire du Code Napoléon, Tome I, Dijon 1810; Tome II, Dijon 1810.

*Puchta, Georg Friedrich*: Cursus der Institutionen, Band I, 8. Auflage, Leipzig 1875.

*Pufendorf, Friderici Esaiae*: Observationes Juris Universi Quibus Praecipue Res Judicatae Summi Tribunalis Regii Et Electoralis Continentur, Adjici Praeterea Aut Separari Poterit, Appendix Variorum Statutorum Et Iurium, Thomus III, Hannoverae 1782.

*Pufendorf, Samuel Freiherr von*: Acht Bücher vom Natur- und Völkerrecht: Anderer Theil; Mit vielen nützlichen Anmerckungen erläutert und in die Teutsche Sprache übersetzt. – De iure naturae et gentium; Teil 2.- Nachdruck der Ausgabe Frankfurt am Main 1711, Hildesheim 1998.

*Rabel, Ernst*: Nachgeformte Rechtsgeschäfte. Mit Beiträgen zu den Lehren von der Injurezession und vom Pfandrecht, in: SZ (RA) 27 (1906), S. 290 – 335.

*Reallexikon der Germanischen Altertumskunde*: Von Johannes Hoops, herausgegeben von Heinrich Beck, Herbert Jankuhn, Kurt Ranke, Reinhard Wenskus, I. Band, Aachen – Bajuwaren, 2. Auflage, Berlin, New York 1973; VII. Band, Einfache Formen – Eugippius, 2. Auflage, Berlin, New York 1989; I. Band, A – E, herausgegeben von Johannes Hoops, Straßburg 1911 – 1913; zitiert: Bearbeiter, Reallexikon der germanischen Altertumskunde, Auflage, Band, S.

*Reallexikon der indogermanischen Altertumskunde*: Grundzüge einer Kultur- und Völkergeschichte Alteuropas, Band I, herausgegeben von A. Nehring, Berlin, Leipzig 1917 -1923; zitiert: Bearbeiter, Reallexikon der indogermanischen Altertumskunde, Band I, S.

*Rehbein, Hugo; Reincke, Otto Ludwig Karl*: Allgemeines Landrecht für die preußischen Staaten nebst den ergänzenden und abändernden Bestimmungen der Reichs- und Landesgesetzgebung, dritter Band, Theil II, Titel 1- 8, 5. Auflage, Berlin 1894.

*Roth, Rudolf*: Erbrechtliche Probleme bei der Adoption, Breisgau 1979.

*Ruggeri, Russo Carmela*: La datio in adoptionem, vol. I: Origine, regime giuridico e riflessi politico–sociali in età republicana ed imperiale, Milano 1990.

*Sagnac, Philippe*: La Législation Civile de la Révolution Française (1789 – 1804), Essai d'histoire sociale, Paris 1898.

*Santinelli, Emmanuelle*: Continuité ou rupture? L'adoption dans le droit mérovingien, in: L'Adoption – Droits et Pratiques, Thème Coordonné par Didier Lett et Christopher Lucken, Médiévales 35, Automne 1998, S. 9 - 18.

*Savigny, Friedrich Carl von*: System des heutigen Römischen Rechts, Band I, Berlin 1840.

*Schlaich, Klaus*: Gesammelte Aufsätze: Kirche und Staat von der Reformation bis zum Grundgesetz, hrsg. von Martin Heckel und Werner Heim, Tübingen 1977.

*Schlosser, Hans*: Grundzüge der Neueren Privatrechtsgeschichte, 10. Auflage, Heidelberg 2004.

*Ders.*: Kodifikationen im Umfeld des Preußischen Allgemeinen Landrechts. Der französische Code civil (1804) und das österreichische Allgemeine Bürgerliche Gesetzbuch (1811), in: Kodifikation gestern und heute. Zum 200 Geburtstag des Allgemeinen Landrechts für die Preußischen Staaten, herausgegeben von Detlef Merten und Waldemar Schreckenberger, Berlin 1995, S. 63 – 82; zitiert: Schlosser, Kodifikation im Umfeld des Preußischen ALR.

*Ders.*: Der Gesetzgeber Kreittmayr und die Aufklärung in Kurbayern, in: Wiguläus Xaver Aloys von Kreittmayr: Ein Leben für Recht, Staat und Politik, Festschrift zum 200. Todestag, herausgegeben von Richard Bauer und Hans Schlosser, München 1991, S. 3 – 35.

*Schlüter, Reinhild*: Das Vormundschaftsrecht in den Kodifikationen der Aufklärungszeit, Bonn 1961.

*Schmidt, Carl Adolf*: Das Hauskind in Mancipio, Leipzig 1879.

*Schmitt, Christian Wilhelm*: Die Lehre von der Adoption, Jena 1825.

*Schneider, Hermann*: Germanische Altertumskunde, Nachdruck der 1938 erschienenen ersten Auflage, München 1951.

*Schott, Clausdieter*: Methodenvorstellungen im Gesetzeswerk Kreittmayrs, in: Wiguläus Xaver Aloys von Kreittmayr: Ein Leben für Recht, Staat und Politik, Festschrift zum 200. Todestag, herausgegeben von Richard Bauer und Hans Schlosser, München 1991, S. 159 – 180.

*Schubert, Werner*: Französisches Recht in Deutschland zu Beginn des 19. Jahrhunderts: Zivilrecht, Gerichtsverfassungsrecht und Zivilprozessrecht. Forschungen zur neueren Privatrechtsgeschichte, Band 24, herausgegeben von Helmut Coing und Hans Thieme, Köln, Wien 1977.

*Ders.; Regge, Jürgen*: Quellen zur preußischen Gesetzgebung des 19. Jahrhunderts. Gesetzesrevision (1825 – 1848). Zweite Abteilung, öffentliches Recht, Zivilrecht und Zivilprozeßrecht, Band 5, Familienrecht I, 1. Halbband und 2. Halbband, Vaduz, Liechtenstein, 1985.

*Schulz, Fritz*: Classical Roman Law, Oxford 1951.

*Ders.*: Prinzipien des römischen Rechts; Vorlesungen. München, Leipzig 1934.

*Schumacher, Silvia*: Das Rechtsverhältnis zwischen Eltern und Kindern in der Privatrechtsgeschichte, Frankfurt am Main, Berlin, Bern, New York, Paris, Wien 1999.

*Schwab, Dieter*: Die Familie als Vertragsgesellschaft im Naturrecht der Aufklärung, in: Quaderni Fiorentini, Band I, 1972.

*Schwarz, Andreas, B.*: Zur Entstehung des modernen Pandektensystems, in: SZ (RA) 42 (1921), S. 578 – 610.

*Secretan, Philippe*: L`Adoption, Conditions – Effets – Révocation, Étude de droit civil comparé, Lausanne 1914.

*Sendler, Horst*: Friedrich der Große und der Müller Arnold, in: JuS 1986, S. 759 – 763.

*Sieder, Reinhard*: Sozialgeschichte der Familie, Frankfurt am Main 1987.

*Sintenis, Karl Friedrich Ferdinand*: Das Practische Gemeine Civilrecht, Band III, Das Familien- und Erbrecht, 3. Auflage, Leipzig 1969.

*Sohm, Rudolph; Mitteis, Ludwig; Wenger, Leopold*: Institutionen; Geschichte und System des römischen Privatrechts, 17. Auflage, München, Leipzig 1928.

*Ders.*: Das altkatholische Kirchenrecht und das Dekret Gratians, S. 1 – 674, in: Festschrift der Leipziger Juristenfakultät für Adolf Wach zum 16. November 1915, München, Leipzig 1918.

*Söllner, Alfred*: Einführung in die römische Rechtsgeschichte, 5. Auflage, München 1996.

*Sonnenberger, Hans-Jürgen; Christian Autexier*: Einführung in das französische Recht, 3. Auflage, Darmstadt 2000.

*Spangenberg, Ernst*: Commentar über den Code Napoleon. Band I, Göttingen 1810.

*Stabel, Anton*: Institutionen des französischen Civilrechts (Code Napoléon), Mannheim 1871.

*Staudinger, Julius v.*: Kommentar zum Bürgerlichen Gesetzbuch mit Einführungsgesetz und Nebengesetzen, Band IV, Familienrecht, Teil 3 b, §§ 1705 – 1921, 10./11. Auflage, Berlin 1969; zitiert: Staudinger/Bearbeiter.

*Stein, Peter G.*: Römisches Recht und Europa, Die Geschichte einer Rechtskultur, aus dem Englischen von Klaus Luig, Frankfurt am Main 1996.

*Steinwenter, Artur*: Utilitas publica – utilitas singulorum, in: Festschrift Paul Koschaker Band I, Weimar 1939, S. 84 - 102.

*Stockar, Hans*: Über den Entzug der väterlichen Gewalt, Rostock 1902.

*Stolleis, Michael*: Juristen: ein biographisches Lexikon; von der Antike bis zum 20. Jahrhundert, München 1995.

*Stölzel*: Über das Alterserfordernis bei Gesuchen um Annahme an Kindes statt, Nr. 10, in: Beiträge zur Erläuterung des Deutschen Rechts, in besonderer Beziehung auf das Preußische Recht mit Einschluß des Handels- und Wechselrechts. Begründet von J. A. Gruchot, herausgegeben von Rassow und Küntzel, XXIII. Jahrgang, Berlin 1879, S. 323 - 336.

*Stölzel, Adolf*: Umgestaltung der Vorschriften des Preussischen Allgemeinen Landrechts über ungültige Ehen durch die neuere Gesetzgebung, in: Zeitschrift für Kirchenrecht, herausgegeben von Richard Dove und Emil Friedberg, Band 17, Freiburg, Tübingen 1882, S. 69 - 113.

*Stromberg, Eberhard*: Christian Thomasius (1655-1728), in: JZ 1975, S. 56 -59.

*Struben, David Georg; Spangenberg, Ernst*: Rechtliche Bedenken, Band II, Hannover 1827.

*Stryk, Samuel*: Specimen Usus Moderni Pandectarum. In Academia Francofurtana Publicis Disputationibus Exhibitum, Band I - IV, Francofurti Witebergae 1690–1712, Halae Magdeburgicae 1717–1745.

*Sutro*: Über die Befugnis der Eltern zur Ertheilung und Verweigerung des Konsenses in die Ehen ihrer Kinder, Nr. 11, in: Preußische Anwalts – Zeitung 1862, herausgegeben von Franz Hinschius und Paul Hinschius, S. 81 - 85.

*Svarez, Carl Gottlieb*: Entwurf eines allgemeinen Gesetzbuches für die preußischen Staaten, Band I, erster Teil, erste Abteilung, Edition nach der Ausgabe von 1784 mit Hinweisen auf das ALR, AGB, die eingegangenen Monita und deren Bearbeitung, herausgegeben von Peter Krause, Stuttgart 1996.

*Ders.*: Vorträge über Recht und Staat von Carl Gottlieb Svarez (1746-1798), herausgegeben von Hermann Conrad und Gerd Kleinheyer, Köln, Opladen 1960.

*Tacitus, Cornelius P.*: Annalen. Herausgegeben von Erich Heller. Mit einer Einführung von Manfred Furhmann, 4. Auflage, Düsseldorf 2002.

*Taubenschlag, Rafael*: Opera Minora, Band I; Allgemeiner Teil; A. Römisches Privatrecht, B. Römisches Provinzialrecht und die Volksrechte, C. Griechische Stadtrechte, Warszawa 1959.

*Täubler, Eugen*: Untersuchungen zur Geschichte des Decemvirats und der Zwölftafeln, Berlin 1921.

*Thibaut, Anton Friedrich Justus*: System des Pandektenrechts, Band I, 8. Auflage, Jena 1834.

*Thieme, Hans*: Das Naturrecht und die europäische Privatrechtsgeschichte, 2. Auflage, Basel 1954.

*Ders.*: Die preußische Kodifikation, in: SZ (Germ. Abt.) 57 (1937), S. 355 – 428.

*Ders.*: Die Zeit des späten Naturrechts, in: SZ (Germ. Abt.) 56 (1936), S. 202 – 263.

*Ders.*: Zum 175. Geburtstag des Allgemeinen Landrechts, in: JuS 1969, S. 359 – 362.

*Thomas, Adolf*: Die Anschauungen der Naturrechtslehrer über das Rechtsverhältnis zwischen Eltern und Kindern, Hannover 1915.

*Thomas, J.A.C.*: Some notes on adrogatio per rescriptum principis, in: RIDA 14 (1967), S. 413 - 427.

*Thormann, Karl Friedrich*: Der doppelte Ursprung der Mancipatio: Ein Beitrag zur Erforschung des frührömischen Rechtes unter Mitberücksichtigung des Nexum, München 1943.

*Toullier, Charles Bonaventure Marie*: Le droit civil français suivant l'ordre du Code, ouvrage dans lequel on a tâché de réunir la théorie à la pratique, Tome II, 5e édition, Bruxelles 1824.

*Troplong, M.*: Droit civil expliqué. Commentaire du titre II du livre III du code Napoléon. Donations entre-vifs et testaments, XXVI, Tome troisième, Paris 1855; XXVII, Tome quatrième, Paris 1855.

*Valdrini, Patrick; Durand, Jean-Paul; Échappé, Olivier; Vernay, Jacques*: Droit canonique, 2e édition, Paris 1999.

*Vangerow, Karl Adolph von*: Lehrbuch der Pandekten, Band II, 6. Auflage, München 1872.

*Vering, Friedr.*: Römisches Erbrecht in historischer und dogmatischer Entwicklung, Heidelberg 1861.

*Villeneuve de Janti, Pierre*: Bonaparte et le Code civil, Paris 1934.

*Vinnius, Arnoldus*: In quatuor libros institutionem imperialium commentarius academicus et forensis, Amstelodami 1669.

*Voci, Pasquale*: Storia della patria potestas da Augusto a Diocleziano, in: Iura 31 (1980), S. 37 - 100.

*Voigt, Moritz*: Die XII – Tafeln. Geschichte und System des Civil- und Criminal-Rechtes, wie –Processes der XII – Tafeln nebst deren Fragmenten, Band I: Geschichte und allgemeine juristische Lehrbegriffe der XII – Tafeln nebst deren Fragmenten, Leipzig 1883.

*Voigt, Alfred*: Kirchenrecht, Neuwied 1961.

*Volterra, Edoardo*: La L. 7 C. De Her. Inst. 6, 24 E Due Documenti Di Susa Recentemente Scoperti, in: BIDR 40/41 (1932/33), S. 289 – 304.

*Ders.*: La Nozione Dell'Adoptio E Dell'Adrogatio Secondo I Giuristi Romani Del II E Del III Secolo D. C., in: BIDR 69 (1966), S. 109 - 153.

*Voppel, Reinhard*: Der Einfluß des Naturrechts auf den Usus modernus; Eine Untersuchung anhand der Literatur zum geltenden Recht im 17. und 18. Jahrhundert, in: Beiträge zur Neueren Privatrechtsgeschichte, herausgegeben von Heinz Hübner, Band XI, Köln, Berlin, Bonn, München, 1996.

*Weber-Kellermann, Ingeborg*: Die deutsche Familie. Versuch einer Sozialgeschichte, 7. Auflage, Frankfurt am Main 1982.

*Wenger, Leopold*: Die Quellen des römischen Rechts, Wien 1953.

*Welzel, Hans*: Naturrecht und materiale Gerechtigkeit, 4. Auflage, Göttingen 1990.

*Wesel, Uwe*: Geschichte des Rechts: Von den Frühformen bis zur Gegenwart, 2. Auflage, München 2001.

*Wesenberg, Gerhard*: Ein früher Beitrag zum Thema „Preußisches Allgemeines Landrecht und römisches Recht“, in: SZ (RA) 68 (1951), S. 526 – 528.

*Ders.; Wesener, Gunter*: Neuere deutsche Privatrechtsgeschichte im Rahmen der europäischen Rechtsentwicklung, 4. Auflage, Wien, Köln, Graz 1985.

*Wesener, Gunter*: Sondervermögen und Sondererbfolge im nachklassischen römischen Recht (bona materna, bona paterna und bona nuptialia), in: Iuris Professio, Festgabe für Max Kaser zum 80. Geburtstag, herausgegeben von Hans-Peter Benöhr, Karl Hackl, Rolf Knütel, Andreas Wacke, Wien, Köln, Graz 1986, S. 331 - 346.

*Ders.*: Kreittmayrs Zivilrechtskodex in dogmengeschichtlicher Sicht, in: Wiguläus Xaver Aloys von Kreittmayr: Ein Leben für Recht, Staat und Politik, Festschrift zum 200. Todestag, herausgegeben von Richard Bauer und Hans Schlosser, München 1991, S. 77 – 100.

*Wieacker, Franz*: Römische Rechtsgeschichte; Quellenkunde, Rechtsbildung, Jurisprudenz und Rechtsliteratur (Handbuch der Altertumswissenschaft: Abt. 10, Rechtsgeschichte des Altertums; Teil 3, Band I), erster Abschnitt: Einleitung, Quellenkunde, Frühzeit und Republik, München 1988.

*Ders.*: Zur Effektivität des Gesetzesrechts in der späten Antike, in: Festschrift für Hermann Heimpel zum 70. Geburtstag am 19. September 1971, Band III, herausgegeben von den Mitarbeitern des Max-Planck-Instituts für Geschichte, Göttingen 1972, S. 555 - 557.

*Ders.*: Allgemeine Zustände und Rechtszustände gegen Ende des weströmischen Reichs, in: Ius Romanum Medii Aevi, Pars I, 2a, Varese 1963. Zitiert: Wieacker, in: IRMAE I 2a (1963), S. 3 - 63.

*Ders.*: Privatrechtsgeschichte der Neuzeit unter besonderer Berücksichtigung der deutschen Entwicklung, 2. Auflage, Göttingen 1967; zitiert: Wieacker, PRGN.

*Windscheid, Bernhard*: Lehrbuch des Pandektenrechts, Band II, Band III, 6. Auflage, Frankfurt am Main 1887.

*Winiger, Bénédict*: Das rationale Pflichtenrecht Christian Wolffs: Bedeutung und Funktion der transzendentalen, logischen und moralischen Wahrheit im systematischen und theistischen Naturrecht Wolffs, Berlin 1992.

*Wlassak, M.*: Der Gerichtsmagistrat im gesetzlichen Spruchverfahren, in: SZ (RA) 25 (1904), S. 81 – 188.

*Ders.*: Der Gerichtsmagistrat im gesetzlichen Spruchverfahren, in: SZ (RA) 28 (1907), S. 1 – 114.

*Ders.*: Vindikation und Vindikationslegat, in: SZ (RA) 31 (1910), S. 196 – 321.

*Wolff, Christian*: Vernünfftige Gedancken, von dem gesellschaftlichen Leben der Menschen und insonderheit dem gemeinen Wesen, I. Abt., Deutsche Schriften Band V, Nachdruck der 4. Auflage Frankfurt und Leipzig 1736, Hildesheim, New York 1975.

*Wolff, Hans Julius*: Doctrinal trends in Postclassic Roman Marriage Law, in: SZ (RA) 67 (1950), S. 261 – 319.

*Wolter, Udo*: Ius canonicum in iure civili: Studien zur Rechtsquellenlehre in der neueren Privatrechtsgeschichte, Köln, Wien 1975.

*Wunner, Sven Erik*: Christian Wolff und die Epoche des Naturrechts, Hamburg 1968.

*Wyduckel, Dieter*: Die Vertragslehre Pufendorfs und ihre rechts- und staatstheoretischen Grundlagen, in: Samuel Pufendorf und die europäische Frühaufklärung. Werk und Einfluß eines deutschen Bürgers der Gelehrtenrepublik nach 300 Jahren (1694-1994), hrsg. von Fiammetta Palladini und Gerald Hartung, Berlin 1996, S. 147 - 165.

*Zachariä v. Lingenthal, Karl Salomon; Dreyer, Heinrich*: Handbuch des französischen Civilrechts, III. Band, 7. Auflage, Heidelberg 1886.

*Zeiller, Franz von:* Commentar über das allgemeine bürgerliche Gesetzbuch für die gesamten Deutschen Erbländer der Oesterreichischen Monarchie, Band I, Wien, Triest 1811.

## RECHTSHISTORISCHE REIHE

Band 1 Studien zu den germanischen Volksrechten. Gedächtnisschrift für Wilhelm Ebel. Vorträge gehalten auf dem Fest-Symposion anläßlich des 70. Geburtstages von Wilhelm Ebel am 16. Juni 1978 in Göttingen. Götz Landwehr (Hrsg.) 1982.

Band 2 Hans Poeschel: Die Statuten der Banken, Sparkassen und Kreditgenossenschaften in Hamburg und Altona von 1710 bis 1889. 1978.

Band 3 Thomas Kolbeck: Juristenschwemmen, Untersuchungen über den juristischen Arbeitsmarkt im 19. und 20. Jahrhundert. 1978.

Band 4 Norbert Hempel: Richterleitbilder in der Weimarer Republik. 1978.

Band 5 Rolf Stratmann: Die Scheinbußen im mittelalterlichen Recht. 1978.

Band 6 Martin C. Lockert: Die niedersächsischen Stadtrechte zwischen Aller und Weser. Vorkommen und Verflechtungen. Eine Bestandsaufnahme. 1979.

Band 7 Joachim Rückert/Wolfgang Friedrich: Betriebliche Arbeiterausschüsse in Deutschland, Großbritannien und Frankreich im späten 19. und frühen 20. Jahrhundert. Eine vergleichende Studie zur Entwicklung des kollektiven Arbeitsrechts. 1979.

Band 8 Peter Bender: Die Rezeption des römischen Rechts im Urteil der deutschen Rechtswissenschaft. 1979.

Band 9 Friedrich Karl Alsdorf: Untersuchungen zur Rechtsgestalt und Teilung deutscher Ganerbenburgen. 1980.

Band 10 Dietmar Willoweit/Winfried Schich (Hrsg.): Studien zur Geschichte des sächsisch-magdeburgischen Rechts in Deutschland und Polen (Sammelband). 1980.

Band 11 Brigitte Hempel: Der Entwurf einer Polizeiordnung für das Herzogtum Sachsen-Lauenburg aus dem Jahre 1591. 1980.

Band 12 Klaus-Detlev Godau-Schüttke: Rechtsverwalter des Reiches. Staatssekretär Dr. Curt Joël. 1981.

Band 13 Rainer Polley: Anton Friedrich Justus Thibaut (AD 1772-1840) in seinen Selbstzeugnissen und Briefen. Teil 1: Abhandlung. Teil 2: Briefwechsel. Teil 3: Register zum Briefwechsel. 1982.

Band 14 Michael Wettengel: Der Streit um die Vogtei Kelkheim 1275-1276. Ein kanonischer Prozeß.1981.

Band 15 Otto Wilhelm Krause: Naturrechtler des sechzehnten Jahrhunderts. Ihre Bedeutung für die Entwicklung eines natürlichen Privatrechts. 1982.

Band 16 Helga Spindler: Von der Genossenschaft zur Betriebsgemeinschaft. Kritische Darstellung der Sozialrechtslehre Otto von Gierkes. 1982.

Band 17 Holger Otte: Gustav Radbruchs Kieler Jahre 1919 - 1926. 1982.

Band 18 Rüdiger Teuner: Die fuldische Ritterschaft 1510 - 1656. 1982.

Band 19 Gerhard Dilcher/Rudolf Hoke/Gian Savino Pene Vidari/Hans Winterberg (Hrsg.): Grundrechte im 19. Jahrhundert. 1982.

Band 20 Karl-Hans Schloßstein: Die westfälischen Fabrikengerichtsdeputationen - Vorbilder, Werdegang und Scheitern. 1982.

Band 21 Birger Schulz: Der Republikanische Richterbund (1921-1933). 1982.

Band 22 Engelbert Krause: Die gegenseitigen Unterhaltsansprüche zwischen Eltern und Kindern in der deutschen Privatrechtsgeschichte. 1982.

Band 23 Meent W. Francksen: Staatsrat und Gesetzgebung im Großherzogtum Berg (1806-1813). 1982.

Band 24 Gerd von Sonnleithner: Bearbeitung des Handelsrechts durch Ignaz von Sonnleithner in seinem "Leitfaden über das österreichische Handels- und Wechselrecht". 1982.

Band 25 Rudolf Palme: Rechts-, Wirtschafts- und Sozialgeschichte der inneralpinen Salzwerke bis zu deren Monopolisierung. 1983.

Band 26 Helen Bosshard: Pestalozzis Staats- und Rechtsverständnis und seine Stellung in der Aufklärung. 1983.

Band 27 Jens Jessen: Die Selbstzeugnisse der deutschen Juristen. Erinnerungen, Tagebücher und Briefe. Eine Bibliographie. 1983.

Band 28 Günter Martin Jensen: Das Domanium Waldeck. Die rechtliche Zuordnung eines Fürstenvermögens. 1984.

Band 29 Johann Heinrich Kumpf: Petitionsrecht und öffentliche Meinung im Entstehungsprozeß der Paulskirchenverfassung 1848/49. 1983.

Band 30 Sabine Frey: Rechtsschutz der Juden gegen Ausweisungen im 16. Jahrhundert. 1983.

Band 31 Dietrich Joswig: Die germanische Grundstücksübertragung. 1984.

Band 32 Andreas Baryli: Konzessionssystem contra Gewerbefreiheit. Zur Diskussion der österreichischen Gewerberechtsreform 1835 bis 1860. 1984.

Band 33 Gerhard Oberkofler: Studien zur Geschichte der österreichischen Rechtswissenschaft. 1984.

Band 34 Rudolf Lauda: Kaufmännische Gewohnheit und Burgrecht bei Notker dem Deutschen. Zum Verhältnis von literarischer Tradition und zeitgenössischer Realität in der frühmittelalterlichen Rhetorik. 1984.

Band 35 Jens Jensen: Die Ehescheidung des Bischofs Hans von Lübeck von Prinzessin Julia Felicitas von Württemberg-Weiltingen AD 1648-1653. Ein Beitrag zum protestantischen Ehescheidungsrecht im Zeitalter des beginnenden Absolutismus. 1984.

Band 36 Horst Schröder: Friedrich Karl von Savigny. Geschichte und Rechtsdenken beim Übergang vom Feudalismus zum Kapitalismus in Deutschland. 1984.

Band 37 Andreas Hatzung: Dogmengeschichtliche Grundlagen und Entstehung des zivilrechtlichen Notstands. 1984.

Band 38 Matthias Klasen: Das Billwerder Landrecht. Landrecht und Landgericht in den Hamburger Elbmarschen. 1985.

Band 39 Rainer Jamin: Aufbau, Tätigkeit und Verfahren der Auseinandersetzungsbehörden bei der Durchführung der preußischen Agrarreformen. 1985.

Band 40 Henry Winter: Teilschuld, Gesamtschuld und unechte Gesamtschuld. Zur Konzeption der §§ 420 ff. BGB - Ein Beitrag zur Entstehungsgeschichte des BGB. 1985.

Band 41 Hermann Eichler: Verfassungsbewegung in Amerika und Europa. 1985.

Band 42 Dagmar Bandemer: Heinrich Albert Zachariae. Rechtsdenken zwischen Restauration und Reformation. 1985.

Band 43 Eva-Christine Frentz: Das Hamburgische Admiralitätsgericht (1623-1811). Prozeß und Rechtsprechung. 1985.

Band 44 Karl Lillig: Rechtsetzung im Herzogtum Pfalz-Zweibrücken während des 18. Jahrhunderts. Ein Beitrag zur Geschichte der territorialen Rechtsbildung. 1985.

Band 45 Walter Weber: Die Entwicklung der Sparkassen zu selbständigen Anstalten des öffentlichen Rechts. Ein Beitrag zur Entwicklung des Anstaltsbegriffs im 19. Jahrhundert. 1985.

Band 46 Bärbel Baum: Der Stabreim im Recht. Vorkommen und Bedeutung des Stabreims in Antike und Mittelalter. 1986.

Band 47 Hans Popp: Die nationalsozialistische Sicht einiger Institute des Zivilprozeß- und Gerichtsverfassungsrechts. 1986.

Band 48 John Karl-Heinz Montag: Die Lehrdarstellung des Handelsrechts von Georg Friedrich von Martens bis Meno Pöhls. Die Wissenschaft des Handelsrechts im ersten Drittel des 19. Jahrhunderts. 1986.

Band 49 Volker D. Anhäusser: Das internationale Obligationenrecht in der höchstrichterlichen Rechtsprechung des 19. Jahrhunderts. 1986.

Band 50 Udo Beer: Die Juden, das Recht und die Republik. Verbandswesen und Rechtsschutz 1919-1933. 1986.

Band 51 Herbert Grziwotz: Der moderne Verfassungsbegriff und die "Römische Verfassung" in der deutschen Forschung des 19. und 20. Jahrhunderts. 1986.

Band 52 Ralf Conradi: Karl Friedrich Eichhorn als Staatsrechtslehrer. Seine Göttinger Vorlesung über "Das Staatsrecht der deutschen Bundesstaaten" nach einer Kollegmitschrift aus dem Wintersemester 1821/22. 1987.

Band 53 Dieter Dannreuther: Der Zivilprozeß als Gegenstand der Rechtspolitik im Deutschen Reich 1871 - 1945. Ein Beitrag zur Geschichte des Zivilprozeßrechts in Deutschland. 1987.

Band 54 Stephan Felix Pauly: Organisation, Geschichte und Praxis der Gesetzesauslegung des (Königlich) Preußischen Oberverwaltungsgerichtes 1875 - 1933. 1987.

Band 55 Rüdiger Schulz: Die Entstehung des Seerechts des Allgemeinen Deutschen Handelsgesetzbuches unter besonderer Berücksichtigung der Bestimmungen über die Reederei, den Schiffer und die Schiffsmannschaft. 1987.

Band 56 Reinhold Reis: Deutsches Privatrecht in den Weistümern der Zenten Schriesheim und Kirchheim. 1987.

Band 57 Jürgen Christoph: Die politischen Reichsamnestien 1918 - 1933. 1987.

Band 58 Gerhard Oberkofler/Eduard Rabofsky: Hans Kelsen im Kriegseinsatz der k.u.k.-Wehrmacht. Eine kritische Würdigung seiner militärtheoretischen Angebote. 1988.

Band 59 Arne Wulff: Staatssekretär Prof. Dr. Dr. h.c. Franz Schlegelberger. 1876-1970. 1991.

Band 60 Gerhard Köbler (Hrsg.): Wege europäischer Rechtsgeschichte. Karl Kroeschell zum 60. Geburtstag. 1987.

Band 61 Rüdiger Hütte: Der Gemeinschaftsgedanke in den Erbrechtsreformen des Dritten Reichs. 1988.

Band 62 Markus Göldner: Politische Symbole der europäischen Integration. Fahne, Hymne, Hauptstadt, Paß, Briefmarke, Auszeichnungen. 1988.

Band 63 Wolfgang Kröner: Freiheitsstrafe und Strafvollzug in den Herzogtümern Schleswig, Holstein und Lauenburg von 1700 bis 1864. 1988.

Band 64 Werner Gaile: Die Norder Theelacht. 1988.

Band 65 Karl v. Kempis: Andreas Gaill (1526 - 1587). Zum Leben und Werk eines Juristen der frühen Neuzeit. 1988.

Band 66 Wolf-Rüdiger Osburg: Die Verwaltung Hamburgs in der Franzosenzeit. 1811-1814. 1988.

Band 67 Christian Schudnagies: Hans Frank. Aufstieg und Fall des NS-Juristen und Generalgouverneurs. 1988.

Band 68 Otmar Jung: Senatspräsident Freymuth. Richter, Sozialdemokrat und Pazifist in der Weimarer Republik. Eine politische Biographie. 1989.

Band 69 Joachim Lohner: Das landeshauptmannschaftliche Gericht in Oberösterreich zu Beginn der Neuzeit. Eine Darstellung des oberösterreichischen Prozeßrechts am obersten Territorialgericht des Landes anhand der oberösterreichischen Landtafel.1989.

Band 70 Bernd Klemann: Rudolf von Jhering und die Historische Rechtsschule. 1989.

Band 71 Adalbert Langer: Männer um die österreichische Zivilprozeßordnung 1895. Zusammenspiel / Soziales Ziel. 1990.

Band 72 Robert-Dieter Klee: Die Landessuperintendentur Lauenburg. Ursprung und Entwicklung sowie Ende der Sonderstellung des Kirchenkreises Herzogtum Lauenburg durch die nordelbische Kirchenvereinigung. 1989.

Band 73 Heinrich Herrmann: Die Gehöferschaften im Bezirk Trier. 1989.

Band 74 Wilhelm Brauneder, Franz Baltzarek (Hrsg.): Modell einer neuen Wirtschaftsordnung. Wirtschaftsverwaltung in Österreich 1914 - 1918. 1991.

Band 75 Thomas Dreyer: Die "Assecuranz- und Haverey-Ordnung" der Freien und Hansestadt Hamburg von 1731. 1990.

Band 76 Bernhard Sendler: Die Rechtssprache in den süddeutschen Stadtrechtsreformationen. 1990.

Band 77 Brigitte Lehmann: Ehevereinbarungen im 19. und 20. Jahrhundert. 1990.

Band 78 Michael Sunnus: Der NS-Rechtswahrerbund (1928-1945). Zur Geschichte der nationalsozialistischen Juristenorganisation. 1990.

Band 79 Stefan Schulz: Die historische Entwicklung des Rechts an Bienen. (§§ 961 - 964 BGB). 1990.

Band 80 Gerhard Lingelbach, Heiner Lück (Hrsg.): Deutsches Recht zwischen Sachsenspiegel und Aufklärung. Rolf Lieberwirth zum 70. Geburtstag dargebracht von Schülern, Freunden und Kollegen, herausgegeben von Gerhard Lingelbach und Heiner Lück. 1991.

Band 81 Manfred Krohn: Die deutsche Justiz im Urteil der Nationalsozialisten 1920 - 1933. 1991.

Band 82 Angelika Kühn: Privilegierung nationaler Minderheiten im Wahlrecht der Bundesrepublik Deutschland und Schleswig-Holsteins. 1991.

Band 83 Georg Brun: Leben und Werk des Rechtshistorikers Heinrich Mitteis unter besonderer Berücksichtigung seines Verhältnisses zum Nationalsozialismus. 1991.

Band 84 Wolfgang Simon: Claudius Freiherr von Schwerin. Rechtshistoriker während dreier Epochen deutscher Geschichte. 1991.

Band 85 Friedrich-Carl Wachs: Das Verordnungswerk des Reichsdemobilmachungsamtes. Stabilisierender Faktor zu Beginn der Weimarer Republik. 1991.

Band 86 Jens-Uwe Petersen: Die Vorgeschichte und die Entstehung des Mieterschutzgesetzes von 1923 nebst der Anordnung für das Verfahren vor dem Mieteinigungsamt und der Beschwerdestelle. 1991.

Band 87 Ulrike Haibach: Familienrecht in der Rechtssprache. Die historische Entwicklung zentraler Ausdrücke des geltenden Familienrechts. 1991.

Band 88 Joern Christian Nissen: Die Beratungen des Seeversicherungsausschusses der Akademie für Deutsches Recht zu einem neuen Seeversicherungsgesetz (1934-1939). Ein Beitrag zur Entwicklung der allgemeinen Lehren des Seeversicherungsrechts unter besonderer Berücksichtigung des Handelsgesetzbuchs und der Allgemeinen Deutschen Seeversicherungs-Bedingungen 1919. 1991.

Band 89 Diethard Bühler: Die Entstehung der allgemeinen Vertragsschluß-Vorschriften im Allgemeinen Deutschen Handelsgesetzbuch (ADHGB) von 1861. Ein Beitrag zur Kodifikationsgeschichte des Privatrechts im 19. Jahrhundert. 1991.

Band 90 Gerhard Oberkofler: Die Vertreter des Römischen Rechts mit deutscher Unterrichtssprache an der Karls-Universität in Prag. Vom Vormärz bis 1945. 1991.

Band 91 Ulrich Andermann: Ritterliche Gewalt und bürgerliche Selbstbehauptung. Untersuchungen zur Kriminalisierung und Bekämpfung des spätmittelalterlichen Raubrittertums am Beispiel norddeutscher Hansestädte. 1991.

Band 92 Heinz Marcus Hanke: Luftkrieg und Zivilbevölkerung. Der kriegsvölkerrechtliche Schutz der Zivilbevölkerung gegen Luftbombardements von den Anfängen bis zum Ausbruch des Zweiten Weltkrieges. 1991.

Band 93 Kirsten Kraglund: Familien- und Erbrecht. Materielles Recht und Methoden der Rechtsanwendung in der Rechtsprechung des Oberappellationsgerichts der vier Freien Städte Deutschlands zu Lübeck. 1991.

Band 94 Reinhard Lorenz: Die politische und rechtliche Stellung des Proletariats in Preußen in der Zeit zwischen den Reformen und der Revolution 1848/49. 1991.

Band 95 Eric Hilgendorf: Die Entwicklungsgeschichte der parlamentarischen Redefreiheit in Deutschland. 1991.

Band 96 Hans J. Reiter: Die Handelsgesellschaft Villeroy & Boch von der Gründung 1836 bis zum Jahr 1878. 1992.

Band 97 Martin Johannes Heller: Reform der deutschen Rechtssprache im 18. Jahrhundert. 1992.

Band 98 Michael Kotulla: Die Tragweite der Grundrechte der revidierten preußischen Verfassung vom 31.01.1850. 1992.

Band 99 Michael Siefener: Hexerei im Spiegel der Rechtstheorie. Das crimen magiae in der Literatur von 1574 bis 1608. 1992.

Band 100 Andreas Ebert-Weidenfeller: Hamburgisches Kaufmannsrecht im 17. und 18. Jahrhundert. Die Rechtsprechung des Rates und des Reichskammergerichtes. 1992.

Band 101 Enno Bommel: Die Entstehung der Verwirkungslehre in der Krise des Positivismus. 1992.

Band 102 Ralph Steppacher: Die Berücksichtigung der bäuerlichen Postulate bei der Entstehung des ZGB und der Revision des OR. Ein Beitrag zur schweizerischen Kodifikationsgeschichte (1893 - 1912). 1992.

Band 103 Martin Fleckenstein: Die Todesstrafe im Werk Carl Joseph Anton Mittermaiers (1787 - 1867). Zur Entwicklungsgeschichte eines Werkbereichs und seiner Bedeutung für Theorie- und Methodenbildung. 1992.

Band 104 Jörn Eckert: Der Kampf um die Familienfideikommisse in Deutschland. Studien zum Absterben eines Rechtsinstitutes. 1992.

Band 105 Jörg Grotkopp: Beamtentum und Staatsformwechsel. Die Auswirkungen der Staatsformwechsel von 1918, 1933 und 1945 auf das Beamtenrecht und die personelle Zusammensetzung der deutschen Beamtenschaft. 1992.

Band 106 Andreas Rohde: Die Garantiehaftung des Vermieters und ihr Verhältnis zum Unmöglichkeitsrecht in dogmengeschichtlicher und modernrechtlicher Sicht. 1992.

Band 107 Tjark Siefke Kunstreich: Gesamtvertretung. Eine historisch-systematische Darstellung. 1992.

Band 108 Jürgen Krüger: Blindheit und Königtum. Die Blindheit des Königs Georg V. von Hannover als verfassungsrechtliches Problem. 1992.

Band 109 Wolfgang Putschek: Ständische Verfassung und autoritäre Verfassungspraxis in Österreich 1933-1938 mit Dokumentenanhang. Verfassung und Verfassungswirklichkeit. Mit einem Anhang: Denkschriften von Rechtsanwalt Dr. Erich Führer 1936/37. 1993.

Band 110 Klaus Hofmann: Die Verdrängung der Juden aus öffentlichem Dienst und selbständigen Berufen in Regensburg 1933-1939. 1993.

Band 111 Franz Kilger: Die Entwicklung des Telegraphenrechts im 19. Jahrhundert mit besonderer Berücksichtigung der technischen Entwicklung. Telegraphenrecht im 19. Jahrhundert. 1993.

Band 112 Wilhelm Brauneder (Hrsg.): Heiliges Römisches Reich und moderne Staatlichkeit. 1993.

Band 113 Thomas Heinrich: Das preußische Nichtehelichenrecht: Von der Aufklärung zur Reaktion. 1993.

Band 114 Gerald Kohl: Jagd und Revolution. Das Jagdrecht in den Jahren 1848 und 1849. 1993.

Band 115 Christian Schudnagies: Der Kriegs- oder Belagerungszustand im Deutschen Reich während des Ersten Weltkrieges. Eine Studie zur Entwicklung und Handhabung des deutschen Ausnahmezustandsrechts bis 1918. 1994.

Band 116 Elisabeth Bellmann: Die Internationale Kriminalistische Vereinigung (1889-1933). 1994.

Band 117 Julia Pfannkuch: Volksrichterausbildung in Sachsen 1945-1950. 1993.

Band 118 Jörg Offen: Von der Verwaltungsgemeinschaft des BGB von 1896 zur Zugewinngemeinschaft des Gleichberechtigungsgesetzes von 1957. 1994.

Band 119 Dorothee Kohlhas-Müller: Untersuchungen zur Rechtsstellung Theoderichs des Großen. 1995.

Band 120 Monika Rose: Das Gerichtswesen des Herzogtums Pfalz-Zweibrücken im 18. Jahrhundert. Ein Beitrag zur territorialen Gerichtsbarkeit im Alten Reich. 1994.

Band 121 Jörn Eckert / Hans Hattenhauer (Hrsg.): Bibel und Recht. Rechtshistorisches Kolloquium 9. - 13. Juni 1992 an der Christian-Albrechts-Universität zu Kiel. 1994.

Band 122 Robert Martin Mizia: Der Rechtsbegriff der Autonomie und die Begründung des Privatfürstenrechts in der deutschen Rechtswissenschaft des 19. Jahrhunderts. 1995.

Band 123 Walther Graf von Plettenberg: Das Fortleben des Liber Iudiciorum in Asturien/León (8. - 13. Jh.). 1994.

Band 124 Wolfgang Schulz: Das deutsche Börsengesetz. Die Entstehungsgeschichte und wirtschaftlichen Auswirkungen des Börsengesetzes von 1896. 1994.

Band 125 Frank Hagemann: Der Untersuchungsausschuß Freiheitlicher Juristen. 1949 – 1969. 1994.

Band 126 Andreas Rethmeier: "Nürnberger Rassegesetze" und Entrechtung der Juden im Zivilrecht. 1995.

Band 127 Edith Grether: Die Poesie der Throne. Die Juristen in der Fruchtbringenden Gesellschaft. 1995.

Band 128 Anna Bartels-Ishikawa: Der Lippische Thronfolgestreit. Eine Studie zu verfassungsrechtlichen Problemen des Deutschen Kaiserreiches im Spiegel der zeitgenössischen Staats. 1995.

Band 129 Jörg Schmidt: Otto Koellreutter 1883-1972. Sein Leben, sein Werk, seine Zeit. 1995.

Band 130 Christian Hattenhauer: Wahl und Krönung Franz II. AD 1792. Das Heilige Reich krönt seinen letzten Kaiser - Das Tagebuch des Reichsquartiermeisters Hieronymus Gottfried von Müller und Anlagen. 1995.

Band 131 Jutta v. der Decken: Das Seearbeitsrecht im Hamburger Stadtrecht von 1301 bis 1603. 1995.

Band 132 Detlev Schmidt: Die Reform des Rechts der Handelsvertreter von 1953. 1995.

Band 133 Gabi Roßdeutscher: Privatautonomie im Scheidungsrecht. Scheidungsbezogene Vereinbarungen in den letzten 200 Jahren. 1995.

Band 134 Harald Kahlenberg: Leben und Werk des Rechtshistorikers Walther Merk. Ein Beispiel für das Verhältnis von Rechtsgeschichte und Nationalsozialismus. 1995.

Band 135 Michael Steitz: Adelbert Düringer am Reichsgericht (1902-1915). Seine aktienrechtlichen Entscheidungen und sein Einfluß auf das Aktienrecht in Deutschland. 1995.

Band 136 Christian Becker: Beata Justorum Translatio. Juristen in schleswig-holsteinischen Leichenpredigten. 1996.

Band 137 Christoph Seiler: Vom Allgemeinen Landrecht zum Bürgerlichen Gesetzbuch. Dargestellt am Beispiel der höchstrichterlichen Judikatur zum kaufrechtlichen Sachmängelgewährleistungsrecht. 1996.

Band 138 Bernd Mayer: Die Vertrauensmännerausschüsse auf den preußischen Steinkohlegruben an der Saar. Entstehung und Wirken. Eine rechtshistorische Untersuchung. 1996.

Band 139 Rochus Scholl: Juden und Judenrecht im Herzogtum Pfalz-Zweibrücken. Ein Beitrag zur Rechtsgeschichte eines deutschen Kleinstaates am Ende des alten Reiches. 1996.

Band 140 Meike Bursch: Judentaufe und frühneuzeitliches Strafrecht. Die Verfahren gegen Christian Treu aus Weener/Ostfriesland 1720-1728. 1996.

Band 141 Markus Hillenbrand: Fürstliche Eheverträge. Gottorfer Hausrecht 1544 - 1773. 1996.

Band 142 Ulf Häder: Das gemeinschaftliche Oberappellationsgericht thüringischer Staaten in Jena. Ein Beitrag zur Geschichte des Gerichtswesens im 19. Jahrhundert. 1996.

Band 143 Andreas Bauer: Das Gnadenbitten in der Strafrechtspflege des 15. und 16. Jahrhunderts. Dargestellt unter besonderer Berücksichtigung von Quellen der Vorarlberger Gerichtsbezirke Feldkirch und des Hinteren Bregenzerwaldes. 1996.

Band 144 Christian Wirth: Der Jurist Johann Andreas Georg Friedrich Rebmann zwischen Revolution und Restauration. 1996.

Band 145 Stefanie Müller: Die Rechtsprechung des Hanseatischen Oberlandesgerichts zum persönlichen Eherecht in Hamburgischen Gerichtsfällen von 1879 -1900. 1996.

Band 146 Jean-Nicolas Morisset: Der Frachtvertrag in der *Ordonnance de la marine* von 1681. 1996.

Band 147 Dirk Lentfer: Die Glogauer Landesprivilegien des Andreas Gryphius von 1653. 1996.

Band 148 Wencke Mull: Die Haftung für Einsturzschäden nach den §§ 836-838 BGB in der Rechtsprechung des Reichsgerichts. 1996.

Band 149 Renate Zelger: Teufelsverträge. Märchen, Sage, Schwank, Legende im Spiegel der Rechtsgeschichte. 1996.

Band 150 Guido Kraß: Das Arrestverfahren in Frankfurt am Main im Spätmittelalter. 1996.

Band 151 F. Benedict Heyn: Die Entwicklung des Eisenbahnfrachtrechts von den Anfängen bis zur Einführung des Allgemeinen Deutschen Handelsgesetzbuches (ADHGB). 1996.

Band 152 Thomas Lang: Die Staats- und Verfassungslehre Carl Salomo Zachariaes. 1996.

Band 153 Michael Hebeis: Karl Anton von Martini (1726-1800). Leben und Werk. 1996.

Band 154 Gerald Hubert: Die Diskussion um die rechtliche Natur der Bizone in den Jahren 1947-1949. 1996.

Band 155 Christof Horn: Die Rechtsprechung des Reichsgerichts in Ehescheidungssachen der Jahre 1900 bis 1905. 1996.

Band 156 Hermann Nehlsen / Georg Brun (Hrsg.): Münchener rechtshistorische Studien zum Nationalsozialismus. 1996.

Band 157 Jan Otto Clemens Kehrberg: Die Entwicklung des Elektrizitätsrechts in Deutschland. Der Weg zum Energiewirtschaftsgesetz von 1935. 1997.

Band 158 Johannes Tradt: Der Religionsprozeß gegen den Zopfschulzen (1791-1799). Ein Beitrag zur protestantischen Lehrpflicht und Lehrzucht in Brandenburg-Preußen gegen Ende des 18. Jahrhunderts. 1997.

Band 159 Dietmar Olsen: Das kaufrechtliche Sachmängelgewährleistungsrecht des Code civil in der Rechtsprechung deutscher Gerichte im 19. Jahrhundert. Ein Beitrag zur Ablösung der Partikularrechte durch das BGB. 1997.

Band 160 Ulrich Bernhardt: Die Deutsche Akademie für Staats- und Rechtswissenschaft „Walter Ulbricht" 1948-1971. 1997.

Band 161 Claudia Susan Hoppe: Die Bürgschaft im Rechtsleben Hamburgs von 1600 bis 1900. 1997.

Band 162 Franz-Rudolf Ecker: Die Entwicklung des Bergrechts im Saarbrücker Steinkohlenrevier bis zum Ende des 18. Jahrhunderts. Ein Vergleich mit dem älteren deutschen Bergrecht. 1997.

Band 163 Anne Katrin Rückert: Politik und Privatrecht in der „konservativen Revolution". 1997.

Band 164 Gisbert Laube: Der Reichskunstwart. Geschichte einer Kulturbehörde 1919-1933. 1997.

Band 165 Nicolas Lührig: Die Diskussion über die Reform der Juristenausbildung von 1945 bis 1995. 1997.

Band 166 Regula Gerber Jenni: Die Emanzipation der mehrjährigen Frauenzimmer. Frauen im bernischen Privatrecht des 19. Jahrhunderts. 1997.

Band 167 Mischa A. Färber: Das gemeinschaftliche Testament in der höchstrichterlichen Rechtsprechung zum Allgemeinen Preußischen Landrecht und zum BGB. Ein Beitrag zur Ablösung der Partikularrechte durch das BGB. 1997.

Band 168 Catherine Antoinette Gasser: Philipp Lotmar 1850-1922. Professor der Universität Bern. Sein Engagement für das Schweizerische Arbeitsrecht. 1997.

Band 169 Lars Immisch: Der sozialistische Richter in der DDR und seine Unabhängigkeit. Der Versuch eines Rechtsvergleiches zum Unabhängigkeitsbegriff in der bundesdeutschen Rechtsordnung. 1997.

Band 170 Jessica Jacobi: Besitzschutz vor dem Reichskammergericht. Die friedenssichernde Funktion der Besitzschutzklagen am Reichskammergericht im 16. Jahrhundert, dargestellt anhand von Kameralisten. 1998.

Band 171 Ewald Hügemann: Die Geschichte des öffentlichen und privaten Mietpreisrechts vom Ersten Weltkrieg bis zum Gesetz zur Regelung der Miethöhe von 1974. 1998.

Band 172 Lutz Rentzow: Die Entstehungs- und Wirkungsgeschichte der Vernewerten Landesordnung für das Königreich Böhmen von 1627. 1998.

Band 173 Sabine Stürmer: Mühlenrecht im Herzogtum Pfalz-Zweibrücken während des 18. Jahrhunderts. Ein Beitrag zum Wirtschaftsrecht eines deutschen Kleinstaates im Alten Reich. 1998.

Band 174 Mario Bogisch: *Nemo testis in re sua.* Das Problem der Zeugnisfähigkeit bei der Anwendung der deutschen Zivilprozeßordnung von 1877. 1998.

Band 175 Rainer Oßwald: Pactane sunt servanda? Freiwilligkeit, Zwang und Unverbindlichkeitserklärungen im islamischen Vertragsrecht malikitischer Schule. 1998.

Band 176 Bettina Kern: Der preußische BGB-Entwurf von 1842. 1998.

Band 177 Inken Fuhrmann: Die Diskussion über die Einführung der fakultativen Zivilehe in Deutschland und Österreich seit Mitte des 19. Jahrhunderts. 1998.

Band 178 Annette Rieck: Der Heilige Ivo von Hélory (1247-1303). Advocatus pauperum und Patron der Juristen. 1998.

Band 179 Frank Bottenberg: Die Hamburgische Strafprozeßordnung von 1869. 1998.

Band 180 Matthias Krauß: Das kursächsische Postrecht von seinen Anfängen bis zum Ende des Alten Reichs. 1998.

Band 181 Torsten Schmidt: Die Entmündigung von den Anfängen des BGB bis zu ihrer Ablösung durch das Institut der Betreuung. 1998.

Band 182 Christian Nunn: Rudolf Müller-Erzbach. 1874-1959. Von der realen Methode über die Interessenjurisprudenz zum kausalen Rechtsdenken (Leben und Werk). 1998.

Band 183 Christian Ortloff: Das staatskirchenrechtliche System Wilhelm Traugott Krugs. Glaubens- und Gewissensfreiheit – eine Forderung der Vernunft. 1998.

Band 184 Christian Hattenhauer: Schuldenregulierung nach dem Westfälischen Frieden. Der sog. § *de indaganda* und seine Umsetzung im Jüngsten Reichsabschied (AD 1648 und 1654). 1998.

Band 185 Werner Schubert: Preußen im Vormärz. Die Verhandlungen der Provinziallandtage von Brandenburg, Pommern, Posen, Sachsen und Schlesien sowie – im Anhang – von Ostpreußen, Westfalen und der Rheinprovinz (1841-1845). 1998.

Band 186 Silvia Schumacher: Das Rechtsverhältnis zwischen Eltern und Kindern in der Privatrechtsgeschichte. 1999.

Band 187 Kai Sommer: Die Strafbarkeit der Homosexualität von der Kaiserzeit bis zum Nationalsozialismus. Eine Analyse der Straftatbestände im Strafgesetzbuch und in den Reformentwürfen (1871-1945). 1998.

Band 188 Jan Erik Backhaus: Volksrichterkarrieren in der DDR. 1999.

Band 189 Ralf Ruhnau: Die Fürstlich Thurn und Taxissche Privatgerichtsbarkeit in Regensburg. Ein Kuriosum der deutschen Rechtsgeschichte. 1999.

Band 190 Antonio Grilli: Die französische Justizorganisation am linken Rheinufer 1797-1803. 1999.

Band 191 Stephanie Kammerloher-Lis: Die Entstehung des Gesetzes über die religiöse Kindererziehung vom 15. Juli 1921. 1999.

Band 192 Jan Telp: Ausmerzung und Verrat. Zur Diskussion um Strafzwecke und Verbrechensbegriffe im Dritten Reich. 1999.

Band 193 Kurt von Pannwitz: Die Entstehung der Allgemeinen Deutschen Wechselordnung. Ein Beitrag zur Geschichte der Vereinheitlichung des deutschen Zivilrechts im 19. Jahrhundert. 1999.

Band 194 Sylvia Busch: Die Entstehung der Allgemeinen Gerichtsordnung für die Preussischen Staaten von 1793/95. Ein Beitrag zur Geschichte der Kodifikationsbewegung und der Reform des Zivilprozesses in Preußen im 18. Jahrhundert. 1999.

Band 195 Dirk Bieresborn: Klage und Klageerwiderung im deutschen und englischen Zivilprozeß. Eine rechtshistorische und rechtsvergleichende Untersuchung unter besonderer Berücksichtigung der Beeinflussung durch das römisch-kanonische Verfahren. 1999.

Band 196 Andreas Thier / Guido Pfeifer / Philipp Grzimek (Hrsg.): Kontinuitäten und Zäsuren in der Europäischen Rechtsgeschichte. Europäisches Forum Junger Rechtshistorikerinnen und Rechtshistoriker München 22.-24. Juli 1998. 1999.

Band 197 Franz Smola: Die Fürstlich Liechtenstein'sche Kunstsammlung. Rechtsfragen zur Verbringung der Sammlung von Wien nach Vaduz in den Jahren 1944/45. 1999.

Band 198 Frank Martin Krauss: Das geteilte Eigentum im 19. und 20. Jahrhundert. Eine Untersuchung zum Fortbestand des Teilungsgedankens. 1999.

Band 199 Matthias Frey: Die spanische Aktiengesellschaft im 18. Jahrhundert und unter dem Código de Comercio von 1829. 1999.

Band 200 Alexandra Gilde: Die Stellung der Frau im Reichsstrafgesetzbuch von 1870/71 und in den Reformentwürfen bis 1919 im Urteil der bürgerlichen Frauenbewegung. Eine Analyse ausgewählter Straftatbestände. 1999.

Band 201 *Malte Dießelhorst / Arne Duncker: Hans Kohlhase. Die Geschichte einer Fehde in Sachsen* und Brandenburg zur Zeit der Reformation. 1999.

Band 202 Jörg Hillmann: Territorialrechtliche Auseinandersetzungen der Herzöge von Sachsen-Lauenburg vor dem Reichskammergericht im 16. Jahrhundert. 1999.

Band 203 Carsten Engler: Die Kommanditgesellschaft (KG) und die stille Gesellschaft im Allgemeinen Deutschen Handelsgesetzbuch (ADHGB) von 1861. 1999.

Band 204 Vesta Hoffmann-Steudner: Die Rechtsprechung des Reichsgerichts zu dem Scheidungsgrund des § 49 EheG (EheG 1938) in den Jahren 1938-1945. 1999.

Band 205 Michaela Thiele: Die Auflösung von Arbeitsverhältnissen aufgrund Anfechtung und außerordentlicher Kündigung nach der Rechtsprechung des Reichsarbeitsgerichts (1927-1945). 2000.

Band 206 Peter Landau / Hermann Nehlsen / Mathias Schmoeckel (Hrsg.): Karl von Amira zum Gedächtnis. 1999.

Band 207 Marcus Flinder: Die Entstehungsgeschichte des Zivilgesetzbuches der DDR. 1999.

Band 208 Boris Franz Leo Bromm: Die Entstehungsgeschichte des Berufs des Handelsvertreters. Unter besonderer Berücksichtigung der Sozialgesetzgebung in den Jahren von 1871-1933. 2000.

Band 209 Winfried C. J. Eberstein: Das Tierschutzrecht in Deutschland bis zum Erlaß des Reichs-Tierschutzgesetzes vom 24. November 1933. Unter Berücksichtigung der Entwicklung in England. 1999.

Band 210 Patrick Deller: Der „nach dem Vertrage" vorausgesetzte Gebrauch (§ 459 Absatz 1 Satz 1 BGB). Eine kaufrechtliche Untersuchung unter Berücksichtigung rechtshistorischer wie rechtsvergleichender Grundlagen. 2000.

Band 211 Eckard Freiherr von Bodenhausen: Haftung des Geschäftsherrn für Verrichtungsgehilfen im Straßen- und Schienenverkehr. Eine Analyse der Entscheidungen des Reichsgerichts zu § 831 BGB (1900-1945). 2000.

Band 212 Birte Gast: Der Allgemeine Teil und das Schuldrecht des Bürgerlichen Gesetzbuchs im Urteil von Raymond Saleilles (1855-1912). 2000.

Band 213 Hansjörg Michael Huber: Koloniale Selbstverwaltung in Deutsch-Südwestafrika. Entstehung, Kodifizierung und Umsetzung. 2000.

Band 214 Ulf Björner: Die Verfassungsgerichtsbarkeit im Norddeutschen Bund und Deutschen Reich (1867-1918). Eine rechtshistorische Untersuchung über Gerichtsbarkeit im Spannungsfeld von Politik und Recht innerhalb der von Bismarck geschaffenen deutschen Bundesstaaten. 2000.

Band 215 Mathias Freiherr von Rosenberg: Friedrich Carl von Savigny (1779-1861) im Urteil seiner Zeit. 2000.

Band 216 Reinhard Binder-Krieglstein: Österreichisches Adelsrecht 1868-1918/19. Von der Ausgestaltung des Adelsrechts der cisleithanischen Reichshälfte bis zum Adelsaufhebungsgesetz der Republik unter besonderer Berücksichtigung des adeligen Namensrechts. 2000.

Band 217 Claudia-Regine Nerius: Johannes Lehmann-Hohenberg (1851-1925). Eine Studie zur völkischen Rechts- und Justizkritik im Deutschen Kaiserreich. 2000.

Band 218 Ludger Meuten: Die Erbfolgeordnung des Sachsenspiegels und des Magdeburger Rechts. Ein Beitrag zur Geschichte des sächsisch-magdeburgischen Rechts. 2000.

Band 219 Christoph Alexander von Wilcken: Die Reformbestrebungen zum Genossenschaftsgesetz in der Frühzeit der Bundesrepublik. Die Beratungen der Sachverständigenkommission zur Überprüfung des Genossenschaftsrechts 1954 bis 1958 und der Referentenentwurf von 1962. 2000.

Band 220 Verein Junger RechtshistorikerInnen Zürich (Hrsg.): ¿Rechtsgeschichte(n)? ¿Histoire(s) du droit? ¿Storia/storie del diritto? ¿Legal Histori(es)? Europäisches Forum Junger Rechtshistorikerinnen und Rechtshistoriker Zürich 28.-30. Mai 1999. 2000.

Band 221 Hans Christian Schüler: Die Entstehungsgeschichte der Bundesnotarordnung vom 24. Februar 1961. 2000.

Band 222 Nils-Eberhard Schramm: Die Vereinigung demokratischer Juristen (1949-1999). 2000.

Band 223 Silke Anke Torp: Das Rechtsverhältnis zwischen den Eltern und ihren Kindern. Dienstleistungspflicht, Aussteuer und Ausstattung. Eine Analyse der Rechtsprechung des Reichsgerichts und des Reichsarbeitsgerichts zu den Vorschriften der §§ 1616 bis 1625 des Bürgerlichen Gesetzbuches in der Zeit von 1900 bis 1945. 2000.

Band 224 Martin Jürgen Maaß: Die Geschichte des Eigentumsvorbehalts, insbesondere im 18. und 19. Jahrhundert. 2000.

Band 225 Stefanie Langer: Rechtswissenschaftliche Itinerarien. Lebenswege namhafter europäischer Juristen vom 11. bis zum 18. Jahrhundert. 2000.

Band 226 Ulrich Schmitz: Der Unterhaltsanspruch des nichtehelichen Kindes gegen seinen Erzeuger. Die rechtsgeschichtliche und dogmatische Entwicklung im deutschen Recht. 2000.

Band 227 Sebastian Günther: Friedrich Carl von Savigny als Grundherr. 2000.

Band 228 Henning Ibs: Hermann J. Held (1890-1963). Ein Kieler Gelehrtenleben in den Fängen der Zeitläufe. 2000.

Band 229 Matthias Rücker: Wirtschaftswerbung unter dem Nationalsozialismus. Rechtliche Ausgestaltung der Werbung und Tätigkeit des Werberats der deutschen Wirtschaft. 2000.

Band 230 Hendrik Sandmann: Die Entwicklung von Begriff und Inhalt des Wirtschaftchsrechts durch die Rechtswissenschaft in der Weimarer Republik. 2000.

Band 231 Sibylle Müller: Gibt es Menschenrechte bei Samuel Pufendorf? 2000.

Band 232 Karin Olechowski-Hrdlicka: Die gemeinsamen Angelegenheiten der Österreichisch-Ungarischen Monarchie. Vorgeschichte – Ausgleich 1867 – Staatsrechtliche Kontroversen. 2001.

Band 233 Johannes Mierau: Die juristischen Abschluß- und Diplomprüfungen in der SBZ/DDR. Ein Einblick in die Juristenausbildung im Sozialismus. 2001.

Band 234 Jörg Wolff (Hrsg.): Stillstand, Erneuerung und Kontinuität. Einsprüche zur Preußenforschung. 2001.

Band 235 Friedo Schröder: Die anwaltliche Tätigkeit während der nationalsozialistischen Herrschaft. Eine Analyse der anwaltlichen Argumentation in Zivilprozessen anhand der vorhandenen Prozeßakten der Landgerichte Frankenthal, Wiesbaden, Limburg und Frankfurt und der Handakten der *jüdischen Konsulenten* des OLG-Bezirks Frankfurt. 2001.

Band 236 Der Code pénal des Königreichs Westphalen von 1813 mit dem Code pénal von 1810 im Original und in deutscher Übersetzung. Herausgegeben und mit einer Einleitung versehen von Werner Schubert. 2001.

Band 237 Klaus Richter: Deutsches Kolonialrecht in Ostafrika 1885-1891. 2001.

Band 238 Kai von Lewinski: Deutschrechtliche Systembildung im 19. Jahrhundert. 2001.

Band 239 Alexander Herzog: Sittenwidrige Rechtsgeschäfte in der höchstrichterlichen Rechtsprechung aus den Jahren 1948-1965. 2001.

Band 240 Claudia Rönnau: Die Beratungen des Wasserrechtsausschusses der Akademie für Deutsches Recht zu einem Reichswassergesetz (1934-1941). Ein Beitrag zur Dogmatik der Begriffe *Gemeingebrauch* und *Sondergebrauch* in der Zeit des Nationalsozialismus. 2001.

Band 241 Momme Rohlack: Kriegsgesellschaften (1914-1918). Arten, Rechtsformen und Funktionen in der Kriegswirtschaft des Ersten Weltkrieges. 2001.

Band 242 Rolf Geyer: Der Gedanke des Verbraucherschutzes im Reichsrecht des Kaiserreichs und der Weimarer Republik (1871-1933). Eine Studie zur Geschichte des Verbraucherrechts in Deutschland. 2001.

Band 243 Felix Lorenz Benjamin Lehmann: Der Rote Adlerorden. Entstehung und rechtliche Grundlagen (1705-1918). 2002.

Band 244 Marc Ludwig: Der Pfändungsschutz für Lohneinkommen. Die Entstehungs- und Entwicklungsgeschichte der Vorschriften zum Schutz vor Lohnpfändung in Deutschland. 2001.

Band 245 Alexander Wachter: Dorfschule zwischen Pastor und Schulmeister. Zur Säkularisierung des niederhessischen Schulwesens im 19. Jahrhundert. 2001.

Band 246 Richard Scholz: Analyse der Entstehungsbedingungen der reichsgerichtlichen Aufwertungsrechtsprechung. Untersuchung unter besonderer Berücksichtigung der konservativen Geldpolitik der Reichsbank und der Inflationspolitik der Reichsregierung. 2001.

Band 247 Judith Laeverenz: Märchen und Recht. Eine Darstellung verschiedener Ansätze zur Erfassung des rechtlichen Gehalts der Märchen. 2001.

Band 248 Christina Schenk: Bestrebungen zur einheitlichen Regelung des Strafvollzugs in Deutschland von 1870 bis 1923. 2001.

Band 249 Nils Werner: Die Prozesse gegen die Landvolkbewegung in Schleswig-Holstein 1929/32. Ein Beitrag zur Justizkritik in der späten Weimarer Republik. 2001.

Band 250 Wolfgang Walter: Das Duell in Bayern. Ein Beitrag zur bayerischen Strafrechtsgeschichte. 2002.

Band 251 Jörn Eckert / Kjell Å. Modéer (Hrsg.): Geschichte und Perspektiven des Rechts im Ostseeraum. Erster Rechtshistorikertag im Ostseeraum 8.–12. März 2000. 2001.

Band 252 Jan Könighaus: Die Inauguration der Christian-Albrechts-Universität zu Kiel 1665. Symbolgehalt und rechtliche Bedeutung des Universitätszeremoniells. 2002.

Band 253 Andreas Görgen: Rechtssprache in der Frühen Neuzeit. Eine vergleichende Untersuchung der Fremdwortverwendung in Gesetzen des 16. und 17. Jahrhunderts. 2002.

Band 254 Ralf Schäfer: Die Rechtsstellung der Haigerlocher Juden im Fürstentum Hohenzollern-Sigmaringen von 1634-1850. Eine rechtsgeschichtliche Untersuchung. 2002.

Band 255 Regine Schmalhorst: Die Tierhalterhaftung im BGB von 1896. Die Entstehung und Änderung des § 833 BGB sowie eine Analyse der Rechtsprechung des Reichsgerichts bis 1908. 2002.

Band 256 Thomas Hense: Konrad Beyerle. Sein Wirken für Wissenschaft und Politik in Kaiserreich und Weimarer Republik. 2002.

Band 257 Christian Mahlmann: Die Strafrechtswissenschaft der DDR. Klassenkampftheorie und Verbrechenslehre. 2002.

Band 258 Henning Kahmann: Die Bankiers von Jacquier & Securius 1933–1945. Eine rechtshistorische Fallstudie zur "Arisierung" eines Berliner Bankhauses. Mit einem Geleitwort von John Kornblum. 2002.

Band 259 Volker Friedrich Drecktrah: Die Gerichtsbarkeit in den Herzogtümern Bremen und Verden und in der preußischen Landdrostei Stade von 1715 bis 1879. 2002.

Band 260 Andreas Klass: Standes- oder Leistungselite? Eine Untersuchung der Karrieren der Wetzlarer Anwälte des Reichskammergerichts (1693-1806). 2002.

Band 261 Wolfgang Eder: Das italienische Tribunale Speciale per la Difesa dello Stato und der deutsche Volksgerichtshof. Ein Vergleich zwischen zwei politischen Gerichtshöfen. 2002.

Band 262 Albrecht Cordes / Bernd Kannowski (Hrsg.): Rechtsbegriffe im Mittelalter. 2002.

Band 263 Thomas Hildebrandt: Die Brandenburgischen Provinziallandtage von 1841, 1843, und 1845 anhand ausgewählter Verhandlungsgegenstände. 2002.

Band 264 Jan Finzel: Georg Adam Struve (1619–1692) als Zivilrechtler. 2003.

Band 265 Björn Carsten Frenzel: Das Selbstverständis der Justiz nach 1945. Analyse der Rolle der Justiz unter Berücksichtigung der Reden zur *Wiedereröffnung* der Bundes- und Oberlandesgerichte. 2003.

Band 266 Nils Reichhelm: Die marxistisch-leninistische Staats- und Rechtstheorie Karl Polaks. 2003.

Band 267 Raik Schneider: Altrechtliche Personenzusammenschlüsse. Ihre Entwicklung unter besonderer Berücksichtigung des Rechts des Großherzogtums Sachsen-Weimar-Eisenach sowie der Herzogtümer Sachsen-Meiningen und Sachsen-Gotha. 2003.

Band 268 Anke Meier: Die Geschichte des deutschen Konkursrechts, insbesondere die Entstehung der Reichskonkursordnung von 1877. 2003.

Band 269 Stefan Jens Jordan: Leben und Werk des Tübinger Rechtsprofessors Wilhelm Gottlieb Tafinger 1760–1813. 2003.

Band 270 Stefanie Hubig: Die historische Entwicklung des § 23 ZPO. Zum Ursprung und Fortleben des Vermögensgerichtsstandes im deutschen Prozeßrecht des 19. Jahrhunderts. 2003.

Band 271 Michael G. Perband: Der Grundsatz der freien Beweiswürdigung im Zivilprozeß (§ 286 ZPO) in der Rechtsprechung des Reichsgerichts. 2003.

Band 272 Mathias Bouveret: Die Stellung des Staatsoberhauptes in der parlamentarischen Diskussion und Staatsrechtslehre von 1848 bis 1918. 2003.

Band 273 Barbara Széchényi: Rechtliche Grundlagen bayerischer Zensur im 19. Jahrhundert. 2003.

Band 274 Sylvia Scharfenberg: Die Entstehungsgeschichte des Beurkundungsgesetzes vom 28. August 1969. 2003.

Band 275 Urte Nesemann: Die schwedische Familiengesetzgebung von 1734 bis zu den Reformgesetzen von 1915 bis 1920 und deren Einfluss auf die Gesetzgebungsprojekte der Weimarer Republik. Unter besonderer Berücksichtigung der Rechtsstellung der Frau und des unehelichen Kindes. 2003.

Band 276 Alexandra Brück: Die Polizeiordnung Herzog Christians von Braunschweig-Lüneburg vom 6. Oktober 1618. 2003.

Band 277 Torsten Landwehr: Das Kommissionsgeschäft in Rechtswissenschaft, Gesetzgebung und Rechtspraxis vom 16. bis zum Ende des 18. Jahrhunderts. 2003.

Band 278 Tassilo Wilhelm Maria Englert: Deutsche und italienische Zivilrechtsgesetzgebung von 1933–1945. Parallelen in der Rechtsetzung und gegenseitige Beeinflussung unter besonderer Berücksichtigung des Familien- und Erbrechts. 2003.

Band 279 Tobias Prang: Der Schutz der Versicherungsnehmer bei der Auslegung von Versicherungsbedingungen durch das Reichsgericht. 2003.

Band 280 Thorsten Lieb: Privileg und Verwaltungsakt. Handlungsformen der öffentlichen Gewalt im 18. und 19. Jahrhundert. 2004.

Band 281 Michael Rühling: Das Ladenschlussgesetz vom 28. November 1956. Vorgeschichte, Entstehung des Gesetzes und weitere Entwicklung. 2004.

Band 282 Kathrin Nawotki: Die schleswigsche Deichstavengerechtigkeit. Vom 17. Jahrundert bis in die Gegenwart. Eine gewohnheitsrechtliche Superfizies an nordfriesischen Deichgrundstücken und ihre Entwicklung. 2004.

Band 283 Erik Nils Voigt: Die Gesetzgebungsgeschichte der militärischen Ehrenstrafen und der Offizierehrengerichtsbarkeit im preußischen und deutschen Heer von 1806 bis 1918. 2004.

Band 284 Dorothea Riedi Hunold: Die Einführung der allgemeinen Wechselfähigkeit in der Schweiz in der zweiten Hälfte des 19. Jahrhunderts. Unter besonderer Berücksichtigung der politischen, wirtschaftlichen und sozialen Verhältnisse. 2004.

Band 285 Thomas Gergen: Pratique juridique de la paix et trêve de Dieu à partir du concile de Charroux (989–1250). Juristische Praxis der Pax und Treuga Dei ausgehend vom Konzil von Charroux (989–1250). 2004.

Band 286 Kathrin Bethkenhagen: Die Entwicklung des Luftrechts bis zum Luftverkehrsgesetz von 1922. 2004.

Band 287 Heiko Lüpkes: Die Verbrechen der Diener des Staats im Allgemeinen Landrecht für die Preußischen Staaten von 1794 und ihre Entwicklung zu den Vergehen und Verbrechen im Amte im Strafgesetzbuch für die Preußischen Staaten von 1851. 2004.

Band 288 Mirco Peter Hirsch: Von der Erbbescheinigung des Preußischen Rechts zum Erbschein des Bürgerlichen Gesetzbuchs. 2004.

Band 289 Bettina Günther: Die Behandlung der Sittlichkeitsdelikte in den Policeyordnungen und der Spruchpraxis der Reichsstädte Frankfurt am Main und Nürnberg im 15. bis 17. Jahrhundert. 2004.

Band 290 Seunghyeon Seong: Der Begriff der *nicht gehörigen Erfüllung* aus dogmengeschichtlicher und rechtsvergleichender Sicht. 2004.

Band 291 Steffen-Werner Meyer: Bemühungen um ein Reichsgesetz gegen den Büchernachdruck. Anläßlich der Wahlkapitulation Leopolds II. aus dem Jahre 1790. 2004.

Band 292 Ulrich Löffler: Instrumentalisierte Vergangenheit? Die nationalsozialistische Vergangenheit als Argumentationsfigur in der Rechtsprechung des Bundesverfassungsgerichts. 2004.

Band 293 Norbert Koch: Die Entwicklung des deutschen privaten Immissionsschutzrechts seit Beginn der Industrialisierung. Unter besonderer Berücksichtigung des Einflusses der höchstrichterlichen Rechtsprechung. 2004.

Band 294 Julius Ludwig Pfeiffer: Das Tierschutzgesetz vom 24. Juli 1972. Die Geschichte des deutschen Tierschutzrechts von 1950 bis 1972. 2004.

Band 295 Bert-Hagen Strodthoff: Die richterliche Frage- und Erörterungspflicht im deutschen Zivilprozeß in historischer Perspektive. 2004.

Band 296 Tim Kannewurf: Die Höfeordnung vom 24. April 1947. Entstehungsgeschichte und Einordnung in die Entwicklung des Anerbenrechts. 2004.

Band 297 Steffi Heine: Die Methodendiskussion nach Inkrafttreten des Bürgerlichen Gesetzbuches und die Gründung des Vereins *Recht und Wirtschaft*. 2004.

Band 298 Anne Marlene Simon-Holtorf: Geschichte des Familienwahlrechts in Frankreich (1871 bis 1945). 2004.

Band 299 Jürgen Busch: Das Germanenbild der deutschen Rechtsgeschichte. Zwischen Wissenschaft und Ideologie. Mit einem Vorwort von Herwig Wolfram. 2004.

Band 300 Jan Kohlmann: Der Marsch zu den Gräbern von Karl und Rosa. Geschichte eines Gedenktages. 2004.

Band 301 Christian Rainer Schlicht: Die kumulative Schuldübernahme in der Rechtsprechung des Reichsgerichts und in der zeitgenössischen Literatur. 2004.

Band 302 Hans Peter Glöckner: Positive Vertragsverletzung. Die Geburt eines Rechtsinstituts. 2006.

Band 303 João Manuel Azevedo Alexandrino Fernandes: Die Theorie der Interpretation des Gesetzes bei Francisco Suárez. 2005.

Band 304 René Funk: Die Wahlprüfung der volksgewählten Abgeordneten der Volksvertretungen im Frühkonstitutionalismus. Eine Untersuchung der Wahlprüfung in den Kammern der Abgeordneten des Großherzogtums Baden, des Königreichs Württemberg und des Großherzogtums Hessen. 2005.

Band 305 Carolin O'Sullivan. Die Ahndung von Rechtsbrüchen der Seeleute im mittelalterlichen hamburgischen und hansischen Seerecht (1301–1482). 2005.

Band 306 Martin Jürgens: Staat und Reich bei Ernst Rudolf Huber. Sein Leben und Werk bis 1945 aus rechtsgeschichtlicher Sicht. 2005.

Band 307 Florian G. Dürselen: Franz Beyerle (1885–1977). Leben, Ära und Werk eines Rechtshistorikers. 2005.

Band 308 Kai Bandilla: Urheberrecht im Kaiserreich. Der Weg zum Gesetz betreffend das Urheberrecht an Werken der Literatur und Tonkunst vom 19. Juni 1901. 2005.

Band 309 Stefan Mieth: Die Entwicklung des Denkmalrechts in Preußen 1701–1947. 2005.

Band 310 Catharina Lodemann: Die Geschichte des französischen *acte de gouvernement*. 2005.

Band 311 Christina Wicke: Kodifikationsbestrebungen und Wissenschaft in Hessen-Darmstadt im vorkonstitutionellen Zeitalter. Zu der Beteiligung der Gießener Rechtsprofessoren an den Gesetzgebungsarbeiten in Hessen-Darmstadt in der Zeit zwischen 1769 und 1820. 2005.

Band 312 Christiane Chlosta: Nur dem Gesetz unterworfen? Eine rechtsgeschichtliche Untersuchung zu Idee und Wirklichkeit richterlicher Gesetzestreue unter besonderer Berücksichtigung der Aufwertungsrechtsprechung und des richterlichen Prüfungsrechts. 2005.

Band 313 Kathrin Dirr: Hoheitsrechtliche Streitigkeiten zwischen den Kölner Erzbischöfen und der Stadt Köln auf Grundlage reichskammergerichtlicher Verfahren des 16. und 17. Jahrhunderts. 2005.

Band 314 Michael Racky: Die Diskussion über Gewaltenteilung und Gewaltentrennung im Vormärz. 2005.

Band 315 Petra Thiemrodt: Die Entstehung des Staatshaftungsgesetzes der DDR. Eine Untersuchung auf der Grundlage von Materialien der DDR-Gesetzgebungsorgane mit zeitgeschichtlichen Bezügen. 2005.

Band 316 Julius F. Reiter: Entstehung und staatsrechtliche Theorie der italienischen *Carta del Lavoro*. 2005.

Band 317 André Book: Die Justizreform in der Frühzeit der Bundesrepublik. Die Beratungen der Kommission zur Vorbereitung einer Reform der Zivilgerichtsbarkeit in den Jahren 1955 bis 1961. 2005.

Band 318 Frank Zentz: Das amerikanische Strafverfahren als Element der Besatzungspolitik in Deutschland. Erziehung zur Demokratie durch den *Court of Appeals* 1948–1955. 2005.

Band 319 Friederike Quaisser: Mietrecht im 19. Jahrhundert. Ein Vergleich der mietrechtlichen Konzeptionen im Allgemeinen Landrecht für die Preußischen Staaten von 1794 und dem gemeinen Recht. 2005.

Band 320 Stefan Burghard: Professor Dr. Wilhelm Kahl – Leben zwischen Wissenschaft und Politik. 2005.

Band 321 Günter Baranowski: Die *Russkaja Pravda* – ein mittelalterliches Rechtsdenkmal. 2005.

Band 322 Christina Schneider: Die SS und „das Recht". Eine Untersuchung anhand ausgewählter Beispiele. 2005.

Band 323 Werner Schubert (Hrsg.): Zivilprozessreform in der Weimarer Zeit. Quellen zur Emminger-Zivilprozessverordnung vom 13.2.1924 und zu den Arbeiten der Zivilprozesskommission des Reichsjustizministeriums (1922–1930). Eingeleitet und herausgegeben von Werner Schubert. 2005.

Band 324 Felix Gaul: Der Jurist Rudolf Isay (1886–1956). Ein verantwortungsbewusster Vermittler im Spannungsfeld zwischen dynamischer Rechtsschöpfung, ökonomischem Wandel und technischem Fortschritt. 2005.

Band 325 Konstanze Braun: Dr. Otto Georg Thierack (1889–1946). 2005.

Band 326 Eckart Klein / Stefan Chr. Saar / Carola Schulze (Hrsg.): Zwischen Rechtsstaat und Diktatur. Deutsche Juristen im 20. Jahrhundert. 2006.

Band 327 Stefan Botor: Das *Berliner Sühneverfahren* – Die letzte Phase der Entnazifizierung. 2006.

Band 328 Andreas Köhler: Die Sorgerechtsregelungen bei Ehescheidung seit 1945. Scheidungsstrafe und verordnete Gemeinsamkeit. 2006.

Band 329 Lars Düwel: Die Nichtigkeit und Anfechtbarkeit der Ehe in der Rechtsprechung des Reichsgerichts zwischen 1900 und 1945. 2006.

Band 330 Katalin Polgar: Das Oberappellationsgericht der vier freien Städte Deutschlands (1820–1879) und seine Richterpersönlichkeiten. 2006.

Band 331 Julia Schweitzer: Schiffer und Schiffsmann in den Rôles d'Oléron und im Llibre del Consolat de Mar. Ein Vergleich zweier mittelalterlicher Seerechtsquellen. 2006.

Band 332 Diana-Catharina Kurtz: Das Institut der Adoption im preußischen Allgemeinen Landrecht und im französischen Code civil zwischen Rezeption römisch-rechtlicher Prinzipien und verändertem Familienverständnis. 2006.

Band 333 Dino Joakim Duderstadt: Spiel, Wette und Differenzgeschäft (§§ 762–764 BGB) in der Rechtsprechung des Reichsgerichts und in der zeitgenössischen Literatur. 2006.

Band 334 Ronald Hoffmann: Die Domänenfrage in Thüringen. Über die vermögensrechtlichen Auseinandersetzungen mit den ehemaligen Landesherren in Thüringen nach dem Ersten Weltkrieg. 2006.

Band 335 Joachim Windmüller: *Ohne Zwang kann der Humanismus nicht existieren...* – „Asoziale" in der DDR. 2006.

Band 336 Sven Christian Gläser: Die Mediatisierung der Grafschaft Wertheim. Der juristische Kampf eines kleinen Reichsstandes gegen den Verlust der Landesherrschaft und seine Folgen. 2006.

Band 337 Benjamin Schleyer: Friedrich Wilhelm Bornemann (1798–1864). Eine Juristenkarriere im Preußen des 19. Jahrhunderts. 2006.

www.peterlang.de

www.ingramcontent.com/pod-product-compliance
Ingram Content Group UK Ltd.
Pitfield, Milton Keynes, MK11 3LW, UK
UKHW021933290926
8980IPUK00016B/1610

9 783631 556405